COLLECTION

DES

CONSTITUTIONS,

CHARTES ET LOIS FONDAMENTALES

DES PEUPLES DE L'EUROPE ET DES DEUX AMÉRIQUES.

1762

TOME Ier.

4117

*Cette Collection des Constitutions , 5 volumes in-8°,
prix 40 fr. , se trouve:*

Chez les Libraires ci-dessus :

A *Aix-la-Chapelle* , chez Larnelle, libraire.
—— *Amsterdam* , chez Delachaux ; — Dufour, libraires.
—— *Bologne* (Italie), chez B. Guidotti ; — D. Gnudi , libraires.
—— *Bordeaux* , chez Lawale jeune et neveu; — Gayet aîné , libraires.
—— *Breslau* , chez T. Korn , libraire.
—— *Bruxelles* , chez Lechartier ; — Demat , libraires.
—— *Colmar* , chez Pannetier ; — Petit , libraires.
—— *Florence* , chez Vieusseux , libraire.
—— *Gand* , chez Van de Kerckhove fils ; — Dehuscher, libraires.
—— *Genève* , chez Paschoud , libraire.
—— *Hâvre* (le) , chez Chapelle , libraire.
—— *Leipsick* , et pour toute l'Allemagne, chez Zirgès , libraire.
—— *Liége* , chez madame Collardin , libraire.
—— *Lille* , chez Wanackere ; — Lelenx , libraires.
—— *Livourne* , chez G. Mazi , libraire.
—— *Londres* , chez M. Bossange et Cᵉ; — Duleau et Cᵒ , libraires.
—— *Lyon* , Bohaire ; — Faverio , libraires.
—— *Madrid* , chez Delance ; — Denné , libraires.
—— *Manheim* , chez Artaria et Fontaine , libraires.
—— *Marseille* , chez Camoin , frères , libraires.
—— *Metz* , chez Devilly ; — Husson, frères , libraires.
—— *Milan* , chez Giegler ; — Bocca , libraires.
—— *Mons* , chez Leroux , libraire.
—— *Nantes* , chez Burolleau , libraire.
—— *Naples* , chez Marotta et Wanspandoch ; — Borel , libraires.
—— *Nisme* , chez Ponchon , libraire.
—— *Poitiers* , chez Catineau , libraire.
—— *Rennes* , chez Dekerpen ; — Molliex , libraires.
—— *Strasbourg* , chez Levrault ; — Treuttel et Wurtz , libraires.
—— *Toulouse* , chez Vénisseux aîné ; — Gallon , libraires.
—— *Varsovie* , chez Glucksberg , libraire.

IMPRIMERIE DE J.-L. CHANSON.

COLLECTION

DES

CONSTITUTIONS,

CHARTES ET LOIS FONDAMENTALES

DES PEUPLES DE L'EUROPE ET DES DEUX AMÉRIQUES;

AVEC DES PRÉCIS

Offrant l'Histoire des Libertés et des Institutions politiques
chez les nations modernes;

Et une TABLE alphabétique raisonnée des matières;

PAR

MM. P.-A. DUFAU; J.-B. DUVERGIER ET J. GUADET,

Avocats à la Cour royale de Paris.

« J'ai vivre tes sujets en paix, et maintiens leurs franchises et
» libertés, étant plus raisonnable que celui qui veut être obéi,
» sache jusqu'où se peut et doit s'étendre son commandement; et
» les sceptres nous étant mis en mains pour la manutention des lois.»
Paroles de Saint-Louis à son fils.

TOME Iᵉʳ.

—✳—

A PARIS,

CHEZ BÉCHET AÎNÉ, LIBRAIRE-ÉDITEUR,

QUAI DES AUGUSTINS, N° 57;

ET A ROUEN,

MÊME MAISON DE COMMERCE, RUE GRAND-PONT, N° 73.

—

1823.

INTRODUCTION.

Dès que les hommes réunis en société ont réfléchi sur leur etat, ils ont dû en sentir les avantages : ce sentiment du bien dont ils jouissaient a bientôt excite le désir du mieux, et leur en a fait entrevoir la possibilité : ils ont compris que l'etat de société dont ils goûtaient le bonheur, etait susceptible d'une organisation plus ou moins parfaite.

On a vu, des-lors, les philosophes et les législateurs poser des principes et fonder des institutions, dans la vue d'etablir la communauté, de la maniere la plus avantageuse à tous ses membres. Telle est l'origine de la politique ; tel est son objet.

Nous ne chercherons pas à retracer ici ses progres successifs, à reproduire les différens systemes etablis par les législateurs anciens et modernes, ni même a rappeler les principes generaux en cette matiere; il s'agit de bien faire connaitre l'intention et les avantages de l'Ouvrage que nous publions. En d'autres termes, nous devons exposer les motifs qui nous ont determinés, marquer le but que nous nous proposons, indiquer enfin la marche que nous avons adoptee.

L'existence de la société suppose nécessairement des engagemens tacites ou expres entre tous ses membres, par lesquels chacun consent à sacrifier une partie de ses droits pour le bien public. Mais il ne suffit pas que

ces engagemens aient été contractés; il ne suffit pas
même qu'ils soient fidèlement observés; il faut encore
qu'aucun des contractans ne puisse s'y soustraire; car,
par cela seul qu'une partie pourrait, à son gré, mé-
connaître ses obligations, le contrat serait vicié. Il faut
donc essentiellement, pour la conservation et la durée
de toute société, qu'il existe une force capable de
contraindre chaque membre à remplir ses devoirs, et
de garantir à chacun l'exercice de ses droits; cette
force, c'est le gouvernement, quelle que soit sa forme,
quelle que soit sa dénomination. « Il faut remarquer,
» dit un grand jurisconsulte, sur ce qui regarde les en-
» gagemens, qu'*ils demandent l'usage d'un gouverne-*
» *ment qui contienne chacun dans l'ordre de la jus-*
» *tice*(1).» « Le corps politique, dit Harrington (2), qui
» n'est point dirigé par la *raison du gouvernement*, n'est
» plus un peuple, une nation, mais un troupeau. »

Ainsi la nature même des choses veut que chaque
société soit soumise à une autorité; et la raison nous
montre que cette autorité n'existe que pour l'avantage de la société. Mais tantôt la soumission due au
pouvoir légal a été oubliée; tantôt les dépositaires de
l'autorité en ont abusé; ces accidens n'ont pu changer
les principes; mais ils ont fait voir la nécessité de
donner au gouvernement assez de force pour agir,
pour se conserver et se défendre, et de renfermer son
pouvoir dans de telles limites, qu'il ne pût en faire

---

(1) Domat, *Traité des lois*, chap. XI, n° 40.

(2) *Aphorismes politiques*, n° 19. *Voyez* aussi *Blackstone*,
discours prélim. sect. 2.

usage contre l'intérêt de la société (1). Tel est le problème que présente à résoudre la formation ou l'organisation de toute société politique ; et certes, l'esprit humain ne peut se proposer un objet de méditation plus grand et plus utile (2).

En cette matière, il n'est pas de guide plus sûr que l'expérience ; et les principes établis par le raisonnement ne reçoivent que de l'application une autorité complète et une certitude irréfragable. C'est la machine dont le géomètre a combiné les ressorts et calculé les forces : il faut la voir agir pour être sûr de son effet. Avant donc d'adopter les théories et les systèmes sur la forme du gouvernement, il ne suffit pas d'en apprécier le mérite d'une manière spéculative, il faut en outre consulter l'expérience, et adopter ou repousser les principes et les institutions, d'après leurs effets dans l'exercice et dans l'application.

Mais dans quelles archives trouve-t-on recueillies les leçons ou les observations de cette expérience, qu'on peut appeler la pierre de touche des institutions politiques? La plupart des historiens ont négligé de montrer en quoi la forme du gouvernement et les institutions politiques ont influé sur la destinée des peuples : ceux même qui ont considéré l'histoire sous ce point de vue, n'exposent pas toujours avec assez d'exactitude l'ensemble des principes et des lois formant la constitution; et c'est plutôt leur opinion sur ces lois que ces lois elles-mêmes qu'ils font connaître. Ainsi, l'histoire de chaque peuple

---

(1) Locke, *du Gouvernement civil*, chap. viii, n• 10.

(2) Voyez la Préface *des OEuvres philosophiques et politiques*, de Hobbes.

nous offre rarement les leçons de l'expérience sous ce
rapport ; mais, si une fois chaque constitution était
connue dans toutes ses parties; si toutes les révolutions
survenues dans la forme du gouvernement étaient indiquées avec exactitude; alors il serait facile de démêler
dans chaque événement, quelle a été l'influence des
institutions politiques, et de voir comment les événemens ont réagi sur ces mêmes institutions. Ces ré-
flexions suffisent, sans doute, pour indiquer quelle a
été notre intention, en présentant le texte des lois et
actes formant la constitution de chaque peuple. Il
nous reste à développer le plan que nous avons suivi
pour l'exécution.

D'abord, nous n'avons compris dans notre Collection que les institutions des peuples modernes : sans
doute, les gouvernemens des anciens ont offert souvent
d'heureuses applications des principes de la politique.
Montesquieu pense que les Anglais ont tiré des Germains l'idée de leur gouvernement politique (1) ; il dit
aussi que la manière dont on rendait la justice à Rome,
du temps de la république, est à-peu-près suivie en
Angleterre (2).

Mais les mœurs, les usages et les circonstances ont
tellement changé; les inventions nouvelles, le progrès
des sciences ont apporté dans l'état social de si grandes
modifications, qu'il serait souvent inutile, et quelque-

---

(1) *Esprit des lois*, liv. xi, chap. 6.

(2) *Idem*, liv. xi, chap. 18.

fois ridicule de chercher dans les institutions des anciens, le type des gouvernemens actuels (1).

Chez les nations modernes, au contraire, malgré les différences des mœurs, des usages, du caractère et du degré de civilisation, il existe des rapports tels, que souvent les institutions de l'une peuvent convenir à l'autre, mais toujours avec plus ou moins de modifications. En effet, ce serait une pensée bien fausse et bien dangereuse, de croire que telle ou telle législation politique est absolument applicable à tous les peuples indistinctement : en cette matière, plus qu'en aucune autre, peut-être, le *vrai* et le *bien* ne sont que relatifs.

Il entrait donc dans notre plan, comme nous venons de le dire, de recueillir seulement les actes et lois organiques des gouvernemens modernes.

Cela une fois décidé, une difficulté qu'on n'aperçoit pas d'abord, nous a long-temps arrêtés ; c'est le choix à faire dans la législation de chaque peuple, des lois et des actes qui forment sa constitution.

Qu'est-ce à proprement parler que la constitution ? quelles sont les lois qui en font essentiellement partie ? quelles sont les lois qu'on doit regarder comme organiques de la constitution ? Les publicistes, les jurisconsultes ont laissé des définitions et des classifications plus ou moins propres à nous diriger dans notre choix. Il n'est pas inutile de rappeler celles qui nous ont paru les plus exactes : elles indiqueront la règle que nous avons suivie.

« La constitution est l'ordre ou distribution des pou-

---

(1) *Encyclopédie*, au mot *Politique*.

voirs qui ont lieu dans un Etat, c'est-à-dire la manière dont ils y sont départis, le siége de la souveraineté
et la fin que s'y propose la société civile (1). »

« Pour donner la meilleure forme possible à la chose
publique, dit Rousseau, il y a diverses relations à considérer ; premièrement, l'action du corps entier agissant sur lui-même, c'est-à-dire le rapport du tout au
tout, ou du souverain à l'Etat..... Les lois qui règlent
ce rapport portent le nom de lois politiques et s'appellent aussi lois fondamentales (2). »

Des jurisconsultes partant de ces principes, ont
expliqué avec détail ce qu'on doit regarder comme lois
politiques ; ils les ont designées en indiquant les matières qu'elles reglent. Domat (3) est entré à ce sujet
dans quelques developpemens ; et *le Répertoire de jurisprudence* de Merlin s'exprime en ces termes (4) :

« Le droit public est général ou particulier ; le droit
public général est celui qui regle les fondemens de la
société civile, commune à plusieurs Etats et les intérêts
que ces Etats ont les uns avec les autres. Le droit public particulier est celui qui règle les fondemens de
chaque Etat.

» L'objet du droit public particulier est en général
de maintenir la police nécessaire au bon ordre et à la
tranquillité de l'Etat, et de procurer ce qui est le plus
avantageux à tous les membres de l'Etat, considérés
collectivement et séparément.

---

(1) *Aristote-Polit.*, liv. IV. chap. 1ᵉʳ. *Voyez* aussi Montesquieu, *Esprit des lois*, liv. 1ᵉʳ, chap. 3.
(2) *Contrat social*, liv. II, chap. 12.
(3) *Traité des lois*, chap. XI, n° 40.
(4) *Répertoire de jurisprudence*, au mot *Droit*.

» Ainsi c'est à lui à régler tout ce qui concerne la Religion.

» Un des plus grands objets du droit public de chaque Etat, c'est l'administration de la justice; mais tout ce qui y a rapport n'appartient pas également au droit public : il faut, à cet égard, distinguer la forme et le fond, les matières civiles et les matières criminelles.

» La forme de l'administration de la justice est du droit public, en matière civile aussi-bien qu'en matière criminelle; mais en général la disposition des lois au fond pour ce qui touche les particuliers en matière civile est du droit privé.

» Pour ce qui est de la punition des crimes, elle est certainement du droit public.

» Le droit public de chaque Etat a encore pour objet tout ce qui dépend du gouvernement des finances, comme l'assiette, la levée des impositions, etc. (1). »

Sur le passage que nous venons de citer, il importe de remarquer qu'en énumérant les différentes matières qui rentrent dans le domaine du droit public, l'auteur s'est écarté de la définition qu'il avait d'abord donnée; ou que du moins il a omis de faire une distinction importante, entre les lois politiques *fondamentales*, qui sont les bases de l'organisation politique, et les lois qui règlent cette organisation, et qu'on appelle à juste titre lois *organiques;* telles sont, par exemple, celles qui règlent les cérémonies publiques, les formes, mais seulement les formes de l'administration et de la justice; cette distinction est établie et développée avec autant de clarté que de précision par un jurisconsulte moderne :

_____

(1) Voyez aussi *Encyclopédie méthodique*, au mot *Droit.*

« Les lois *politiques* sont celles qui règlent les droits et les obligations dans les rapports de prince à nation, ou de souverain à citoyens et sujets. Les lois politiques *fondamentales* sont la condition essentielle et respective du pouvoir et de l'obéissance.

» Les lois politiques *constitutives* sont l'ensemble des institutions principales qui forment *l'essence* d'un gouvernement, son caractère distinctif, ses analogies et ses différences avec tous autres.

» Les lois politiques *institutives* sont l'ensemble des institutions secondaires ou organiques, plus ou moins nécessaires au maintien et à la perfection des institutions principales.

» Les lois politiques *circonstancielles* sont l'ensemble des dispositions qui règlent généralement et indéfiniment, eu égard à l'ensemble des besoins et des moyens, tous les modes d'exercice du pouvoir, tous les priviléges de ses agens, tout ce qui importe à la conservation et au maintien du patrimoine public, des établissemens publics et de la police générale ; comme aussi toutes les garanties, tous les moyens de justice, de conservation ou d'indemnité pour les droits privés en souffrance contre les abus du pouvoir; ce sont là proprement *les lois administratives* (1). »

Dirigés par cette classification lumineuse, après avoir recueilli les lois *fondamentales* de chaque État, nous avons eu soin de réunir les lois *organiques*, et d'indiquer les dispositions diverses ou qui consacrent quelques règles fondamentales, ou qui modifient sur des points importans l'organisation générale. Ainsi,

---

(1) Sirey. *Recueil gén. des Lois et Arrêts*, t, xx, 2ᵉ p., p. 78.

pour la France, nous faisons remarquer, par exemple, que, si la procédure par jurés est consacrée en principe par la Charte (art. 65), l'organisation du jury tient au droit public, et nous indiquons les bases de cette organisation. En général, les lois pénales de tous les Etats ont été l'objet d'un examen sérieux ; car c'est de la bonté des *lois criminelles que dépend principalement la liberté des citoyens* (1) ; et, sous ce titre de lois criminelles, nous comprenons, comme on doit bien croire, non-seulement les lois qui caractérisent les délits et qui déterminent les peines, mais encore celles qui règlent la forme et la composition des tribunaux, et qui garantissent à l'accusé l'exercice de tous ses droits.

On sent que ce n'est qu'avec de longs travaux et de pénibles recherches, que nous sommes parvenus à réunir les élémens de l'ouvrage que nous publions. Nous n'osons nous flatter d'avoir complétement réussi ; mais, quel que soit le succès de nos efforts, nous espérons qu'on rendra justice à nos intentions, et qu'on ne confondra pas entièrement cette Collection avec les compilations pour lesquelles on n'a eu à consulter que l'ordre alphabétique et chronologique.

Toutefois, cet ouvrage n'atteindrait pas le véritable but que nous nous sommes proposé, s'il offrait les monumens de la législation, entièrement isolés de l'histoire des peuples. Comme nous l'avons déjà dit, la plupart des historiens, en retraçant les événemens, ont négligé de les montrer dans leurs rapports avec les institutions ; ou ils ne l'ont fait que d'une manière insuffisante : cependant, c'est peut-être sous ce point de

---

(1) Montesquieu, *Esprit des lois*, liv. xii, chap. 2.

vue, que l'histoire mérite le plus d'être étudiée. Ainsi,
sur chaque fait, on doit surtout remarquer quelle a été
son influence sur la forme du gouvernement, et, réciproquement, en quoi la forme du gouvernement a influé sur les faits; il faut enfin considérer les événemens
et les institutions politiques, tour-à-tour comme causes
et comme effets, les uns à l'égard des autres. Nous savons
d'ailleurs que pour bien apprécier les institutions d'un
peuple, il faut connaître leur origine, les modifications
successives qu'elles ont éprouvées, les circonstances
dans lesquelles elles ont été élevées, et avoir des notions
exactes sur les mœurs, les usages, les habitudes et le
caractère national de chaque peuple.

Dès-lors, nous avons cherché à retracer, dans des
précis historiques, placés en tête de la constitution de
chaque peuple, les diverses révolutions qu'ont éprouvées
ses lois et la forme de son gouvernement. Ce travail
en suppose un autre qui d'ailleurs était indispensable,
c'est celui de rechercher et de recueillir les règles
fondamentales, les usages constitutifs, consacrés par
le temps et les mœurs des peuples, qui ont servi de
bases aux lois positives, aux institutions actuelles, et
qui même en ont tenu lieu pendant long-temps chez
plusieurs nations; usages qui formaient ce qu'on peut
appeler la constitution *non écrite*, et qui étaient *en
droit politique* à peu près ce qu'étaient dans *le droit
civil* nos anciennes *coutumes*. Pour présenter le résultat
de nos recherches sur ce point, d'une manière plus
frappante et qui en fît mieux apprécier l'ensemble,
nous avons rédigé cette constitution *non écrite*, en la
divisant par articles, en ayant soin d'indiquer toujours
un grand nombre d'autorités, et en conservant les ex-

pressions consacrées par l'usage, par les lois ou par les auteurs anciens.

Jusqu'ici, cette manière de présenter les règles fondamentales de chaque État, n'a point encore été employée; elle épargne les recherches; elle donne un résultat positif, et facilite la solution des points controversés, en rapprochant les opinions différentes. Cette partie de notre travail, mérite peut-être quelque attention; car, ainsi que l'a dit un ancien : « Les lois qui sont imprimées » dans les mœurs du peuple, ont bien plus d'autorité, » et sont d'une tout autre importance que les lois » écrites (1). »

On doit bien croire que nous avons mis un soin particulier à réunir tous les élémens du droit public de notre pays. Nous avons donné au précis historique relatif à la France un peu d'étendue; et cela devait être ainsi, car le reproche adressé par nous aux historiens en général, s'applique surtout aux historiens français. Nous osons ajouter que nos publicistes ont plutôt écrit des systèmes ingénieux, que montré la vérité sur plusieurs points importans; c'était donc pour nous un devoir de présenter un tableau plus étendu et plus complet des révolutions survenues dans nos institutions politiques, depuis l'origine de la monarchie, jusqu'en 1789, et de bien indiquer l'état des choses, à cette époque si mémorable.

On a dit « que les savantes recherches sur le droit » public ne sont souvent que l'histoire des anciens abus, » et qu'on s'est entêté mal à propos, quand on s'est donné

---

(1) *Arist. pol.*, liv. III, chap. 17.

» la peine de les trop étudier (1). » Si nous avons bien
fait entendre notre-pensée, on sentira que ce reproche
ne peut nous atteindre. En effet, nous avons voulu
présenter l'histoire des anciennes institutions, pour que
l'on pût, en les étudiant, et en voyant leurs effets, juger
en quoi elles doivent être suivies, modifiées ou détruites.
Le publiciste doit connaître les vices et les abus qui se
glissent dans le corps politique, comme le médecin doit
connaître les maladies qui attaquent le corps humain.

En résumé, l'Ouvrage que nous publions donne
aux législateurs et aux publicistes un moyen prompt
et facile de bien connaître, de rapprocher et de comparer les institutions politiques de toutes les nations
civilisées ; il offre à toutes les classes de citoyens l'histoire de *leurs libertés* et *les titres authentiques* de
leurs droits ; enfin, il est en quelque sorte le *dépôt* des
actes sur lesquels est fondée leur existence politique.
C'est maintenant à chacun d'apprécier l'intérêt, l'utilité du livre, et les intentions des auteurs.

----

(1) *Traité des intérêts de la France avec ses voisins,* par M. le
marquis d'Argenson.

COLLECTION

DES

CHARTES, LOIS FONDAMENTALES,

ET ACTES CONSTITUTIONNELS

DES PEUPLES DE L'EUROPE ET DES DEUX AMÉRIQUES.

FRANCE.

PRÉCIS DE L'HISTOIRE

DU

GOUVERNEMENT DE LA FRANCE,

Depuis l'origine de la Monarchie jusqu'à l'année 1789.

———

Ce titre marque à la fois l'objet et les limites du tableau
que nous allons retracer. Il doit rapprocher les points principaux d'une partie de l'histoire nationale, trop négligée
sans doute par les nombreux annalistes de nos exploits et de
nos calamités. Il doit offrir au coup-d'œil rapide les diverses
phases de l'état politique de la monarchie, depuis son établissement jusqu'à la révolution qui l'anéantit. Les discussions, les recherches fastidieuses en seront bannies, et rien
ne fera languir la série des faits qui en auront été le résultat.
Ces faits seuls, ainsi esquissés, formeront, nous osons le

dire, un travail neuf et d'un haut intérêt pour les Français de notre âge ; ils jetteront un nouveau jour sur des principes et des vérités que la passion méconnaît sans cesse ; ils présenteront notre histoire d'un point de vue plus élevé et vraiment digne d'un grand peuple : enfin, ils auront ce grand but d'utilité que la sagesse a proclamé le premier besoin de notre situation , « de lier tous les souvenirs à toutes les » espérances, en réunissant les temps anciens et les temps » modernes (1), » et peut-être d'opérer un heureux rapprochement entre des générations ennemies.

§ Ier.

Gouvernement de la Gaule romaine.

Il est nécessaire d'ouvrir ce Précis par quelques considérations, d'une part, sur la situation de la Gaule sous la domination romaine , et de l'autre, sur l'état de la fédération des nations germaniques, connues sous le nom de *Francs* , avant la conquête du territoire gaulois. On doit sentir que ce fut de la fusion des lois et des institutions de l'une et de l'autre société politique, que naquit le gouvernement de France , comme ce fut le mélange de l'une et de l'autre race qui forma la nation française. Il faut donc considérer ces lois et ces institutions respectives des deux peuples, pour y reconnaître l'origine des premiers établissemens de notre monarchie, et les élémens de sa constitution. On peut même dire que quelques observations nettes et rapides à ce sujet, peuvent seules porter la lumière dans le chaos que présente notre histoire dans les premiers siècles.

Il n'est nullement question ici de suivre les Gaulois dans le cours de la lente métamorphose que leur firent subir les Romains, après avoir conquis leur territoire; il faut voir seulement ce qu'ils étaient vers le temps de la seconde conquête opérée par les nations germaniques; c'est-à-dire

---

(1) Préambule de la Charte.

vers le cinquième siècle. L'abbé Dubos (1) a dit qu'à cette époque il n'y avait plus de Gaulois dans les Gaules; il a voulu exprimer par là qu'ils étaient devenus de véritables Romains. En effet, mœurs, usages, jeux, costumes, langage, ils avaient tout adopté. Depuis que Caracalla avait proclamé citoyens romains tous les habitans des diverses provinces de l'empire, les différences que le temps avait laissées entre les deux populations, s'étaient de jour en jour effacées; les mariages avaient surtout contribué à opérer un mélange complet. On ne faisait donc plus aucune distinction, dans les derniers temps, entre les familles qui avaient anciennement apporté la toge dans la Gaule, et celles qui l'avaient reçue; les plus illustres entre les unes et les autres parvenaient indistinctement aux dignités de l'empire. Ce fait était important à fixer, en ce que ces dénominations de Gaulois et de Romains ne peuvent plus dès-lors produire aucune confusion : nous savons que c'est d'un seul et même peuple qu'il s'agit à cette époque, d'un peuple qui, sous quelque dénomination que ce soit, n'est, après tout, qu'une portion de la grande nation dominant encore sur l'univers.

Les grandes magistratures établies dans les Gaules par les empereurs, ne sont intéressantes, dans notre objet, que parce que les chefs de Barbares s'aidèrent de ces titres vains pour appuyer leur puissance sur les peuples conquis. Ce serait en effet se faire une fausse idée de la royauté à cette époque, que de la juger d'après nos idées modernes : il n'y avait alors, dans l'esprit des peuples, de sceptre et de couronne qu'à Rome et à Constantinople. Nul doute que le vicaire-général ou préfet du prétoire qui commandait dans la Gaule, et même le simple recteur qui dirigeait une des dix-sept provinces, ne fût, aux yeux de cette population, un tout autre personnage que quelques chefs de hordes sauvages dont la longue chevelure était le

(1) Établissement des Francs dans les Gaules.

seul caractère de majesté. A la vérité, tous les faibles instrumens de la puissance des Césars disparurent successivement devant l'épée des Barbares; mais ils sentirent bientôt eux-mêmes que, pour dominer solidement sur tout ce que le fer n'avait pas détruit, il fallait se substituer dans les offices, à l'égard desquels les peuples avaient contracté des habitudes de soumission. Voilà pourquoi, tandis que les chefs recevaient ou prenaient les insignes des patrices ou des consuls, on voyait leurs principaux lieutenans remplacer, sous les noms de *ducs*, ces généraux (*duces*) fixés par les empereurs dans telle ou telle province de l'empire; d'autres, succéder comme *comtes*, à ces *comites* qui présidaient aux cités, etc.

Il y a une remarque bien intéressante à faire sur ces établissemens militaires des empereurs. La difficulté de faire marcher avec assez de précipitation les milices sur les frontières, quelquefois simultanément attaquées par les Barbares, avait donné lieu à la création de certaines milices particulières établies à demeure dans telle ou telle province, et dont les seules fonctions étaient d'en garder l'entrée. On distribuait des terres à ces soldats; ils pouvaient se marier, et laisser à leurs enfans ces biens concédés, mais à condition qu'ils rendraient le même service militaire, dont la donation avait été le prix. Les terres possédées à ce titre sont, en général, désignées sous la dénomination *de bénéfices militaires*. On a pu y voir l'origine des fiefs.

Chaque province de la Gaule était divisée en districts ou cités; chaque cité s'administrait par elle-même, sous la haute autorité des officiers de l'empereur. Elle avait son sénat, sa curie(1), sa milice et ses revenus. Il est manifeste enfin que l'établissement des cités romaines constituait, mais d'une manière plus élevée et plus libérale, ces *communes* que nous verrons disparaître d'abord entre les fléaux qui suivirent la conquête, et renaître ensuite, successivement arrachées

(1) Il semble que la curie était au canton (*pagus*, ce que le sénat était à la cité (*civitas*).

à l'épée des conquérans par les efforts des peuples et le sceptre protecteur des rois.

Les Gaulois étaient libres ou esclaves. Les hommes libres étaient rangés sous trois classes, 1° les familles sénatoriales, jouissant de certaines prérogatives, mais assujéties à l'impôt comme les autres; 2° les familles curiales, où se trouvaient rangés tous ceux qui possédaient des terres, qui n'exerçaient aucun métier, et qui avaient droit de faire partie de la curie; 3° les familles exerçant une industrie pour vivre, et unies entre elles par des corporations de divers métiers.

Les esclaves étaient de deux espèces, les uns attachés à un maître qui les nourrissait, les autres au fonds qu'ils exploitaient et dont ils retiraient les fruits moyennant une certaine redevance. Il y avait aussi des hommes libres qui tenaient et cultivaient des terres au même titre. Telles étaient les remarques principales que nous avions à faire sur la situation politique de la Gaule romaine. Nous aurons occasion d'y revenir dans la suite, et d'en faire sentir toute l'importance.

§ II.

Des Francs avant la conquête. (4e siècle.)

L'état des Francs, dans la Germanie, présente, à côté de l'esquisse que nous venons de tracer, un contraste frappant. On voit, d'une part, toutes les conséquences d'une civilisation avancée; la nature s'offre de l'autre dans toute son aspérité native. Ici règnent les lois, les institutions et les arts avec l'asservissement; là, quelques usages confus, des mœurs féroces et des armes avec la liberté.

Les Francs étaient des Germains. Les traits sous lesquels les Anciens ont peint ces derniers, doivent donc servir à peindre les Francs eux-mêmes.

Comprenons sous cette dénomination plusieurs peuplades unies entre elles par la tradition d'une origine commune, et éprouvant continuellement le besoin de réunir leurs forces, soit pour l'attaque, soit pour la défense. Il ne paraît pas, au

reste, qu'il y eût entre ces peuplades aucune espèce de pacte
fédéral formellement exprimé; mais c'était dans la nation un
usage qui remontait sans doute à la réunion des premières
familles, que celui de ces assemblées annuelles où la nation
délibérait sur les affaires publiques d'un intérêt général, assemblées fameuses qui forment le premier point de l'histoire
de nos libertés.

C'est donc une chose assez remarquable que les deux
élémens principaux qui composent l'édifice des libertés
nationales se découvrent, l'un (les communes) dans les
institutions romaines, et l'autre (les corps représentatifs) dans
les établissemens germaniques.

Les Francs n'estimaient que la valeur, et leurs lois ne pu-
nissaient que la lâcheté. Ils avaient des chefs de guerre dont
la principale prérogative était d'avoir la part la plus forte des
butins faits sur l'ennemi. Apprendre à agiter la *francisque* avec
dextérité était toute l'éducation de la jeunesse. La force était
la loi. Une pareille société ne pouvait subsister qu'autant que
ses membres les plus turbulens seraient constamment en
guerre. Aussi, depuis l'époque où ils parurent sur les frontières septentrionales de l'empire, jusqu'à celle où ils envahi-
rent la Gaule, chaque année fut marquée par de nouvelles
agressions et par de nouveaux pillages.

D'autres observations sur le caractère et l'état primitif de
cette nation sont nécessaires; mais elles trouveront mieux leur
place dans les pages suivantes, où elles serviront de base à des
développemens d'un haut intérêt.

§ III.

Conquête de la Gaule par les Francs. (5ᵉ, 6ᵉ, et 7ᵉ siècles.)

C'est ici surtout qu'il faut se défendre de l'esprit de système,
et par conséquent ne pas imiter la plupart des écrivains qui
ont cherché à reconnaître la situation politique du pays, vers
les premiers temps de la conquête. Presque tous, en effet, abusant étrangement de quelques passages, ont établi des hypo-

thèse plus ou moins spécieuse, mais où se trouvent quelques vérités, au milieu d'une bonne manifestement erronée. D'après celui-ci, par exemple, les conquérants s'asseyent paisiblement au rang des vaincus, et .... leurs glaives devant eux leurs établissemens (1). Un autre veut au contraire que les Barbares aient chargé de chaînes tout ce qui portait le nom de Gaulois (2). On peut reprocher sans doute au plus illustre de tous, à l'un des grands génies dont la France s'honore, d'avoir trop exclusivement cherché l'origine de tout, dans les forêts mêmes de la Germanie (3).

Évitons de voir cette partie de notre histoire sous un point de vue systématique, et empruntons à chaque hypothèse ce qu'elle peut avoir de fondé; il est probable que nous nous rapprocherons ainsi de la vérité sur des points encore fort obscurs, après de longues discussions.

Il y a une remarque essentielle à faire; on n'a pas assez réfléchi, ce me semble, en s'occupant de l'époque où les Francs triomphèrent de la puissance romaine, que ces peuples devaient avoir subi de fortes altérations depuis un siècle. Il faut se rappeler, en effet, qu'ils avaient souvent possédé, pendant plusieurs années, quelques lambeaux des provinces septentrionales; que leurs courses continuelles dans les autres parties du territoire les mettaient en communication directe avec les Romains; que les captifs qu'ils ramenaient esclaves dans leur séjour ordinaire, devaient nécessairement avoir répandu parmi eux quelques lumières sur l'état politique de la Gaule; on ne doit donc pas les regarder tout-à-fait, à cette époque, comme des barbares déterminés à exterminer indistinctement et absolument tout ce qui n'était pas sorti de leur sauvage berceau.

Les lois qui régirent ces premiers temps, prouvent que par-tout où l'on se soumit, les propriétés et les institutions locales

---

(1) L'abbé Dubos.
(2) Le comte de Boulainvilliers.
(3) Le président de Montesquieu.

même furent respectées. Les Barbares ne s'emparèrent que des terres qui se trouvèrent libres par la mort ou l'esclavage des possesseurs ; et ils ne modifièrent d'abord le gouvernement, qu'autant qu'il était nécessaire pour assurer leur conquête. Si les vaincus furent politiquement placés au second rang, on voit néanmoins que ceux qui se réunirent aux conquérans, conservèrent une grande prépondérance dans la direction des affaires. Le règne d'Ægidius, après l'expulsion de Childéric, en est une preuve. Puisque les Francs purent so soumettre à un Romain, il est clair que la situation du reste de la nation ne dût pas être telle, à cette époque, que quelques-uns l'ont voulu.

C'était un principe chez les Barbares, que chaque peuplade devait être régie par ses règles de justice. Ce principe maintint l'usage des lois romaines pour les Romains, comme il établissait la loi salique pour les Francs, la loi gombette chez les Bourguignons ; ce qu'on appelait alors le code Théodosien, resta donc en vigueur dans la Gaule : or, cela suppose que les magistratures continuèrent encore à être exercées par des Romains, puisqu'eux seuls étaient capables de les exercer.

Plusieurs monumens semblent attester pareillement que l'administration resta à-peu-près dans l'état où elle se trouvait, et que ce furent encore des Romains qu'on vit la plupart du temps choisis par les rois Francs, pour présider aux cités comme *comites* ou comtes.

En un mot, voilà, ce nous semble, l'idée qu'on peut raisonnablement se faire de l'état du pays à cette époque. Le roi Franc avait pour conseil ses principaux chefs et ceux des illustres Gaulois dont le front s'était courbé sans peine sous le nouveau joug. Là, il méditait d'achever sa conquête et d'étendre sa domination soit sur les parties où des corps Romains tenaient encore, soit sur celles où d'autres chefs de Barbares tentaient d'établir une puissance rivale de la sienne. Les principaux officiers Francs étaient investis des grands commandemens, dans les provinces où le roi était reconnu. Dans ces provinces, la population germanique, qui s'était établie après avoir quitté les bords du Rhin, n'était pas, dans l'origine, disséminée, mais réunie avec ses serfs, et formant des villages à part sur les terres qui lui avaient été cédées. Une religion, un culte et des usages différens, des sentimens de jalousie d'une part, et de cupidité de l'autre, devaient établir une division naturelle entre les anciennes cités que la conquête n'avait pas détruites, et les nouveaux établissemens. Ces deux populations s'observaient sans doute avec inquiétude, et il y avait entre elles des rapports trop immédiats, pour qu'il ne s'en suivît pas nécessairement une sorte de lutte presque continuelle, où l'on comprend que le dessous ne fut pas ordinairement aux derniers venus. Telle fut à-peu-près la situation du pays, jusqu'au moment où l'ancienne nation sembla, en quelque sorte, avoir totalement disparu dans cette suite de guerres et de dévastations, qui forme l'histoire de ces temps.

§ IV.

De la Royauté.

Reges ex nobilitate, duces ex virtute sumunt, a dit Tacite (1), en parlant des Germains; ce qui prouve manifestement que les rois, chez ces peuples, appartenaient à certaines familles exclusivement.

Mais cette royauté était-elle héréditaire?

Le respect et la soumission pour le sang d'un homme qui s'est illustré par sa valeur, sont des sentimens qui naissent avec la société politique, et dont elle fait plus tard des principes quelquefois utiles à son maintien. Il serait facile d'en faire sentir la source et les motifs; mais ce n'est pas ici le lieu de se livrer à de semblables développemens. Au reste, l'histoire est là pour attester la vérité du fait. Il n'est pas rare de voir, chez tous les peuples, et spécialement chez ceux qui nous occupent, une assemblée de vieux guerriers tout entière

---

(1) *De Mor. German.*, cap. 7.

exaltée, à la vue d'un faible enfant, qu'elle se plaît à regarder comme devant un jour rappeler celui dont il a reçu la vie et dont il porte le nom.

D'un autre côté, un attachement servile et non raisonné ne peut guère être supposé parmi des peuples où le glaive est souverain, où le plus vaillant doit toujours être le premier de tous. Qui ne doute d'ailleurs que dans ces assemblées annuelles où la nation décidait avec toute puissance, il n'ait pas été question quelquefois de renverser un roi lâche ou tyran, pour couronner un chef plus digne : Childéric n'en est-il pas un exemple?

Voici comment on peut concilier cette apparente contradiction : les peuples avaient bien à la vérité le droit d'élire les rois; mais c'était en général une doctrine, d'en borner l'exercice et de choisir exclusivement entre les héritiers du sang royal. Diverses autorités fondent ce sentiment. On lit dans nos anciens historiens que ces premiers rois qui précédèrent Clovis, et dont les noms seuls sont connus, appartenaient très-certainement à la même famille, quoique le principe de l'hérédité directe n'eût point été appliqué à leur égard. C'est cet usage qui introduisit peut-être les partages des Etats, qui eurent lieu, si fréquemment sous la première race. Les fils du roi avaient, aux yeux de la nation, des droits égaux à une portion de souveraineté, puisqu'ils auraient pu être également choisis par elle pour commander à l'Etat tout entier.

Celui qui devait régner sur les Francs était placé sur un bouclier, le glaive à la main, en présence de toute l'armée, qui fesait diverses évolutions autour de lui (1). Tel était le couronnement; il caractérise une royauté d'où les femmes devaient naturellement être exclues. Ainsi, qu'on lie ce principe constitutif de notre monarchie à l'ensemble des lois saliques, ou non, il n'en est pas moins vrai qu'il devait naître du génie même de cette nation belliqueuse.

_____

(1) Grég. Tur., lib. vii, chap. 18.

Clovis donna, par l'éclat qu'il jeta sur ses armes, un caractère plus imposant à la royauté, et il habitua les peuples à la voir irrévocablement fixée dans sa famille, et transmise plus régulièrement. Mais ce fut surtout le Christianisme qui lui imprima le sceau particulier d'un contrat religieux entre les peuples et le sang des rois. Les évêques, pour reconnaître les bienfaits, au moyen desquels les monarques croyaient effacer leurs crimes, attachèrent le nom de Dieu à leur couronne, et firent découler leur autorité d'une source divine. Des miracles confirmèrent ces nouvelles doctrines, et les rois devinrent des êtres sacrés. Voilà la sainte ampoule, et le don des écrouelles ! voilà ces rois *fainéans* qui précédemment eussent été chassés d'un trône qu'ils étaient si peu dignes d'occuper !

§ V.
Des Lois saliques.

C'est une opinion assez généralement admise, que les lois des Francs furent écrites peu après leur établissement dans les Gaules. Mais il est probable que la confection complète du Code Franc ne date pas de la même époque, et qu'elle fut amenée par les accroissemens successifs et les besoins du nouvel État.

La situation dans laquelle se trouva le pays après la conquête, la rivalité et les rixes qui devaient nécessairement naître entre les deux corps principaux de la population nouvelle, obligèrent les rois à établir quelques règles pour fixer des rapports nouveaux. La politique avait, comme nous l'avons vu, laissé une sorte d'égalité entre les anciens habitans et ceux qui venaient d'occuper le sol. La loi civile consacre au contraire une différence humiliante. C'est ainsi, par exemple, qu'en introduisant la *composition*, institution toute germanique, et qui devait appartenir en effet à des sociétés de guerriers chez qui le sang était moins apprécié que l'or, la loi établit que celui qui tuerait un Franc paierait 200 sols à ses parens, tandis que celui qui se serait défait d'un Romain, n'était tenu

à leur payer que 100 sols, et seulement 45 si le Romain était
tributaire.

Ces dispositions durent contribuer à effacer le nom Gaulois
ou Romain de la terre où dominaient les Francs. Elles y firent
cesser pareillement, peu-à-peu, l'usage du droit romain que
les rois avaient d'abord maintenu. La chose est facile à con-
cevoir, il y avait tant d'avantage à être tenu pour Franc et à être
soumis à la loi des Francs! et chacun pouvait faire, et était
même tenu de faire choix de la loi sous laquelle il prétendait
vivre. On reconnaîtrait quelque profondeur dans des lois qui
devaient opérer une fusion utile entre les deux peuples, si
elles n'eussent pas accéléré les progrès de la barbarie.

L'épreuve par le combat singulier, le fer chaud, le *jugement de Dieu* enfin, est consacrée par le Code Franc. Nous
reviendrons plus tard sur ce sujet.

Passons à cet article fameux devenu une des règles fondamentales de notre monarchie, et qui plus d'une fois, l'a empêchée de passer sous le sceptre d'un étranger.

« *De terrâ vero salicâ in mulierem nulla portio hereditatis*
» *transit, sed hoc virilis sexus acquirit : hoc est, filii in ipsâ he-*
» *reditate succedunt* (1). Aucune portion de la terre salique
» ne passera aux femelles, mais elle appartiendra aux mâles;
» c'est-à-dire que les enfans mâles succèderont à leur père. »
C'est Montesquieu qui traduit.

Après des développemens sur les applications de cet article
en matière civile, ce grand homme ajoute : « Après ce que
» nous venons de dire, on ne croirait pas que la succession
» personnelle des mâles à la couronne de France, pût venir
» de la loi salique; il est pourtant indubitable qu'elle en vient.
» Je le prouve par les divers codes des peuples barbares; la
» loi salique et la loi des Bourguignons ne donnèrent point
» aux filles le droit de succéder à la terre, avec leurs frères;
» elles ne succédèrent pas non plus à la couronne. La loi des

____

(1) Loi sal., tit. 62, § 6.

« Visigoths, au contraire, admit les filles à succéder aux terres
« avec leurs frères ; les femmes furent capables de succéder
« à la couronne. Chez ces peuples, la disposition de la loi ci-
« vile força la loi politique (1). »

§ VI.

De la Servitude.

Il y avait, pour le malheur des hommes de ces temps, un
usage qui régnait également, et chez les vaincus et chez les
vainqueurs : le servage de la glèbe. Chez les uns et chez les
autres, des hommes étaient attachés au fonds de terre,
comme les choses qui servaient à sa culture. Cet établissement était né dans la Gaule, de ce que les Romains, voulant
ne pas quitter le séjour fastueux des villes, avaient cru
mieux s'assurer ainsi les revenus de leurs terres ; et dans la
Germanie, de ce que les Barbares, dédaignant d'allier le maniement des instrumens aratoires à celui des armes, et consacrant exclusivement les captifs au labourage, avaient, en
quelque sorte, identifié l'existence de leurs esclaves avec la
portion de fonds départie à leurs soins.

Nul doute que les Francs, en s'établissant dans la Gaule,
n'aient ajouté encore un grand nombre de serfs à ceux qui
y étaient déjà ; mais il n'aurait pas fallu en conclure, comme
quelques écrivains, que le peuple conquis fût tout entier
réduit à l'état de servage. Des faits nombreux démentent cette
assertion, et toutes les lois du temps font voir que c'est une
erreur manifeste.

Ce qui y a donné lieu, c'est l'observation que, vers le
commencement de la troisième race, les laboureurs, les
artisans, presque tous les habitans des villes, étaient serfs ;
mais Montesquieu explique de la sorte comment il se fit
que le nombre des hommes libres, considérable encore sous
la première race, décrut, dans la suite, au point qu'il n'y

---

(1) *Esprit des lois*, liv. xviii, chap. 22.

avait plus en France, vers le dixième siècle, que noblesse
et servitude. « Ce que la conquête ne fit pas, dit-il, le
» droit des gens qui subsista après la conquête, le fit. La
» résistance, la révolte, la prise des villes, emportaient aussi
» avec elles la servitude des habitans ; et comme, outre les
» guerres que les nations conquérantes firent entre elles, il
» y eut cela de particulier, chez les Francs, que les divers
» partages de la monarchie firent naître sans cesse des
» guerres civiles entre les frères ou neveux, dans lesquelles
» ce droit des gens fut toujours pratiqué, les servitudes de-
» vinrent plus générales en France que dans les autres
» pays (1). »

On conçoit que ce furent ces progrès du servage qui
anéantirent successivement les vestiges des anciennes institutions municipales des Romains, respectées dans les premiers temps. Ils contribuèrent également à couvrir la France
entière des ténèbres de l'ignorance et de la barbarie. Il est
facile de comprendre, en effet, que le plus ordinairement,
dans cette carrière de combats, de pillages et de calamités,
ce furent des mains romaines qu'on chargea surtout des fers
de la servitude. Or, les Romains seuls conservaient quelques
restes des lumières qui avaient jeté un si grand éclat dans
ce malheureux pays avant l'invasion des Barbares.

§ VII.

De la Vassalité.

Les principaux d'entre les Germains, nous disent les Anciens, avaient chacun une petite troupe, qui s'associait à sa
fortune, soit dans la guerre, soit dans la paix. « C'est, dit
» Tacite, la dignité, la puissance, d'être toujours entouré
» d'une foule de jeunes gens qu'on a choisis ; c'est un orne-
» ment dans la paix ; c'est un rempart dans la guerre. On se
» rend célèbre dans la nation et chez les peuples voisins, si

---

(1) *Esprit des Lois*, liv. xxx, chap. 11.

« l'on surpasse les autres par le nombre et le courage de
« ses compagnons (1). On reçoit des présens. Les ambas-
« sades viennent de toutes parts. Souvent la réputation dé-
« cide de la guerre. Dans le combat, il est honteux au prince
« d'être inférieur en courage ; il est honteux à la troupe de
« ne point égaler la valeur du prince ; c'est une infamie
« éternelle de lui avoir survécu ; l'engagement le plus sacré,
« c'est de le défendre. Si une cité est en paix, les princes
« vont chez celles qui font la guerre : c'est par-là qu'ils con-
« servent un grand nombre d'amis. Ceux-ci reçoivent d'eux
« le cheval du combat et le javelot terrible : les repas peu
« délicats, mais grands, sont une espèce de solde pour eux.
« Le prince ne soutient ses libéralités que par les guerres et
« les rapines. Vous leur persuaderiez bien moins de labourer
« la terre et d'attendre l'année, que d'appeler l'ennemi et de
« recevoir des blessures : ils n'acquerront pas, par la sueur,
« ce qu'ils peuvent obtenir par le sang (2). »

L'origine de la vassalité féodale est dans ce passage. Il n'y
avait point encore de fiefs ; mais il y avait, comme dit Montesquieu, « des hommes fidèles qui étaient liés par leur pa-
« role, qui étaient engagés pour la guerre, et qui faisaient
« à peu près le même service que l'on fit depuis pour les
« fiefs. »

On ne voit, dans les premiers temps, que les vassaux du
Roi ; et ils paraissent sous les noms de *Leudes*, d'*Antrustions*,
de *Fidèles*, mots qui ont la même signification ; mais il s'introduisit ensuite des degrés de vassalité, comme il s'introduisit des degrés entre les fiefs ; de sorte que le roi eut
ses leudes ; les leudes leurs vassaux ; et ceux-ci, à leur tour,
des arrière-vassaux. Voilà les racines de cet arbre féodal
dont les branches ont si long-temps couvert la société eu-
ropéenne.

---

(1) Comites.

(2) Montesquieu, *Esprit des Lois*, liv. xxx, chap. 3.

§ VIII.

Des Fiefs.

Ne nous occupons ici que de la naissance de cette institution fameuse des fiefs, qui forme le caractère distinctif de
la législation politique des modernes.

Le comte de Buat (1), après avoir rassemblé divers passages de nos lois anciennes, relatifs aux terres limitrophes
de l'empire, ordinairement concédées à des vétérans, en tire
les conclusions suivantes, 1° que ces biens n'étaient point
héréditaires; 2° qu'ils étaient masculins; 3° que c'étaient des
bénéfices sous certains rapports; 4° que le fils du dernier possesseur était choisi de préférence aux étrangers, pour en être
investi, à la condition d'être capable de remplir les devoirs
que cette possession imposait; 5° que les serfs et les bestiaux
dont ils étaient pourvus, devaient s'y retrouver, quand la
propriété passait à un nouveau possesseur. « Il me semble,
ajoute-t-il, qu'à tous ces caractères, on doit reconnaître
les fiefs tels qu'ils continuèrent d'être jusqu'au temps de
Charles-le-Chauve. » Ce système a été combattu par les plus
graves autorités; il ne paraît toutefois avoir rien d'invraisemblable.

Il faut remarquer que, comme des Barbares alliés à l'empire furent quelquefois commis par les princes, pour préserver les frontières des invasions d'autres Barbares, cette
institution se trouva quelquefois faite en leur faveur; que des
terres furent aussi concédées de la sorte, en divers temps, au
centre même de l'empire, à plusieurs hordes qui demandaient
à s'y établir; ce qui explique comment ce ne fut pas seulement aux bornes de l'empire qu'il y eut des fiefs.

Au reste, en laissant dans les ténèbres une origine certainement fort obscure, il faut toujours conclure qu'il y
eut, sous la première race des rois, un grand nombre de

---

(1) Les origines, etc. T. 1, liv. IV, chap. 1.

terres qui, sous les noms divers de *fiefs*, de *bénéfices*, d'*honneurs*, furent concédées aux vassaux du roi, pour récompenser leurs services ou fixer une fidélité douteuse : ce sont les fiefs, quoique le nom n'ait été usité que plus tard.

Il est certain que les premiers biens possédés à ce titre furent amovibles, comme leur nature même l'indique. Toutefois, on ne pouvait les conférer ni les ôter selon un vain caprice. Il paraît que le roi devait en délibérer avec ses premiers conseillers, c'est-à-dire avec les *leudes*. Or, comme ceux-ci furent les propriétaires des premiers fiefs, c'était donc du sort de leurs pairs qu'ils avaient à décider.

Il arriva, que de même qu'on se maintenait dans les offices par l'or ou par la force, on conserva aussi les bénéfices par de pareils moyens. Des concessions légales furent même arrachées à la faiblesse des monarques. Ils durent successivement respecter le titre de la possession pendant un an, le renouveler, le rendre viager, et enfin, héréditaire. Vers la fin de la première race, la plupart des fiefs étaient transmis aux enfans.

De l'hérédité des bénéfices naquit la noblesse. Les annalistes des premiers siècles de la monarchie se contentent de marquer une série de crimes épouvantables; mais, en étudiant plus profondément cette époque, on reconnaît que la lutte qui s'établit, en quelque sorte, entre les grands vassaux et les princes, fut la première cause de toutes ces sanglantes révolutions. A mesure que le nombre des premiers augmenta, quelques-uns d'eux seulement devinrent les confidens particuliers des rois. Avides et ambitieux comme leurs maîtres, ils leur firent porter des actes de révocation ou de spoliation qui révoltèrent quelquefois la nation entière, mais toujours ceux qui en étaient frappés. C'est l'histoire de la fameuse rivale de Frédégonde.

Nous n'avons parlé jusqu'ici que de ces fiefs primitifs que

---

(1) *Chronique de Frédégaire*, chap. 27.

la couronne conférait ; mais le désordre et la confusion augmentant d'année en année, de siècle en siècle, un nombre considérable d'alleux se trouvèrent réduits en fiefs ou arrière-fiefs. Des priviléges étaient assignés aux vassaux du roi, on trouvait protection sous son sceptre; on voulut être vassal du roi; alors s'introduisit l'usage de changer son alleu en fief, en donnant sa terre au roi, qui la rendait à titre de bénéfice ou de vassalité. Telle est la formule qui nous a été conservée (1). L'hérédité, pour cette espèce de fief, ne put certainement être contestée; ce fut probablement une raison de regarder, par la suite, toutes les terres connues sous ce nom, comme possédées à titre héréditaire.

On conçoit que la crainte, d'une part, et la violence, de l'autre, le besoin de protection et le désir d'opprimer, créèrent, dans la suite, entre les sujets, un ordre analogue à celui qui avait d'abord existé entre le roi et quelques sujets.

« Tout le monde, dit le grand homme auquel il faut toujours revenir, entra, pour ainsi dire, dans la monarchie féodale, parce qu'on n'avait plus la monarchie politique. » Je m'arrête ici.

§ IX.

De la Justice.

Le pouvoir, c'est la justice. La société, en effet, n'établit de supériorités que pour fixer des droits et des rapports, pour maintenir les règles par lesquelles elle doit exister. Voilà pourquoi la justice est l'attribut constant de la royauté, ou, dans un sens plus étendu, pourquoi elle émane, dans tout État de la souveraineté.

Ce principe fut oublié dans les temps malheureux dont nous nous occupons. C'est un spectacle singulier que de voir la plus auguste prérogative de la couronne partagée et morcelée, et devenir en quelque sorte, la conséquence immé-

---

(1) Marculfe, liv. 1, Formule 13.

diate de la possession de telle ou telle fraction du sol. Ce spectacle fut alors offert pour la première fois : il est digne de fixer l'attention de ceux qui méditent sur le principe, le but et les résultats des institutions humaines.

Les offices de juges avaient d'abord été occupés par des officiers royaux ; mais le désordre qui s'introduisit dans toutes les branches de l'administration, ne tarda pas non plus à gagner la justice : les juges du roi furent remplacés, expulsés. Il fallait que la force fût la loi.

Mais on a expliqué comment fut consommée cette étonnante révolution qui fit de la justice un droit du fief : la *composition* formait toute la législation des Francs. On payait l'injure faite ou le sang versé : la famille était dès-lors dispensée du devoir sacré de la vengeance ; et la société conservait un de ses membres, que son audace ou son génie rendaient quelquefois précieux. Mais, outre ce qu'on donnait aux parens pour se racheter, il y avait aussi une amende qui devait être délivrée au juge du territoire où l'action avait été commise. C'était, sans doute, dans l'esprit du législateur, une sorte d'expiation publique d'un délit public, faite pour en éloigner le renouvellement. Cette amende était appelée *fredum*, et proportionnelle comme la composition.

« Je vois déjà naître la justice des grands seigneurs. Les » fiefs comprenaient de grands territoires, comme il paraît » par une infinité de monumens. J'ai déjà prouvé que les » rois ne levaient rien sur les terres qui étaient du partage » des Francs ; encore moins pouvaient-ils se réserver des » droits sur les fiefs. Ceux qui les obtinrent, eurent, à cet » égard, la jouissance la plus étendue ; ils en tirèrent tous les » fruits et tous les émolumens ; et comme un des plus considérables était les profits judiciaires (*freda*), que l'on » recevait par les usages des Francs, il suivait que celui qui » avait le fief, avait aussi la justice, qui ne s'exerçait que » par des compositions aux parens, et des profits au seigneur. » Elle n'était autre chose que le droit de faire payer les

» *compositions* de la loi, et celui d'exiger les *amendes* de
» la loi (1). «

Il est bon d'observer toutefois que, si la couronne perdit sa
plus belle prérogative, elle en conserva du moins le titre
originaire : elle ne rendit plus la justice; mais elle dut
veiller à ce qu'elle fût rendue : elle put obliger les seigneurs
à remplir cette espèce de servitude de leur fief.

Ainsi fut fondé un ordre qui, après avoir été pendant
plusieurs siècles un fléau pour les peuples, laissa informe
et confus tout notre système judiciaire, jusqu'au temps où il
fut frappé dans ses racines.

§ X.

Du Clergé.

Le clergé catholique avait admis les Francs; et plusieurs de
ses membres avaient favorisé leur conquête, parce que, abandonnés des empereurs, ils redoutaient beaucoup moins la
domination de ces païens que celle des Ariens du midi. La
raison en est toute simple; les premiers n'étaient point per-
sécuteurs, et on pouvait avoir l'espoir fondé de les convertir
au Catholicisme. Il y a même des raisons de penser que les
lumières de la foi avaient déjà éclairé plusieurs des Barbares,
avant la conquête.

L'Eglise conserva, dans les premiers temps, l'usage des lois
romaines. Les évêques, saints vieillards qui offraient d'éclatans exemples de charité chrétienne, en imposaient aux rois barbares. Ils respectaient, avant leur conversion, ces dignes prélats.
Devenus chrétiens, ils en firent des conseillers; ceux-ci s'étaient
servi de leur influence auprès des rois pour protéger les malheureux vaincus, et exercer une espèce de patronage utile.
Quelques-uns, abusant de leur crédit, le changèrent, dans la
suite, en une tyrannie odieuse. Grégoire de Tours parle d'un
évêque d'Auvergne, qui, dès le premier siècle de la monarchie,

---

(1) Montesquieu, liv. xxx, chap. 20.

enlevait avec violence des terres qui confinaient son domaine, et faisait mettre en prison un prêtre qui refusait de lui donner son bien.

Mais ce serait tomber dans une grande erreur que de voir dans la violence la principale cause de l'accroissement rapide des richesses du clergé. Il eut une origine plus pure, les donations ne furent pas toujours extorquées ; l'ignorance de ces temps les fit regarder comme des expiations par ceux qui les acceptaient, comme par ceux qui les faisaient : *c'est le prix des péchés*, est-il dit dans une loi de Carloman. D'autres monuments attestent aussi que les vertus des ecclésiastiques furent souvent une heureuse compensation des maux de ces temps désastreux. L'humanité trouva plus d'une fois des protecteurs dans les rangs de l'Église. Peut-on être surpris que les peuples les aient comblés de bienfaits dont ils faisaient un si louable usage!

Les ecclésiastiques reçurent de la munificence royale des fiefs ou des bénéfices. Ils eurent donc aussi des vassaux, comme les laïcs. Ils les menaient pareillement à la guerre ; mais ce soin était quelquefois confié à leurs *advocati* (avoués). Ce ne fut que vers le commencement de la deuxième race qu'ils purent se dispenser du service militaire qu'ils devaient comme vassaux du roi.

À mesure que tout décrut, et que la barbarie s'étendit, les membres du haut clergé, seuls hommes à peu près qui conservaient quelques vestiges de l'ancienne civilisation, acquirent un nouveau degré d'influence. Nous indiquerons plus tard d'autres causes et d'autres circonstances qui amenèrent une révolution totale dans l'état du clergé, qui en firent ce qu'il n'avait jamais été sous les Romains, un corps politique.

§ XI.

Des Assemblées nationales.

Il est remarquable qu'on trouve également chez les Gaulois et chez les Francs, l'antique usage de ces grandes assemblées où la nation était appelée à délibérer de ses plus importantes affaires, et exerçait une haute souveraineté. Mais on le comprend facilement quand on se rappelle que ces deux nations n'avaient été probablement dans leur état primitif que deux branches de la grande tige celtique.

Les assemblées des Francs, dont nous devons surtout nous occuper, se tenaient, chaque année, dans les mois de mars ou de mai; ce qui leur a laissé le nom fameux de *Champ-de-Mars*. Tous les hommes libres y venaient avec leurs armes; le roi y était entouré de ses leudes : c'était à la fois une revue et une diète (1).

Les Francs s'étant dispersés, après la conquête, dans toute l'étendue du sol, soit comme dépositaires du pouvoir, soit comme possesseurs de terres, il devint difficile de les réunir. Les assemblées devinrent dès-lors rares et incomplètes; elles furent même bientôt à peu près remplacées par des conseils composés de leudes et de prélats. On y appellait bien, à la vérité, quelques autres personnages qui n'appartenaient à aucune de ces deux classes; mais comprenons bien que, quand même tous les Francs disséminés sur le sol eussent été convoqués , il n'en est pas moins évident que l'assemblée avait changé de nature. Tous les hommes libres en faisaient partie ancien nement; alors il s'était formé une distinction entre ceux-ci. Les propriétaires d'alleux, qu'ils fussent d'origine romaine ou barbare, formaient une classe nouvelle entre les maîtres et les esclaves : or, cette classe ne fut point appelée dans l'assemblée qui réglait les affaires d'Etat avec le roi.

Le Gouvernement avait donc changé de face : la nation

---

(1) Legendre, *Mœurs et Coutumes*. Règne de Pépin.

assemblée avait précédemment dicté des lois; elle en devait dès-lors recevoir du souverain aidé d'un conseil formé par lui. Le principe démocratique était détruit; il n'y avait plus à redouter que les excès de l'aristocratie ou du despotisme.

Ces nouveaux conseils sont désignés par les divers auteurs, sous les noms de *placita, conventus, parlamenta,* etc. Quelques-uns ont voulu rapporter là l'origine du parlement : ce point est difficile à éclaircir; mais ce qui ne l'est pas, c'est que ces assemblées constatent que dans tous les temps de la monarchie l'autorité des rois reçut quelques limites. Elles décidaient des grandes affaires d'administration, jugeaient les grands, déféraient la régence, etc. *Cum fidelium nostrorum consensu atque consilio,* lit-on en tête de quelques édits de cette époque. Elles peuvent être considérées comme l'intermédiaire entre le Champ-de-Mars et les états-généraux.

§ XII.

Des Maires.

Le maire n'était, dans l'origine, que l'un de ces officiers qui portaient le titre de *domestici regis.* Il présidait à l'ordre qui devait régner dans le palais, et son pouvoir n'en dépassait pas le seuil.

Cette charge devint insensiblement la plus importante de la maison royale; puis elle fut concédée pour plusieurs années fixes, puis pour la vie du possesseur; puis elle devint héréditaire comme la couronne.

Tant que le maire n'avait été qu'un officier du palais, c'était le roi qui l'avait nommé; devenu le second personnage du royaume, il fut élu par la nation, c'est-à-dire par l'assemblée des principaux seigneurs et ecclésiastiques qui la représentaient.

Alors fut offert un spectacle fort extraordinaire : on vit à la fois deux dynasties également respectées, l'une pour porter le diadème de la royauté, l'autre pour tenir le sceptre du pouvoir. La postérité du maire fut sacrée comme le sang des

rois. « Le délire de la nation pour la famille de Pepin, dit
» Montesquieu (1), alla si loin qu'elle élut pour maire un de
» ses petits-fils qui était encore dans l'enfance ; elle l'établit
» sur un certain Dagobert, et mit un fantôme sur un fan-
» tôme. » J'emprunte souvent à l'*Esprit des lois,* parce qu'il me
semble qu'il y a encore quelque mérite à savoir citer Montesquieu.

Les maires, sous les noms de *ducs des Francs,* furent premiers ministres et premiers généraux. Investis de la toute-
puissance, ils étaient rois, au titre près. Pepin d'Héristal prépara les voies à ses descendans pour acquérir aussi ce titre,
pour remplacer ces *monarques de palais* dont le peuple ne
connaissait que le nom, l'avènement et la mort.

Sans doute l'indolence des successeurs de Clovis, et l'habileté de quelques maires concoururent puissamment à établir
ce singulier gouvernement ; mais il est une autre cause qu'il
faut signaler. Les leudes et les prélats durent probablement
favoriser l'extension d'une dignité qu'un de leurs pairs exerçait ; les uns, parce qu'ils pouvaient également y prétendre ;
les autres, parce qu'ils y trouvaient un moyen d'arracher de
nouvelles largesses. Enfin il semble qu'on put considérer
quelque temps le maire comme une espèce de tuteur placé
par le corps national auprès du monarque, pour le suivre
jusques dans ses actes les plus secrets, et diriger toutes ses
volontés.

§ XIII.

Charles-Martel. (8ᵉ siècle.)

L'épée victorieuse de Charles-Martel accéléra la révolution
que devait nécessairement amener la situation des choses.
Il prit une autre marche que ses prédécesseurs. Il ne s'arrêta
point à de vains ménagemens à l'égard des grands ; il ne
songea qu'à s'attacher les compagnons de ses triomphes. Les

---

(1) Liv. xxxi.

immenses richesses acquises par le clergé furent saisies et distribuées.

C'est une grande époque : les donations que fit Charles furent faites à perpétuité; mais à la charge par les possesseurs de lui conserver la foi et de lui rendre le service militaire. Voilà, suivant plusieurs écrivains, la véritable date des fiefs. Mais qui peut répondre que cet établissement n'ait pas été une imitation de ce qui existait déjà! Au reste, il suffit d'annoter la divergence des opinions sur de semblables points; les discuter serait perdre du temps et des mots.

Charles-Martel régna quelques temps seul, mais sans prendre le titre de roi. Il mourut : son fils Pepin n'avait qu'un pas à faire; il le fit : et la deuxième dynastie commença à régner.

Et tel est à peu près le tableau qu'on peut se faire de l'état du pays, vers le milieu et la fin de la première. Des rois qui passent inconnus du trône au cloître, des maires ambitieux ou avides, des assemblées aristocratiques qui tiennent le trône et le peuple dans un égal abaissement; voilà le gouvernement.

Des souvenirs divisent encore en deux grandes portions la population; mais les conquérans dominent partout, et la scène historique ne présente plus qu'eux. Toute l'étendue du sol est coupée en vassalités et en terres allodiales. Les possesseurs de grands fiefs, clercs ou laïcs, sont déjà des souverains. Ils rendent la justice, exigent des droits et arment des guerriers. Les communes ont disparu, il ne reste plus que quelques traces des anciens offices conservés ou créés par les rois. A côté d'une immense population réduite à un affreux servage, paraissent quelques hommes dont la liberté atteste encore l'existence des anciennes cités. Les villes sont en ruines, l'industrie s'éteint, les éclairs du génie cessent de luire, l'ignorance et la superstition abrutissent les esprits, la barbarie triomphe !

§ XIV.

Pepin-le-bref.

Ce fut un homme d'un grand courage, d'une haute prudence, et précisément doué du génie propre à consolider l'autorité conquise par ses ancêtres. Il gouverna avec mesure, chercha à se rendre les leudes favorables, mais voulut ménager,
en même temps, les intérêts du clergé. Une partie des biens
dont ce corps avait été spolié, lui fut rendue, et l'établissement
des *précaires* (1) lui tint lieu de l'autre. « Sans adopter, dit le
» président Hénault (2), aucun système sur la succession à la
» couronne, il suffira de dire historiquement, qu'à l'avè-
» nement de Pepin , on vit, pour la première fois, la cou-
» ronne passer dans une maison étrangère. Pendant toute la
» première race, elle n'avait été portée que par les descen-
» dans de Clovis, à la vérité sans droit d'aînesse, ni distinc-
» tion entre les bâtards et les légitimes, et avec partage. Elle
» fut possédée de même sous la deuxième race, par les enfans
» de Pepin ; mais, ainsi qu'il avait dépouillé l'héritier légitime,
» ses descendans furent dépossédés à leur tour. Enfin, sous la
» troisième race, le droit successif héréditaire s'est si bien
» établi, que les rois ne sont plus les maîtres de déranger
» l'ordre de la succession, et que la couronne appartient à
» leur aîné. »

Il paraît que Pepin demanda, et obtint l'assentiment des
grands de la nation, pour placer sur sa tête la couronne de
l'imbécille Childéric ; mais il fonda surtout son usurpation
sur l'appui d'un autre autorité, qu'il créa sur-le-champ souveraine, par cet acte de soumission. Jusqu'ici les évêques n'a-
vaient fait que donner leur sanction à la royauté, comme
placés au nombre des principaux personnages de l'Etat par
leur dignité, leurs richesses et leurs vertus. L'Eglise fut alors
appelée à consacrer une violation manifeste au principe

(1) Le paragraphe suivant expliquera ce mot.
(2) *Abrégé chronologique de l'Histoire de France, règne de Pépin.*

respecté de l'hérédité. Son auguste chef établit, pour la
première fois, un lien religieux entre le sang du nouveau
monarque et la foi de ses sujets. La fidélité devint un devoir dont le courroux céleste devait punir les infractions : la
cérémonie du sacre prit naissance.

On a dit, et cela a beaucoup de vraisemblance, que Pepin
avait payé ce service éminent rendu à sa royauté, et que la
fameuse donation, au moyen de laquelle le chef des fidèles devint un prince italien, en avait été le prix. Il n'est pas question
d'examiner maintenant, si le pontife avait le droit d'intervenir
dans une convention politique entre le trône et les sujets, si le
nouveau roi pouvait concéder des terres en Italie, à un évêque
de Rome, mais de constater un fait qui fit changer la royauté
de face dans notre monarchie.

§ XV.

Charlemagne. (9ᵉ siècle.)

Le règne de Charlemagne, placé entre les âges qui le précédèrent et ceux qui le suivirent, frappe les regards de celui
qui le contemple, comme un fanal étincelant qui jaillit du
sein d'épaisses ténèbres.

C'est entre l'orient, armé pour ou contre les images, tandis que Mahomet l'envahit de toutes parts, et l'occident, où la
postérité des conquérans semble conspirer pour anéantir jusqu'aux dernières ruines de Rome, jusqu'aux derniers vestiges de la civilisation, que ce grand homme apparaît, pour
suspendre un instant la marche du génie de la barbarie.

Ce n'est pas le guerrier, quelquefois cruel, dominateur de
presque toute l'Europe, qui doit paraître ici ; c'est le monarque dans tout l'éclat d'une gloire pure et légitime, c'est
le législateur que nous devons considérer.

Les grandes réformes de Charlemagne portent sur quatre
points principaux : l'assemblée nationale, l'administration intérieure, la justice et le clergé.

Pepin avait renouvelé le Champ-de-Mai, en convoquant

chaque année, les principaux membres du clergé, et de ce que
nous pouvons appeler maintenant la noblesse; mais c'était
plutôt de la part de ce monarque une marque de déférence,
que l'intention de reconnaître les droits de la nation à une
portion de la souveraineté.

Charles comprit que, s'il ne parvenait à appuyer ses volontés
dans cette assemblée du concours de quelques hommes, non
appartenans aux deux classes qui l'avaient jusque-là composée
intégralement, ses vœux pour l'amélioration des choses ne
pourraient jamais être réalisés. En conséquence, il voulut, et
parvint à effectuer que cette majeure partie de la population,
appelée depuis le *tiers-état*, eût des députés dans les Champs-
de-Mai. Ainsi fut formée cette alliance du trône et du peuple,
dont le but fut de faire cesser les suites funestes de la conquête des Barbares, et à laquelle nous verrons les rois de la
troisième race rester presque toujours fidèles.

Ainsi fut rétabli momentanément le principe primitif et
fondamental du gouvernement français.

Charlemagne établit qu'il y aurait deux assemblées chaque
année. La première était le Champ-de-Mai, et la plus solennelle. Là, se délibéraient les grandes affaires et se portaient
les lois. L'empereur, pour laisser les députés discuter les intérêts nationaux en toute liberté, ne paraissait parmi eux,
dit Hincmar (1), que lorsqu'il en était sollicité pour terminer
leurs contestations, ou donner sa sanction à ce qu'ils avaient
arrêté. Il présidait au contraire la seconde assemblée, qui se
tenait en automne. C'était une espèce de *placitum*, ou de *par-
lementum*, où se préparaient les matières dont il devait être
question dans la grande assemblée nationale.

Ce que fit Charles, pour l'administration de l'État, ne fut
guères moins important. Il partagea le royaume en districts ou
légations, et ces légations en comtés. Ne pouvant détruire
l'usage déjà enraciné de regarder les offices de ducs et de

(1, *De Ord. pal.*, chap. 3o

comtes comme des propriétés, il chercha du moins à affaiblir
la tyrannie qui en était la suite, et il créa une institution
dont la législation des Lombards lui offrit, dit-on, l'exemple :
ce fut celle des envoyés, ou commissaires royaux (*Missi do-
minici*), chargés de visiter les légations, de trois mois en trois
mois, d'y tenir des plaids, où devaient se trouver tous les
personnages notables de chaque district, et qui étaient tour-à-
tour conseils administratifs et assises de justice.

L'établissement de ces assises fut un palliatif aux maux qui
découlaient de l'envahissement de la justice par les seigneurs,
et il tendait même à rendre à la couronne cette belle prérogative. Charles porta ainsi un premier coup à tous les abus
introduits dans les siècles précédents ; mais il fut obligé de
tenir une marche prudente pour ne pas révolter les esprits.
Une partie des désordres subsistait donc. Le peuple fut
satisfait toutefois, et salua son souverain du titre de bienfai-
teur « parce que, dit Thouret (1), depuis l'établissement des
» seigneuries, il avait tellement perdu toute idée de ses droits
» et de sa dignité, qu'il était disposé à recevoir, comme une
» faveur, tout le mal qu'on voulait bien ne lui pas faire. »

Les biens confisqués sur l'Église, par Charles-Martel, et
livrés à ses officiers, étaient alors le sujet de perpétuelles
contestations et de graves embarras. Le clergé ne cessait de
les réclamer et la noblesse refusait de les rendre. Pepin
n'avait fait que suspendre la querelle en consacrant la possession vingère de ces biens, à la charge d'une rente aux anciens
possesseurs, qui fut appelée *précaire*.

Le précaire fut converti, par Charlemagne, en dîme ; les
canons qui consacraient l'élection des évêques par le peuple
et le clergé, furent remis en vigueur ; les justices ecclésiastiques étendues, le privilége de cléricature, c'est-à-dire de
n'avoir, dans toute occasion, d'autre juge que l'évêque, fut

_____

(1) *Abrégé des Révolutions*, etc.

confirmé, et le clergé satisfait laissa ses biens à ceux qui en étaient en possession.

Ainsi naquit l'impôt de la dîme, qui fut dans la suite étendu à tant d'autres terres dont le titre de possession n'était pas marqué du même caractère d'illégimité.

Voilà Charlemagne. La nature parut épuisée après avoir créé un pareil homme dans un âge pareil. On ne voit plus après lui que faiblesse et stupidité. L'empire et la France sont successivement arrachés à son inhabile postérité, et enfin, une nouvelle révolution lui enlève la couronne même, comme elle avait été enlevée au sang de Clovis.

§ XVI.

Des Capitulaires.

Ce sont les lois faites par les assemblées nationales convoquées sous Charlemagne et ses successeurs.

Ils étaient portés au nom de l'Empereur, mais la nécessité de l'assentiment national, pour leur donner force de loi, y est formellement exprimée. Ce principe y est énoncé : *lex consensu populi fit et constitutione regis.* On voit ensuite que Charlemagne s'était réservé le droit de faire des capitulaires exécutés provisoirement, mais qui ne devenaient lois définitives que lorsqu'ils avaient été consentis par le Champ-de-Mai.

Nous avons vu qu'au commencement chaque portion distincte de la population avait conservé ses lois particulières. Ainsi, les lois romaine, salique, bourguignone, furent également maintenues et respectées ; mais l'Etat changeant successivement de face, la législation dut aussi éprouver une pareille métamorphose. Il s'établit, avec le temps, une sorte de confusion entre les lois diverses comme entre les différentes races qui peuplaient le sol. Des usages adaptés au nouvel Etat remplacèrent même souvent les lois. Ainsi ce fut l'esprit de l'ancienne législation, plutôt que cette législation elle-même, qui régit encore le peuple.

Les capitulaires furent politiques, administratifs, ecclésiastiques ou civils ; ils furent faits pour completter ce qui subsistait encore de l'ancien ensemble législatif : ils le remplacèrent en quelque sorte.

Or, remarquons que l'objet direct de ces lois nouvelles étant ordinairement la répression des abus qui s'étaient introduits sous la première race ; qu'un système plus désastreux encore s'introduisant sous la seconde, par l'imbécillité du monarque et l'audace des grands ; qu'en outre, les usages des fiefs s'établissant partout à mesure que les fiefs s'étendaient, les capitulaires durent successivement être annihilés. Il n'en fut plus question sous la troisième race; il n'y eut plus de droit que les caprices du plus puissant : on ne savait plus ni lire ni écrire. Lois de Théodose, de Clovis ou de Charlemagne, tout était également tombé dans l'abyme !.... Alors, dans les intervalles où l'épée ne fut pas toute la législation s'introduisirent les coutumes.

§ XVII.

Charles-le-Chauve.

Les institutions de Charlemagne n'avaient pas produit une révolution assez complète, et la barbarie avait fait trop de progrès pour que le nouvel ordre fût durable si le génie cessait de diriger le sceptre. Le peuple, tiré un instant de son avilissement, devait y retomber s'il n'était plus soutenu par le monarque. « Alors (1), si le prince était ambitieux et entreprenant, il devait en écrasant les grands se rendre despote; » et si ce prince était lâche et faible, les grands devaient en « le dominant rétablir sur le peuple le joug de leurs anciennes » prérogatives.

Le fils du grand Charles, Louis, surnommé le Débonnaire, fut une espèce de moine couronné : il arma également contre lui les deux ordres redoutables que les deux souverains pré-

---

(1) Thouret, p. 96.

cédents avaient su si bien ménager et contenir. Faible et om-
brageux, il craignit et cessa bientôt de convoquer ces assemblées où son père venait glorieusement déposer une portion
de son autorité. Il laissa les grands devenir les oppresseurs
du peuple et du clergé lui-même ; il souffrit que la royauté
fût dégradée dans sa personne. Tout dépérit en peu de temps
entre ses mains.

Pendant les guerres qui désolèrent la France à la mort de
Louis, s'introduisit un changement qui n'était qu'un achemi-
nement à une révolution totale. Les hommes libres purent
choisir pour seigneur, entre le roi et les grands seigneurs ; ce
principe fut consacré par le traité qui se fit entre les trois
frères, après la fameuse bataille de Fontenay. Voici quelle
en fut la conséquence nécessaire : comme le sceptre ne pouvait plus protéger, les sujets passèrent successivement à une
vassalité plus utile. Les possesseurs de fiefs virent ainsi
chaque jour augmenter leur puissance, et le roi tomber la
sienne.

Les choses étant ainsi, il ne restait plus à faire que ce que
Charles-le-Chauve fit.

Ni les fiefs, ni les grands offices n'avaient jamais été jusque-là aliénés à perpétuité, quoique la violence ou la faiblesse
eût quelquefois perpétué la possession de quelques-uns. Ils le
furent alors. Charles déclara d'abord que les fiefs seraient
donnés aux enfans du possesseur ; bientôt il fut obligé d'appliquer ce réglement aux offices de comte. Ceux-ci, de délégués du roi, devinrent en peu de temps, par là, assimilés aux
maîtres des fiefs, et leurs charges se trouvèrent converties en
véritables seigneuries. Il n'y eut plus dès-lors qu'un monarque décoré du vain titre de suzerain, et des vassaux en possession de tous les droits de la puissance souveraine. L'autorité
du roi ayant cessé d'être immédiate, elle ne fut plus qu'une
ombre qu'un souffle pouvait faire disparaître. On se joua de
ses capitulaires et de ses envoyés : la révolution fut consommée, le gouvernement féodal s'établit.

§ XVIII.

Hugues-Capet. (10ᵉ siècle.)

La postérité de Pepin porta encore le sceptre pendant un siècle après Charles-le-Chauve : il y eut des Louis et des Carloman sur le trône, comme il y avait eu auparavant des Clovis et des Childéric. Toutefois, un changement de dynastie était une conséquence non moins nécessaire de l'ordre politique nouvellement établi. « L'hérédité des fiefs, dit l'auteur de l'*Esprit des lois* (2), et l'établissement général des arrière-fiefs éteignirent le gouvernement politique et formèrent le gouvernement féodal. Au lieu de cette multitude innombrable de vassaux que les rois avaient eus, ils n'en eurent plus que quelques-uns, dont les autres dépendirent. Les rois n'eurent presque plus d'autorité directe : un pouvoir qui devait passer par tant d'autres pouvoirs, et par de si grands pouvoirs, s'arrêta ou se perdit avant d'arriver à son terme. De si grands vassaux n'obéirent plus, et ils se servirent même de leurs arrière-vassaux pour ne plus obéir. Les rois privés de leurs domaines réduits aux villes de Reims et de Laon, restèrent à leur merci. L'arbre étendit trop loin ses branches, et la tête se sécha. Le royaume se trouva sans domaine, comme est aujourd'hui l'empire. On donna la couronne à un des plus puissans vassaux. »

C'est un point historique encore obscur, de savoir si ce fut simplement, par le succès de ses armes, ou avec l'assentiment d'une assemblée nationale que le duc de France monta sur le trône, à la place du descendant de Charlemagne, oncle du dernier roi. Mais il est à croire que, reconnu d'abord comme roi par les arrière-vassaux de son fief, son titre fut ensuite consacré par le consentement tacite des autres grands possesseurs, qui, ne songeant qu'à établir leur souveraineté parfaite dans leurs fiefs respectifs, voyaient avec

---

(1) Liv. xxxi, chap. 31.

une sorte d'indifférence, une royauté assez peu forte pour
ne pouvoir pas même exiger d'eux une ombre de vasselage.

Arrêtons nos regards sur cette révolution. La couronne
avait été jusqu'ici à la fois héréditaire et élective ; héréditaire, en ce que le roi était choisi dans la même race ; élective
parce que le choix se faisait entre les enfans du monarque
qui venait d'expirer. L'occupation du trône par le maître d'un
des fiefs qui composaient la France, à l'exclusion de l'héritier légitime, amena de nouveaux principes relativement à la
royauté.

Il est clair que tous les égaux de Hugues, c'est-à-dire
les possesseurs de grands fiefs, avaient des droits égaux aux
siens, et que, par suite la couronne pouvait devenir élective
entre les grands vassaux; qu'enfin la France pouvait voir s'é-
tablir une constitution semblable à celle dont les lambeaux
régissent encore l'Empire.

Il est probable que l'habileté et le courage des premiers
monarques, surtout les institutions éminemment nationales,
au moyen desquelles quelques-uns d'eux se hâtèrent de soulager le peuple, empêchèrent cet établissement. La reconnaissance publique, en effet, perpétua aussitôt en leur faveur l'ancienne règle qui fixait la couronne dans la race royale, et
forts eux-mêmes de cet appui, ils purent faire triompher
de l'anarchie féodale, d'abord leurs droits, puis successivement ceux de leurs sujets.

Mais comment s'établit le principe de l'hérédité directe,
et dans l'ordre de la primogéniture, qui fut depuis appliqué sans exception? Le voici. Il était de la nature des fiefs
amovibles ou à vie, de ne pouvoir être sujets au partage.
Devenus perpétuels, ils durent conserver cette qualité, d'a-
bord parce qu'elle avait existé, ensuite parce que le *service*
attaché à la possession, en faisait une conséquence presque
nécessaire. De la perpétuité des fiefs suivit donc le droit d'aînesse. Or, la royauté, à cette époque, ne fut autre chose
que la possession d'un fief; l'analogie introduisit le principe

de la primogéniture à l'égard de la couronne, et l'expérience des peuples en fit depuis une loi sacrée et constitutive de la monarchie.

§ XIX.

Gouvernement féodal.

Ici doivent être énoncées les conséquences de tout ce que nous venons de voir, et présentées les bases de ce gouvernement féodal qui pesa trois siècles sur notre patrie.

Le roi était seigneur suzerain de toutes les terres de son royaume, il ne relevait que de Dieu et de son épée. Ses vassaux directs étaient, à leur tour, seigneurs suzerains des nobles dont les domaines relevaient de leur fief; ces derniers, enfin, avaient pour vassaux cette foule malheureuse qui formait le dernier ordre de l'Etat; c'est ainsi que les biens féodaux enveloppaient depuis le souverain jusqu'au dernier de ses sujets.

Les grands vassaux étaient ces seigneurs qui, sous le titre de ducs, avaient envahi de grandes provinces, ou ces anciens officiers royaux qui, après avoir rendu leurs comtés indépendans, les agrandirent par la conquête.

On appella barons, les nobles du second rang, et *villians*, ces habitans des campagnes, premières victimes du brigandage organisé.

Comme il se mêle toujours, dans les choses humaines quelque lueur de raison, même au désordre le plus complet, on vit naître des usages et s'établir des règles qui diminuèrent, quoique bien faiblement, les fléaux de cet ordre social.

Il y eut ainsi des obligations réciproques entre le seigneur et le vassal. La nature et la durée du service que le second devait au premier, furent fixées suivant les lieux. Quelques limites à l'autorité et aux droits de celui-ci, furent également consacrées par le temps et l'usage. Il y eut, comme dans tout état de législation, des devoirs, parce qu'il y avait des droits, et la violation de ces devoirs fut punie, à l'égard du vassal, par la perte de son fief; à l'égard du seigneur, par la privation de sa suzeraineté.

Mais bornons-nous à quelques remarques, qui concernent plus particulièrement l'état politique de la France, à cette époque.

Le roi, comme suzerain des grands vassaux, avait simplement le droit de les appeler à la défense commune du territoire, encore ce droit lui fut-il contesté.

Comme possesseur d'un fief, il n'avait autorité que sur les vassaux qui en relevaient. Chose bisarre! il pouvait même, pour un arrière-fief qui lui était échu, devenir le vassal, de l'un de ceux dont il était, comme roi, le suzerain.

C'était un principe, que le seigneur n'avait droit que sur le vassal, mais point sur les arrière-vassaux; c'est-à-dire sur tous ceux qui relevaient de ce vassal. Ce principe avait fait du roi le prince de quelques hommes seulement, et il avait classé tous ses sujets sous la domination réelle de ceux-ci.

Les grands feudataires et les barons armaient leurs vassaux, et marchaient, bannière déployée, pour exercer des actes de vengeance ou de justice, pour conquérir ou pour piller. Ils battaient monnaie; tenaient des cours supérieures où ils décidaient des points féodaux; et des assises, où ils prononçaient selon la jurisprudence qui nous a légué le duel : LE JUGEMENT DE DIEU !

§ XX.

De l'Église.

Les évêques marchèrent de pair avec les leudes sous la première race; ils précédaient les grands au commencement de la deuxième. Quand le gouvernement féodal fut établi, ils descendirent au second rang de gré ou de force; ils furent obligés de reconnaître un Suzerain. Soumis dès lors à tous les devoirs de la vassalité, ils remplirent également le service de *plaids* et *d'armes*, ils envoyèrent ou menèrent eux-mêmes leurs tenanciers sous les bannières du seigneur; ils vinrent siéger dans sa cour souveraine de justice.

On peut croire que ces personnages, les seuls à-peu-près qui eussent alors des lumières et des vertus, furent placés, en général, par les rois, de même que par les grands feudataires, au rang de leurs *barons*, c'est-à-dire, de leurs vassaux immédiats. Cette remarque est importante, comme le feront voir les pages suivantes. Elle explique la naissance des pairies ecclésiastiques.

Le haut clergé se trouva graduellement dans un état d'avilissement toujours voisin du désordre. D'absurdes superstitions s'associèrent alors au dogme; la discipline se relâcha; les canons furent oubliés; l'épée arma la main qui devait bénir. Quelques-uns cherchèrent dans les cloitres un abri contre la tyrannie des gens de guerre. Ici, les travaux des uns défrichèrent et fécondèrent le sol; là, les veilles des autres découvrirent et préparèrent ces trésors des lettres anciennes qui devaient ramener la civilisation parmi nous.

N'oublions pas de rappeler que ce fut à cette époque où l'administration de la justice existait encore à peine, où les rois cherchaient à opposer leurs baillis aux officiers de fief chargés d'annoncer les lois du maitre, que l'Eglise établit et étendit ces juridictions ressortissant du premier des évêques, et qui, par le plus monstrueux abus, firent du pape une espèce de juge souverain dans le royaume.

§ XXI.

Des Communes.

On peut se faire cette image de la situation de la France, à l'époque où nous sommes parvenus: le roi ne règne que dans son fief; le territoire est coupé entre une foule de despotes orgueilleux et avides; le clergé est avili; le peuple dans l'abrutissement; les champs sont sans cesse ravagés par les troupes armées des bannerets qui guerroyent; nulle industrie, nul commerce; on ne sait plus que se battre, brûler les héré-

*tiques, et jeûner; presque tout ce qui n'est pas noble est serf; tout ce qui est serf courbe le front sous le joug le plus dur et le plus ignominieux; lois, administration, police, tout est dans les caprices du maître. C'est le glaive qui règne!

Tels sont les siècles de la féodalité. Ceux qui n'y voient que la chevalerie, en considèrent le côté poétique, et ne sont pas frappés de l'idée qu'il s'agit du temps où la plus grande partie de la population fut le plus malheureuse. Soyons justes! toutefois cette institution de la chevalerie fut utile à l'humanité: elle affaiblit le brigandage, et y mêla quelques idées d'honneu qui devaient en amener la fin.

Le mal est arrivé à son dernier période. Il faut qu'il décroisse.

Comme il n'y avait aucune idée d'ordre et de gouvernement le pillage seul pouvait fournir aux entreprises, ou simplemen à l'existence des seigneurs. Les droits légaux ne furent don bientôt plus suffisans; ils organisèrent encore, à la tête de leurs hommes d'armes, un système de contributions arbi traires qui mit le comble à la détresse des campagnes, mai d'où l'on vit bientôt après naître leur délivrance.

Le domaine des rois était en proie au même abus de la force Ne se voyant pas assez forts pour l'extirper par eux-mêmes ils eurent l'idée d'appeler le peuple à sa propre défense; ils l firent donc aussi contribuer; mais ici ce fut définitivement c pour terminer ses malheurs; ils lui vendirent le droit que l nature et la société lui donnaient, celui de se réunir pour re pousser d'injustes aggressions et pour établir quelques règle de police. C'est ce qu'on appelle le droit de *commune* ou de *communauté*.

Le nom de Louis le Gros est à jamais fameux dans nos annales, parce que c'est au règne de ce roi que se rapportent les premières chartes d'affranchissement et de création des communes. Ce prince voulut-il faire le bien ou seulement retirer de l'or de ses sujets, c'est ce qu'il est difficile de savoir; mais, dans le dernier cas même, « il faudrait encor le louer,

« dit l'abbé Mably, de ne l'avoir pas pris sans rien accor-
« der (1) ».

Ces chartes sont les monumens les plus intéressans de notre
histoire. Elles sont les premières conquêtes de l'esprit de la
civilisation sur la barbarie. Elles font connaître les âges
désastreux où elles naquirent ; là est le berceau de notre
industrie, de nos arts et de nos libertés.

Les communes se multiplièrent rapidement, parce que les
seigneurs, n'y voyant qu'un autre moyen d'obtenir de l'argent,
vendirent aussi des chartes.

Les communes formèrent les villes.

Les communes purent se choisir des magistrats, créer des
compagnies de milice, garder leurs fortifications, et repousser
la force par la force. Les rois furent quelquefois, d'abord garans
des conventions entre le seigneur et les affranchis, puis médiateurs dans leurs différens, puis enfin souverains uniques
des uns et des autres.

Ainsi fut puissamment neutralisée l'action du gouvernement féodal.

§ XXII.

Philippe-Auguste. (13e siècle.)

Le pèlerin qui entraînait tout l'Occident vers le tombeau
de Jésus-Christ, changeait la face de l'Europe, et portait aux
institutions féodales un nouveau coup.

Les croisades ruinèrent plusieurs grands vassaux, et rele-
vèrent les rois, chefs naturels de ces entreprises. Elles opérèrent
une espèce de renouvellement parmi les barons de la chré-
tienneté. On n'a pas remarqué en outre quelle influence dut
avoir sur les mœurs et les idées le séjour de l'Orient, et combien le spectacle du despotisme des califes et de la soumission aveugle de leurs sujets, put contribuer à fonder l'autorité royale des princes chrétiens.

_____

(1) *Observations sur l'Histoire de France*, tom. II.

Philippe-Auguste est en quelque sorte le premier *roi de France* de la troisième race.

Voici l'événement qui établit sa puissance. Le roi d'Angleterre était alors vassal du monarque français, parce qu'il possédait plusieurs fiefs dans le royaume. C'était ce Jean-Sans-Terre, dont la grande charte et les crimes ont éternisé le nom, qui régnait alors dans l'île Britannique. Meurtrier de son neveu Arthur, duc de Bretagne, il fut cité devant le tribunal des grands vassaux de la couronne de France; il refusa de comparaître; le tribunal porta un arrêt de confiscation de tous ses domaines; les grands vassaux aidèrent eux-mêmes Philippe a exécuter cet arrêt fameux; et Philippe, en acquérant la Normandie, l'Anjou, le Maine, la Touraine, le Poitou, le Vermandois, l'Auvergne et l'Artois, cessa d'être l'égal des possesseurs de grands fiefs, put solder une armée, et humilier leur orgueil au moyen de cette grande innovation.

Ici, nous devons nous occuper de l'un des points les plus intéressans de notre ancien Droit public.

§ XXIII.

Des Pairs.

C'était une maxime ancienne, comme la monarchie, que chacun devait être jugé par ses pairs. On en trouve la source dans cette autre maxime des peuples germaniques, que chacun devait être jugé d'après sa loi. La première paraît une conséquence naturelle de la seconde.

Quelques traces de ce principe se conservèrent même dans ces temps où il n'y avait guères d'autres règles de justice que les volontés, et cela fut nécessité par l'état des choses même. En effet, le seigneur qui se trouvait juge, parce qu'il possédait quelques tours enceintes d'un fossé, dut être obligé d'appeler au secours de son ignorance ceux qui pouvaient connaître des cas divers sur lesquels il avait à prononcer. Ainsi, dans ses *plaids*, durent siéger ses vassaux nobles, quand il fut question de matières féodales, des évêques ou des abbés quand il s'agit d'affaires ecclésiastiques, et plus tard enfin, des membres des communes pour décider sur des points civils. De là, naquirent le jury en Angleterre, et le parlement en France.

Ce fut donc un principe, souvent violé à la vérité, mais fondamental néanmoins, que tout homme avait droit à avoir un tribunal composé de ses pairs, ou du moins *suffisamment garni de ses pairs* : ce sont les expressions des anciens traités.

Ce mot de *pairs* doit être également considéré sous un autre rapport.

Il paraît qu'on appelait fort anciennement pairs d'une seigneurie, les vassaux qui en relevaient nuement et immédiatement, qui avaient le même rang, et étaient astreints aux mêmes devoirs. Ils étaient *pairs* ou *égaux*, non pas de leur seigneur, mais entre eux.

Les grands vassaux, sous les premiers descendans de Hugues-Capet, furent les *pairs* de la première de toutes les seigneuries : la couronne. C'était le titre qu'ils devaient également porter, puisqu'ils avaient également prêté foi et hommage au monarque.

Mais ce monarque possédait aussi un fief : la force des choses ou la politique des rois, amena un changement d'une haute importance ; il arriva que les vassaux immédiats du fief royal, se trouvèrent placés au rang des vassaux immédiats de la couronne, parce qu'il n'y avait non plus aucun intermédiaire entre eux et le roi. Ainsi, ils firent également partie de la cour des *plaids* du monarque. Les grands vassaux furent quelquefois à la vérité irrités de se voir assimilés aux simples barons du fief royal, et plusieurs refusèrent souvent de siéger à leurs côtés. Mais la volonté des rois triompha de leur résistance ; et, sous Saint-Louis, il était regardé comme constant que c'était le fait même de la vassalité immédiate de la couronne qui constituait la pairie. On lit ces mots dans une lettre écrite par ce monarque au chapitre de Beauvais : *Quòd episcopus Bellovacensis in baronia, et in feodum hommagii ligii de nobis teneat apud Bellovacenses, et* QUOD PAR SIT EX EO FRANCIÆ (1).

Marlot, *Hist. métrop. Rem.*, tom. II, pag. 517.

On doit comprendre maintenant, d'après tout ce qui précède, que les grands vassaux formaient seuls, avec le roi, *la cour des pairs de la couronne*, c'est-à-dire, la seule qui pût connaître de leurs personnes et de leurs différens; que les barons composaient naturellement *la cour des plaids royaux*, qui ne devait s'occuper que des vassaux du fief royal, et dont le ressort ne s'étendait pas au-delà; mais que, par une dégradation de la dignité des premiers, les deux *cours* n'en formèrent qu'une seule, saisie de leurs attributions respectives, et appelée tour-à-tour *cour des pairs, du roi* ou *de France*. Toutefois, remarquons bien qu'il y eut une distinction entre les membres égaux de ce tribunal. Les premiers, les véritables pairs, en furent bien justiciables, mais tout autant que les titulaires des grandes vassalités y eussent été appelés, ou, en d'autres termes, *que la cour fût suffisamment garnie de pairs* (1).

Maintenant il s'offre deux questions intéressantes : quand la pairie devint-elle un établissement fixe? Quand le nombre des pairs fut-il réduit à douze?

« Comment n'a-t-on pas senti, dit à ce sujet un écrivain (2), » que, dans une nation qui n'avait ni lois, ni puissance législative, et où l'inconstance des esprits et l'incertitude préparaient et produisaient sans cesse de nouvelles révolutions, » l'établissement des douze pairs doit ressembler aux autres » établissemens de ce temps-là, qui se formaient par le hasard, » d'une manière lente et presqu'insensible, et se trouvaient » enfin tout établis à une certaine occasion, sans qu'il fût » possible de fixer l'époque précise de leur naissance. »

Ne nous perdons donc pas en de vaines recherches pour fixer une date qui n'existe peut-être pas d'une manière précise. C'est en effet un point fort vague, parce que, comme on l'a vu plus haut, on peut en quelque sorte considérer deux personnages dans le pair : le *grand vassal de la couronne*, et *le*

---

(1) Du Tillet, *Des Pairs*, pag. 373.
(2) Mably, *Observ. sur l'Hist. de Fr*, tom. II.

membre de la cour du roi. Or, c'est une distinction que les chroniques n'ont point faite.

Le président Hénault dit qu'il y eut six pairies laïcs, parce qu'il y avait six grands fiefs immédiats de la couronne. Rien de plus vraisemblable.

Ces pairies furent les duchés de Normandie, de Bourgogne et de Guyenne, les comtés de Flandres, de Toulouse et de Champagne.

J'explique ainsi l'origine des pairies ecclésiastiques : nous avons vu quel était le rang du clergé, sous les deux premières races. Il siégeait alors dans les assemblées avant la noblesse. Rien d'important ne se faisait sans le concours de ses principaux membres. Cette splendeur était bien déchue, sous la troisième race ; mais le souvenir néanmoins s'en était encore conservé, et il en restait quelques traces. Le clergé était encore appelé dans les *plaids* des seigneurs.

On comprend que les ecclésiastiques devaient plus volontiers encore être admis dans la cour du roi, dont la politique était nécessairement de rétablir l'Eglise dans son état ancien, pour pouvoir l'opposer avec fruit à la noblesse. Là encore, ils siégeaient donc à côté des barons.

Quand les rois furent obligés de consacrer l'établissement des six grandes pairies laïques, ils cherchèrent probablement à affaiblir cette nouvelle puissance, en lui associant six autres pairies, dont le titre vint de leur couronne. C'était parmi les vassaux du fief royal, composant la cour du roi, qu'elles devaient être naturellement choisies ; mais il y avait, entre les *barons* et les grands *feudataires*, une trop grande distance pour qu'on pût choisir les premiers, et les associer aux seconds. Les évêques, membres de cette même cour, n'étaient, à la vérité, qu'au même rang, comme vassaux immédiats du fief royal ; mais l'usage ancien les plaçait dans une autre classe. Ils pouvaient marcher à côté de ceux qu'ils eussent jadis précédés, voilà pourquoi il y eut six pairs ecclésiastiques qui furent les évêques de Reims, de Beauvais, de Langres, de Noyon, de Châlons et de Laon.

§ XXIV.

Saint-Louis.

Ce monarque, saint devant Dieu, et si grand devant les hommes, contribua puissamment à abattre l'édifice féodal; il fit, par les institutions, ce que Philippe-Auguste avait fait par les armes.

Il abolit l'usage du combat judiciaire dans ses domaines. Au lieu de l'appel par combat, il établit que le plaideur qui se croirait mal jugé, aurait recours à une juridiction supérieure. Les seigneurs adoptèrent successivement cet usage : la coutume d'appeler du vassal au suzerain s'établit alors. Or, comme le roi était le suzerain des suzerains, les appels arrivèrent, par gradation, jusqu'à sa cour. Ce fut ainsi que la haute administration de la justice fut rendue à la couronne.

Pour faciliter ces appels, on établit, dans la suite, de grands tribunaux, appelés baillages : les baillis eurent un ressort imposant par son étendue; ils furent en même temps commandans des milices, afin de pouvoir soutenir leurs arrêts. Ils établirent les *cas royaux*, c'est-à-dire, les espèces dont les juges seigneuriaux ne pouvaient connaître. Ces cas royaux restèrent toujours un peu vagues; et ce fut ce qui facilita le plus l'empiètement du juge royal sur la juridiction seigneuriale.

De cette qualité de juge souverain que le roi avait reconquise, à celle de législateur il n'y avait qu'un pas. Saint-Louis amena les Français à reconnaître ce titre en lui, en agissant avec beaucoup de mesure, en ne réglant, par des lois générales, que ce dont la France entière se plaignait. Ses successeurs purent marcher avec plus de hardiesse. Philippe-le-Bel, en montant sur le trône, eut, sans contestation, le droit de faire des lois pour tout le royaume. L'exercice de cette prérogative dut être borné, dans les premiers temps;

mais il devait nécessairement, dans la suite, consommer la
ruine du gouvernement féodal.

§ XXV.

Philippe-le-Bel (14ᵉ siècle).

C'est un des règnes les plus remarquables de notre monarchie. C'est l'époque où l'on voit les élémens épars et confus
du gouvernement de France, se réunir, se coordonner jusqu'à
un certain point, pour former une constitution dont les principes seront souvent, dans la suite, négligés par l'incurie du
peuple, méconnus par l'ineptie des ministres, faussés par
le despostime de la cour.

Philippe était né avec un esprit profond, un caractère ferme,
un cœur ambitieux. Il voulut, comme ses prédécesseurs,
abattre les grands vassaux; mais comme, son plan était de dominer
également sur tous ses sujets, sa politique fut moins généreuse.

Ce qui soutenait encore les seigneurs, c'était le droit de
battre monnaie. Les altérations fréquentes qu'ils faisaient subir
aux espèces leur procuraient de grandes richesses; et, comme
c'était un fléau pour le peuple, ils lui vendaient quelquefois
la renonciation à cette funeste prérogative. Les sommes annuelles payées pour prévenir les opérations de ce genre, étaient
appelées *monnéages.*

Philippe, après avoir, au commencement de son règne,
changé souvent ses monnaies et altéré leur valeur d'une
façon ruineuse pour la nation, répara le mal, en faisant faire
une nouvelle fabrication, et en déclarant que tous ceux qui
rapporteraient d'anciennes espèces recevraient des dédomma-
gemens. Il alla plus loin : sûr d'être soutenu par la reconnaissance publique, il ordonna d'abord qu'à l'avenir un de
ses officiers veillerait à la fabrication de chaque monnaie seigneuriale; puis ensuite il suspendit, sous divers prétextes, toute
fabrication d'autres espèces que celles de la couronne; puis il
donna cours à celles-ci dans toute l'étendue du royaume, et

ensuite il porta une défense générale de battre monnaie dans tout autre lieu que les hôtels royaux.

Les seigneurs n'étaient plus assez forts pour résister ouvertement; ils se soumirent; ainsi fut tarie la source d'où ils pouvaient encore tirer quelque force. Il ne leur fut plus dès-lors possible de soudoyer des corps un peu redoutables; et, lorsque le monarque leur défendit peu de temps après de troubler la paix publique en guerroyant entre eux, ils furent encore obligés de fléchir.

C'est sous le règne des fils de Philippe-le-Bel, qu'il faut placer la chûte totale du gouvernement féodal; mais le règne de ce prince lui-même doit encore fixer nos regards.

§ XXVI.

Du Parlement.

Ce qui caractérise surtout l'histoire de notre Droit public, c'est une suite de faits qui attestent que jamais notre nation ne fut régie par une volonté absolue, et que, dans tous les temps, l'autorité dut être au moins appuyée de l'accession d'une portion ou d'une classe des sujets. Cette assertion est juste, et il faut l'avoir sans cesse en vue en parcourant l'histoire des derniers siècles. Presque tout apparaît alors sous un autre aspect.

Aucun point historique n'a été autant débattu que celui de l'origine du parlement. Aucun n'a donné lieu à autant de discussions. On a tour-à-tour considéré cette compagnie comme cour de justice, ou comme corps politique, et chacun a eu son système, suivant qu'il a voulu attribuer ou refuser plus ou moins d'importance au parlement; la question s'est trouvée de plus en plus obscure, parce que c'est fort rarement l'impartialité qui s'est chargée de l'examiner.

Suivons fidèlement la marche que nous avons adoptée.

On a vu que Charlemage avait établi deux sortes d'assemblées; 1° le Champ-de-Mai, qui n'était que l'ancien Champ-de-Mars régularisé; 2° le *placitum ou parlamentum* qui n'était guère que le conseil des leudes de la première race.

La première cessa d'avoir lieu quand le système féodal s'établit; la seconde continua à exister, et c'est ce que nous avons appelé *cour du roi*, ou des *plaids royaux*. Mais ici encore il y a une distinction à faire. Quand Saint-Louis eut aboli la jurisprudence des siècles barbares, il s'introduisit naturellement de nouvelles formes de procédure; il fallut ouïr et confronter des témoins, examiner des actes ou peser des raisonnemens. Ceux qui ne savaient que manier l'épée, devaient dès-lors se trouver au second rang; et il fallait nécessairement que des membres du bas clergé et des communes, les seuls hommes qui fussent alors éclairés, prissent quelque part à l'instruction des affaires; c'est ce qui arriva effectivement, et cela produisit un changement notable. Car les barons s'éloignèrent d'une cour où siégeaient des *clercs* et des *villains*, et alors il y eut, en quelque sorte, deux tribunaux dans un seul, composé, comme nous venons de le dire, et présidé par un officier royal, ce fut la *cour du palais*; elle put connaître de la plupart des affaires; quelques-unes seulement demandaient le concours du roi, et de ses assesseurs ordinaires, ce fut la *cour des plaids royaux* (1).

La première eut lieu, de règne en règne, plus fréquemment; la seconde devint, de jour en jour, plus rare. Les assises de la première furent appelées *parlemens*, et le nom lui en resta quand les assises furent devenues permanentes, ou à-peu-près; les séances de la seconde semblent avoir fait naître et amené l'usage des *lits de justice*.

Philippe-le-Bel porta, en 1302, une ordonnance fameuse, qui rendit la cour sédentaire à Paris, et lui assigna deux assises par an : *Propter commodum subditorum nostrorum et expeditionem causarum proponimus ordinare; quòd duo* PARLAMENTA *Parisiis tenebuntur in anno*, dit la loi.

Ainsi, le parlement remplaça donc la cour du roi, ou plutôt une section de la cour du roi. C'est à ce titre qu'il devint

---

(1) Le comte de Paul. *Des Origines*, tom. 1.

la cour des pairs, quand les pairs y assistèrent. La suite nous présentera les modifications amenées par le temps dans l'existence de ce corps célèbre.

§ XXVII.

Des Etats-généraux.

Ceux qui ont voulu que les parlemens fussent les véritables Etats-généraux de la nation, ont accumulé citations sur citations, pour prouver un fait qui ne prouvait rien; c'est que le parlement avait vraiment remplacé l'ancienne cour du roi. Cela est incontestable sans doute; mais ce qu'il s'agissait surtout de démontrer, c'était que la cour du roi pouvait être assimilée aux premières assemblées nationales, et qu'elle n'en offrait qu'une représentation fidèle. Or, tout dément cette supposition.

Tout prouve que la présence de la troisième classe de la *nation*, fut toujours nécessaire pour constituer l'assemblée *nationale*. Les premières années de notre histoire, le règne de Charlemagne, et l'époque où nous sommes parvenus l'attestent également. Il est constant que, tant que cette troisième classe n'exista pas *politiquement*, il y eut bien des conseils de leudes ou des barons, des *placita* ou *parlamenta*, mais point d'assemblée nationale; et l'existence de ces conseils ne prouve autre chose que ce que nous avons dit plus haut; c'est que l'assentiment de quelques Français fut toujours nécessaire pour changer en loi l'expression des volontés du souverain.

Les assemblées nationales avaient disparu avec la liberté de tout ce qui ne pouvait être compté parmi la noblesse ou le clergé. Elles devaient reparaître avec l'affranchissement des communes.

Philippe-le-Bel engagé dans une de ces luttes avec le souverain pontife, qui, quelques siècles avant, ébranlaient le trône des rois, crut devoir grouper autour de lui la nation tout entière, pour soutenir l'honneur et les droits de sa couronne, contre l'orgueil de Boniface VII. Il forma donc une assemblée nationale, en 1301, dans l'église de Notre-Dame, de Paris. On a appelé depuis ces assemblées états-généraux. Les trois ordres composant la nation française, *le clergé, la noblesse et le tiers-état*, y étaient représentés par des députés. Voilà, sans contredit, l'institution la plus auguste que nous offre l'ancienne constitution de France, et au sein de laquelle on retrouve, par un étrange rapprochement, le berceau et la chûte de la monarchie. On éprouve sans cesse un regret en lisant notre histoire, c'est qu'elle ait été si rarement comprise, et par le gouvernement, et par les états eux-mêmes.

§ XXVIII.
Des Assemblées des notables.

La formation des États demandait le concours du peuple; le gouvernement, en faisant chaque année un pas nouveau vers le pouvoir absolu, craignait aussi, de jour en jour, de l'appeler à l'élection d'assemblées, qui devaient naturellement se ressouvenir qu'elles avaient été souveraines.

On forma alors une image des états-généraux, qui reçut le nom d'assemblée des notables. Les députés en étaient choisis par le monarque.

Il y a de remarquable dans cet établissement, qu'un quatrième ordre, en quelque sorte, y fut introduit; c'est la magistrature, qui n'avait point fait partie des états-généraux, parce que la noblesse ne voulait pas la recevoir dans ses rangs, et qu'elle ne voulait pas s'associer au tiers-état.

Les assemblées des notables, convoquées en France, n'ont laissé aucun monument remarquable de leur existence. Elles n'ont jamais été utiles, parce qu'elles étaient une altération manifeste de la constitution primitive de la monarchie.

§ XXIX.
Des Lits de justice.

Nous en avons déjà indiqué l'origine. Il semble, en effet, qu'on peut la rapporter à cette révolution qui survint vers la règne de Philippe-le-Bel, dans l'existence de la cour du roi, et d'où naquit le parlement. Le roi et ses barons cessèrent d'en faire partie ordinairement; mais ils vinrent encore y siéger dans des circonstances graves où le tribunal ordinaire ne pouvait prononcer seul.

Quand la cour de parlement se fut arrogé une influence politique, qu'un corps quelconque devait nécessairement exercer en France pour balancer l'autorité royale, il arriva que ces séances extraordinaires changèrent d'objet, et qu'elles furent particulièrement destinées à faire fléchir l'opposition des magistrats devant l'appareil imposant de la majesté royale ; mais le nom même de *lits de justice* qu'elles conservèrent, put rappeler leur destination primitive.

Les lits de justice furent souvent un puissant moyen de braver le vœu public, et de mépriser les conseils des sages. Ce fut une institution fatale, en ce qu'elle annihilait le principe fondamental de la constitution, et fondait le gouvernement absolu. Ce fut un des ressorts les plus ordinaires de l'inexpérience et de la faiblesse des ministres.

Charles-le-Sage, surtout, établit l'usage des lits de justice, où la nation qui n'avait vu naître que des troubles de la fréquente formation des états, sous le règne précédent, croyait trouver une image suffisante de ces assemblées fameuses, et où le politique monarque était en même temps beaucoup plus sûr de faire adopter ses vœux sans recourir a la violence. Mais arrêtons-nous sur le règne du roi Jean.

§ XXX.

Jean second.

Avec les Valois commencèrent les calamités de la France. Il est à remarquer que presque tous les princes qui portèrent ce nom, furent ou inhabiles ou malheureux; le royaume fut sur le point de tomber au pouvoir des Anglais, sous la première branche, et au pouvoir des Espagnols, sous la seconde. Des batailles perdues et des rois captifs, des dissensions et

des massacres; voilà ce que présente trop souvent notre histoire, à cette époque.

Le principe de la loi salique, excluant les femmes de la
couronne, avait reçu une nouvelle sanction, à l'avénement de
Philippe-de-Valois. Il semble que c'est de ce règne que date
une autre loi fondamentale, méconnue à la vérité trop souvent par Philippe lui-même et par ses successeurs, mais dont
le peuple a pu constamment réclamer l'exécution; c'est que
l'impôt doit être consenti par une assemblée nationale.

Jean, desirant de ne pas mécontenter la nation, comme avait
fait son père, assembla les États en 1355; mais il suivit l'usage
adopté dans quelques circonstances par ses prédécesseurs.
Il y eut deux assemblées. Les États de *la langue d'Oyl* furent
convoqués à Paris; ceux de *la langue d'Oc*, au-delà de la Loire.
Le gouvernement croyait pouvoir de la sorte diriger plus facilement ces assemblées.

Les articles arrêtés par ces Etats et convertis en ordonnances, sont célèbres: voici les principaux. Trois députés de
chacun des trois ordres formèrent un conseil chargé de
représenter l'assemblée auprès de la couronne, après sa dissolution. Le roi s'engagea à les consulter dans toute affaire importante, et surtout s'il s'agissait de paix ou de trève.

On envoya dans chaque bailliage trois députés nommés
Élus, ayant sous leur surveillance les officiers chargés de la
perception de l'aide accordée. L'argent dut être envoyé à Paris
aux receveurs-généraux, placés également sous l'inspection
des neuf commissaires.

Les élus et les officiers des aides, prêtèrent serment de ne
délivrer aucune somme, que pour la solde des troupes, de
résister aux ordres illégaux du roi ou de son conseil, et d'opposer la force à la force.

Il fut convenu que, si le roi n'observait pas ces articles, l'aide
qu'on lui avait accordée demeurerait supprimée; en outre,
qu'il n'y aurait pas de décision, si l'avis des neuf commissaires

n'était unanime, et que le parlement pourrait être appelé à concilier les différens survenus entre eux.

Il ne faut que lire ces articles pour en sentir toute l'importance. Ils semblaient devoir être les bases d'un gouvernement nouveau, où la nation allait jouer un rôle utile et durable. L'examen approfondi des causes qui empêchèrent de fonder, à cette époque, l'établissement d'un état politique où les pouvoirs fussent régulièrement pondérés, serait sans doute un des morceaux les plus intéressans de nos annales, mais les bornes que je me suis prescrites, ne me permettent pas de m'y livrer. Je remarque seulement dans le cours des troubles qui agitèrent le royaume depuis l'avénement de Jean jusqu'à sa mort, les trois phases principales qui ne marquent que trop souvent les révolutions, la liberté, l'anarchie et le despotisme.

Les États de 1355 avaient joui d'une noble indépendance, et rétabli la nation dans le plus précieux de ses droits; le désordre régna dans ceux qui marquèrent le temps de la captivité du monarque et de l'administration du dauphin. Le peuple, soulevé par l'esprit de faction, offrit le spectacle de tous les excès. Des rois le haranguèrent, et la *Jacquerie* signala sa funeste puissance. Las enfin de meurtres et de pillages, il soumit de nouveau ses passions au joug de l'autorité; le Navarrois fut expulsé du royaume; Marcel trahi et assassiné; le Dauphin reprit les rênes de l'État, et sa conduite, ferme et prudente à la fois, assura le triomphe de la couronne sur le parti populaire. Le roi, de retour de sa captivité, retrouva la puissance royale plus étendue encore que sous ses prédécesseurs; il créa lui-même des impôts; il assembla bien encore les États, parce que c'était devenu un usage annuel; mais le sceptre imposait aux députés, et ils se bornaient à d'insignifiantes remontrances.

§ XXXI.

De la Régence.

Charles V, sur le trône, n'assembla plus ces états qu'il avait eu tant de peine à contenir pendant sa régence. Il les remplaça, comme nous l'avons déjà dit, par des séances parlementaires qui n'en offraient qu'une image imparfaite. Le peuple jouit du repos sous son administration modérée, et il oublia qu'il avait été sur le point d'acquérir une existence politique.

Il était temps de fixer un point, l'un des plus importans sans doute d'une constitution, et presque toujours le plus négligé, parce qu'il est de la nature de la puissance souveraine de s'occuper fort peu du temps où elle doit cesser d'être : je veux parler de la régence.

Sous la seconde race, et au commencement de la troisième, les rois n'étaient majeurs qu'à 22 ans, ou plutôt, comme ils n'étaient tenus pour rois que lorsqu'ils étaient sacrés, il arrivait que les régens retardaient le plus possible la cérémonie du sacre, afin de garder plus long-temps l'autorité. C'était, en général, un principe de ne pas confondre la tutelle et la régence ; et l'usage voulait que la première fût conférée à la mère du roi, et la seconde, à l'un des princes de son sang. On vit quelquefois, néanmoins, ces deux qualités conférées à la même personne ; la célèbre mère de Saint-Louis en offre un exemple. Il fut toujours imité depuis Charles V.

Philippe-le-Hardi est le premier de nos rois, qui ait réglé, par une ordonnance, la majorité et la régence ; mais ses ordonnances ne reçurent point exécution après lui.

« La régence a été établie, dit Mézerai (1), de trois façons :
« 1° quand les rois, sans être pressés de maladies, mais par
« prévoyance, ou parce qu'ils sortaient du royaume, établis-
« saient le gouvernement, qu'ils voulaient que l'État eût en
« leur absence ou après leur mort ; 2° celle qu'ils ordon-

---

(1) *Mémoires historiques et critiques*, tom. II.

» naient, près de leur mort, à la hâte, avec l'incommodite
» qui se trouve toujours aux choses pressées ; 3° celle qui est
» ordonnée par les Etats, au défaut des ordonnances des rois,
» *celle-là est la bonne et légitime.* »

Charles V publia, en 1374, deux ordonnances ; l'une fixa
la majorité à quatorze ans, et l'autre disposa de la régence, en
cas de mort du monarque. Il était dit dans la première : *Donec
decimum quartum œtatis annum attingerint* ; ce qu'on inter-
prèta, dans la suite, en prononçant : Que l'esprit de la loi
était que la quatorzième année fût commencée, mais non
accomplie. Au reste, les ordonnances de Charles-le-Sage furent
méprisées à sa mort ; mais les déclarations conformes que rendit
Charles VI, en ont perpétué les principes ; et « elles sont enfin
» devenues, dit le président Hénault, la jurisprudence cons-
» tante de notre Droit public, en cette matière. »

§ XXXII.

Louis XI.

Rien de plus affreux que la situation de la France depuis
l'instant où la folie eut fait perdre la couronne à Charles VI,
jusqu'à celui où Charles VII l'eut reconquise. Les villes tour-
à-tour ravagées par tous les partis ; les campagnes dévastées
par les gens de guerre, ou par les agens du fisc ; deux
grandes factions, les Bourguignons et les Armagnacs, se dis-
putant de meurtres et de brigandages ; toutes les lois foulées
aux pieds ; une princesse coupable comme femme et reine,
comme épouse et mère ; un monarque dans l'imbécillité ; un
dauphin fugitif et proscrit ; des grands avilis ; des magistrats
sans force ; un peuple furieux ; l'étranger, enfin, admis dans
nos murs, et porté sur le trône. Telle fut la France à cette
époque ; il fallut des miracles pour la sauver ; il fallut Jeanne-
d'Arc !

Quand Charles VII fut redevenu maître paisible de son
royaume, on put reconnaître qu'il était survenu, dans l'existence de chacun des trois ordres de l'Etat, tels changemens

qui devaient rendre plus faciles les progrès de la couronne vers le pouvoir absolu. Le peuple se souvenait à peine des droits qu'il avait exercés, sous le roi Jean, et ne paraissait, par conséquent, nullement disposé à les revendiquer. Le clergé avait séparé sa cause de celle des deux ordres, en traitant avec la couronne, en établissant, relativement à l'impôt, les *dons gratuits;* la noblesse, enfin, perdant l'espoir de rétablir le gouvernement féodal, s'était rapprochée du trône qu'elle avait long-temps ébranlé; elle demandait une part au gouvernement royal, puisque tout le reste avait été emporté par le temps; elle attendait en retour de son dévouement pour la cause du monarque, un dédommagement de ce qu'elle avait perdu en richesses et en honneurs.

Les grands acquirent alors une autorité considérable, comme premiers conseillers, ou premiers agens du monarque; ils l'aidèrent à établir une milice permanente, et un impôt perpétuel pour l'entretenir. Ce furent la gendarmerie et la taille.

Le joug de fer de Louis XI pesa presque également sur toutes les classes de Français. Il enleva d'abord aux seigneurs, par ses soldats, ou par ses bourreaux, l'influence que son père leur avait laissé prendre; mais il leur donna une existence politique, sur la fin de son règne, en déclarant que son fils, Charles, ne pourrait rien faire d'important, sans le conseil des princes de son sang et des grands officiers de la couronne. Le peuple seul resta donc dans l'état où les règnes précédens et le sceptre tyrannique de Louis l'avaient placé. Il ne vint plus aux États, convoqués par son successeur, que pour lui *bailler de l'argent à son plaisir,* comme disent les auteurs du temps.

§ XXXIII.

De l'Enregistrement.

On a vu naître le parlement du sein de la cour du roi. C'était un simple tribunal qui semblait, en quelque sorte,

devenir un corps politique, quand le roi venait y siéger avec
ses ministres, ses grands officiers, et sa noblesse, mais seulement alors. Voilà ce qu'il était dans l'origine. '

Avant Charles VI, le parlement tenait deux sessions dans
l'année, et ses membres étaient annuels. Il devint permanent,
sous ce prince. L'usage s'établit aussi, à cette époque, de per-
pétuer les juges dans leur office, pendant toute la vie du roi
qui les en avait pourvus; mais ils durent être confirmés par
ses successeurs.

Des vertus et des lumières avaient assuré à ces magistrats
une considération qui ne fit que s'accroître pendant les troubles
signalés par tant de crimes. Les rois appelaient quelquefois,
plusieurs d'entre eux à leur conseil.

Quand il n'y eut plus d'assemblée nationale pour porter
les vœux publics au pied du trône, il est naturel de penser
que tous les hommes qu'importunait l'idée du pouvoir
absolu, durent tourner leurs regards vers le corps dont la
contenance imposante semblait seule susceptible de pouvoir
opposer une digue à l'autorité royale. L'opinion augmenta donc
encore l'influence dont il jouissait déjà; elle le suscita à se
porter pour protecteur naturel du peuple; elle l'investit, en
quelque. sorte, du *droit de remontrances.*

Ce droit de remontrances fit que les monarques, et leurs
ministres surtout, cherchèrent, avec plus de soin encore à
obtenir l'assentiment de la compagnie. Ils la consultèrent sur
leurs mesures et leurs arrêts; et, pour constater son approbation, ils introduisirent la coutume de publier les ordonnances dans l'assemblée, et de les faire transcrire sur ses
registres. Le parlement fit de cette vaine cérémonie le droit
précieux de *l'enregistrement.*

Ce droit changea totalement la situation politique du parlement; il prétendit successivement que, s'il devait enregistrer la loi, il pouvait l'examiner; que cet examen entraînait
la faculté de modifier; que cette faculté forçait, à son tour, le
droit de refus; qu'enfin, si l'enregistrement était une qualité

« sentielle à la loi, elle n'était loi que quand elle avait subi cette formalité, et qu'elle était jusque-là sans force et sans effet. La compagnie se trouvait ainsi associée à la puissance législative. Malheureusement, la couronne pouvait contester, et contesta toujours aux parlemens cette haute prérogative. Elle pouvait toujours, au moins spécieusement, rappeler à ce corps qu'il n'avait été, dans l'origine, qu'une cour de justice. De-là naquit une lutte, presque perpétuelle, entre l'autorité royale et l'influence parlementaire, où la seconde rivalisa quelquefois avec succès, parce qu'elle était appuyée de toutes les forces de l'opinion.

On a écrit nombre de volumes pour et contre les droits du parlement; mais il semble qu'une réflexion générale qu'on n'a pas faite, décide la question. Un droit politique, en effet, est un principe d'ordre; on peut dire qu'il est, parce qu'il est : c'est le temps qui le consacre; et chaque jour de durée ajoute à sa valeur première; il devient une légitimité nationale, et il en est alors comme de la légitimité royale; le titre ne signifie plus rien, c'est le fait seul de la possession qu'il faut considérer.

On voit, en appliquant ces principes aux parlemens, que ses droits étaient respectables et sacrés comme ceux de la dynastie; qu'on ne devait pas plus, en traitant des uns et des autres, remonter aux établissemens de Philippe-le-Bel, qu'à l'avénement de Hugues-Capet, et que les parlementaires, quelle que fût leur origine, étaient devenus les dépositaires et les protecteurs *légitimes* des débris de nos antiques libertés, par cela seul qu'il n'y avait point de corps qui pût remplir ce rôle. Mais, dira-t-on, le gouvernement put toujours revenir aux anciens principes constitutifs de la monarchie, et opposer les états-généraux aux parlemens? Il le put sans doute, et il le fit, mais trop tard. Il ouvrit l'abîme, et il y fut englouti le premier.

§ XXXIV.

De la Cour des Pairs.

Le parlement acquit le droit de juger les Pairs, comme il avait acquis celui d'enregistrer les lois, par une marche habile et mesurée. Il était assez naturel, au reste, que ce corps, succédant à la cour du roi, comme tribunal et comme conseil, le remplaçât encore dans ses fonctions de cour des Pairs.

Long-temps ceux-ci refusèrent de reconnaître cette auguste prérogative du parlement. Long-temps ils prétendirent avec raison, sans doute, qu'eux seuls composaient de droit le ban suprême de la pairie, et que des gens de robe, nommés par le roi, n'avaient aucun titre pour les juger ; mais ils furent amenés graduellement à leur concéder cette qualité, en la partageant.

D'ailleurs, les nouvelles pairies créées par Philippe-le-Bel et ses successeurs, à l'extinction successive des anciennes, étaient loin de jouir de la même considération dans l'esprit des peuples, quoique des princes du sang en eussent été, la plupart du temps, décorés ; et cela contribua encore au triomphe du parlement.

Après avoir donc été appelés dans la cour des Pairs, comme simple conseillers, les parlementaires appelèrent, à leur tour, les Pairs dans leur sein ; et alors s'établit le principe que le parlement était la cour des Pairs, pourvu que ceux-ci eussent été seulement appelés à y siéger. Il y a des exemples de jugemens de la cour des Pairs, où pas un d'eux n'avait assisté ; celui du maréchal de Biron entre autres.

§ XXXV.

Des Pragmatique-Sanctions.

Le principal titre de gloire des corps parlementaires, c'est d'avoir défendu et maintenu, dans tous les temps, les principes de l'Eglise gallicane contre les tentatives des papes et les ruses des Jésuites ; leur milice ordinaire, contre le zèle mal entendu des monarques et la condescendance coupable de leurs ministres; c'est d'avoir fixé l'existence du clergé français, d'après des règles également en harmonie avec l'autorité spirituelle du vicaire de Jésus-Christ, et avec la dignité des couronnes et des peuples.

Rassemblons ici les principaux traits de l'intéressante histoire de nos libertés ecclésiastiques.

L'élection des évêques et la collation des bénéfices furent toujours les points principaux en litige entre les papes et les gouvernemens chrétiens. En France, sous la première et la deuxième race, les droits du peuple et du roi y relatifs furent souvent débattus, plusieurs fois proclamés, mais méconnus plus souvent encore. La force décidait alors en cela, comme en tout autre chose.

Saint-Louis, qui sut allier une piété profonde au caractère élevé d'un grand monarque, fixa le premier, d'une manière claire, les droits de l'Eglise de France et les limites où devait s'arrêter l'autorité papale. Voici le sommaire de sa fameuse ordonnance, appelée *Pragmatique-Sanction*, et dont les ultramontains ont contesté l'authenticité.

• Les prélats et collateurs de bénéfices seront maintenus dans leurs droits.

• Les cathédrales et autres églises, jouiront librement du droit d'élection.

• Le crime de simonie sera sévèrement recherché.

• Les promotions et collations seront faites selon le droit commun et les décrets des conciles.

• Les exactions et *charges très-pesantes*, imposées par la cour romaine, cesseront d'avoir lieu si elles ne sont consenties par le roi et par l'Eglise gallicane.

• Les immunités ecclésiastiques seront généralement maintenues. »

Il faudrait prendre les plus sombres couleurs pour peindre l'état de désordre de l'Eglise dans les douzième et treizième siècles, et pendant le grand schisme. Il fallait des réformes:

il fallait surtout réprimer l'extension de l'autorité papale, principe de tout le mal; deux conciles, ceux de Constance et de Bâle, le tentèrent vainement. Les rois jugèrent alors qu'ils devaient opérer d'eux-mêmes, dans leurs Etats respectifs, des réformes salutaires. Ainsi, naquit la seconde pragmatique-sanction qui se composa de vingt-trois articles portés dans l'assemblée des Etats, convoquée à Bourges par Charles VII, en 1438.

Ces articles étaient ceux du concile de Bâle ; mais quelques-uns recevaient certaines modifications. Ils consacraient le principe que les décrets des conciles avaient besoin de l'admission de l'autorité temporelle, pour avoir force en France. Ils rétablissaient les élections libres, et abolissaient les *annates*. Tel fut cet acte qui excita tant de contestations entre la cour de Rome et le gouvernement de France, jusqu'au règne de François Ier.

§ XXXVI.
Du Concordat.

Les événemens réunirent Léon X et François Ier. Il fut question de terminer, par un concordat, les différends relatifs aux affaires ecclésiastiques. Alors se fit, dit notre historien Mézerai, l'échange le plus bizarre. Le chef religieux prit le temporel, et laissa le spirituel au chef politique. La pragmatique-sanction fut abrogée, et en outre anathématisée par une bulle particulière du pontife; la liberté des élections abolie, et la nomination des évêques déférée au monarque; mais les précieuses annates furent, en retour, rendues à la cour romaine.

Tous les ordres de l'Etat se récrièrent contre le concordat, et demandèrent le maintien de l'acte qu'il abolissait. Le parlement refusa long-temps de l'enregistrer; il obéit enfin, mais en insérant que *c'était par l'ordre du roi;* et il fit, peu de jours après, une protestation par laquelle il déclarait qu'en publiant ce concordat, il n'entendait ni l'approuver, ni l'autoriser, ni même avoir l'intention de l'observer. L'université était allée plus loin encore : elle avait défendu de l'imprimer. Il est à remarquer que le rétablissement de la pragmatique-sanction a été plusieurs fois sollicité depuis, soit par les états-généraux, soit par les assemblées du clergé lui-même, et que le concordat a communément été regardé comme une altération des lois fondamentales de l'Eglise gallicane.

§ XXXVII.

Du Concile de Trente.

Il y a deux choses distinctes à considérer dans les décrets du concile de Trente : le dogme et la discipline. Les décisions dogmatiques n'ont point été admises et publiées en France, suivant les formes ordinaires, pas plus que les articles de *réformation* : C'est sous cette dénomination que les actes du concile désignent ce qui est relatif à la discipline; mais il a été constamment reconnu et proclamé que les principes de foi professés dans le royaume, étaient parfaitement les mêmes que ceux que le concile avait exprimés. Les articles de réformation, au contraire, ont toujours été tenus pour manifestement attentatoires, du moins en partie, aux libertés de l'Eglise gallicane et aux droits de la couronne.

On peut donc poser en principe que le concile de Trente n'a point été admis en France; mais il faut ajouter que les décisions que renferment les actes de ce concile, conformes à nos antiques franchises ecclésiastiques, ont été consacrées par l'usage de l'Eglise, et ont pu faire autorité, non pas à la vérité comme émanées du concile de Trente spécialement, mais comme exprimant des règles constantes et antérieures de l'Eglise catholique. Il ne faut pas d'autre preuve qu'on n'a jamais pu invoquer légalement dans le royaume le concile de Trente, que l'ordonnance de Blois, portée par Henri III, en 1576, et où divers articles de discipline furent extraits des actes du concile, sans que le nom même de cette assemblée fut prononcé.

En 1682, le génie et l'éloquence de Bossuet firent arrêter dans une assemblée du clergé quatre articles fameux qui consacrèrent invariablement les antiques libertés de l'église Gallicane.

§ XXXVIII.

Des Calvinistes.

Le quinzième siècle est un des plus mémorables qui aient marqué jusqu'à nous les annales du monde. Des découvertes, dont les résultats possibles ne peuvent être encore appréciés après trois âges, l'aurore d'un des grands siècles de la littérature et des beaux arts; les guerres d'Italie; l'élévation d'une puissance au rang de dominante en Europe; la réforme enfin; tels sont les traits principaux qui signalent cette époque.

L'opiniâtreté de la cour de Rome à ne point réprimer les désordres auxquels l'Eglise était en proie, et qui fournissaient depuis si long-temps un aliment aux satires des plus savans hommes de ces siècles, fut la principale cause de la réforme: c'est Bossuet qui l'a dit (1), et l'histoire est là pour justifier l'assertion de ce grand homme. Le mouvement imprimé aux esprits, dut naturellement se porter d'abord sur les abus de la puissance temporelle des papes, et sur les moyens adoptés par eux pour la soutenir. On osa discuter les uns et les autres; on osa même attaquer les doctrines de l'autorité qu'on voulait abattre. La cour pontificale n'avait pas voulu adoucir le joug; on le rompit: des moines écrivirent, et quelques livres commencèrent l'embrâsement de l'Europe.

François Ier avait allumé les bûchers sur la fin de son règne; Henri IV les éteignit par l'édit de Nantes, qui donna une existence aux Calvinistes dans le royaume; édit que Louis XIV révoqua plus tard, par l'influence qui avait jadis dicté les persécutions.

Ce n'est pas sans un sentiment de confusion pour l'espèce humaine qu'on parcourt nos annales pendant près d'un siècle.

---

(1) Histoire des Variations, liv. 1.

On se demande comment une vérité aussi simple que la
tolérance a pu coûter tant de sang à notre pays?

§ XXXIX.

Henri IV.

Il n'y a presque que des crimes ou des calamités à remarquer dans l'histoire des troubles religieux de France. La
nation entière, comme transportée d'une sorte de vertige,
semble conspirer sa propre ruine ; le plus absurde fanatisme
se voit à côté de la plus honteuse immoralité ; le peuple
signale encore son pouvoir par de monstrueux excès, comme
sous la première branche des Valois ; les grands, non moins
ambitieux que cupides, excitent ses fureurs contre la couronne, pour les tourner ensuite au profit de leur élévation ;
ils méditent et proposent un nouveau partage de la France
en grandes vassalités, comme au temps de Hugues-Capet ;
le sceptre, presque toujours dirigé par des mains perfides et
inhabiles, est le jouet de tous les partis et de toutes les
passions ; le dernier des petits-fils de François Iᵉʳ tombe sous
le poignard ; les factions qui ont fait la Saint-Barthelemy et
les barricades, appellent le joug étranger ; un grande révolution doit avoir lieu..... Mais un homme luttait depuis
longues années contre l'anarchie, avec l'énergie, l'habileté
et la fortune qui caractérisent le génie. Il devait sauver la
France, et il la sauva. Cet homme était Henri IV.

Après avoir eu la gloire de conquérir son royaume, ce
grand prince eut celle de le pacifier. Ses belles qualités y
contribuèrent autant aumoins que ses armes. On a pu le
dire, jamais la bonté ne fut aussi habile.

Sous son gouvernement modéré, mais ferme, les grands
rentrèrent dans le devoir, et perdirent entièrement de vue
les projets dont ils s'étaient bercés pendant les troubles.
L'échafaud sur lequel roula la tête du malheureux maréchal
de Biron, leur apprit qu'il n'y avait plus en France qu'un
monarque et des sujets.

Il était naturel que la nation, lasse de tant de calamités, s'occupât fort peu de droits dont la mise en question eût peut-être compromis le bonheur dont elle jouissait. Quelle liberté, en effet, eût valu le pouvoir absolu d'Henri IV! Ce prince, de son côté, dut croire avec raison qu'il y avait encore trop d'effervescence pour rétablir les peuples dans leurs antiques et légitimes franchises. Il dut craindre, en appelant leurs députés auprès de lui, d'être entravé et non secondé dans le bien. On ne voit donc pas que, de part ni d'autre, on ait tenté, sous ce règne, de revenir aux anciens principes constitutifs de la monarchie. On aimerait à penser que la France, qui devait déjà tant à Henri IV, eût encore reçu de lui, si Ravaillac ne l'eût point frappé, quelques actes politiques propres à fixer ses institutions et à assurer son avenir.

§ XL.

Conclusion.

J'arrive au terme de cette rapide esquisse. J'ai marqué l'origine et le développement, l'application, et plus souvent l'oubli des principes constitutifs composant l'ancien Droit public du royaume; le gouvernement qui doit le régir jusqu'à sa chute, est actuellement fondé. Il n'y a plus pour nous qu'un petit nombre de remarques dans l'histoire de deux siècles si intéressans sous tant d'autres rapports.

Le parlement avait porté, pendant les troubles religieux, des arrêts qui le plaçaient à côté des états-généraux; en cela, il avait dépassé ses pouvoirs; mais il ne vint dans l'esprit de personne de les contester, parce qu'ils sauvaient la monarchie. Tel est l'arrêt fameux de 1593, que la compagnie opposa avec succès aux états factieux de la ligue, pour empêcher la race espagnole de monter sur le trône.

Le parlement ne manqua pas depuis de rappeler ces actes, faits dans des temps de désordre, et d'en déduire des droits qui fixaient son existence politique. Il semble que ce fut

vers cette époque que la compagnie se fit ce système, si
vigoureusement soutenu dans la suite, qu'elle n'était autre
que les anciens *placita* ou *parlamenta* des monarques, et que
par conséquent elle formait les véritables états-généraux de
la nation. On a vu ce qu'il faut penser de cette supposition.

A la mort de Henri IV, Marie de Médicis voulut que
sa régence parût confirmée par l'assentiment national; mais
au lieu d'assembler les états, elle demanda un arrêt au
parlement, et fit tenir le lendemain un lit de justice qui ne
fut que confirmatif de l'arrêt. De sorte que ce fut vérita-
blement le parlement qui déféra la régence. C'est une grande
époque; car la conduite adoptée par le gouvernement dans
cette circonstance fut presque toujours imitée dans la suite.
La politique des ministres fut constamment de témoigner
une ombre de respect pour les anciennes formes constitutives, en respectant l'influence parlementaire; d'appeler
l'intervention de ces compagnies, quand elle pouvait être
utile à leurs vues; de l'éluder, quand elle les contrariait; de
faire enfin que le droit de consentir ne devint jamais celui
de discuter et de refuser.

Ainsi s'établit une lutte entre les rois et les corps de justice, sortis du sein de leurs palais, et dont l'opinion accroissait
chaque jour la force; lutte dangereuse qui ne se termina
que par la ruine des uns et des autres!

Tout ce que nous avons dit jusqu'ici, jette un jour nouveau
sur l'histoire de ces deux siècles. Plusieurs actes de l'administration peuvent être appréciés maintenant d'après des
règles certaines; et l'on ne peut s'empêcher de reconnaître
qu'en général, dans les derniers temps, tout fut fait pour
amonceler des tempêtes sur la France, et rien pour les con-
jurer. N'en citons, pour exemple, que l'exil des parlemens
et leur dissolution par le chancelier Meaupou; acte si criminel et si inepte à-la-fois, dès qu'on n'assemblait pas sur-
le-champ les états-généraux.

Le génie hardi et sanguinaire de Richelieu, le brillant

despotisme et les victoires de Louis XIV, contribuèrent également à détruire jusqu'au souvenir de l'ancienne influence
des grands : il ne fallait plus que les corrompre pour qu'ils
cessassent d'exister; c'est ce que fit Louis XV. Sous le règne
de ce monarque, tout fut souillé, tout tomba dans le dépé-
rissement ; mais, tandis que les premiers ordres de l'Etat
s'abaissaient, le troisième s'élevait par les progrès des sciences,
des arts et d'une philosophie audacieuse. Une révolution
devait avoir lieu, les vertus de Louis XVI ne firent que la
retarder. Il fallut enfin revenir à ces principes du gouvernement de France, si long-temps oubliés. La nation fut convoquée; et alors commença une révolution qui couvrit notre
patrie de massacres, et ébranla l'Europe entière dans ses
antiques bases.... Un demi-siècle avant, ce n'eût peut-être
été qu'une utile et pacifique réforme!

CONSTITUTION

(*non écrite*)

DE LA FRANCE, avant 1789.

Le travail qui suit nécessite quelques observations.

Il se compose des articles généralement considérés comme constitutifs en France, dans les derniers siècles, par la cour, le parlement ou les écrivains, qu'on peut regarder comme les lumières de notre Droit public.

Il faut comprendre que ces principes, quoique généralement admis, ne s'étaient pour la plupart introduits que par l'usage, et n'avaient reçu que la sanction du temps, à une époque ainsi comment l'histoire a aussi souvent à en signaler l'oubli que l'application. C'est donc un nouveau motif d'apprécier ces *Chartes écrites*, où les droits et les pouvoirs sont fixés et arrêtés d'une manière positive, claire et vraiment digne des peuples civilisés.

En offrant ce travail sous cette forme, nous avons eu surtout en vue de rassembler, en quelques pages, des matières dans un grand nombre de volumes que peu de personnes veulent ou peuvent lire maintenant.

Mais il y a un autre point de vue sous lequel cette constitution non écrite devient précieuse. Tous les publicistes seront aisément d'accord sur ce point, qu'il faut remplir les lacunes, qu'on peut reconnaître dans la Charte constitutionnelle de 1814, en recourant aux anciens principes constitutifs de la monarchie, et qu'ainsi plusieurs des articles, comme ceux qui concernent la loi salique, la régence, etc., peuvent être considérés comme étant encore en vigueur, et faisant partie de notre constitution.

Dispositions générales (1).

Les Français naissent, et demeurent libres.

Ils sont sous la protection de la loi, et ne peuvent être

---

(1) Chappuis, *De Domaine*. — Bacquet, *Du Droit d'aubaine.* — *Journal des Audiences*, tom. I, liv. II, chap. 18; liv. VIII, chap. 15; tom. II, liv. III, chap. 6. — Loiseau, *De la Souveraineté.* — Loisel, etc.

privés que par elle de l'exercice de leur liberté, sauf les modifications déterminées ci-après.

Les Français forment trois ordres : le clergé, la noblesse et le tiers état.

Les lettres de naturalité accordées à l'étranger, le font réputer naturel Français.

Les Français qui s'établissent pour toujours dans les pays étrangers, sans permission du roi, perdent tout droit de cité en France.

Les Français qui se retirent hors du royaume, avec permission du roi, ou à la suite des fils de France, ne perdent point le droit de cité.

La religion catholique romaine est la religion de l'Etat, toute autre est interdite dans le royaume (2).

Nul ne peut être astreint à la célébration du culte de la religion dominante, ni inquiété pour sa croyance, à moins qu'il ne publie des opinions contraires à la foi ou aux cérémonies établies dans le royaume.

La justice émane du roi ; elle est rendue, en son nom, dans tout le royaume.

Des Lois fondamentales du Royaume (3).

Les lois fondamentales du royaume sont immuables, et pour ainsi dire *annexées à la couronne;* elles forment un lien réciproque et éternel entre le prince et ses descendans d'une part, et les sujets et leurs descendans de l'autre. Aucune des deux parties ne peut seule se délier de l'engagement formé par ces lois.

1° Le royaume de France est une monarchie héréditaire de mâle en mâle, et suivant l'ordre de primogéniture.

Les femmes et leur descendance en sont exclues.

2° Faute d'héritier en ligne directe, le royaume appartient

_____

(2) Révocation de l'Edit de Nantes.

(3) *Voyez* Edits de 1667; et de juillet 1717. — Le président de Harlay, aux *OEuvres de Davair,* lit de justice de 1586. — Legrand, *Traité de la Succ. à la cour.* — Choppin, *Du Domaine.* — Loisel, *Opuscules.* — Delhommeau, *Max.*—Lebret, *Traité de la Souveraineté.* — Dupuy, *Traité de la Maj.* — *Traité des Droits de la reine,* pag. 129, 402, 403, 414 — *Max. du Droit pub. fran.,* chap. 4. — De Réal, *Science du Gouvernement,* tom. 11. — Pocquet de Livonière, liv. 1, tom. 1, sect. 1. — *Des Offices,* liv. 11, chap. 2, n° 30 et suiv., etc.

au prince du sang le plus proche, à l'exclusion de tout mâle descendant des filles;

3° Les enfans naturels sont exclus du trône, même à défaut de princes légitimes de la famille royale. Dans ce cas, la Nation ou les États-Généraux qui la représentent, ont seuls le droit d'élire le nouveau souverain.

4° Le royaume de France ne peut être divisé : il passe tout entier sur la tête de l'aîné de la famille royale ; des lois particulières fixent l'apanage des princes du sang ;

5° Le domaine et les droits de la couronne sont inaliénables, le prince ne peut démembrer son royaume ni même l'obliger, soit pour dettes ou alliance, sans le consentement libre et solennel de la Nation ;

6° Du jour de son avènement au trône, tout ce que le roi possédait en propre est réuni à la couronne, et devient partie du domaine.

7° *Le roi ne meurt pas* en France : son successeur est saisi immédiatement, et de plein droit, de l'autorité royale.

Les stipulations faites par les différentes provinces, lors de leur réunion à la couronne, ne font point partie des lois fondamentales.

Du Roi (1).

Le roi est le chef de la monarchie; en lui réside le suprême pouvoir ; à lui seul appartient le droit de faire la guerre et la paix, de lever des tributs, de faire battre monnaie, d'accorder grâces et rémissions, de nommer aux différens emplois.

La personne du roi est inviolable et sacrée.

La majorité des rois est fixée à quatorze ans commencés (2).

Toutes les autorités du royaume ne tiennent leur pouvoir que du roi (5), et ne l'exercent qu'en son nom.

(1) *Voy.* Lebret, *Traité de la Souverain.* — Delhommeau, *Maximes.* — Pocquet de Livonière, *Règles du Dr. franç.*, liv. 1, tom. 1, sect. 1. — De Réal, *L Science du Gouvernement*, chap. 7, sect. 1. — Dupuy, *Traité de la Maj. des rois.* — Edit de juillet 1717 ; edit de 1374.

(2) Ordonn. de Charles V, exécutée par Charles IX, Louis XIII, Louis XIV et Louis XV.

(3) Declar. des avocats du parlem. de Paris, sur l'aut. souv. des rois. — De Réal, *Science du Gouvernement.*

De la Régence (1).

La régence a lieu :

1° Pendant la minorité du roi ;

2° Pendant son absence hors du territoire ;

3° Pendant sa captivité ;

4° Enfin, pendant tout le temps qu'il est en démence, ou incapable, par tout autre motif, d'administrer les affaires du royaume : elle cesse de plein droit avec les causes qui rendaient le roi incapable de gouverner l'Etat par lui-même.

La régence appartient au plus proche parent du roi et aux reines mères de préférence à tous autres. Peuvent cependant, au préjudice de ceux-ci, être nommés régens, tous princes ou princesses de la famille royale, et même les étrangers à cette famille, si cela est jugé avantageux au pupille ou au bien de l'Etat (2).

Elle peut être dévolue à une personne seule, à plusieurs simultanément ou à une personne seule assistée d'un conseil. L'administration des affaires de l'Etat peut encore être confiée à une personne, et l'éducation ou la garde du prince à une autre (3).

Le roi nomme le régent par testament, par lettres-patentes ou même par une simple déclaration. Si le roi n'y a pourvu, la nomination du régent appartient aux Etats-Généraux, et à leur défaut, en cas d'urgence, aux grands officiers de la couronne, au conseil d'Etat ou au parlement (4).

Le régent exerce toutes les fonctions de la royauté, au nom du roi. Lorsqu'il lui sera adjoint un conseil de régence, il sera tenu de se conformer à la pluralité des suffrages de ce conseil (5).

De la Famille royale (6).

Le fils aîné des rois de France porte le nom de Dauphin.

Il n'est point au pouvoir du roi de l'exhéréder, ni de l'exclure de la couronne.

---

(1) Voyez Robert Luyt, la Reg. des reines. — Bertier, Disc. d'ouv. au parlem. de Toulouse, 1649. — Dupuy, De la Majorité des rois. — Du Tillet, Des Régences, etc. — Pasquier, Rech. liv. II, chap. 18. — Bouchet, art. Régent. — Harangue de phil. pot., sur l'Autor. des Etats-génér. aux Etats de 1484.

(2) Legendre, Mœurs des Fr., p. 113. (3) Legendre, ibid. (4) Dupuy, chap. 6.

(5) Arrêt du parl. de Paris, du 12 septembre 1715.

(6) Voyez Ordonnance de Blois, de 1579. — Choppin, Du Domaine. — Edit de 1711, art. 1 et 2 ; de juillet 1717. — Pocquet de Livonière, Liv. I, tit. I. sect 1. — Dupuy, à la fin du Traité du Duché de Bourgogne. — Le Grand. Traité de la Succession à la couronne.

de vingt-cinq ans, faire profession de la foi et religion catholique, apostolique et romaine.

Les lettres d'érection d'une nouvelle pairie doivent être vérifiées, toutes les chambres du parlement assemblées.

Lors de leur réception, les pairs prêtent le serment « de se » comporter comme un sage et magnanime duc et pair; d'être » fidèle au roi, et de le servir dans ses très-hautes et très- » puissantes affaires. »

Les ducs et pairs ont rang et séance entre eux, du jour de la première réception au parlement de Paris, après l'enregistrement des lettres d'érection.

Les pairs ont de droit voix délibérative en la grande chambre du parlement et aux chambres assemblées, toutes les fois qu'ils jugent à propos d'y venir.

Ils assistent aux lits de justice, et y opinent avant les présidens et les conseillers-clercs.

La cour des pairs connaît seule des causes qui concernent l'état des pairs, des droits attachés à leurs pairies et des accusations portées contre eux.

En matière civile, les causes des pairs, quant au domaine ou patrimoine de leurs pairies, doivent être portées au parlement, lors même qu'ils plaident tous en corps.

A défaut de successeur à une pairie, le roi peut en revêtir une personne qui n'y était pas appelée. Dans ce cas, la pairie conserve le rang qu'elle avait par le premier titre d'érection.

Les mâles descendus de celui en faveur duquel l'érection du duché-pairie a été faite, peuvent les racheter des filles qui s'en trouveront propriétaires.

Du Clergé (1).

Le clergé est le premier ordre de l'Etat.

Le clergé jouit du *privilége de Cléricature*, ou droit de porter devant le juge d'église les causes où il est défendeur.

Les ecclésiastiques ne sont point justiciables des juges des seigneurs en matière de délits, mais du juge d'église pour les délits communs, et du juge royal pour les cas privilégiés.

Ils ne sont point sujets à la taille; ils sont assimilés aux nobles pour plusieurs autres exemptions.

Les prêtres et autres ecclésiastiques ne peuvent être empri-

---

(1) Ordonn. de 1667, tit. 33, art. 15. — Déclarations du 5 juillet 1696; de juillet 1710.

5° Ils sont naturellement seuls capables de posséder des fiefs, les roturiers ne pouvant le faire que par dispenses.

6° Ils sont exempts de la milice; ils sont obligés de marcher lorsque le roi commande le ban et l'arrière-ban.

7° Ils ne sont sujets au logement des gens de guerre, qu'en cas de nécessité.

8° Ils peuvent porter leurs causes directement aux baillis et sénéchaux; leurs veuves jouissent du même privilége, mais les uns et les autres sont sujets à la juridiction des seigneurs.

9° Ils ne sont sujets, en aucun cas, ni pour quelque crime que ce puisse être, à la juridiction des prévôts, ni des juges présidiaux, en dernier ressort.

10° En matière criminelle, lorsque leur procès est pendant à la tournelle, ils peuvent demander, en tout état de cause, d'être jugés, la grande chambre assemblée, pourvu que les opinions ne soient pas commencées.

La noblesse se perd par le *crime* ou par la *dérogeance*; mais on peut recevoir des lettres de réhabilitation, excepté au cas de crime de lèze-majesté.

Les enfans nés avant la dérogeance du père, n'ont pas besoin de lettres de réhabilitation pour conserver leur état.

La femme noble de son chef qui épouse un roturier, perd sa qualité; après la mort de son mari, elle rentre dans son droit de noblesse.

Des Communes (1).

Les communes sont l'association contractée par les habitans d'un même lieu, au moyen de laquelle ils forment tous ensemble un corps, ont droit de s'assembler et de délibérer de leurs affaires *communes*, de se choisir des officiers pour les gouverner, de percevoir des revenus communs, d'avoir un sceau et un coffre commun, etc.

Les communes sont affranchies de tout servage et de toutes exactions auxquels étaient assujettis les censitaires.

Elles jouissent des droits particuliers qui leur sont garantis par les chartes de leur création. Elles sont soumises chacune aux charges portées par la même charte.

---

(1) Vers le 16e siècle, on chercha à diminuer les prérogatives des communes, et à augmenter leurs charges. Insensiblement on parvint à rendre ces confédérations impuissantes et à charge à elle-mêmes; ensuite, qu'à la fin, elles avaient perdu presque tous leurs priviléges, et leurs droits étaient constamment méconnus.

Du conseil du Roi, ou Grand conseil (2).

Le grand conseil connaît de plusieurs matières, tant civiles que bénéficiales et criminelles.

Sa juridiction s'étend dans tout le royaume.

Il connaît des réglemens des cours et des officiers, de tous les dons et brevets du Roi, de l'administration de ses domaines, des affaires tant de justice que de police de la maison du Roi, et des officiers de la suite de la cour.

Il peut également connaître des affaires particulières, soit par le renvoi que lui fait le Roi des placets qui lui sont présentés, soit du consentement des parties.

Le grand conseil connaît exclusivement:

1° Des contrariétés et nullités d'arrêts;

2° De la conservation de la juridiction des présidiaux et des prévôts des maréchaux, qui s'exerce par la voie de réglement de juges;

3° Des procés concernant les archevêchés, évêchés et abbayes;

4° De l'exécution des brevets accordés par le Roi pour la nomination de tous les grands bénéfices, de l'indult du parlement, des brevets de joyeux avénement et de serment de fidélité, de l'exercice du droit de litige dans la Normandie, et, en général, de tous les brevets accordés par le Roi pour des bénéfices;

5° Des droits de francs fiefs et nouveaux acquets, ainsi que de l'attribution des affaires concernant les droits de tabellionage.

Le grand conseil est créé, en outre, pour entretenir une jurisprudence uniforme, dans tout le royaume, sur certaines matières, telles que les usures, les banqueroutes, le régime et la discipline des grands corps qui ont le droit d'évocation au conseil.

Le grand conseil peut quelquefois suppléer les cours souveraines pour le jugement de certaines affaires qui en ont été évoquées (1).

Le grand conseil se compose, 1° du chancelier ou du garde-des-sceaux, qui en sont les chefs et présidens nés; 2° d'un pre-

_____

(2) Édit du 2 août 1497; 23 juillet 1498. — Lett. pat. de 1531 et 1557. — Déclar. du 7 août 1548; 15 septembre 1576. — Édits de 1690; de janvier 1738; du 12 nov. 1775.

(1) On conçoit qu'il est impossible de préciser ici toutes les attributions du grand conseil: nous avons rapporté celles qui nous ont paru constituer plus particulièrement son essence.

mier président nommé par le Roi ; 3° de cinq autres présidens
héréditaires ; 4° d'un nombre indéterminé de conseillers
d'honneur ; 5° de cinquante-quatre conseillers, dont deux sont
en même temps grands rapporteurs et correcteurs des lettres
du sceau ; 6° de deux avocats-généraux, d'un procureur-gé,
néral, de plusieurs substituts du procureur-général, d'un
greffier en chef, etc.

Tous ces officiers jouissent de plusieurs priviléges, notamment de ceux dont jouissent les commensaux de la maison
du Roi et les officiers des cours souveraines. La noblesse est
une suite de leur charge.

Des Etats-Généraux (1).

Les Etats-généraux se composent des députés du clergé, de
la noblesse, et du tiers-état. Ils représentent la Nation et
exercent la puissance collectivement, et en son nom.

La convocation des Etats appartient au roi seul.

Elle a lieu ainsi qu'il suit.

En vertu de lettres de cachet du roi, les sénéchaux et les
baillis font tenir chacun dans sa sénéchaussée ou dans son
bailliage, trois assemblées, une du clergé, une de la noblesse,
et une du tiers-état.

Chacune de ces assemblées nomme des députés, qui se rendent au lieu que le roi a marqué pour l'assemblée générale.

Le mandat des députés peut être exprimé ou tacite.

La chambre du clergé, celle de la noblesse et celle du tiers-
état, s'assemblent chacune séparément, et choisissent un ou
plusieurs présidens, un ou plusieurs secrétaires, et deux ou
trois assesseurs, elles nomment aussi quelqu'un pour haran-
guer le roi.

Le roi expose, dans l'assemblée des trois ordres réunis, le
sujet pour lequel il a assemblé les Etats-Généraux.

Après que le sujet en question a été agité dans chaque
chambre en particulier, elle dresse son cahier pour faire des
remontrances au roi, et pour lui donner les avis qu'elle croit
utiles au bien de l'Etat.

Ces cahiers sont présentés séparément au roi.

Tous les députés de chaque chambre sont partagés en
douze gouvernemens généraux, dont suivent les noms et les
rangs : 1° île de France ; 2° Bourgogne ; 3° Normandie ;

---

(1) Voy. *Mém. de la Ligue*, tom v, pag. 280. — Dissertation sur le droit de
convoquer les Etats, imprimée à la fin des *Max. du Droit publ. fr.*

4° Guyenne; 5° Bretagne; 6° Champagne; 7° Languedoc; 8° Picardie; 9° Dauphiné; 10° Provence; 11° Lyonnais; 12° Orléanais.

Dans chaque chambre, les affaires mises en délibération sont décidées à la pluralité des voix des gouvernemens; et l'un des gouvernemens n'a pas plus de pouvoir que l'autre, quoiqu'il soit composé d'un plus grand nombre de députés.

Les affaires se décident, dans chaque gouvernement, à la pluralité des voix des bailliages et des sénéchaussées.

En Bretagne, en Dauphiné et en Provence, les députés sont nommés dans les assemblées de toute la province; dans le reste du royaume, par les bailliages ou les sénéchaussées, ou les villes.

Aux États appartient :

1° La nomination du régent, lorsqu'il n'y a pas été pourvu par le roi ;

2° L'élection d'un nouveau monarque, lorsque le roi meurt sans laisser d'héritier ;

3° L'élection du régent, lorsque plusieurs personnes prétendent à la régence ;

4° L'élection entre plusieurs prétendans à la couronne;

5° L'approbation ou le rejet d'une déclaration de guerre offensive ;

6° Enfin, la connaissance de tous les projets de loi, ou de toutes les déterminations, pour la validité desquelles leur concours est déclaré nécessaire par les lois ou les usages du royaume.

Ces États sont convoqués toutes les fois que le roi le juge nécessaire. Toutefois, il est des cas où la Nation peut les convoquer elle-même, ou plutôt où les grands du royaume, les princes et les pairs peuvent faire cette convocation, sans attentat contre l'autorité souveraine; tel est le cas où la race régnante viendrait à manquer.

Des Parlemens (1).

Les parlemens sont des corps politiques, et des cours de justice. Comme corps politiques, ils ont droit de faire les remontrances que l'intérêt de l'État ou l'utilité des citoyens peuvent rendre nécessaires.

Ils ont le dépôt des lois ; toutes les lois nouvelles doivent y être vérifiées librement et enregistrées.

_____

(1) Tra. des bienn., Paris, 1668, part. 2, pag. 195. — Max. du Dr publ.

Le parlement peut refuser l'enregistrement des lois portées par le prince ; il peut proposer au roi des modifications à ces lois.

Les magistrats font serment d'examiner, si dans les édits et autres lois qui leur sont présentés, il n'y a rien de contraire aux intérêts du Roi, de l'Etat, et aux lois fondamentales du royaume (1).

Comme cours de justice, les parlemens et les cours souveraines ont encore le droit de juger en dernier ressort les affaires des particuliers.

Cour des Pairs, cour de France, ou cour du Roi (2).

La cour des pairs est la première cour du royaume.

La cour des pairs se compose du parlement de Paris, des pairs de France : elle est présidée par le Roi, ou par quelqu'un délégué par lui (3).

La cour des pairs ne peut prononcer sur l'état d'un pair, s'ils ne sont au nombre de douze au moins.

En l'absence des pairs légalement convoqués, ils sont remplacés par les membres du parlement.

De la Taille, de l'Impôt, de la Corvée (4).

Aucune taille ou impôt ne peut être établi sans le consentement des Etats-Généraux.

Le clergé, la noblesse, les officiers des cours supérieures, ceux des bureaux des finances, les secrétaires et officiers des grandes et petites chancelleries, pourvus des charges qui donnent la noblesse, jouissent seuls du privilége d'exemption de la taille d'exploitation dans le royaume, conformément aux réglemens qui ont fixé l'étendue de ce privilége, et en se conformant, pour les officiers des cours, et ceux des bureaux de

---

fr. ch. 5. — P. Granet, Stil. reg., pag. 621, 622. — R. Gaguin, lib. iii, cap. ultim. — Budé, Annot. in Pandect. — Pasquier, Rech., liv. ii, chap. 4. — Loiseau, Des Seign., chap. 3, n° 11. — Coquille, au commencement de son Instit. du Dr. fr. — Harang de Miron à Louis XIII, au Recueil des Etats de 1614, par Rapin, pag. 459. — Laroche Flavin, parl. de Fr., tit. i, part. ii, pag. 117. — Mém. de Condé, in-4, tom i, pag. 27. — Remont. du parl. de Paris, du 9 juin 1581 ; de juillet 1718. — Talon, Discours prononcé au lit de justice de 1645, etc., etc.

(1) Remont. du parl. de Paris, du 26 juillet 1718.
(2) Edit de juillet 1644. — 28 décembre 172
(3) Arrêt de la cour des pairs, de 1224.
(4) Edit de juillet 1755.

finance, à la déclaration du 13 juillet 1764, concernant la résidence.

Les officiers commensaux, ceux des élections, et ceux qui parmi les officiers de judicature ou de finance étaient exempts de taille, sont maintenus dans le privilége d'exemption de taille personnelle, en se conformant à la déclaration du 13 juillet 1764, et à condition qu'ils ne prendront aucun bien à ferme, et ne feront aucun trafic ou autre acte dérogeant à leurs priviléges. Les prévôts, lieutenans et exempts des compagnies de maréchaussée, jouissent de l'exemption de taille personnelle dans le lieu où leur service exige résidence de leur part, tant qu'ils y résideront assiduement, et qu'ils ne feront pareillement aucun acte de dérogeance.

Si les habitans des villes franches, qui jouissent de l'exemption de taille, en vertu de lettres-patentes, font quelque exploitation dans l'étendue des paroisses taillables, ou s'ils y prennent quelques biens, soit à ferme générale ou particulière, soit à titre d'adjudication, etc., ils seront imposés dans ces paroisses.

Les habitans des villes franches, ainsi que les officiers qui continueront de jouir de l'exemption de taille personnelle, qui exploiteront leurs biens propres situés dans les paroisses sujettes à la taille, soit par leurs mains, soit par celles de personnes taillables, seront imposés dans le lieu de l'exploitation.

Les bourgeois de Paris ne peuvent être imposés à la taille pour raison de leurs châteaux ou maisons de campagne, et de l'exploitation qu'ils pourront faire des clos fermés de murs, fossés ou haies joignant immédiatement lesdits châteaux ou maisons de campagne.

Les corvées personnelles sont des journées de travail que le seigneur peut exiger de ses censitaires, en leur fournissant la nourriture, sans être obligé de leur payer de salaire.

Les corvées diffèrent suivant le titre des seigneurs : les censitaires sont obligés tantôt à fournir seulement le travail de leurs corps, tantôt à fournir des charrettes attelées avec des bœufs ou des chevaux.

Les ecclésiastiques et les nobles, les officiers de justice et de finance, les commensaux de la maison du Roi et tous ceux qui sont exempts de taille ou qui sont taxés d'office à cette imposition sont exempts de l'impôt du sel.

Eglise Gallicane (1).

Les excommunications publiques et autres censures ecclé-siastiques quelconques, de même que le refus de sacremens, ne peuvent être admis ni employés contre personne, qu'en conformité des décrets et canons reçus dans le royaume et duement confirmés par les magistrats : à défaut de quoi, il est permis d'en appeler *comme d'abus*.

Les maximes fondamentales des libertés de l'Eglise galli-cane sont (2) :

1° En matières temporelles relatives au Gouvernement, le pape, ni les évêques n'ont droit d'user d'aucune censure, ni contre le roi, ni contre ses officiers ou magistrats subalternes.

2° Le pape n'a, en France, d'autre juridiction que celle que le roi veut bien lui accorder. Ses *nonces* et *légats à latere* n'ont d'autres fonctions que celles d'ambassadeurs, et d'emploi que près de la personne du roi. Ils ne peuvent agir en aucune affaire judiciaire en vertu de pleins pouvoirs de S. S., que lorsqu'ils ont été ratifiés par le roi, et confirmés par le parlement.

3° Le pape ne peut évoquer à lui d'autres causes que celles qui ont été abandonnées à sa décision par le concordat ou d'autres réglemens royaux; et la décision n'aura aucun effet si elle n'est en tout conforme aux lois du pays, avouée et expressément autorisée dans le royaume.

4° Aucuns décrets, bulles, brefs et autres expéditions de la la cour de Rome, ne sont reçus et réputés valides dans le royaume, qu'après que la publication en a été ordonnée par lettres-patentes du roi, enregistrées par les cours du royaume.

5° La convocation et la tenue des conciles, ainsi que la confirmation de leurs décrets, dépendent du souverain, sans que le consentement du pape soit nécessaire.

6° Le roi peut porter des lois sur la conduite des membres du clergé et l'usage de leur autorité, sans avoir besoin, pour cela, ni d'un concile, ni de l'agrément du Saint-Siège; il peut

(1) *Déclaration du clergé de France*, du 19 mars 1682. — Arrêt du 24 mai 1766. — *Traité des libertés de l'église de France*, du Docteur Sig. Jacques Baumgarten. — *Recueil des Actes, Titres et Mémoires concernant les affaires du clergé de France.* — Pithou, *Traité des Libertés de l'église gallicane.* — *L'Esprit de Gerson.* — L'abbé Fleury, XII.e *Discours sur l'Hist. ecclés.*, etc.

(2) On peut dire, en général, que les libertés de l'église gallicane con-sistent à pouvoir se défendre de toutes les nouveautés que tenterait d'intro-duire le Saint-Siège dans l'église, pour substituer un droit nouveau au droit commun fondé sur les anciens canons.

refuser la confirmation des lois ecclésiastiques ayant pour but de soumettre quelqu'un, dans le royaume, à la censure de l'Eglise sous des peines extérieures quelconques.

7° Le pape ne peut, sous aucun prétexte, lever aucun impôt dans le royaume, ni exiger d'argent de personne au-delà des contributions qui lui sont accordées par le concordat. Le roi peut prélever des impositions sur les ecclésiastiques de son royaume, sans l'agrément du pape.

8° Il ne peut se faire aucun établissement nouveau de collèges, maisons régulières, communautés, séminaires, confréries, etc., soit des ordres déjà établis, soit de nouveaux ordres religieux, sans lettres-patentes du roi. Les instituts ou règles de ces ordres sont soumis à l'autorité des magistrats, qui ont la faculté de les modifier. Le roi a également le droit de dissoudre tout ordre religieux, et de l'expulser (1).

9° Le roi a le droit de nommer à tous les archevéchés et évêchés de France; à tous doyennés, abbayes, prélatures et autres charges supérieures de couvens (2), à la réserve de celles qui, pour plus sûr maintien de l'austérité et de la discipline monastique, ont été laissées à la nomination des religieux.

10° Le roi jouit, dans tout le royaume, de la *régale* temporelle et spirituelle.

11° Toute juridiction ecclésiastique est subordonnée au juge séculier; dès la première instance de toutes les sentences rendues en cour d'Eglise, s'il est prouvé qu'il y a entreprise de la juridiction ecclésiastique sur la juridiction royale, contravention aux ordonnances du royaume, aux anciens canons ou libertés de l'Eglise gallicane et aux arrêts de réglement des cours; l'affaire est évoquée par les parlemens, qui forment *appel comme d'abus*.

12° Le magistrat politique a inspection généralement sur ce qui regarde la discipline extérieure et l'exercice de l'autorité du clergé. Les cours sont en droit, lors-même qu'il n'y a ni appel, ni plainte, d'examiner les écrits, ouvrages et actions quelconques des ecclésiastiques, et de sévir contre tout ce qui s'y trouve d'attentatoire aux libertés de l'Eglise et de contraire au bon ordre et à la tranquillité publique.

13° Tous les clercs sont exempts de toutes juridictions et

---

(1) Edits de sept. 1761 et de 1768.
(2) Concordat entre François Ier et Léon X, en 1516.

impôts externes; on ne peut les obliger à comparaître hors du royaume.

14° Tous les ecclésiastiques indistinctement peuvent réclamer la puissance temporelle contre les abus de leurs supérieurs, sans avoir à redouter aucune espèce de censure.

15° A leur sacre, les rois doivent faire serment de maintenir les franchises et libertés de l'Eglise gallicane (1).

Des Lettres de cachet (2).

Les lettres de cachet émanent du Roi; elles doivent être signées de lui et contresignées d'un secrétaire d'Etat.

Elles contiennent, 1° le nom et les qualités de celui à qui elles sont adressées; 2° l'ordre que le roi lui donne.

Les lettres de cachet ne peuvent s'employer que dans les deux cas suivans: 1° Pour enjoindre à certains corps politiques de s'assembler ou de délibérer sur certaines matières, 2° Pour intimer à quelqu'un un ordre, ou un avis de la part du prince (3).

Les magistrats ne doivent avoir aucun égard aux lettres closes accordées sur le fait de la justice; auquel cas l'apposition du grand sceau du Roi est nécessaire.

Cette restriction n'a lieu que lorsque les lettres contiennent des réglemens nouveaux, et non des ordres particuliers. Celui qui est emprisonné injustement en vertu d'une lettre de cachet, peut faire preuve de l'injustice et obtenir des dommages-intérêts contre celui qui avait obtenu la lettre.

L'exil peut être prononcé par le roi pour des raisons à lui seul connues.

L'exilé qui quitte le lieu de l'exil qui lui est assigné, pour se retirer hors du royaume, est puni de la peine de la confiscation de corps et de biens.

---

(1) Nous avons cru devoir donner quelques developpemens à ce paragraphe, parce que les regles qui y sont consacrées, forment encore la législation actuelle sur cette matière.

(2) Ordonnance de juin 1316. — Ordonnances d'Orleans. art. 91; de Blois et de Moulins. — Arrêt du parlement, du 3 decembre 1551, rapporté dans le Traité de la police, tom. 1, liv. 1, chap. 2, pag. 133, col. prem.; Arrêts du 9 juin 1769, et du 3 avril 1770. — Max. du Dr. franç., chap. 3.

(3) Les lettres de cachet avaient lieu le plus souvent pour envoyer quelqu'un en exil ou le constituer prisonnier.

Les abus contre lesquels on réclamait en France, avant la révolution, paraissaient de plus en plus intolérables, à mesure que les idées de liberté se répandaient.

Le désordre des finances mettait le gouvernement dans l'obligation d'user de moyens extraordinaires : il fallait qu'il employât la violence, ou qu'il appelât la Nation à son secours. Ce dernier parti ne fut adopté qu'après avoir vainement essayé du premier : l'exil des parlemens, et le lit de justice du 6 août 1787, démontrèrent que de semblables mesures ne pouvaient remédier au mal. On revint donc à des idées plus raisonnables ; mais les différentes assemblées que le gouvernement convoqua, et qui, dans sa pensée, devaient s'occuper exclusivement *des finances*, portèrent leurs vues sur les autres parties de l'administration ; le *déficit* les occupa beaucoup moins réellement que les *abus* dont on n'avait point voulu leur confier le redressement.

Cette disposition existait dans les deux assemblées des notables, convoquées successivement en 1787 et 1788 ; elle parut manifestement dans l'assemblée des Etats-Généraux.

Les ministères de Calonne et de Necker n'avaient rien produit d'heureux ; les discussions sur le mode d'élection des députés aux Etats-Généraux, avaient encore irrité les esprits. Le conseil du roi décida que les députés aux Etats-Généraux seraient au moins au nombre de mille ; que le nombre de députés pour chaque bailliage serait en raison, composé de la population et des contributions ; enfin, et c'était le plus important, que les députés du *tiers-état* seraient égaux en nombre aux députés des deux autres ordres réunis.

Les cahiers du *tiers-état* furent rédigés à la hâte : ils demandaient une constitution libre ; ils réclamaient surtout que l'ordre fût rétabli dans les finances, et que les dépenses et les recettes fussent régularisées par la loi : en un mot, leurs prétentions se bornaient, à-peu-près, à ce qui forme aujourd'hui la base de notre gouvernement. On ne saurait donc dire qu'elles fussent exagérées en elles-mêmes ; mais peut-être les circonstances exigeaient quelques modifications : d'ailleurs, la noblesse et le clergé renonçaient à leurs privilèges pécuniaires.

Le 5 mai 1788, eut lieu l'ouverture de l'assemblée des États-Généraux ; les discours du roi, du garde des sceaux et de Necker parurent dictés par de bonnes intentions ; mais ils ne satisfirent pas les députés du *tiers-état*.

Aussitôt après cette séance, la question de savoir si les États voteraient par *tête* ou par *ordre*, mit la division dans l'assemblée ; la noblesse et le clergé tenaient au mode qui leur assurait le pouvoir ; le *tiers-état* résistait ; et après avoir inutilement invité les deux autres ordres à se réunir à lui, il se constitua seul en *assemblée nationale* ; un grand nombre des membres du clergé vint se réunir au *tiers-état*.

Ce fut le 17 juin qu'eut lieu cette séance mémorable ; le 23, le roi se rendit à l'assemblée ; il déclara nuls les actes faits par elle ; ordonna que la distinction des trois ordres subsisterait, et fit quelques concessions ; mais sans promettre de constitution ; au surplus, il ne fut question ni de la participation des États-Généraux à la législation, ni de la responsabilité des ministres, ni de la liberté de la presse ; enfin l'*ordre* formel de se séparer fut intimé.

Les députés du *tiers-état* refusèrent d'obéir, et persistèrent dans leurs précédentes délibérations : la majorité de l'assemblée du clergé, quelques membres de l'assemblée de la noblesse adoptèrent la même opinion. Il fallut céder : le roi consentit à la réunion des trois ordres en une seule et même assemblée.

L'assemblée constituante fut donc reconnue ; ses premiers décrets abolirent les dîmes, et le régime féodal, les annates, les dispenses et les provisions de la cour de Rome : on vit disparaître tour-à-tour les priviléges d'ordre de province, de ville, de communauté et d'individus. Une nouvelle division du territoire fut établie. Enfin, la fameuse déclaration des droits de l'homme fut *décrétée*, pour servir de préambule à la constitution.

CONSTITUTION

DÉCRÉTÉE PAR L'ASSEMBLÉE CONSTITUANTE.

3 septembre 1791.

Déclaration des droits de l'Homme et du Citoyen.

Les représentans du peuple français constitués en assemblée nationale, considérant que l'ignorance, l'oubli ou le mépris des droits de l'homme sont les seules causes des malheurs publics et de la corruption des gouvernemens, ont résolu d'exposer dans une déclaration solennelle les droits naturels, inaliénables et sacrés de l'homme, afin que cette déclaration, constamment présente à tous les membres du corps social, leur rappelle sans cesse leurs droits et leurs devoirs; afin que les actes du pouvoir législatif, et ceux du pouvoir exécutif, pouvant être à chaque instant comparés avec le but de toute institution politique, en soient plus respectés; afin que les réclamations des citoyens, fondées désormais sur des principes simples et incontestables, tournent toujours au maintien de la constitution et au bonheur de tous.

En conséquence, l'assemblée nationale reconnaît et déclare, en présence et sous les auspices de l'Être-Suprême, les droits suivans de l'homme et du citoyen.

Art. Ier. Les hommes naissent et demeurent libres et égaux en droits. Les distinctions sociales ne peuvent être fondées que sur l'utilité commune.

2 Le but de toute association politique est la conservation des droits naturels et imprescriptibles de l'homme. Ces droits sont la liberté, la propriété, la sûreté, et la résistance à l'oppression.

3. Le principe de toute souveraineté réside essentiellement dans la nation. Nul corps, nul individu ne peut exercer d'autorité qui n'en émane expressément.

4. La liberté consiste à pouvoir faire tout ce qui ne nuit pas à autrui. Ainsi, l'exercice des droits naturels de chaque homme n'a de bornes que celles qui assurent aux autres membres de la société la jouissance de ces mêmes droits. Ces bornes ne peuvent être déterminées que par la loi.

5. La loi n'a le droit de défendre que les actions nuisibles à la société. Tout ce qui n'est pas défendu par la loi ne peut être empêché; et nul ne peut être contraint à faire ce qu'elle n'ordonne pas.

6. La loi est l'expression de la volonté générale. Tous les citoyens ont droit de concourir personnellement, ou par leurs représentans, à sa formation. Elle doit être la même pour tous, soit qu'elle protège, soit qu'elle punisse. Tous les citoyens, étant égaux à ses yeux, sont également admissibles à toutes dignités, places et emplois publics, selon leur capacité et sans autre distinction que celle de leurs vertus et de leurs talens.

7. Nul homme ne peut être accusé, arrêté ni détenu que dans les cas déterminés par la loi, et selon les formes qu'elle a prescrites. Ceux qui sollicitent, expédient, exécutent ou font exécuter des ordres arbitraires, doivent être punis; mais tout citoyen appelé ou saisi en vertu de la loi, doit obéir à l'instant : il se rend coupable par la résistance.

8. La loi ne doit établir que des peines strictement et évidemment nécessaires; et nul ne peut être puni qu'en vertu d'une loi établie et promulguée antérieurement au délit, et légalement appliquée.

9. Tout homme, étant présumé innocent jusqu'à ce qu'il ait été déclaré coupable; s'il est jugé indispensable de l'arrêter, toute rigueur qui ne serait pas nécessaire pour s'assurer de sa personne, doit être sévèrement réprimée par la loi.

10 Nul ne doit être inquiété pour ses opinions, même religieuses, pourvu que leur manifestation ne trouble pas l'ordre public établi par la loi.

11. La libre communication des pensées et des opinions est un des droits les plus précieux de l'homme : tout citoyen peut donc parler, écrire, imprimer librement, sauf à répondre de l'abus de cette liberté dans les cas déterminés par la loi.

12. La garantie des droits de l'homme et du citoyen nécessite une force publique : cette force est donc instituée pour l'avantage de tous, et non pour l'utilité particulière de ceux auxquels elle est confiée.

13. Pour l'entretien de la force publique, et pour les dépenses d'administration, une contribution commune est indispensable; elle doit être également répartie entre tous les citoyens, en raison de leurs facultés.

14. Tous les citoyens ont le droit de constater par eux-

mêmes, ou par leurs représentans, la nécessité de la contribution publique, de la consentir librement, d'en suivre l'emploi, et d'en déterminer la quotité, l'assiette, le recouvrement et la durée.

15. La société a le droit de demander compte à tout agent public, de son administration.

16. Toute société dans laquelle la garantie des droits n'est pas assurée, ni la séparation des pouvoirs déterminée, n'a point de constitution.

17. La propriété étant un droit inviolable et sacré, nul ne peut en être privé, si ce n'est lorsque la nécessité publique, légalement constatée, l'exige évidemment, et sous la condition d'une juste et préalable indemnité (1).

CONSTITUTION.

L'assemblée nationale, voulant établir la constitution française sur les principes qu'elle vient de reconnaître et de déclarer, abolit irrévocablement les institutions qui blessaient la liberté et l'égalité des droits.

Il n'y a plus ni noblesse, ni pairie, ni distinctions héréditaires, ni distinction d'ordres, ni régime féodal, ni justices patrimoniales, ni aucun des titres, dénominations et prérogatives qui en dérivaient, ni aucun ordre de chevalerie, ni aucune des corporations ou décorations pour lesquelles on exigeait des preuves de noblesse, ou qui supposaient des distinctions de naissance, ni aucune autre supériorité que celle des fonctionnaires publics dans l'exercice de leurs fonctions.

Il n'y a plus ni vénalité, ni hérédité d'aucun office public.

Il n'y a plus, pour aucune partie de la nation, ni pour aucun individu, aucun privilége ni exception au droit commun de tous les Français.

Il n'y a plus ni jurandes, ni corporations de professions, arts et métiers.

La loi ne reconnaît plus ni vœux religieux, ni aucun autre engagement qui serait contraire aux droits naturel, ou à la constitution.

_____

(1 Cette déclaration avait été décrétée en août 1789)

TITRE PREMIER.

Dispositions fondamentales garanties par la Constitution.

La constitution garantit, comme droits naturels et civils;

1° Que tous les citoyens sont admissibles aux places et emplois, sans autre distinction que celle des vertus et des talens;

2° Que toutes les contributions seront réparties entre tous les citoyens également, en proportion de leurs facultés;

3° Que les mêmes délits seront punis des mêmes peines, sans aucune distinction des personnes.

La constitution garantit pareillement, comme droits naturels et civils :

La liberté à tout homme d'aller, de rester, de partir sans pouvoir être arrêté, ni détenu, que selon les formes déterminées par la constitution;

La liberté à tout homme de parler, d'écrire, d'imprimer et publier ses pensées, sans que les écrits puissent être soumis à aucune censure ni inspection avant leur publication, et d'exercer le culte religieux auquel il est attaché;

La liberté aux citoyens de s'assembler paisiblement et sans armes, en satisfaisant aux lois de police;

La liberté d'adresser aux autorités constituées des pétitions signées individuellement.

Le pouvoir législatif ne pourra faire aucunes lois qui portent atteinte et mettent obstacle à l'exercice des droits naturels et civils consignés dans le présent titre, et garantis par la constitution; mais, comme la liberté ne consiste qu'à pouvoir faire tout ce qui ne nuit ni aux droits d'autrui ni à la sûreté publique, la loi peut établir des peines contre les actes qui, attaquant ou la sûreté publique ou les droits d'autrui, seraient nuisibles à la société.

La constitution garantit l'inviolabilité des propriétés, ou la juste et préalable indemnité de celles dont la nécessité publique, légalement constatée, exigerait le sacrifice.

Les biens destinés aux dépenses du culte et à tous services d'utilité publique appartiennent à la nation, et sont, dans tous les temps, à sa disposition.

La constitution garantit les aliénations qui ont été ou qui seront faites suivant les formes établies par la loi.

Les citoyens ont le droit d'élire ou choisir les ministres de leurs cultes.

Il sera créé et organisé un établissement général de *secours publics* pour élever les enfans abandonnés, soulager les pauvres infirmes, et fournir du travail aux pauvres valides qui n'auraient pu s'en procurer.

Il sera créé et organisé une *Instruction publique*, commune à tous les citoyens, gratuite à l'égard des parties d'enseignement indispensables pour tous les hommes, et dont les établissemens seront distribués graduellement dans un rapport combiné avec la division du royaume.

Il sera établi des fêtes nationales pour conserver le souvenir de la révolution française, entretenir la fraternité entre les citoyens, et les attacher à la constitution, à la patrie et aux lois.

Il sera fait un code de lois civiles communes à tout le royaume.

TITRE II.

De la Division du Royaume, et de l'Etat des citoyens.

Art. 1er. Le royaume est un et indivisible : son territoire est distribué en quatre-vingt-trois départemens, chaque département en districts, chaque district en cantons.

2. Sont citoyens français :

Ceux qui sont nés en France d'un père français ;

Ceux qui, nés en France d'un père étranger, ont fixé leur résidence dans le royaume.

Ceux qui, nés en pays étranger d'un père français, sont venus s'établir en France, et ont prêté le serment civique ;

Enfin ceux qui, nés en pays étranger, et descendant, à quelque degré que ce soit, d'un Français ou d'une Française expatriés pour cause de religion, viennent demeurer en France, et prêtent le serment civique.

3. Ceux qui, nés hors du royaume de parens étrangers, résident en France, deviennent citoyens français après cinq ans de domicile continu dans le royaume, s'ils y ont en outre acquis des immeubles ou épousé une Française, ou formé un établissement d'agriculture ou de commerce, et s'ils ont prêté le serment civique.

4. Le pouvoir législatif pourra, pour des considérations importantes, donner à un étranger un acte de naturalisation, sans autres conditions que de fixer son domicile en France, et d'y prêter le serment civique.

5. Le serment civique est : *Je jure d'être fidèle à la nation, à la loi et au roi, et de maintenir de tout mon pouvoir la constitution du royaume, décrétée par l'assemblée nationale constituante aux années* 1789, 1790 *et* 1791.

6. La qualité de citoyen français se perd, 1° par la naturalisation en pays étranger; 2° par la condamnation aux peines qui emportent la dégradation civique, tant que le condamné n'est pas réhabilité; 3° par un jugement de contumace, tant que le jugement n'est pas anéanti; 4° par l'affiliation à tout ordre de chevalerie étranger, ou à toute corporation étrangère qui supposerait, soit des preuves de noblesse, soit des distinctions de naissance, ou qui exigerait des vœux religieux.

7. La loi ne considère le mariage que comme contrat civil.

Le pouvoir législatif établira pour tous les habitans sans distinction, le mode par lequel les naissances, mariages et décès seront constatés; et il désignera les officiers publics qui en recevront et en conserveront les actes.

8. Les citoyens français, considérés sous le rapport des relations locales qui naissent de leur réunion dans les villes et dans de certains arrondissemens du territoire des campagnes, forment les *communes.*

Le pouvoir législatif pourra fixer l'étendue de l'arrondissement de chaque commune.

9. Les citoyens qui composent chaque commune ont le droit d'élire à temps, suivant les formes déterminées par la loi, ceux d'entre eux qui, sous le titre d'officiers municipaux, sont chargés de gérer les affaires particulières de la commune.

Il pourra être délégué aux officiers municipaux quelques fonctions relatives à l'intérêt général de l'Etat.

10. Les règles que les officiers municipaux seront tenus de suivre dans l'exercice, tant des fonctions municipales que de celles qui leur auront été déléguées pour l'intérêt général, seront fixées par les lois.

TITRE III.

Des Pouvoirs publics.

Art. 1er. La souveraineté est une, indivisible, inaliénable et imprescriptible : elle appartient à la nation ; aucune

...tion du peuple, ni aucun individu, ne peut s'en attribuer l'exercice.

2. La nation, de qui seule émanent tous les pouvoirs, ne peut les exercer que par délégation.

La constitution française est représentative : les représentans sont le corps législatif et le roi.

3. Le pouvoir législatif est délégué à une assemblée nationale composée de représentans temporaires, librement élus par le peuple, pour être exercé par elle, avec la sanction du roi, de la manière qui sera déterminée ci-après.

4. Le gouvernement est monarchique : le pouvoir exécutif est délégué au roi, pour être exercé, sous son autorité, par des ministres et autres agens responsables, de la manière qui sera déterminée ci-après.

5. Le pouvoir judiciaire est délégué à des juges élus à temps par le peuple.

CHAPITRE PREMIER.

De l'Assemblée nationale législative.

ART. 1er. L'assemblée nationale, formant le corps législatif, est permanente, et n'est composée que d'une chambre.

2. Elle sera formée, tous les deux ans, par de nouvelles élections.

Chaque période de deux années formera une législature.

3. Les dispositions de l'article précédent n'auront pas lieu à l'égard du prochain corps législatif, dont les pouvoirs cesseront le dernier jour d'avril 1793.

4. Le renouvellement du corps législatif se fera de plein droit.

5. Le corps législatif ne pourra être dissous par le roi.

SECTION PREMIÈRE.

Nombre des Représentans. Bases de la représentation.

ART. 1er. Le nombre des représentans au corps législatif est de sept cent quarante-cinq, à raison des quatre-vingt-trois départemens dont le royaume est composé, et indépendamment de ceux qui pourraient être accordés aux colonies.

2. Les représentans seront distribués entre les quatre-vingt-trois départemens, selon les trois proportions du territoire, de la population et de la contribution directe.

3. Des sept cent quarante-cinq représentans, deux cent quarante-sept sont attachés au territoire.

Chaque département en nommera trois, à l'exception du département de Paris, qui n'en nommera qu'un.

4. Deux cent quarante-neuf représentans sont attribués à la population.

La masse totale de la population active du royaume est divisée en deux cent quarante-neuf parts; et chaque département nomme autant de députés qu'il a de parts de population.

5. Deux cent quarante-neuf représentans sont attachés à la contribution directe.

La somme totale de la contribution directe du royaume est de même divisée en deux cent quarante-neuf parts; et chaque département nomme autant de députés qu'il paie de parts de contribution.

SECTION II.

Assemblées primaires. Nomination des Électeurs.

ART. 1ᵉʳ. Pour former l'assemblée nationale législative, les citoyens actifs se réuniront, tous les deux ans, en assemblées primaires, dans les villes et dans les cantons.

Les assemblées primaires se formeront, de plein droit, le second dimanche de mars, si elles n'ont pas été convoquées plutôt par les fonctionnaires publics déterminés par la loi.

2. Pour être citoyen actif, il faut être né ou devenu Français; être âgé de 25 ans accomplis;

Etre domicilié dans la ville ou dans le canton depuis le temps déterminé par la loi;

Payer, dans un lieu quelconque du royaume, une contribution directe au moins égale à la valeur de trois journées de travail, et en représenter la quittance;

N'être pas dans un état de domesticité, c'est-à-dire, serviteur à gages;

Etre inscrit, dans la municipalité de son domicile, au rôle des gardes nationales;

Avoir prêté le serment civique.

3. Tous les six ans, le corps législatif fixera le *minimum* et le *maximum* de la valeur de la journée de travail; et les administrateurs des départemens en feront la détermination locale pour chaque district.

4. Nul ne pourra exercer les droits de citoyen actif dans plus d'un endroit, ni se faire représenter par un autre.

5. Sont exclus de l'exercice des droits de citoyen actif,

Ceux qui sont en état d'accusation;

Ceux qui, après avoir été constitués en état de faillite ou d'insolvabilité, prouvé par pièces authentiques, ne rapportent pas un acquit général de leurs créanciers.

6. Les assemblées primaires nommeront des électeurs, en proportion du nombre des citoyens actifs domiciliés dans la ville ou le canton.

Il sera nommé un électeur, à raison de cent citoyens actifs présens, ou non, à l'assemblée.

Il en sera nommé deux depuis 151 jusqu'à 250, et ainsi de suite.

7. Nul ne pourra être nommé électeur, s'il ne réunit aux conditions nécessaires pour être citoyen actif, savoir : dans les villes au-dessus de six mille âmes, celle d'être propriétaire ou usufruitier d'un bien évalué, sur les rôles de contribution, à un revenu égal à la valeur locale de deux cents journées de travail, ou d'être locataire d'une habitation évaluée, sur les mêmes rôles, à un revenu égal à la valeur de 150 journées de travail.

Dans les villes au-dessous de six milles âmes, celle d'être propriétaire ou usufruitier d'un bien évalué, sur les rôles de contribution, à un revenu égal à la valeur locale de 150 journées de travail, ou d'être locataire d'une habitation évaluée, sur les mêmes rôles, à un revenu égal à la valeur de 100 journées de travail;

Et dans les campagnes, celle d'être propriétaire ou usufruitier d'un bien évalué sur les rôles de contribution à un revenu égal à la valeur locale de 150 journées de travail, ou d'être fermier ou métayer de biens évalués, sur les mêmes rôles, à la valeur de 400 journées de travail.

A l'égard de ceux qui seront en même temps propriétaires ou usufruitiers d'une part, et locataires, fermiers ou métayers de l'autre, leurs facultés à ces divers titres seront cumulées jusqu'au taux nécessaire pour établir leur éligibilité.

SECTION III.

Assemblées électorales. Nomination des Représentans.

ART. 1er. Les électeurs nommés en chaque département se réuniront pour élire le nombre des représentans dont la

nomination sera attribuée à leur département, et un nombre
de suppléans égal au tiers de celui des représentans.

Les assemblées électorales se formeront, de plein droit, le
dernier dimanche de mars, si elles n'ont pas été convoquées
plutôt par les fonctionnaires publics déterminés par la loi.

2. Les représentans et les suppléans seront élus à la pluralité absolue des suffrages, et ne pourront être choisis que
parmi les citoyens actifs du département.

3. Tous les citoyens actifs, quelque soit leur état, profession ou contribution, pourront être élus représentans de
la nation.

4. Seront néanmoins obligés d'opter, les ministres et les
autres agens du pouvoir exécutif, révocables à volonté, les
commissaires de la trésorerie nationale, les percepteurs et
receveurs des contributions directes, les préposés à la perception et aux régies des contributions indirectes et des domaines nationaux, et ceux qui, sous quelque dénomination
que ce soit, sont attachés à des emplois de la maison militaire et civile du roi.

Seront également tenus d'opter, les administrateurs, sous-
administrateurs, officiers municipaux et commandans des
gardes nationales.

5. L'exercice des fonctions judiciaires sera incompatible
avec celles de représentant de la nation, pendant toute la
durée de la législature.

Les juges seront remplacés par leurs suppléans; et le roi
pourvoira par des brevets de commission au remplacement de
ses commissaires auprès des tribunaux.

6. Les membres du corps législatif pourront être réélus à
la législature suivante, et ne pourront l'être ensuite qu'après
l'intervalle d'une législature.

7. Les représentans nommés dans les départemens ne
seront pas représentans d'un département particulier, mais
de la nation entière; et il ne pourra leur être donné aucun
mandat.

SECTION IV.

Tenue et régime des Assemblées primaires et électorales.

ART. 1er. Les fonctions des assemblées primaires et électorales se bornent à élire; elles se sépareront aussitôt après les
élections faites, et ne pourront se former de nouveau, que

lorsqu'elles seront convoquées, si ce n'est au cas de l'article premier de la section II, et de l'article premier de la section III ci-dessus.

2. Nul citoyen actif ne peut entrer ni donner son suffrage dans une assemblée, s'il est armé.

3. La force armée ne pourra être introduite dans l'intérieur, sans le vœu exprès de l'assemblée, si ce n'est qu'on y commît des violences; auquel cas, l'ordre du président suffira pour appeler la force publique.

4. Tous les deux ans, il sera dressé, dans chaque district, des listes, par cantons, des citoyens actifs; et la liste de chaque canton y sera publiée et affichée deux mois avant l'époque de l'assemblée primaire.

Les réclamations qui pourront avoir lieu, soit pour contester la qualité des citoyens employés sur la liste, soit de la part de ceux qui se prétendront omis injustement, seront portées aux tribunaux pour y être jugées sommairement.

La liste servira de règle pour l'admission des citoyens dans la prochaine assemblée primaire, en tout ce qui n'aura pas été rectifié par des jugemens rendus avant la tenue de l'assemblée.

5. Les assemblées électorales ont le droit de vérifier la qualité et les pouvoirs de ceux qui s'y présenteront: et leurs décisions seront exécutées provisoirement, sauf le jugement du corps législatif, lors de la vérification des pouvoirs des députés.

6. Dans aucun cas, et sous aucun prétexte, le roi ni aucun des agens nommés par lui ne pourront prendre connaissance des questions relatives à la régularité des convocations, à la tenue des assemblées, à la forme des élections, ni aux droits politiques des citoyens, sans préjudice des fonctions des commissaires du roi, dans les cas déterminés par la loi, où les questions relatives aux droits politiques des citoyens doivent être portées dans les tribunaux.

SECTION V.

Réunion des Représentans en Assemblée nationale législative.

ART. 1er. Les représentans se réuniront, le premier lundi du mois de mai, au lieu des séances de la dernière législature.

2. Ils se formeront provisoirement en assemblée, sous la présidence du doyen d'âge, pour vérifier les pouvoirs des représentans présens.

3. Dès qu'ils seront au nombre de trois cent soixante-treize membres vérifiés, ils se constitueront sous le titre d'*Assemblée nationale législative :* elle nommera un président, un vice-président et des secrétaires, et commencera l'exercice de ses fonctions.

4. Pendant tout le cours du mois de mai, si le nombre de représentans présens est au-dessous de trois cent soixante-treize, l'assemblée ne pourra faire aucun acte législatif.

Elle pourra prendre un arrêté pour enjoindre aux membres absens de se rendre à leurs fonctions dans le délai de quinzaine au plus tard, à peine de 3000 livres d'amende, s'ils ne proposent pas une excuse qui soit jugée légitime par l'assemblée.

5. Au dernier jour de mai, quel que soit le nombre de membres présens, ils se constitueront en assemblée nationale législative.

6. Les représentans prononceront tous ensemble, au nom du peuple français, le serment de *vivre libres ou mourir.*

Ils prêteront ensuite individuellement le serment *de maintenir de tout leur pouvoir la constitution du royaume, décrétée par l'assemblée nationale constituante aux années 1789, 1790 et 1791 ; de ne rien proposer ni consentir, dans le cours de la législature, qui puisse y porter atteinte ; et d'être en tout fidèle à la nation, à la loi et au roi.*

7. Les représentans de la nation sont inviolables : ils ne pourront être recherchés, accusés, ni jugés, en aucun temps, pour ce qu'ils auront dit, écrit ou fait dans l'exercice de leurs fonctions de représentans.

8. Ils pourront, pour fait criminel, être saisis en flagrant délit, ou en vertu d'un mandat d'arrêt ; mais il en sera donné avis, sans délai, au corps législatif ; et la poursuite ne pourra être continuée, qu'après que le corps législatif aura décidé qu'il y a lieu à accusation.

CHAPITRE II.

De la Royauté, de la Régence et des Ministres.

SECTION PREMIÈRE.

De la Royauté et du Roi.

ART. 1er. La royauté est indivisible, et déléguée héréditairement à la race régnante, de mâle en mâle, par ordre de pri mogéniture, a l'exclusion perpétuelle des femmes et de leur descendance.

(Rien n'est préjugé sur l'effet des renonciations, dans la race actuellement régnante.)

2. La personne du roi est inviolable et sacrée : son seul titre est *Roi des Français.*

3. Il n'y a point en France d'autorité supérieure à celle de la loi. Le roi ne règne que par elle; et ce n'est qu'au nom de la loi qu'il peut exiger l'obéissance.

4. Le roi, à son avénement au trône, ou dès qu'il aura atteint sa majorité, prêtera à la nation, en présence du corps législatif, le serment *d'être fidèle à la nation et à la loi, d'employer tout le pouvoir qui lui est délégué, à maintenir la constitution décrétée par l'assemblée nationale constituante, aux années 1789, 1790 et 1791, et à faire exécuter les lois.*

Si le corps législatif n'est pas assemblé, le roi fera publier une proclamation, dans laquelle seront exprimés ce serment et la promesse de le réitérer aussitôt que le corps législatif sera réuni.

5. Si un mois après l'invitation du corps législatif, le roi n'a pas prêté ce serment, ou si, après l'avoir prêté, il le rétracte, il sera censé avoir abdiqué la royauté.

6. Si le roi se met à la tête d'une armée et en dirige les forces contre la nation, ou s'il ne s'oppose pas par un acte formel à une telle entreprise qui s'exécuterait en son nom, il sera censé avoir abdiqué la royauté.

7. Si le roi, étant sorti du royaume, n'y rentrait pas après l'invitation qui lui en serait faite par le corps législatif, et dans le délai qui sera fixé par la proclamation, lequel ne pourra être moindre de deux mois, il serait censé avoir abdiqué la royauté.

Le délai commencera à courir du jour où la proclamation du corps législatif aura été publiée dans le lieu de ses séances; et les ministres seront tenus, sous leur responsabilité, de faire tous les actes du pouvoir exécutif, dont l'exercice sera suspendu dans la main du roi absent.

8. Après l'abdication expresse ou légale, le roi sera dans la classe des citoyens, et pourra être accusé et jugé, comme eux, pour les actes postérieurs à son abdication.

9. Les biens particuliers que le roi possède à son avénement au trône sont réunis irrévocablement au domaine de la nation : il a la disposition de ceux qu'il acquiert à titre singulier; s'il

n'en a pas disposé, ils sont pareillement réunis à la fin (
règne.

10. La nation pourvoit à la splendeur du trône par une li
civile, dont le corps législatif déterminera la somme, à chaq
changement de règne, pour toute la durée du règne.

11. Le roi nommera un administrateur de la liste civile, q
exercera les actions judiciaires du roi, et contre lequel tou
les actions à la charge du roi seront dirigées et les jugeme
prononcés. Les condamnations obtenues par les créanciers
la liste civile seront exécutoires contre l'administrateur, p
sonnellement, et sur ses propres biens

12. Le roi aura, indépendamment de la garde d'honne
qui lui sera fournie par les citoyens gardes nationales du li
de sa résidence, une garde payée sur les fonds de la liste civil
Elle ne pourra excéder le nombre de 1200 hommes à pied
de 600 hommes à cheval.

Les grades et les règles d'avancement y seront les mêm
que dans les troupes de ligne; mais ceux qui composeront
garde du roi rouleront, pour tous les grades, exclusiveme
sur eux-mêmes, et ne pourront en obtenir aucun dans l'arm
de ligne.

Le roi ne pourra choisir les hommes de sa garde que par
ceux qui sont actuellement en activité de service dans les troup
dé ligne, ou parmi les citoyens qui ont fait depuis un an
service de gardes nationales, pourvu qu'ils soient résida
dans le royaume, et qu'ils aient précédemment prêté le serme
civique.

La garde du roi ne pourra être commandée ni requise po
aucun service public.

SECTION II.

De la Régence.

Art. 1er. Le roi est mineur jusqu'à l'âge de dix-huit ans
complis; et, pendant sa minorité, il y a un régent du royaum

2. La régence appartient au parent du roi, le plus proche
degré, suivant l'ordre de l'hérédité au trône, et âgé de vin?
cinq ans accomplis, pourvu qu'il soit Français et régnicol
qu'il ne soit pas héritier présomptif d'une autre couronne,
qu'il ait précédemment prêté le serment civique.

Les femmes sont exclues de la régence.

3. Si un roi mineur n'avait aucun parent réunissant l

qualités ci-dessus exprimées, le régent du royaume sera élu ainsi qu'il va être dit aux articles suivans.

4. Le corps législatif ne pourra élire le régent.

5. Les électeurs de chaque district se réuniront au chef-lieu du district, d'après une proclamation qui sera faite dans la première semaine du nouveau règne par le corps législatif, s'il est réuni ; et s'il était séparé, le ministre de la justice sera tenu de faire cette proclamation dans la même semaine.

6. Les électeurs nommeront, en chaque district, au scrutin individuel et à la pluralité absolue des suffrages, un citoyen éligible et domicilié dans le district, auquel ils donneront par le procès-verbal de l'élection un mandat spécial borné à la seule fonction d'élire le citoyen qu'il jugera en son âme et conscience le plus digne d'être régent du royaume.

7. Les citoyens mandataires, nommés dans les districts, seront tenus de se rassembler dans la ville où le corps législatif tiendra sa séance, le quarantième jour au plus tard, à partir de celui de l'avénement du roi mineur au trône ; et ils y formeront l'assemblée électorale, qui procédera à la nomination du régent.

8. L'élection du régent sera faite au scrutin individuel et à la pluralité absolue des suffrages.

9. L'assemblée électorale ne pourra s'occuper que de l'élection, et se séparera aussitôt que l'élection sera terminée ; tout autre acte qu'elle entreprendrait de faire est déclaré inconstitutionnel et de nul effet.

10. L'assemblée électorale fera présenter par son président le procès-verbal de l'élection au corps législatif, qui, après avoir vérifié la régularité de l'élection, la fera publier dans tout le royaume par une proclamation.

11. Le régent exerce, jusqu'à la majorité du roi, toutes les fonctions de la royauté, et n'est pas personnellement responsable des actes de son administration.

12. Le régent ne peut commencer l'exercice de ses fonctions, qu'après avoir prêté à la nation, en présence du corps législatif, le serment *d'être fidèle à la nation, à la loi et au roi ; d'employer tout le pouvoir délégué au roi, et dont l'exercice lui est confié pendant la minorité du roi, à maintenir la constitution décrétée par l'assemblée nationale constituante, aux années 1789, 1790 et 1791, et à faire exécuter les lois.*

Si le corps législatif n'est pas assemblé, le régent fera publier une proclamation dans laquelle seront exprimés ce serment et la promesse de le réitérer aussitôt que le corps législatif sera réuni.

13. Tant que le régent n'est pas entré en exercice de ses fonctions, la sanction des lois demeure suspendue; les ministres continuent de faire, sous leur responsabilité, tous les actes du pouvoir exécutif.

14. Aussitôt que le régent aura prêté le serment, le corps législatif déterminera son traitement; lequel ne pourra être changé pendant la durée de la régence.

15. Si, à raison de la minorité d'âge du parent appelé à la régence, elle a été dévolue à un parent plus éloigné, ou déférée par élection, le régent qui sera entré en exercice continuera ses fonctions jusqu'à la majorité du roi.

16. La régence du royaume ne confère aucun droit sur la personne du roi mineur.

17. La garde du roi mineur sera confiée à sa mère; et s'il n'a pas de mère, ou si elle est remariée au temps de l'avénement de son fils au trône, ou si elle se remarie pendant la minorité, la garde sera déférée par le corps législatif.

Ne peuvent être élus pour la garde du roi mineur, ni le régent et ses descendans, ni les femmes.

18. En cas de démence du roi notoirement reconnue, légalement constatée, et déclarée par le corps législatif après trois délibérations successivement prises de mois en mois, il y a lieu à la régence, tant que la démence dure.

SECTION III.

De la famille du Roi.

ART. 1er. L'héritier présomptif portera le nom de prince royal.

Il ne peut sortir du royaume sans un décret du corps législatif, et le consentement du roi.

S'il en est sorti, et si, étant parvenu à l'âge de dix-huit ans, il ne rentre pas en France après avoir été requis par une proclamation du corps législatif, il est censé avoir abdiqué le droit de succession au trône.

2. Si l'héritier présomptif est mineur, le parent majeur premier appelé à la régence est tenu de résider dans le royaume.

Dans le cas où il en serait sorti, et n'y rentrerait pas sur la réquisition du corps législatif, il sera censé avoir abdiqué son droit à la régence.

5. La mère du roi mineur ayant sa garde, ou le gardien élu, s'ils sortent du royaume, sont déchus de la garde.

Si la mère de l'héritier présomptif mineur sortait du royaume, elle ne pourrait, même après son retour, avoir la garde de son fils mineur devenu roi, que par un décret du corps législatif.

4. Il sera fait une loi pour régler l'éducation du roi mineur et celle de l'héritier présomptif mineur.

5. Les membres de la famille du roi appelés à la succession éventuelle au trône jouissent des droits de citoyen actif, mais ne sont éligibles à aucune des places, emplois ou fonctions qui sont à la nomination du peuple.

A l'exception des départemens du ministère, ils sont susceptibles des places et emplois à la nomination du roi ; néanmoins ils ne pourront commander en chef aucune armée de terre ou de mer, ni remplir les fonctions d'ambassadeur, qu'avec le consentement du corps législatif, accordé sur la proposition du roi.

6. Les membres de la famille du roi appelés à la succession éventuelle au trône, ajouteront la dénomination de *prince français* au nom qui leur aura été donné dans l'acte civil constatant leur naissance ; et ce nom ne pourra être ni patronimique, ni formé d'aucune des qualifications abolies par la présente constitution.

La dénomination de *prince* ne pourra être donnée à aucun autre individu, et n'emportera aucun privilége ni aucune exception au droit commun de tous les Français.

7. Les actes par lesquels seront légalement constatés les naissances, mariages et décès des princes français seront présentés au corps législatif, qui en ordonnera le dépôt dans ses archives.

8. Il ne sera accordé au membre de la famille du roi aucun apanage réel.

Les fils puînés du roi recevront, à l'âge de vingt-cinq ans accomplis, ou lors de leur mariage, une rente apanagère ; laquelle sera fixée par le corps législatif, et finira à l'extinction de leur postérité masculine.

SECTION IV.

Des Ministres.

ART. 1er. Au roi seul appartient le choix et la révocation des ministres.

2. Les membres de l'assemblée nationale actuelle et des législatures suivantes, les membres du tribunal de cassation et ceux qui serviront dans le haut-juré, ne pourront être promus au ministère, ni recevoir aucunes places, dons, pensions, traitemens ou commissions du pouvoir exécutif ou de ses agens, pendant la durée de leurs fonctions, ni pendant deux ans après en avoir cessé l'exercice.

Il en sera de même de ceux qui seront seulement inscrits sur la liste du haut-juré, pendant tout le temps que durera leur inscription.

3. Nul ne peut entrer en exercice d'aucun emploi, soit dans les bureaux du ministère, soit dans ceux des régies ou administrations des revenus publics, ni en général d'aucun emploi à la nomination du pouvoir exécutif, sans prêter le serment civique, ou sans justifier qu'il l'a prêté.

4. Aucun ordre du roi ne peut être exécuté, s'il n'est signé par lui et contre-signé par le ministre ou l'ordonnateur du département.

5. Les ministres sont responsables de tous les délits par eux commis contre la sûreté nationale et la constitution ;

De tout attentat à la propriété et à la liberté individuelle,

De toute dissipation des deniers destinés aux dépenses de leur département.

6. En aucun cas, l'ordre du roi, verbal ou par écrit, ne peut soustraire un ministre à la responsabilité.

7. Les ministres sont tenus de présenter, chaque année, au corps législatif, à l'ouverture de la session, l'aperçu des dépenses à faire dans leur département, de rendre compte de l'emploi des sommes qui y étaient destinées, et d'indiquer les abus qui auraient pu s'introduire dans les différentes parties du gouvernement.

8. Aucun ministre en place ou hors de place ne peut être poursuivi en matière criminelle pour fait de son administration, sans un décret du corps législatif.

CHAPITRE III.

De l'Exercice du Pouvoir législatif.

SECTION PREMIÈRE.

Pouvoirs et fonctions de l'Assemblée nationale législative.

ART. 1er. La constitution délègue exclusivement au corps législatif les pouvoirs et fonctions ci-après :

1° De proposer et décréter les lois : le roi peut seulement inviter le corps législatif à prendre un objet en considération ;

2° De fixer les dépenses publiques ;

3° D'établir les contributions publiques ; d'en déterminer la nature, la quotité, la durée, et le mode de perception ;

4° De faire la répartition de la contribution directe entre les départemens du royaume ; de surveiller l'emploi de tous les revenus publics, et de s'en faire rendre compte ;

5° De décréter la création ou la suppression des offices publics ;

6° De déterminer le titre, le poids, l'empreinte et la dénomination des monnaies ;

7° De permettre ou de défendre l'introduction des troupes étrangères sur le territoire français, et des forces navales étrangères dans les ports du royaume ;

8° De statuer annuellement, après la proposition du roi, sur le nombre d'hommes et de vaisseaux dont les armées de terre et de mer seront composées ; sur la solde et le nombre d'individus de chaque grade ; sur les règles d'admission et d'avancement, les formes de l'enrôlement et du dégagement, la formation des équipages de mer ; sur l'admission des troupes ou des forces navales étrangères au service de France, et sur le traitement des troupes, en cas de licenciement ;

9° De statuer sur l'administration, et d'ordonner l'aliénation des domaines nationaux ;

10° De poursuivre devant la haute-cour nationale la responsabilité des ministres et des agens principaux du pouvoir exécutif ;

D'accuser et de poursuivre devant la même cour, ceux qui seront prévenus d'attentat et de complot contre la sûreté générale de l'Etat, ou contre la constitution ;

11° D'établir les lois d'après lesquelles les marques d'honneur ou décorations purement personnelles seront accordées à ceux qui ont rendu des services à l'Etat.

12° Le corps législatif a seul le droit de décerner les honneurs publics à la mémoire des grands hommes.

2. La guerre ne peut être décidée que par un décret du corps législatif, rendu sur la proposition formelle et nécessaire du roi, et sanctionné par lui.

Dans le cas d'hostilités imminentes ou commencées, d'un allié à soutenir ou d'un droit à conserver par la force des armes, le roi en donnera, sans aucun délai, la notification au corps législatif, et en fera connaître les motifs.

Si le corps législatif est en vacances, le roi le convoquera aussitôt.

Si le corps législatif décide que la guerre ne doive pas être faite, le roi prendra sur-le-champ des mesures pour faire cesser ou prévenir toutes hostilités, les ministres demeurant responsables des délais.

Si le corps législatif trouve que les hostilités commencées soient une agression coupable de la part des ministres ou de quelqu'autre agent du pouvoir exécutif, l'auteur de l'agression sera poursuivi criminellement.

Pendant tout le cours de la guerre, le corps législatif peu requérir le roi de négocier la paix; et le roi est tenu de déférer à cette réquisition.

A l'instant où la guerre cessera, le corps législatif fixera le délai dans lequel les troupes élevées au-dessus du pied de paix seront congédiées, et l'armée réduite à son état ordinaire

3. Il apportient au corps législatif de ratifier les traités de paix, d'alliance et de commerce; et aucun traité n'aura d'effet que par cette ratification.

4. Le corps législatif a le droit de déterminer le lieu de ses séances, de les continuer autant qu'il le jugera nécessaire, et de s'ajourner : au commencement de chaque règne, s'il n'est pas réuni, il sera tenu de se rassembler sans délai.

Il a le droit de police dans le lieu de ses séances et dans l'enceinte extérieure qu'il aura déterminée.

Il a le droit de discipline sur ses membres; mais il ne peu prononcer de punition plus forte que la censure, les arrêt pour huit jours, ou la prison pour trois jours.

Il a le droit de disposer, pour sa sûreté et pour le maintien du respect qui lui est dû, des forces qui, de son consentement, seront établies dans la ville où il tiendra ses séances

5. Le pouvoir exécutif ne peut faire passer ou séjourner aucun corps de troupes de ligne, dans la distance de trente mille toises du corps législatif (1), si ce n'est sur sa réquisition ou avec son autorisation.

---

(1) Six myriamètres (douze lieues moyennes).

SECTION II.

Tenue des séances, et Forme de délibérer

ART. 1er. Les délibérations du corps législatif seront publiques, et les procès-verbaux de ses séances seront imprimés.

2. Le corps législatif pourra cependant, en toute occasion, se former en *comité général*.

Cinquante membres auront le droit de l'exiger.

Pendant la durée du comité général, les assistans se retireront; le fauteuil du président sera vacant; l'ordre sera maintenu par le vice-président.

3. Aucun acte législatif ne pourra être délibéré et décrété que dans la forme suivante :

4. Il sera fait trois lectures du projet de décret, à trois intervalles dont chacun ne pourra être moindre de huit jours.

5. La discussion sera ouverte après chaque lecture; et néanmoins, après la première ou seconde lecture, le corps législatif pourra déclarer qu'il y a lieu à l'ajournement, ou qu'il n'y a pas lieu à délibérer : dans ce dernier cas, le projet de décret pourra être représenté dans la même session.

Tout projet de décret sera imprimé et distribué avant que la seconde lecture puisse en être faite.

6. Après la troisième lecture, le président sera tenu de mettre en délibération, et le corps législatif décidera s'il se trouve en état de rendre un décret définitif, ou s'il veut renvoyer la décision à un autre temps, pour recueillir de plus amples éclaircissemens.

7. Le corps législatif ne peut délibérer, si la séance n'est composée de deux cents membres au moins; et aucun décret ne sera formé que par la pluralité absolue des suffrages.

8. Tout projet de loi qui, soumis à la discussion, aura été rejeté après la troisième lecture, ne pourra être représenté dans la même session.

9. Le préambule de tout décret définitif énoncera, 1° les date, des séances auxquelles les trois lectures du projet auront été faites; 2° le décret par lequel il aura été arrêté, après la troisième lecture, de décider définitivement.

10. Le roi refusera sa sanction aux décrets dont le préambule n'attestera pas l'observation des formes ci-dessus : si quelqu'un de ces décrets était sanctionné, les ministres ne pourront le sceller ni le promulguer; et leur responsabilité à cet égard durera six années.

11. Sont exceptés des dispositions ci-dessus, les décrets re
connus et déclarés urgens par une délibération préalable du
corps législatif; mais ils peuvent être modifiés ou révoqués
dans le cours de la même session.

Le décret par lequel la matière aura été déclarée urgente
en énoncera les motifs, et il sera fait mention de ce décret
préalable dans le préambule du décret définitif.

SECTION III.

De la Sanction royale.

Art. 1er. Les décrets du corps législatif sont présentés au
roi, qui peut leur refuser son consentement.

2. Dans le cas où le roi refuse son consentement, ce refus
n'est que suspensif.

Lorsque les deux législatures qui suivront celle qui aur
présenté le décret, auront successivement représenté le même
décret dans les mêmes termes, le roi sera censé avoir donné
la sanction.

3. Le consentement du roi est exprimé sur chaque décret
par cette formule signée du roi : *Le roi consent, et fera exécuter*

Le refus suspensif est exprimé par celle-ci : *Le roi exami
nera.*

4. Le roi est tenu d'exprimer son consentement ou son re
fus sur chaque décret, dans les deux mois de la présentation

5. Tout décret auquel le roi a refusé son consentement, ne
peut lui être représenté par la même législature.

6. Les décrets sanctionnés par le roi, et ceux qui lui auron
été présentés par trois législatures consécutives, ont force de
loi, et portent le nom de l'intitulé de *lois.*

7. Seront néanmoins exécutés comme lois, sans être su
jets à la sanction, les actes du corps législatif concernant sa
constitution en assemblée délibérante;

Sa police intérieure, et celle qu'il pourra exercer dans l'en
ceinte extérieure qu'il aura déterminée;

La vérification des pouvoirs de ses membres présens;

Les injonctions aux membres absens;

La convocation des assemblées primaires en retard;

L'exercice de la police constitutionnelle sur les adminis
trateurs et sur les officiers municipaux;

Les questions soit d'éligibilité, soit de validité des élections.

Ne sont pareillement sujets à la sanction, les actes relatifs à

la responsabilité des ministres, ni les décrets portant qu'il y
a lieu à accusation.

8. Les décrets du corps législatif concernant l'établissement,
la prorogation et la perception des contributions publiques
porteront le nom et l'intitulé de *lois*. Ils seront promulgués
et exécutés sans être sujets à la sanction, si ce n'est pour les
dispositions qui établiraient des peines autres que des amendes
et contraintes pécuniaires.

Ces décrets ne pourront être rendus qu'après l'observation
des formalités prescrites par les articles 4, 5, 6, 7, 8 et 9 de
la section II du présent chapitre ; et le corps législatif ne pourra
y insérer aucunes dispositions étrangères à leur objet.

SECTION IV.
Relations du Corps législatif avec le Roi.

ART. 1ᵉʳ. Lorsque le corps législatif est définitivement constitué, il envoie au roi une députation pour l'en instruire. Le
roi peut chaque année faire l'ouverture de la session, et proposer les objets qu'il croit devoir être pris en considération
pendant le cours de cette session, sans néanmoins que cette
formalité puisse être considérée comme nécessaire à l'activité
du corps législatif.

2. Lorsque le corps législatif veut s'ajourner au-delà de
quinze jours, il est tenu d'en prévenir le roi par une députation, au moins huit jours d'avance.

3. Huitaine au moins avant la fin de chaque session, le
corps législatif envoie au roi une députation, pour lui annoncer le jour où il se propose de terminer ses séances : le
roi peut venir faire la clôture de la session.

4. Si le roi trouve important au bien de l'État que la session soit continuée, ou que l'ajournement n'ait pas lieu, ou
qu'il n'ait lieu que pour un temps moins long, il peut à cet
effet envoyer un message, sur lequel le corps législatif est
tenu de délibérer.

5. Le roi convoquera le corps législatif, dans l'intervalle
de ses sessions, toutes les fois que l'intérêt de l'État lui paraîtra l'exiger, ainsi que dans les cas qui auront été prévus et
déterminés par le corps législatif avant de s'ajourner.

6. Toutes les fois que le roi se rendra au lieu des séances
du corps législatif, il sera reçu et reconduit par une députation ; il ne pourra être accompagné dans l'intérieur de la
salle que par le prince royal et par les ministres.

7. Dans aucun cas, le président ne pourra faire partie d'une députation.

8. Le corps législatif cessera d'être corps délibérant, tant que le roi sera présent.

9. Les actes de la correspondance du roi avec le corps législatif seront toujours contre-signés par un ministre.

10. Les ministres du roi auront entrée dans l'assemblée nationnale législative; ils y auront une place marquée; ils seront entendus, toutes les fois qu'il le demanderont, sur les objets relatifs à leur administration, ou lorsqu'ils seront requis de donner des éclaircissemens. Ils seront également entendus sur les objets étrangers à leur administration, quand l'assemblée nationale leur accordera la parole.

CHAPITRE IV.
De l'Exercice du Pouvoir exécutif.

ART. 1ᵉʳ. Le pouvoir exécutif suprême réside exclusivement dans la main du roi.

Le roi est le chef suprême de l'administration générale du royaume : le soin de veiller au maintien de l'ordre et de la tranquillité publique lui est confié.

Le roi est le chef suprême de l'armée de terre et de l'armée navale.

Au roi est délégué le soin de veiller à la sûreté extérieure du royaume, d'en maintenir les droits et les possessions.

2. Le roi nomme les ambassadeurs et les autres agens des négociations politiques.

Il confère le commandement des armées et des flottes et les grades de maréchal de France et d'amiral.

Il nomme les deux tiers des contre-amiraux, la moitié des lieutenans-généraux, maréchaux-de-camp, capitaines de vaisseaux, et colonels de la gendarmerie nationale.

Il nomme le tiers des colonels et des lieutenans-colonels, et le sixième des lieutenans de vaisseaux : le tout, en se conformant aux lois sur l'avancement.

Il nomme, dans l'administration civile de la marine, les ordonnateurs, les contrôleurs, les trésoriers des arsenaux, les chefs des travaux, sous-chefs des bâtimens civils, la moitié des chefs d'administration et des sous-chefs de construction.

Il nomme les commissaires auprès des tribunaux.

Il nomme les préposés en chef aux régies des contributions indirectes et à l'administration des domaines nationaux.

Il surveille la fabrication des monnaies, et nomme les officiers chargés d'exercer cette surveillance dans la commission générale et dans les hôtels des monnaies.

L'effigie du roi est empreinte sur toutes les monnaies du royaume.

3. Le roi fait délivrer les lettres-patentes, brevets et commissions aux fonctionnaires publics ou autres qui doivent en recevoir.

4. Le roi fait dresser la liste des pensions et gratifications, pour être présentée au corps législatif, à chacune de ses sessions, et décrétée, s'il y a lieu.

SECTION PREMIÈRE.

De la Promulgation des Lois.

ART. 1er. Le pouvoir exécutif est chargé de faire sceller les lois du sceau de l'État, et de les faire promulguer.

Il est chargé également de faire promulguer et exécuter les actes du corps législatif qui n'ont pas besoin de la sanction du roi.

2. Il sera fait deux expéditions originales de chaque loi, toutes deux signées du roi, contre-signées par le ministre de la justice, et scellées du sceau de l'État.

L'une restera déposée aux archives du sceau, et l'autre sera remise aux archives du corps législatif.

3. La promulgation des lois sera ainsi conçue :

« N. (*le nom du roi*), par la grâce de Dieu, et par la loi
« constitutionnelle de l'État, roi des Français : à tous présens
« et à venir, salut. L'assemblée nationale a décrété, et nous
« voulons et ordonnons ce qui suit :

(*La copie littérale du décret sera insérée, sans aucun changement.*)

« Mandons et ordonnons à tous les corps administratifs et
« tribunaux, que les présentes ils fassent consigner dans leurs
« registres, lire, publier et afficher dans leurs départemens et
« ressorts respectifs, et exécuter comme lois du royaume : en
« foi de quoi, nous avons signé ces présentes, auxquelles nous
« avons fait apposer le sceau de l'État. »

4. Si le roi est mineur, les lois, proclamations et autres actes émanés de l'autorité royale pendant la régence seront conçues ainsi qu'il suit :

« N. (*le nom du régent*), régent du royaume, au nom de

» N. (*le nom du roi*), par la grâce de Dieu, et par la loi cons-
» titutionnelle de l'Etat, roi des Français, etc., etc.

5. Le pouvoir exécutif est tenu d'envoyer les lois aux corps
administratifs et aux tribunaux, de se faire certifier cet envoi,
et d'en justifier au corps législatif.

6. Le pouvoir exécutif ne peut faire aucune loi, même provisoire, mais seulement des proclamations conformes aux lois,
pour en ordonner ou en rappeler l'exécution.

SECTION II.

De l'Administration intérieure.

ART. 1ᵉʳ. Il y a dans chaque département une administration
supérieure, et dans chaque district, une administration subordonnée.

2. Les administrateurs n'ont aucun caractère de représentation.

Ils sont des agens élus à temps par le peuple, pour exercer, sous la surveillance et l'autorité du roi, les fonctions administratives.

3. Ils ne peuvent ni s'immiscer dans l'exercice du pouvoir
législatif, ou suspendre l'exécution des lois, ni rien entreprendre sur l'ordre judiciaire, ni sur les dispositions ou
opérations militaires.

4. Les administrateurs sont essentiellement chargés de répartir les contributions directes, et de surveiller les denier
provenant de toutes les contributions et revenus publics dan
leur territoire. Il appartient au pouvoir législatif de déterminer les règles et le mode de leurs fonctions, tant sur le
objets ci-dessus exprimés, que sur toutes les autres parties d
l'administration intérieure.

5. Le roi a le droit d'annuler les actes des administrateu
de département contraires aux lois ou aux ordres qu'il leu
aura adressés.

Il peut, dans le cas d'une désobéissance persévérante, o
s'ils compromettent par leurs actes la sûreté ou la tranquillit
publique, les suspendre de leurs fonctions.

6. Les administrateurs de département ont de même l
droit d'annuler les actes des sous-administrateurs de distri
contraires aux lois ou aux arrêtés des administrateurs de d
partement, ou aux ordres que ces derniers leur auront don
nés ou transmis.

Ils peuvent également, dans le cas d'une désobéissanc

persévérante des sous administrateurs, ou si ces derniers compromettent par leurs actes la sûreté ou la tranquillité publique, les suspendre de leurs fonctions, à la charge d'en instruire le roi, qui pourra lever ou confirmer la suspension.

7. Le roi peut, lorsque les administrateurs de département n'auront pas usé du pouvoir qui leur est délégué dans l'article ci-dessus, annuler directement les actes des sous administrateurs, et les suspendre dans les mêmes cas.

8. Toutes les fois que le roi aura prononcé ou confirmé la suspension des administrateurs ou sous-administrateurs, il en instruira le corps législatif.

Celui-ci pourra, ou lever la suspension, ou la confirmer, ou même dissoudre l'administration coupable, et, s'il y a lieu, renvoyer tous les administrateurs, ou quelques-uns d'eux, aux tribunaux criminels, ou porter contre eux le décret d'accusation.

SECTION III.

Des Relations extérieures.

Art. 1er. Le roi seul peut entretenir des relations politiques au dehors, conduire les négociations, faire des préparatifs de guerre proportionnés à ceux des Etats voisins, distribuer les forces de terre et de mer ainsi qu'il le jugera convenable, et en régler la direction en cas de guerre.

2. Toute déclaration de guerre sera faite en ces termes. *De la part du Roi des Français, au nom de la Nation.*

3. Il appartient au roi d'arrêter et de signer, avec toutes les puissances étrangères, tous les traités de paix, d'alliance et de commerce, et autres conventions qu'il jugera nécessaires au bien de l'Etat, sauf la ratification du corps législatif.

CHAPITRE V.

Du Pouvoir judiciaire.

Art. 1er. Le pouvoir judiciaire ne peut, en aucun cas, être exercé par le corps législatif, ni par le roi.

2. La justice sera rendue gratuitement par des juges élus à temps par le peuple, et institués par lettres-patentes du roi, qui ne pourra les refuser.

Ils ne pourront être, ni destitués que pour forfaiture dûment jugée, ni suspendus que par une accusation admise.

L'accusateur public sera nommé par le peuple.

3. Les tribunaux ne peuvent, ni s'inmiscer dans l'exercice du pouvoir législatif, ou suspendre l'exécution des lois, ni entreprendre sur les fonctions administratives, ou citer devant eux les administrateurs pour raison de leurs fonctions.

4. Les citoyens ne peuvent être distraits des juges que la loi leur assigne, par aucune commission, ni par d'autres attributions et évocations que celles qui sont déterminées par les lois

5. Le droit des citoyens de terminer définitivement leurs contestations par la voie de l'arbitrage, ne peut recevoir aucune atteinte par les actes du pouvoir législatif.

6. Les tribunaux ordinaires ne peuvent recevoir aucune action au civil, sans qu'il leur soit justifié que les parties ont comparu, ou que le demandeur a cité sa partie adverse devant des médiateurs pour parvenir à une conciliation.

7. Il y aura un ou plusieurs juges-de-paix dans les cantons et dans les villes. Le nombre en sera déterminé par le pouvoir législatif.

8. Il appartient au pouvoir législatif de régler le nombre et les arrondissemens des tribunaux, et le nombre des juges dont chaque tribunal sera composé.

9. En matière criminelle, nul citoyen ne peut être jugé que sur une accusation reçue par des jurés, ou décrétée par le corps législatif dans les cas où il lui appartient de poursuivre l'accusation.

Après l'accusation admise, le fait sera reconnu et déclaré par des jurés.

L'accusé aura la faculté d'en récuser jusqu'à vingt, sans donner de motifs.

Les jurés qui déclareront le fait ne pourront être au-dessous du nombre de douze.

L'application de la loi sera faite par des juges.

L'instruction sera publique; et l'on ne pourra refuser aux accusés le secours d'un conseil.

Tout homme acquitté par un juré légal ne peut plus être repris ni accusé à raison du même fait.

10. Nul homme ne peut être saisi que pour être conduit devant l'officier de police; et nul ne peut être mis en arrestation ou détenu qu'en vertu d'un mandat des officiers de police, d'une ordonnance de prise-de-corps d'un tribunal, d'un décret d'accusation du corps legislatif dans le cas où il lui appartient de le prononcer, ou d'un jugement de condamnation à prison ou détention correctionnelle.

11. Tout homme saisi et conduit devant l'officier de police sera examiné sur-le-champ, ou, au plus tard, dans les vingt-quatre heures.

S'il résulte de l'examen qu'il n'y a aucun sujet d'inculpation contre lui, il sera remis aussitôt en liberté; ou, s'il y a lieu de l'envoyer à la maison d'arrêt, il y sera conduit dans le plus bref délai, qui, en aucun cas, ne pourra excéder trois jours.

12. Nul homme arrêté ne peut-être retenu s'il donne caution suffisante, dans tous les cas où la loi permet de rester libre sous cautionnement.

13. Nul homme, dans le cas où sa détention est autorisée par la loi, ne peut être conduit et détenu que dans les lieux légalement et publiquement désignés pour servir de maison d'arrêt, de maison de justice ou de prison.

14. Nul gardien ou geolier ne peut recevoir ni retenir aucun homme qu'en vertu d'un mandat, ordonnance de prise-de-corps, décret d'accusation, ou jugement mentionné dans l'article 10 ci-dessus, et sans que la transcription en ait été faite sur son registre.

15. Tout gardien ou geolier est tenu, sans qu'aucun ordre puisse l'en dispenser, de représenter la personne du détenu à l'officier civil ayant la police de la maison de détention; toutes les fois qu'il en sera requis par lui.

La représentation de la personne du détenu ne pourra de même être refusée à ses parens et amis, porteurs de l'ordre de l'officier civil, qui sera toujours tenu de l'accorder, à moins que le gardien ou geolier ne représente une ordonnance du juge, transcrite sur son registre, pour tenir l'arrêté au secret.

16. Tout homme, quel que soit sa place ou son emploi, autre que ceux à qui la loi donne le droit d'arrestation, qui donnera, signera, exécutera ou fera exécuter l'ordre d'arrêter un citoyen; ou quiconque, même dans les cas d'arrestation autorisés par la loi, conduira, recevra ou retiendra un citoyen dans un lieu de détention non publiquement et légalement désigné; et tout gardien ou geolier qui contreviendra aux dispositions des articles 14 et 15 ci-dessus, seront coupables du crime de détention arbitraire.

17. Nul homme ne peut être recherché ni poursuivi pour raison des écrits qu'il aura fait imprimer ou publier sur quelque matière que ce soit, si ce n'est qu'il ait provoqué à dessein la désobéissance à la loi, l'avilissement des pouvoirs constitués, la résistance à leurs actes, ou quelques-unes des actions déclarées crimes ou délits par la loi.

La censure sur les actes des pouvoirs constitués est permise, mais les calomnies volontaires contre la probité des fonctionnaires publics et la droiture de leurs intentions dans l'exercice de leurs fonctions, pourront être poursuivies par ceux qui en sont l'objet.

Les calomnies et injures contre quelques personnes que ce soit, relatives aux actions de leur vie privée, seront punies, sur leur poursuite.

18. Nul ne peut être jugé, soit par la voie civile, soit par la voie criminelle, pour fait d'écrits imprimés ou publiés, sans qu'il ait été reconnu et déclaré par un jury, 1° s'il y a delit dans l'écrit dénoncé; 2° si la personne poursuivie en est coupable.

19. Il y aura pour tout le royaume un seul tribunal de cassation, établi auprès du corps législatif. Il aura pour fonctions de prononcer,

Sur les demandes en cassation contre les jugemens rendus en dernier ressort par les tribunaux;

Sur les demandes en renvoi d'un tribunal à un autre, pour cause de suspicion légitime;

Sur les réglemens de juges et les prises à partie contre un tribunal entier.

20. En matière de cassation, le tribunal de cassation ne pourra jamais connaître du fond des affaires; mais, après avoir cassé le jugement qui aura été rendu sur une procédure dans laquelle les formes auront été violées, ou qui contiendra une contravention expresse à la loi, il renverra le fond du procès au tribunal qui doit en connaître.

21. Lorsqu'après deux cassations, le jugement du troisième tribunal sera attaqué par les mêmes moyens que les deux premiers, la question ne pourra plus être agitée au tribunal de cassation, sans avoir été soumise au corps législatif, qui portera un décret déclaratoire de la loi, auquel le tribunal de cassation sera tenu de se conformer.

22. Chaque année, le tribunal de cassation sera tenu d'envoyer à la barre du corps législatif une députation de huit de ses membres, qui lui présenteront l'état des jugemens rendus, à côté de chacun desquels seront la notice abrégée de l'affaire, et le texte de la loi qui aura déterminé la décision.

23. Une haute cour nationale, formée de membres du tribunal de cassation et de hauts jurés, connaîtra des délits des ministres et agens principaux du pouvoir exécutif, et des crimes qui atta-

queront la sûreté générale de l'État, lorsque le corps législatif aura rendu un décret d'accusation.

Elle ne se rassemblera que sur la proclamation du corps. législatif, et à une distance de 30,000 toises au moins du lieu où la législature tiendra ses séances (1).

24. Les expéditions exécutoires des jugemens des tribunaux seront conçues ainsi qu'il suit:

N. (*le nom du roi*), par la grâce de Dieu et par la loi constitutionnelle de l'État, roi des Français; à tous présens et avenir, salut: le tribunal de..... a rendu le jugement suivant:

(*Ici sera copié le jugement, dans lequel il sera fait mention du nom des juges.*)

« Mandons et ordonnons à tous huissiers sur ce requis, de mettre ledit jugement à exécution; à nos commissaires auprès des tribunaux d'y tenir la main, et à tous commandans et officiers de la force publique de prêter main-forte lorsqu'ils en seront légalement requis: en foi de quoi le présent jugement a été signé par le président du tribunal et par le greffier. »

25. Les fonctions des commissaires du roi auprès des tribunaux seront de requérir l'observation des lois dans les jugemens à rendre, et de faire exécuter les jugemens rendus.

Ils ne seront point accusateurs publics; mais ils seront entendus sur toutes les accusations, et requerront, pendant le cours de l'instruction, pour la régularité des formes, et avant le jugement, pour l'application de la loi.

26. Les commissaires du roi auprès des tribunaux dénonceront au directeur du jury, soit d'office, soit d'après les ordres qui leur seront donnés par le roi,

Les attentats contre la liberté individuelle des citoyens, contre la libre circulation des subsistances et autres objets de commerce, et contre la perception des contributions;

Les délits par lesquels l'exécution des ordres donnés par le roi, dans l'exercice des fonctions qui lui sont déléguées, serait troublée ou empêchée;

Les attentats contre le droit des gens, et les rebellions à l'exécution des jugemens et de tous les actes exécutoires émanés des pouvoirs constitués.

27. Le ministre de la justice dénoncera au tribunal de cassation, par la voie du commissaire du roi, et sans préjudice du droit des parties intéressées, les actes par lesquels les juges auraient excédé les bornes de leur pouvoir.

_____

(1) Six myriamètres (douze lieues moyennes)

Le tribunal les annulera ; et, s'ils donnent lieu à la forfaiture, le fait sera dénoncé au corps législatif, qui rendra le décret d'accusation, s'il y a lieu, et renverra les prévenus devant la haute cour nationale.

TITRE IV.

De la Force publique.

ART. 1er. La force publique est instituée pour défendre l'état contre les ennemis du dehors, et assurer au-dedans le maintien de l'ordre, et l'exécution des lois.

2. Elle est composée,

De l'armée de terre et de mer ;

De la troupe spécialement destinée au service intérieur ;

Et subsidiairement des citoyens actifs et de leurs enfans en état de porter les armes, inscrits sur le rôle de la garde nationale.

3. Les gardes nationales ne forment ni un corps militaire, ni une institution dans l'Etat ; ce sont les citoyens eux-mêmes appelés au service de la force publique.

4. Les citoyens ne pourront jamais se former, ni agir comme gardes nationales, qu'en vertu d'une réquisition ou d'une autorisation légale.

5. Ils sont soumis, en cette qualité, à une organisation déterminée par la loi.

Ils ne peuvent avoir, dans tout le royaume, qu'une même discipline et un même uniforme.

Les distinctions de grade et la subordination ne subsistent que relativement au service et pendant sa durée.

6. Les officiers sont élus à temps, et ne peuvent être réélus qu'après un intervalle de service comme soldats.

Nul ne commandera la garde nationale de plus d'un district.

7. Toutes les parties de la force publique, employées pour la sûreté de l'Etat contre les ennemis du dehors, agiront sous les ordres du roi.

8. Aucun corps ou détachement de troupes de ligne ne peut agir dans l'intérieur du royaume sans une réquisition légale.

9. Aucun agent de la force publique ne peut entrer dans la maison d'un citoyen, si ce n'est pour l'exécution des mandemens de police et de justice, ou dans les cas formellement prévus par la loi.

10. La réquisition de la force publique dans l'intérieur du royaume appartient aux officiers civils, suivant les règles déterminées par le pouvoir législatif.

11. Si des troubles agitent tout un département, le roi don-

vera, sous la responsabilité de ses ministres, les ordres nécessaires pour l'exécution des lois et le rétablissement de l'ordre,
mais à la charge d'en informer le corps législatif, s'il est assemblé, et de le convoquer, s'il est en vacances.

12. La force publique est essentiellement obéissante; nul
corps armé ne peut délibérer.

13. L'armée de terre et de mer, et la troupe destinée à la
sûreté intérieure, sont soumises à des lois particulières, soit
pour le maintien de la discipline, soit pour la forme des jugemens et la nature des peines en matière de délits militaires.

TITRE V.

Des Contributions publiques.

Art. 1er. Les contributions publiques seront délibérées et
fixées chaque année par le corps législatif, et ne pourront
subsister au-delà du dernier jour de la session suivante, si
elles n'ont pas été expressément renouvelées.

2. Sous aucun prétexte, les fonds nécessaires à l'acquittement de la dette nationale et au paiement de la liste civile ne
pourront être ni refusés ni suspendus.

Le traitement des ministres du culte catholique pensionnés,
conservés, élus ou nommés en vertu des décrets de l'assemblée
nationale constituante, fait partie de la dette nationale.

Le corps législatif ne pourra, en aucun cas, charger la
Nation du paiement des dettes d'aucun individu.

3. Les comptes détaillés de la dépense des départemens
ministériels, signés et certifiés par les ministres ou ordon-
nateurs-généraux, seront rendus public par la voie de l'impression, au commencement des sessions de chaque législature.

Il en sera de même des états de recette des diverses contributions, et de tous les revenus publics.

Les états de ces dépenses et recettes seront distingués suivant leur nature, et exprimeront les sommes touchées et dépensées, année par année, dans chaque district.

Les dépenses particulières à chaque département et relatives
aux tribunaux, aux corps administratifs et autres établissemens seront également rendues publiques.

4. Les administrateurs de département et sous-administrateurs ne pourront ni établir aucune contribution publique,
ni faire aucune répartition au-delà du temps et des sommes
fixés par le corps législatif, ni délibérer ou permettre, sans y

être autorisés par lui, aucun emprunt local à la charge de citoyens du département.

5. Le pouvoir exécutif dirige et surveille la perception et le versement des contributions, et donne tous les ordres nécessaires à cet effet.

TITRE VI.

Des Rapports de la Nation française avec les Nations étrangères

La nation française renonce à entreprendre aucune guerre dans la vue de faire des conquêtes, et n'emploiera jamais ses forces contre la liberté d'aucun peuple.

La constitution n'admet point de droit d'aubaine.

Les étrangers établis ou non en France succèdent à leurs parens étrangers ou Français.

Ils peuvent contracter, acquérir et recevoir des biens situés en France, et en disposer, de même que tout citoyen français, par tous les moyens autorisés par les lois.

Les étrangers qui se trouvent en France sont soumis aux mêmes lois criminelles et de police que les citoyens français, sauf les conventions arrêtées avec les puissances étrangères; leur personne, leurs biens, leur industrie, leur culte sont également protégés par la loi.

TITRE VII.

De la Révision des Décrets constitutionnels.

Art. 1er. L'assemblée nationale constituante déclare que la Nation a le droit imprescriptible de changer sa constitution; et néanmoins, considérant qu'il est plus conforme à l'intérêt national d'user seulement, par les moyens pris dans la constitution même, du droit d'en réformer les articles dont l'expérience aurait fait sentir les inconvéniens, décrète qu'il y sera procédé par une assemblée de révision, en la forme suivante:

2. Lorsque trois législatures consécutives auront émis un vœu uniforme pour le changement de quelqu'article constitutionnel, il y aura lieu à la révision demandée.

3. La prochaine législature et la suivante ne pourront proposer la réforme d'aucun article constitutionnel.

4. Des trois législatures qui pourront par la suite proposer quelques changemens, les deux premières ne s'occuperont de cet objet que dans les deux derniers mois de leur dernière session, et la troisième à la fin de sa première session annuelle ou au commencement de la seconde.

Leurs délibérations sur cette matière seront soumises à

mêmes formes que les actes législatifs ; mais les décrets par lesquels elles auront émis leur vœu, ne seront pas sujets à la sanction du roi.

5. La quatrième législature, augmentée de deux cent quarante-neuf membres élus en chaque département, par doublement du nombre ordinaire qu'il fournit pour sa population, formera l'assemblée de révision.

Ces deux cent quarante-neuf membres seront élus après que la nomination des représentans au corps législatif aura été terminée ; et il en sera fait un procès-verbal séparé.

L'assemblée de révision ne sera composée que d'une chambre.

6. Les membres de la troisième législature qui aura demandé le changement ne pourront être élus à l'assemblée de révision.

7. Les membres de l'assemblée de révision, après avoir prononcé tous ensemble le serment de *vivre libres ou mourir*, prêteront individuellement celui *de se borner à statuer sur les objets qui leur auront été soumis par le vœu uniforme des trois législatures précédentes ; de maintenir, au surplus, de tout leur pouvoir, la constitution du royaume décrétée par l'assemblée nationale constituante aux années* 1789, 1790 *et* 1791, *et d'être en tout fidèles à la Nation, à la loi et au roi.*

8. L'assemblée de révision sera tenue de s'occuper ensuite, et sans délai, des objets qui auront été soumis à son examen : aussitôt que son travail sera terminé, les deux cent quarante-neuf membres nommés en augmentation se retireront, sans pouvoir prendre part, en aucun cas, aux actes législatifs.

Les colonies et possessions françaises dans l'Asie, l'Afrique et l'Amérique, quoiqu'elles fassent partie de l'empire français, ne sont pas comprises dans la présente constitution.

Aucun des pouvoirs institués par la constitution n'a le droit de la changer dans son ensemble ni dans ses parties, sauf les réformes qui pourront y être faites par la voie de la révision, conformément aux dispositions du titre VII ci-dessus.

L'assemblée nationale constituante en remet le dépôt à la fidélité du corps législatif, du roi et des juges, à la vigilance des pères de famille, aux épouses et aux mères, à l'affection des jeunes citoyens, au courage de tous les Français.

9.

Les décrets rendus par l'assemblée nationale constituante qui ne sont pas compris dans l'acte de constitution, seront exécutés comme lois; et les lois antérieures auxquelles elle n'a pas dérogé seront également observées tant que les uns ou les autres n'auront pas été révoqués ou modifiés par le pouvoir législatif.

Du 3 septembre 1791.

L'assemblée nationale ayant entendu la lecture de l'acte constitutionnel ci-dessus, et après l'avoir approuvé, déclare que la constitution est terminée, et qu'elle ne peut y rien changer.

Il sera nommé à l'instant une députation de soixante membres, pour offrir, dans le jour, l'acte constitutionnel au roi.

Serment de Louis XVI devant l'Assemblée nationale pour l'acceptation de la Constitution.

MESSIEURS,

Je viens consacrer ici solennellement l'acceptation que j'ai donnée à l'acte constitutionnel. En conséquence, je jure d'être fidèle à la Nation et à la loi; d'employer tout le pouvoir qui m'est délégué, à maintenir la constitution décrétée par l'assemblée nationale constituante, et à faire exécuter les lois.

Puisse cette grande et mémorable époque être celle du rétablissement de la paix, de l'union, et devenir le gage du bonheur du peuple et de la prospérité de l'empire!

Proclamation de la Constitution.

14 septembre 1791.

CITOYENS,

L'assemblée nationale constituante, aux années 1789, 1790 et 1791, ayant commencé le 17 juin 1789 l'ouvrage de la constitution, l'a heureusement terminé le 3 septembre 1791.

L'acte constitutionnel a été solennellement accepté et signé par le roi, le 14 du même mois.

L'assemblée nationale constituante en remet le dépôt à la fidélité du corps législatif, du roi et des juges, à la vigilance des pères de famille, aux épouses et aux mères, à l'affection des jeunes citoyens, au courage de tous les Français.

Après le 3 septembre 1791, jour où l'assemblée déclara que la constitution était terminée, elle tint encore plusieurs séances, et rendit quelques lois.

Celle sur l'organisation de la garde nationale, en date du 29 septembre, est la plus importante de toutes.

Le 30 septembre, l'assemblée constituante déclara que sa mission était finie, et elle se retira sur-le-champ.

Cependant les assemblées primaires et électorales, réunies dans toute la France, avaient nommé les membres de l'assemblée législative, qui tint sa première séance, le 1er octobre 1791.

Le 4, le roi se rendit à l'assemblée, et prêta le serment exigé par la constitution (1).

La mésintelligence ne tarda pas à éclater entre la cour et les représentans. Deux décrets rendus, l'un contre les émigrés, l'autre contre les prêtres réfractaires, furent présentés à la sanction du roi, qui refusa son consentement. En cela, il usa du droit que lui donnait la constitution (2).

Mais cet essai de son pouvoir ne servit qu'à montrer combien ce pouvoir était faible.

Trois partis s'étaient formés dans l'assemblée : on distinguait les *Constitutionnels*, les *Girondins* et les *Jacobins*. Les premiers étaient les seuls qui voulussent sincèrement conserver la constitution royale; les autres s'accordaient pour la renverser, mais avec des vues ultérieures bien différentes, ainsi que l'expérience l'a démontré.

Chaque jour, les républicains attaquaient les hommes et les institutions qui faisaient obstacle à leurs desseins. Le 30 mai 1792, ils firent prononcer la dissolution de la garde constitutionnelle du monarque.

Enfin le 20 juin, éclata une insurrection, qui, soit qu'elle fût commandée par les républicains, soit qu'elle fût seulement provoquée par leur conduite et leurs discours, renversa, on peut le dire, et la royauté et la constitution; la représentation nationale elle-même reçut une atteinte funeste : on vit défiler, au milieu de l'assemblée, une procession d'hommes armés, qui, plus tard, y

---

(1) Chap. 1, sect. 1, art. 4.   (2) Chap. 3, sect. 3.

reparurent pour demander la tête de ces députés alors environné de la faveur populaire.

Le 10 août acheva ce que le 20 juin avait commencé; et la constitution cessa d'exister, par l'effet des deux décrets rendus par l'assemblée, dont l'un suspendait le roi de ses fonctions, et l'autre ordonnait la convocation d'une convention nationale.

Le lendemain, un autre décret *invita* tous les citoyens à se réunir en assemblées primaires, pour nommer les membres de la convention, et *à revêtir leurs représentans d'une confiance illimitée.* Tout Français âgé de vingt-un ans, pourvu qu'il ne fût pas en état de domesticité, fut appelé à voter; tout Français âgé de vingt-cinq ans fut déclaré éligible. D'ailleurs, le pouvoir exécutif fut confié aux ministres.

Nous ne parlerons des massacres des 2 et 3 septembre que pour faire remarquer que, dès ce moment, la puissance des Jacobins fut souveraine; le talent et le courage des Girondins ne purent résister à leur audace et à leur popularité.

Le 21 septembre 1792, la convention tint sa première séance, et décréta, à l'unanimité, l'*abolition de la royauté.*

Un nouveau décret, en date du 25, proclama *la république française.*

Au mois de janvier 1793, commença le procès de Louis XVI : le courage de quelques députés ne put le défendre contre la rage des Jacobins et la pusillanimité du reste de la convention.

Après la mort du roi, la Montagne continua à opprimer la convention et à ravager la France. Le 6 avril, fut formé ce fameux comité de salut public, directeur de l'anarchie et des excès révolutionnaires. Le 31 mai, on vit la convention sacrifier plusieurs de ses membres à la fureur des Jacobins : un grand nombre de députés connus sous le nom de Girondins et de Fédéralistes furent proscrits, et la plupart traînés sur l'échafaud. La France se couvrit de comités révolutionnaires; chaque département eut son proconsul, qu'on nommait alors *représentant du peuple.* C'est au milieu de ces mouvemens que se préparait la nouvelle constitution de la république française. Elle fut présentée le 24 juin a l'acceptation du peuple.

ACTE CONSTITUTIONNEL

PRÉSENTÉE AU PEUPLE FRANÇAIS,

PAR LA CONVENTION NATIONALE.

24 juin 1793.

Déclaration des Droits de l'Homme et du Citoyen.

Le peuple français, convaincu que l'oubli et le mépris des droits naturels de l'homme sont les seules causes des malheurs du monde, a résolu d'exposer, dans une déclaration solennelle, ces droits sacrés et inaliénables, afin que tous les citoyens, pouvant comparer sans cesse les actes du gouvernement avec le but de toute institution sociale, ne se laissent jamais opprimer et avilir par la tyrannie; afin que le peuple ait toujours devant les yeux les bases de sa liberté et de son bonheur; le magistrat, la règle de ses devoirs; le législateur, l'objet de sa mission.

En conséquence, il proclame, en présence de l'Être-Suprème, la déclaration suivante des droits de l'homme et du citoyen :

Art. 1er. Le but de la société est le bonheur commun.

Le gouvernement est institué pour garantir à l'homme la jouissance de ses droits naturels et imprescriptibles.

2. Ces droits sont : l'égalité, la liberté, la sûreté, la propriété.

3. Tous les hommes sont égaux par la nature et devant la loi.

4. La loi est l'expression libre et solennelle de la volonté générale; elle est la même pour tous, soit qu'elle protège, soit qu'elle punisse; elle ne peut ordonner que ce qui est juste et utile à la société; elle ne peut défendre que ce qui lui est nuisible.

5. Tous les citoyens sont également admissibles aux emplois publics. Les peuples libres ne connaissent d'autres mo-

tifs de préférence dans leurs élections, que les vertus et les talens.

6. La liberté est le pouvoir qui appartient à l'homme de faire tout ce qui ne nuit pas aux droits d'autrui : elle a pour principe, la nature; pour règle, la justice; pour sauve-garde la loi ; sa limite morale est dans cette maxime : *Ne fais pas à un autre ce que tu ne veux pas qu'il te soit fait.*

7. Le droit de manifester sa pensée et ses opinions, soit par la voie de la presse, soit de tout autre manière, le droit de s'assembler paisiblement, le libre exercice des cultes, ne peuvent être interdits.

La nécessité d'énoncer ses droits suppose ou la présence ou le souvenir récent du despotisme.

8. La sûreté consiste dans la protection accordée par la société à chacun de ses membres pour la conservation de sa personne, de ses droits et de ses propriétés.

9. La loi doit protéger la liberté publique et individuelle contre l'oppression de ceux qui gouvernent.

10. Nul ne doit être accusé, arrêté ni détenu, que dans les cas déterminés par la loi et selon les formes qu'elle a prescrites. Tout citoyen appelé ou saisi par l'autorité de la loi doit obéir à l'instant; il se rend coupable par la résistance.

11. Tout acte exercé contre un homme hors des cas et sans les formes que la loi détermine, est arbitraire et tyrannique. celui contre lequel on voudrait l'exécuter par la violence a le droit de le repousser par la force.

12. Ceux qui solliciteraient expédieraient, signeraient, exécuteraient ou feraient exécuter des actes arbitraires, sont coupables et doivent être punis.

13. Tout homme étant présumé innocent jusqu'à ce qu'il ait été déclaré coupable, s'il est jugé indispensable de l'arrêter, toute rigueur qui ne serait pas nécessaire pour s'assurer de sa personne doit être sévèrement réprimée par la loi.

14. Nul ne doit être jugé et puni qu'après avoir été entendu ou légalement appelé, et qu'en vertu d'une loi promulguée antérieurement au délit. La loi qui punirait des délits commis avant qu'elle existât, serait une tyrannie; l'effet rétroactif donné à la loi serait un crime.

15. La loi ne doit décerner que des peines strictement et évidemment nécessaires : les peines doivent être proportionnées au délit et utiles à la société.

16. Le droit de propriété est celui qui appartient à tout citoyen, de jouir et de disposer à son gré de ses biens, de ses revenus, du fruit de son travail et de son industrie.

17. Nul genre de travail, de culture, de commerce ne peut être interdit à l'industrie des citoyens.

18. Tout homme peut engager ses services, son temps; mais il ne peut se vendre ni être vendu : sa personne n'est pas une propriété aliénable. La loi ne connaît point de domesticité; il ne peut exister qu'un engagement de soin et de reconnaissance entre l'homme qui travaille et celui qui l'emploie.

19. Nul ne peut être privé de la moindre portion de sa propriété, sans son consentement, si ce n'est lorsque la nécessité publique, légalement constatée, l'exige, et sous la condition d'une juste et préalable indemnité.

20. Nulle contribution ne peut être établie que pour l'utilité générale. Tous les citoyens ont droit de concourir à l'établissement des contributions, d'en surveiller l'emploi et de se faire rendre compte.

21. Les secours publics sont une dette sacrée. La société doit la subsistance aux citoyens malheureux, soit en leur procurant du travail, soit en assurant les moyens d'exister à ceux qui sont hors d'état de travailler.

22. L'instruction est le besoin de tous. La société doit favoriser de tout son pouvoir les progrès de la raison publique, et mettre l'instruction à la portée de tous les citoyens.

23. La garantie sociale consiste dans l'action de tous, pour assurer à chacun la jouissance et la conservation de ses droits : cette garantie repose sur la souveraineté nationale.

24. Elle ne peut exister, si les limites des fonctions publiques ne sont pas clairement déterminées par la loi, et si la responsabilité de tous les fonctionnnaires n'est pas assurée.

25. La souveraineté réside dans le peuple : elle est une et indivisible, imprescriptible et inaliénable.

26. Aucune portion du peuple ne peut exercer la puissance du peuple entier; mais chaque section du souverain, assemblée, doit jouir du droit d'exprimer sa volonté avec une entière liberté.

27. Que tout individu qui usurperait la souveraineté soit à l'instant mis à mort par les hommes libres.

28. Un peuple a toujours le droit de revoir, de réformer et de changer sa constitution. Une génération ne peut assujétir à ses générations futures.

29. Chaque citoyen a un droit égal de concourir à la formation de la loi et à la nomination de ses mandataires ou de ses agens.

30. Les fonctions publiques sont essentiellement temporaires ; elles ne peuvent être considérées comme des distinctions ni comme des récompenses, mais comme des devoirs

31. Les délits des mandataires du peuple et de ses agens ne doivent jamais être impunis. Nul n'a le droit de se prétendre plus inviolable que les autres citoyens.

32. Le droit de présenter des pétitions aux dépositaires de l'autorité publique ne peut, en aucun cas, être interdit, suspendu ni limité.

33. La résistance à l'oppression est la conséquence des autres droits de l'homme.

34. Il y a oppression contre le corps social, lorsqu'un seul de ses membres est opprimé : il y a oppression contre chaque membre, lorsque le corps social est opprimé.

35. Quand le gouvernement viole le droit du peuple, l'insurrection est, pour le peuple et pour chaque portion du peuple, le plus sacré et le plus indispensable des devoirs.

ACTE CONSTITUTIONNEL.

De la République.

ART. 1ᵉʳ La république française est une et indivisible.

De la Distribution du peuple.

2. Le peuple français est distribué, pour l'exercice de sa souveraineté, en assemblées primaires de canton.

3. Il est distribué, pour l'administration et pour la justice en départemens, districts, municipalités.

De l'Etat des Citoyens.

4. Tout homme né et domicilié en France, âgé de 21 ans accomplis ;

Tout étranger âgé de 21 ans accomplis, qui, domicilié en France depuis une année, y vit de son travail, ou acquiert une propriété, ou épouse une Française, ou adopte un enfant ou nourrit un vieillard ;

Tout étranger enfin qui sera jugé par le corps législatif avoir bien mérité de l'humanité, est admis à l'exercice des droits de citoyen français.

5. L'exercice des droits de citoyen se perd, par la naturalisation en pays étranger, par l'acceptation de fonctions ou faveurs émanées d'un gouvernement non populaire, par la condamnation à des peines infamantes ou afflictives, jusqu'à réhabilitation.

6. L'exercice des droits de citoyen est suspendu par l'état d'accusation, par un jugement de contumace, tant que le jugement n'est pas anéanti.

De la Souveraineté du Peuple.

7. Le peuple souverain est l'universalité des citoyens français.

8. Il nomme immédiatement ses députés.

9. Il délègue à des électeurs le choix des administrateurs, des arbitres publics, des juges criminels et de cassation.

10. Il délibère sur les lois.

Des Assemblées primaires.

11. Les assemblées primaires se composent des citoyens domiciliés depuis six mois dans chaque canton.

12. Elles sont composées de 200 citoyens au moins, de 600 au plus, appelés à voter.

13. Elles sont constituées par la nomination d'un président, de secrétaires, de scrutateurs.

14. Leur police leur appartient.

15. Nul n'y peut paraître en armes.

16. Les élections se font au scrutin, ou à haute voix, au choix de chaque votant.

17. Une assemblée primaire ne peut, en aucun cas, prescrire un mode uniforme de voter.

18. Les scrutateurs constatent le vote des citoyens qui, ne sachant point écrire, préfèrent de voter au scrutin.

19. Les suffrages sur les lois sont donnés par *oui* et par *non*.

20. Le vœu de l'assemblée primaire est proclamé ainsi : *Les citoyens, réunis en assemblée primaire de .... au nombre de .... votans, votent pour ou votent contre, à la majorité de .....*

De la Représentation nationale.

21. La population est la seule base de la représentation nationale.

22. Il y a un député en raison de 40,000 individus.

23. Chaque réunion d'assemblées primaires, résultant d'une population de 39000 à 41000 âmes, nomme immédiatement un député.

24. La nomination se fait à la majorité absolue des suffrages.

25. Chaque assemblée fait le dépouillement des suffrages et envoie un commissaire, pour le recensement général, au lieu désigné comme le plus central.

26. Si le premier recensement ne donne point de majorité absolue, il est procédé à un second appel; et on vote entre les deux citoyens qui ont réuni le plus de voix.

27. En cas d'égalité de voix, le plus âgé a la préférence, soit pour être balotté, soit pour être élu. En cas d'égalité d'âge, le sort décide.

28. Tout Français exerçant les droits de citoyen est éligible dans l'étendue de la république.

29. Chaque député appartient à la Nation entière.

30. En cas de non acceptation, démission, déchéance ou mort d'un député, il est pourvu à son remplacement par les assemblées primaires qui l'ont nommé.

31. Un député qui a donné sa démission ne peut quitter son poste qu'après l'admission do son successeur.

32. Le peuple français s'assemble, tous les ans, le 1er mai pour les élections.

33. Il y procède, quel que soit le nombre des citoyens ayant droit d'y voter.

34. Les assemblées primaires se forment extraordinairement sur la demande du cinquième des citoyens qui ont droit d'y voter.

35. La convocation se fait, en ce cas, par la municipalité du lieu ordinaire du rassemblement.

36. Ces assemblées extraordinaires ne délibèrent qu'autant que la moitié, plus un, des citoyens qui ont droit d'y voter, sont présens.

Des Assemblées électorales.

37. Les citoyens, réunis en assemblées primaires, nomment un électeur, à raison de 200 citoyens présens ou non : deux, depuis 301 jusqu'à 400; trois, depuis 501 jusqu'à 600.

38. La tenue des assemblées électorales, et le mode des élections sont les mêmes que dans les assemblées primaires.

Du Corps législatif.

39. Le corps législatif est un, indivisible et permanent.

40. Sa session est d'un an.

41. Il se réunit le 1er juillet.

42. L'assemblée nationale ne peut se constituer, si elle n'est composée au moins de la moitié des députés, plus un.

43. Les députés ne peuvent être recherchés, accusés ni jugés, en aucun temps, pour les opinions qu'ils ont énoncées dans le sein du corps législatif.

44. Ils peuvent, pour fait criminel, être saisis en flagrant délit; mais le mandat d'arrêt ni le mandat d'amener ne peuvent être décernés contre eux qu'avec l'autorisation du corps législatif.

Tenue des Séances du Corps législatif.

45. Les séances de l'assemblée nationale sont publiques.

46. Les procès-verbaux de ses séances seront imprimés.

47. Elle ne peut délibérer, si elle n'est composée de deux cent membres au moins.

48. Elle ne peut refuser la parole à ses membres, dans l'ordre où ils l'ont réclamée.

49. Elle délibère à la majorité des présens.

50. Cinquante membres ont le droit d'exiger l'appel nominal.

51. Elle a le droit de censure sur la conduite de ses membres dans son sein.

52. La police lui appartient dans le lieu de ses séances et dans l'enceinte extérieure qu'elle a déterminée.

Des Fonctions du Corps législatif.

53. Le corps législatif propose des lois, et rend des décrets.

54. Sont compris sous le nom général de *lois*, les actes du corps législatif, concernant :

La législation civile et criminelle; l'administration générale des revenus et des dépenses ordinaires de la république; les domaines nationaux; le titre, le poids, l'empreinte et la dénomination des monnaies; la nature, le montant et la perception des contributions; la déclaration de guerre; toute nouvelle distribution générale du territoire français; l'instruction publique; les honneurs publics à la mémoire des grands hommes.

55. Sont désignés sous le nom particulier de *décrets*, les actes du corps législatif, concernant :

L'établissement annuel des forces de terre et de mer; la permission ou la défense du passage des troupes étrangères sur le territoire français; l'introduction des forces navales étrangères dans les ports de la république; les mesures de sûreté et de tranquillité générale; la distribution annuelle et momentanée des secours et travaux publics; les ordres pour la fabrication des monnaies de toutes espèces; les dépenses imprévues et extraordinaires; les mesures locales et particulieres à une administration, à une commune, à un genre de travaux publics; la défense du territoire; la ratification des traités; la nomination et la destitution des commandans en chef des armées; la poursuite de la responsabilité des membres du conseil, des fonctionnaires publics; l'accusation des prévenus de complots contre la sûreté générale de la république; tout changement dans la distribution partielle du territoire français; les récompenses nationales.

De la Formation de la Loi.

56. Les projets de loi sont précédés d'un rapport.

57. La discussion ne peut s'ouvrir, et la loi ne peut être provisoirement arrêtée, que quinze jours après le rapport.

58. Le projet est imprimé et envoyé à toutes les communes de la république, sous ce titre : *Loi proposée.*

59. Quarante jours après l'envoi de la loi proposée, si dans la moitié des départemens, plus un, le dixième des assemblées primaires de chacun d'eux, régulièrement formées, n'a pas réclamé, le projet est accepté, et devient *loi.*

60. S'il y a réclamation, le corps législatif convoque les assemblées primaires.

De l'Intitulé des Lois et des Décrets.

61. Les lois, les décrets, les jugemens et tous les actes publics sont intitulés : *Au nom du Peuple français, l'an . . . . de la république française.*

Du Conseil exécutif.

62. Il y a un conseil exécutif composé de vingt-quatre membres.

63. L'assemblée électorale de chaque département nomme

un candidat. Le corps législatif choisit, sur la liste générale, les membres du conseil.

64. Il est renouvelé par moitié à chaque législature, dans le dernier mois de sa session.

65. Le conseil est chargé de la direction et de la surveillance de l'administration générale; il ne peut agir qu'en exécution des lois et des décrets du corps législatif.

66. Il nomme, hors de son sein, les agens en chef de l'administration générale de la république.

67. Le corps législatif détermine le nombre et les fonctions de ces agens.

68. Ces agens ne forment point un conseil; ils sont séparés, sans rapports immédiats entre eux; ils n'exercent aucune autorité personnelle.

69. Le conseil nomme, hors de son sein, les agens extérieurs de la république.

70. Il négocie les traités.

71. Les membres du conseil, en cas de prévarication, sont accusés par le corps législatif.

72. Le conseil est responsable de l'inexécution des lois et des décrets, et des abus qu'il ne dénonce pas.

73. Il révoque et remplace les agens à sa nomination.

74. Il est tenu de les dénoncer, s'il y a lieu, devant les autorités judiciaires.

Des Relations du Conseil exécutif avec le Corps législatif.

75. Le conseil exécutif réside auprès du corps législatif; il a l'entrée et une place séparée dans le lieu de ses séances.

76. Il est entendu toutes les fois qu'il a un compte à rendre.

77. Le corps législatif l'appelle dans son sein, en tout ou en partie, lorsqu'il le juge convenable.

Des Corps administratifs et municipaux.

78. Il y a dans chaque commune de la république une administration municipale;

Dans chaque district, une administration intermédiaire;

Dans chaque département, une administration centrale.

79. Les officiers municipaux sont élus par les assemblées de commune.

80. Les administrateurs sont nommés par les assemblées électorales de département et de district.

81. Les municipalités et les administrations sont renouvelées tous les ans par moitié.

82. Les administrateurs et officiers municipaux n'ont aucun caractère de représentation.

Ils ne peuvent en aucun cas, modifier les actes du corps législatif, ni en suspendre l'exécution.

83. Le corps législatif détermine les fonctions des officiers municipaux et des administrateurs, les règles de leur subordination, et les peines qu'ils pourront encourir.

84. Les séances des municipalités et des administrations sont publiques.

De la Justice civile.

85. Le code des lois civiles et criminelles est uniforme pour toute la république.

86. Il ne peut être porté aucune atteinte au droit qu'on les citoyens de faire prononcer sur leurs différens par des arbitres de leur choix.

87. La décision de ces arbitres est définitive, si les citoyens ne se sont pas réservé le droit de réclamer.

88. Il y a des juges de paix élus par les citoyens des arrondissemens déterminés par la loi.

89. Ils concilient et jugent sans frais.

90. Leur nombre et leur compétence sont réglés par le corps législatif.

91. Il y a des arbitres publics élus par les assemblées électorales.

92. Leur nombre et leurs arrondissemens sont fixés par le corps législatif.

93. Ils connoissent des contestations qui n'ont pas été terminées définitivement par les arbitres privés ou par les juges de paix.

94. Ils délibèrent en public. Ils opinent à haute voix. Ils statuent, en dernier ressort, sur défenses verbales, ou sur simple mémoire, sans procédures et sans frais. Ils motivent leurs décisions.

95. Les juges de paix et les arbitres publics sont élus tous les ans.

De la Justice criminelle.

96. En matière criminelle, nul citoyen ne peut être jugé que sur une accusation reçue par les jurés ou décrétée par le corps législatif.

Les accusés ont des conseils choisis par eux, ou nommés d'office.

L'instruction est publique. Le fait et l'intention sont déclarés par un jury de jugement. La peine est appliquée par un tribunal criminel.

97. Les juges criminels sont élus tous les ans par les assemblées électorales.

Du Tribunal de Cassation.

98. Il y a pour toute la république un tribunal de cassation.

99. Ce tribunal ne connaît point du fond des affaires.

Il prononce sur la violation des formes, et sur les contraventions expresses à la loi.

100. Les membres de ce tribunal sont nommés tous les ans par les assemblées électorales.

Des Contributions publiques.

101. Nul citoyen n'est dispensé de l'honorable obligation de contribuer aux charges publiques.

De la Trésorerie nationale.

102. La trésorerie nationale est le point central des recettes et dépenses de la république.

103. Elle est administrée par des agens comptables nommés par le conseil exécutif.

104. Ces agens sont surveillés par des commissaires nommés par le corps législatif, pris hors de son sein, et responsables des abus qu'ils ne dénoncent pas.

De la Comptabilité.

105. Les comptes des agens de la trésorerie nationale et des administrateurs des deniers publics, sont rendus annuellement à des commissaires responsables nommés par le conseil exécutif.

106. Ces vérificateurs sont surveillés par des commissaires à la nomination du corps législatif, pris hors de son sein, et responsables des abus et des erreurs qu'ils ne dénoncent pas.

Le corps législatif arrête les comptes.

Des Forces de la République.

107. La force générale de la république est composée du peuple entier.

108. La république entretient à sa solde, même en temps de paix, une force armée de terre et de mer.

109. Tous les Français sont soldats; ils sont tous exercés au maniement des armes.

110. Il n'y a point de généralissime.

111. La différence des grades, leurs marques distinctives et la subordination ne subsistent que relativement au service et pendant sa durée.

112. La force publique, employée pour maintenir l'ordre et la paix dans l'intérieur, n'agit que sur la réquisition par écrit des autorités constituées.

113. La force publique, employée contre les ennemis du dehors, agit sous les ordres du conseil exécutif.

114. Nul corps armé ne peut délibérer.

Des Conventions nationales.

115. Si dans la moitié des départemens, plus un, le dixième des assemblées primaires de chacun d'eux, régulièrement formées, demande la révision de l'acte constitutionnel, ou le changement de quelques-uns de ses articles, le corps législatif est tenu de convoquer toutes les assemblées primaires de la république, pour savoir s'il y a lieu à une convention nationale.

116. La convention nationale est formée de la même manière que les législatures, et en réunit les pouvoirs.

117. Elle ne s'occupe, relativement à la constitution, que des objets qui ont motivé sa convocation.

Des Rapports de la République française avec les Nations étrangères.

118. Le peuple français est l'ami et l'allié naturel des peuples libres.

119. Il ne s'immisce point dans le gouvernement des autres nations; il ne souffre pas que les autres nations s'immiscent dans le sien.

120. Il donne asile aux étrangers bannis de leur patrie pour la cause de la liberté.

Il la refuse aux tyrans.

121. Il ne fait point la paix avec un ennemi qui occupe son territoire.

De la Garantie des Droits.

122. La constitution garantit a tous les Français l'égalité, la liberté, la sûreté, la propriété, la dette publique, le libre exercice des cultes, une instruction commune, des secours publics, la liberté indéfinie de la presse, le droit de pétition, le droit de se réunir en sociétés populaires, la jouissance de tous les droits de l'homme.

123. La république française honore la loyauté, le courage, la vieillesse, la piété filiale, le malheur. Elle remet le dépôt de sa constitution sous la garde de toutes les vertus.

124. La déclaration des droits et l'acte constitutionnel sont gravés sur des tables au sein du corps législatif et dans les places publiques.

Il ne faut pas examiner en elle-même la constitution de 1793, les publicistes s'accordent à la regarder comme inexécutable ; tout porte a croire même que la faction qui l'imposa à la convention et à la France, n'eut jamais l'intention de la mettre en exercice. Quoiqu'il en soit, les chefs de la Montagne se hâtèrent d'organiser le *gouvernement révolutionnaire*.

Voici l'analyse rapide des décrets rendus à cette époque.

Toute l'autorité fut remise au comité de salut public, par le décret du 19 vendémiaire an II (10 octobre 1793), qui déclarait le gouvernement provisoire de France révolutionnaire jusqu'à la paix. Ces dispositions furent confirmées par un nouveau décret en date du 14 frimaire an II (4 décembre 1793)

Enfin, le 22 prairial an II (10 juin 1794), fut rendu la loi qui attribuait au tribunal révolutionnaire le soin de punir *les ennemis du peuple :* les ennemis du peuple étaient désignés de manière qu'il n'y avait pas d'homme en France qui ne pût être coupable aux termes de l'art. 7, le terrible tribunal ne prononçait qu'une peine : la mort! On établissait d'ailleurs le culte de la théophilantropie; la déesse *Raison* était placée sur les autels, et Robespierre célébrait la fête de l'*Etre-Suprême*.

Sous ce régime, la France fut couverte d'échafauds : Nantes, Arras, Bordeaux, Lyon, surtout, furent inondés de sang. Dès le 16 octobre 1793, la reine Marie-Antoinette avait péri sur la place de la Révolution. L'horreur excitée par tant de crimes n'eût point suffi peut-être pour amener le châtiment qui leur était dû; mais la désunion qui éclata entre les membres des comités de salut public et de sûreté générale, donna enfin le moyen de délivrer la France de ses tyrans.

Un discours prononcé par Robespierre le 8 thermidor an II dans lequel il dévoilait les divisions des comités, et annonçait de nouvelles proscriptions, fut le signal d'un soulèvement général contre lui.

Le lendemain 9, Robespierre est vivement attaqué par Tallien et Collot d'Herbois : il est mis hors la loi avec plusieurs de ses complices, et le 10, il est mis à mort.

Toutefois le régime de la terreur dura encore quelque temps. Enfin, l'on s'occupa du projet d'une nouvelle constitution; elle fut terminée le 5 fructidor an III (22 août 1795).

CONSTITUTION

DE LA RÉPUBLIQUE FRANÇAISE.

PROPOSÉE AU PEUPLE FRANÇAIS PAR LA CONVENTION NATIONALE.

5 fructidor an III (22 août 1795).

———

Déclaration des Droits et des Devoirs de l'homme et du citoyen.

LE PEUPLE FRANÇAIS proclame en présence de l'Être-Suprême, la déclaration suivante des Droits et des Devoirs de l'homme et du citoyen.

Droits.

ART. 1ᵉʳ. Les droits de l'homme en société sont la liberté, l'égalité, la sûreté, la propriété.

2. La liberté consiste à pouvoir faire ce qui ne nuit pas aux droits d'autrui.

3. L'égalité consiste en ce que la loi est la même pour tous, soit qu'elle protége, soit qu'elle punisse.

L'égalité n'admet aucune distinction de naissance, aucune hérédité de pouvoirs.

4. La sûreté résulte du concours de tous pour assurer les droits de chacun.

5. La propriété est le droit de jouir et de disposer de ses biens, de ses revenus, du fruit de son travail et de son industrie.

6. La loi est la volonté générale exprimée par la majorité ou des citoyens ou de leurs représentans.

7. Ce qui n'est pas défendu par la loi ne peut être empêché.

Nul ne peut être contraint à faire ce qu'elle n'ordonne pas.

8. Nul ne peut être appelé en justice, accusé, arrêté ni détenu, que dans les cas déterminés par la loi, et selon les formes qu'elle a prescrites.

9. Ceux qui sollicitent, expédient, signent, exécutent ou font exécuter des actes arbitraires sont coupables, et doivent être punis.

10. Toute rigueur qui ne serait pas nécessaire pour s'assurer de la personne d'un prévenu doit être sévèrement réprimée par la loi.

11. Nul ne peut être jugé qu'après avoir été entendu ou légalement appelé.

12. La loi ne doit décerner que des peines strictement nécessaires et proportionnées au délit.

13. Tout traitement qui aggrave la peine déterminée par la loi est un crime.

14. Aucune loi, ni criminelle, ni civile, ne peut avoir d'effet rétroactif.

15. Tout homme peut engager son temps et ses services; mais il ne peut se vendre ni être vendu; sa personne n'est pas une propriété aliénable.

16. Toute contribution est établie pour l'utilité générale, elle doit être répartie entre les contribuables, en raison de leurs facultés.

17. La souveraineté réside essentiellement dans l'universalité des citoyens.

18. Nul individu, nulle réunion partielle de citoyens ne peut s'attribuer la souveraineté.

19. Nul ne peut, sans une délégation légale, exercer aucune autorité, ni remplir aucune fonction publique.

20. Chaque citoyen a un droit égal de concourir, immédiatement ou médiatement, à la formation de la loi, à la nomination des représentans du peuple et des fonctionnaires publics.

21. Les fonctions publiques ne peuvent devenir la propriété de ceux qui les exercent.

22. La garantie sociale ne peut exister si la division des pouvoirs n'est pas établie, si leurs limites ne sont pas fixées, et si la responsabilité des fonctionnaires publics n'est pas assurée.

Devoirs.

ART. 1er. La déclaration des droits contient les obligations des législateurs : le maintien de la société demande que ceux qui la composent connaissent et remplissent également leurs devoirs.

2. Tous les devoirs de l'homme et du citoyen dérivent de ces deux principes gravés par la nature dans tous les cœurs:

Ne faites pas à autrui ce que vous ne voudriez pas qu'on vous fît.

Faites constamment aux autres le bien que vous voudriez en recevoir.

3. Les obligations de chacun envers la société consistent

à la défendre, à la servir, à vivre soumis aux lois, et à respecter ceux qui en sont les organes.

4. Nul n'est bon citoyen, s'il n'est bon fils, bon père, bon frère, bon ami, bon époux.

5. Nul n'est homme de bien, s'il n'est franchement et religieusement observateur des lois.

6. Celui qui viole ouvertement les lois se déclare en état de guerre avec la société.

7. Celui qui, sans enfreindre ouvertement les lois, les élude par ruse ou par adresse, blesse les intérêts de tous; il se rend indigne de leur bienveillance et de leur estime.

8. C'est sur le maintien des propriétés que reposent la culture des terres, toutes les productions, tout moyen de travail, et tout l'ordre social.

9. Tout citoyen doit ses services à la patrie et au maintien de la liberté, de l'égalité et de la propriété, toutes les fois que la loi l'appelle à les défendre.

CONSTITUTION.

ART. 1ᵉʳ La République française est une et indivisible.

2. L'universalité des citoyens français est le souverain.

TITRE PREMIER.
Division du Territoire.

3. La France est divisée en.... départemens.

Ces départemens sont : l'Ain, l'Aisne, l'Allier, les Basses-Alpes, les Hautes-Alpes, les Alpes-Maritimes, l'Ardèche, les Ardennes, l'Arriège, l'Aube, l'Aude, l'Aveyron, les Bouches-du-Rhône, le Calvados, le Cantal, la Charente, la Charente-Inférieure, le Cher, la Corrèze, la Côte-d'Or, les Côtes-du-Nord, la Creuse, la Dordogne, le Doubs, la Drôme, l'Eure, Eure-et-Loir, le Finistère, le Gard, la Haute-Garonne, le Gers, la Gironde, le Golo, l'Hérault, Ille-et-Vilaine, l'Indre, Indre-et-Loire, l'Isère, le Jura, les Landes, le Liamone, Loir-et-Cher, la Loire, la Haute-Loire, la Loire-Inférieure, le Loiret, le Lot, Lot-et-Garonne, la Lozère, Maine-et-Loire, la Manche, la Marne, la Haute-Marne, la Mayenne, la Meurthe, la Meuse, le Mont-Blanc, le Mont-Terrible, le Morbihan, la Moselle, la Nièvre, le Nord, l'Oise, l'Orne, le Pas-de-Calais, le Puy-de-Dôme, les Basses-Pyrénées, les Hautes-Pyrénées, les Pyrénées-Orientales, le Bas-Rhin, le Haut-Rhin, le Rhône, la Haute-Saône, Saône-et-Loire, la Sarthe, la Seine, la Seine-Inférieure, Seine-et-Marne, Seine-et-Oise, les Deux-Sèvres, la Somme, le Tarn, le Var, Vaucluse, la Vendée, la Vienne, la Haute-Vienne, les Vosges, l'Yonne....

Les limites des départemens peuvent être changées ou rectifiées par le corps législatif; mais, en ce cas, la surface d'un département ne peut excéder cent myriamètres carés, (400 lieues carées moyennes) (1).

5. Chaque département est distribué en cantons, chaque canton en communes.

Les cantons conservent leurs circonscriptions actuelles.

Leurs limites pourront néanmoins être changées ou rectifiées par le corps législatif; mais, en ce cas, il ne pourra y avoir plus d'un myriamètre (deux lieues moyennes de 2,566 toises chacune) de la commune la plus éloignée au chef-lieu de canton.

6. Les colonies françaises sont parties intégrantes de la république, et sont soumises à la même loi constitutionnelle.

7. Elles sont divisées en départemens ainsi qu'il suit :

L'île de Saint-Domingue, dont le corps législatif déterminera la division en quatre départemens au moins, et en six au plus;

La Guadeloupe, Marie-Galande, la Désirade, les Saintes et la partie française de Saint-Martin, la Martinique, la Guyanne française et Cayenne, Sainte-Lucie et Tabago, l'île-de-France, les Seychelles, Rodrigue et les établissemens de Madagascar, l'île de la Réunion, les Indes orientales, Pondichéri, Chandernagor, Mahé, Karical et autres établissemens.

TITRE II.

Etat politique des Citoyens.

8. Tout homme né et résidant en France, qui, âgé de vingt-un ans accomplis, s'est fait inscrire sur le registre civique de son canton, qui a demeuré depuis, pendant une année, sur le territoire de la république, et qui paie une contribution directe, foncière ou personnelle, est citoyen français.

9. Sont citoyens, sans aucune condition de contribution,

---

(1) La lieue moyenne linéaire est de 2,566 toises.

personnes qui auront fait une ou plusieurs campagnes pour
l'établissement de la république.

10. L'étranger devient citoyen français, lorsqu'après avoir
atteint l'âge de vingt-un ans accomplis, et avoir déclaré l'intention de se fixer en France, il y a résidé pendant sept années consécutives, pourvu qu'il y paie une contribution directe, et qu'en outre il y possède une propriété foncière ou un établissement d'agriculture ou de commerce, ou qu'il ait épousé une Française.

11. Les citoyens français peuvent seuls voter dans les assemblées primaires, et être appelés aux fonctions établies par la constitution.

12. L'exercice des droits de citoyen se perd :

1° Par la naturalisation en pays étranger ;

2° Par l'affiliation à toute corporation étrangère qui supposerait des distinctions de naissance, ou qui exigerait des vœux de religion ;

3° Par l'acceptation de fonctions ou de pensions offertes par un gouvernement étranger ;

4° Par la condamnation à des peines afflictives ou infamantes, jusqu'à réhabilitation.

13. L'exercice des droits de citoyen est suspendu : 1° par interdiction judiciaire pour cause de fureur, de démence ou imbécillité ; 2° par l'état de débiteur failli, ou d'héritier immédiat, détenteur, à titre gratuit, de tout ou partie de la succession d'un failli ; 3° par l'état de domestique à gages, attaché au service de la personne ou du ménage ; 4° par l'état d'accusation ; 5° par un jugement de contumace, tant que le jugement n'est pas anéanti.

14. L'exercice des droits de citoyen n'est perdu, ni suspendu que dans les cas exprimés dans les deux articles précédents.

15. Tout citoyen qui aura résidé sept années consécutives hors du territoire de la république, sans mission ou autorisation donnée au nom de la Nation, est réputé étranger ; il ne redevient citoyen français qu'après avoir satisfait aux conditions exigées par l'article dixième.

16. Les jeunes gens ne peuvent être inscrits sur le registre civique, à moins qu'ils ne sachent lire et écrire et exercer une profession mécanique.

Les opérations manuelles de l'agriculture appartiennent aux professions mécaniques.

Cet article n'aura d'exécution qu'à compter de l'an douzième de la république.

TITRE III.

Assemblées primaires.

17. Les assemblées primaires se composent des citoyens domiciliés dans le même canton.

Le domicile requis pour voter dans ces assemblées s'acquiert par la seule résidence pendant une année, et il ne se perd que par un an d'absence.

18. Nul ne peut se faire remplacer dans les assemblées primaires ni voter pour le même objet dans plus d'une de ces assemblées.

19. Il y a au moins une assemblée primaire par canton.

Lorsqu'il y en a plusieurs, chacune est composée de quatre cent cinquante citoyens au moins, de neuf cents au plus.

Ces nombres s'entendent des citoyens présens ou absens ayant droit d'y voter.

20. Les assemblées primaires se constituent provisoirement sous la présidence du plus ancien d'âge : le plus jeune remplit provisoirement les fonctions de secrétaire.

21. Elles sont définitivement constituées par la nomination, au scrutin, d'un président, d'un secrétaire et de trois scrutateurs.

22. S'il s'élève des difficultés sur les qualités requises pour voter, l'assemblée statue provisoirement, sauf le recours au tribunal civil du département.

23. En tout autre cas, le corps législatif prononce seul sur la validité des opérations des assemblées primaires.

24. Nul ne peut paraître en armes dans les assemblées primaires.

25. Leur police leur appartient.

26. Les assemblées primaires se réunissent : 1° pour accepter ou rejeter les changemens à l'acte constitutionnel proposés par les assemblées de révision ; 2° pour faire les élections qui leur appartiennent suivant l'acte constitutionnel.

27. Elles s'assemblent de plein droit le premier germinal de chaque année, et procèdent, selon qu'il y a lieu, a la nomination : 1° des membres de l'assemblée électorale ; 2° du juge de paix et de ses assesseurs ; 3° du président de l'admi-

tion municipale du canton, ou des officiers municipaux
ns les communes au-dessus de cinq mille habitans.

28. Immédiatement après ses élections, il se tient, dans
les communes au-dessous de cinq mille habitans, des assemblées communales qui élisent les agens de chaque commune
et leurs adjoints.

29. Ce qui se fait dans une assemblée primaire ou communale au-delà de l'objet de sa convocation, et contre les
formes déterminées par la constitution, est nul.

30. Les assemblées, soit primaires, soit communales, ne
font aucune autre élection que celles qui leur sont attribuées
par l'acte constitutionnel.

31. Toutes les élections se font au scrutin secret.

32. Tout citoyen qui est légalement convaincu d'avoir
vendu ou acheté un suffrage est exclu des assemblées primaires et communales et de toute fonction publique, pendant vingt ans; en cas de récidive, il l'est pour toujours.

TITRE IV.

Assemblées électorales.

33. Chaque assemblée primaire nomme un électeur à raison
de deux cents citoyens, présens ou absens, ayant droit de voter
dans ladite assemblée.

Jusqu'au nombre de trois cents citoyens inclusivement, il
n'est nommé qu'un électeur.

Il en est nommé deux depuis trois cent un jusqu'à cinq
cents;

Trois, depuis cinq cent un jusqu'à sept cents;

Quatre, depuis sept cent un jusqu'à neuf cents.

34. Les membres des assemblées électorales sont nommés
chaque année, et ne peuvent être réélus qu'après un intervalle de deux ans.

35. Nul ne pourra être nommé électeur, s'il n'a vingt-cinq
ans accomplis, et s'il ne réunit aux qualités nécessaires pour
exercer les droits de citoyen français l'une des conditions
suivantes; savoir:

Dans les communes au-dessus de six mille habitans, celle
d'être propriétaire ou usufruitier d'un bien évalué à un
revenu égal à la valeur locale de deux cents journées de
travail, ou d'être locataire, soit d'une habitation évaluée à
un revenu égal à la valeur de cent cinquante journées de

travail, soit d'un bien rural évalué à deux cents journées d*
travail ;

Dans les communes au-dessous de six mille habitans, cell*
d'être propriétaire ou usufruitier d'un bien évalué à un reven
égal à la valeur locale de cent cinquante journées de travail,
ou d'être locataire, soit d'une habitation évaluée à un reven,
égal à la valeur de cent journées de travail, soit d'un bi*
rural évalué à cent journées de travail;

Et, dans les campagnes, celle d'être propriétaire ou usufruitier d'un bien évalué à un revenu égal à la valeur loca*,
de cent cinquante journées de travail, ou d'être fermier o*
métayer de biens évalués à la valeur de deux cents journé*
de travail.

A l'égard de ceux qui seront en même-temps propriétair*
ou usufruitiers, d'une part, et locataires, fermiers ou métayer
de l'autre, leurs facultés à ces divers titres seront cumulé*
jusqu'au taux nécessaire pour établir leur éligibilité.

36. L'assemblée électorale de chaque département se réun*
le 20 germinal de chaque année, et termine, en une seul*
session de dix jours au plus, et sans pouvoir s'ajourner, tout*
les élections qui se trouvent à faire ; après quoi, elle est di*
soute de plein droit.

37. Les assemblées électorales ne peuvent s'occuper d'au*
cun objet étranger aux élections dont elles sont chargée*
elles ne peuvent envoyer ni recevoir aucune adresse, aucun*
pétition, aucune députation.

38. Les assemblées électorales ne peuvent correspond*
entre elles.

39. Aucun citoyen ayant été membre d'une assembl**
électorale ne peut prendre le titre d'électeur, ni se réun*
en cette qualité, à ceux qui ont été avec lui membres de cet*
même assemblée.

La contravention au présent article est un attentat à l*
sûreté générale.

40. Les articles dix-huit, vingt, vingt-un, vingt-trois
vingt-quatre, vingt-cinq, vingt-neuf, trente, trente-un *
trente-deux du titre précédent, sur les assemblées primaires
sont communs aux assemblées électorales.

41. Les assemblées électorales élisent, selon qu'il y a lieu:
1° les membres du corps législatif; savoir : les membres l*
conseil des anciens, ensuite les membres du conseil des
cinq-cents; 2° les membres du tribunal de cassation; 3°l*

hauts-jurés ; 4° les administrateurs de département ; 5° les président, accusateur public et greffier du tribunal criminel ; 6° les juges des tribunaux civils.

42. Lorsqu'un citoyen est élu par les assemblées électorales pour remplacer un fonctionnaire mort, démissionnaire ou destitué, ce citoyen n'est élu que pour le temps qui restait au fonctionnaire remplacé.

43. Le commissaire du directoire exécutif près l'administration de chaque département est tenu, sous peine de destitution, d'informer le directoire de l'ouverture et de la clôture des assemblées électorales : ce commissaire n'en peut arrêter ni suspendre les opérations, ni entrer dans le lieu des séances; mais il a droit de demander communication du procès-verbal de chaque séance dans les vingt-quatre heures qui la suivent; et il est tenu de dénoncer au directoire les infractions qui seraient faites à l'acte constitutionnel.

Dans tous les cas, le corps législatif prononce seul sur la validité des opérations des assemblées électorales.

TITRE V.

Pouvoir législatif.— Dispositions générales.

44. Le corps législatif est composé d'un conseil des anciens et d'un conseil des cinq-cents.

45. En aucun cas, le corps législatif ne peut déléguer à un ou plusieurs de ses membres, ni à qui que ce soit, aucune des fonctions qui lui sont attribuées par la présente constitution.

46. Il ne peut exercer par lui-même, ni par des délégués, le pouvoir exécutif, ni le pouvoir judiciaire.

47. Il y a incompatibilité entre la qualité de membre du corps législatif et l'exercice d'une autre fonction publique, excepté celle d'archiviste de la république.

48. La loi détermine le mode du remplacement définitif ou temporaire des fonctionnaires publics qui viennent à être élus membres du corps législatif.

49. Chaque département concourt, à raison de sa population seulement, à la nomination des membres du conseil des anciens et des membres du conseil des cinq-cents.

50. Tous les dix ans, le corps législatif, d'après les états de population qui lui sont envoyés, détermine le nombre des membres de l'un et de l'autre conseil que chaque département doit fournir.

51. Aucun changement ne peut être fait dans cette réparation, durant cet intervalle.

52. Les membres du corps législatif ne sont pas représentans du département qui les a nommés, mais de la Nation entière; et il ne peut leur être donné aucun mandat.

53. L'un et l'autre conseil est renouvelé tous les ans par tiers.

54. Les membres sortans après trois années peuvent être immédiatement réélus pour les trois années suivantes; après quoi, il faudra un intervalle de deux ans pour qu'ils puissent être élus de nouveau.

55. Nul, en aucun cas, ne peut être membre du corps législatif durant plus de six années consécutives.

56. Si, par des circonstances extraordinaires, l'un des deux conseils se trouve réduit à moins des deux tiers de ses membres, il en donne avis au directoire exécutif; lequel est tenu de convoquer, sans délai, les assemblées primaires des départemens qui ont des membres du corps législatif à remplacer par l'effet de ces circonstances : les assemblées primaires nomment sur-le-champ les électeurs, qui procèdent aux remplacemens nécessaires.

57. Les membres nouvellement élus pour l'un et pour l'autre conseil se réunissent, le 1er prairial de chaque année, dans la commune qui a été indiquée par le corps législatif précédent, ou dans la commune même où il a tenu ses dernières séances, s'il n'en a pas désigné une autre.

58. Les deux conseils résident toujours dans la même commune.

59. Le corps législatif est permanent : il peut néanmoins s'ajourner à des termes qu'il désigne.

60. En aucun cas, les deux conseils ne peuvent se réunir dans une même salle.

61. Les fonctions de président et de secrétaire ne peuvent excéder la durée d'un mois, ni dans le conseil des anciens, ni dans celui des cinq-cents.

62. Les deux conseils ont respectivement le droit de police dans le lieu de leurs séances, et dans l'enceinte extérieure qu'ils ont déterminée.

63. Ils ont respectivement le droit de police sur leurs membres; mais ils ne peuvent prononcer de peine plus forte que la censure, les arrêts pour huit jours, et la prison pour trois.

64. Les séances de l'un et de l'autre conseil sont publiques:

les assistans ne peuvent exceder en nombre la moitié des membres respectifs de chaque conseil.

Les procès-verbaux des séances sont imprimés.

65. Toute délibération se prend par assis et levé; en cas de doute, il se fait un appel nominal; mais alors les votes sont secrets.

66. Sur la demande de cent de ses membres, chaque conseil peut se former en comité général et secret, mais seulement pour discuter, et non pour délibérer.

67. Ni l'un ni l'autre conseil ne peut créer dans son sein aucun comité permanent.

Seulement, chaque conseil a la faculté, lorsqu'une matière lui paraît susceptible d'un examen préparatoire, de nommer parmi ses membres une commission spéciale, qui se renferme uniquement dans l'objet de sa formation.

Cette commission est dissoute aussitôt que le conseil a statué sur l'objet dont elle était chargée.

68. Les membres du corps législatif reçoivent une indemnité annuelle; elle est, dans l'un et l'autre conseil, fixée à la valeur de trois mille myriagrammes de froment (613 quintaux, 5o livres).

69. Le directoire exécutif ne peut faire passer ou séjourner aucun corps de troupes dans la distance de six myriamètres (douze lieues moyennes) de la commune où le corps législatif tient ses séances, si ce n'est sur sa réquisition, ou avec son autorisation.

70. Il y a près du corps législatif une garde de citoyens pris dans la garde nationale sédentaire de tous les départemens, et choisis par leurs frères d'armes.

Cette garde ne peut être au-dessous de quinze cents hommes en activité de service.

71. Le corps législatif détermine le mode de ce service et sa durée.

72. Le corps législatif n'assiste à aucune cérémonie publique, et n'y envoie point de députation.

Conseil des Cinq-Cents.

73. Le conseil des cinq-cents est invariablement fixé à ce nombre.

74. Pour être élu membre du conseil des cinq-cents, il faut être âgé de trente ans accomplis, et avoir été domicilié

sur le territoire de la république pendant les dix années qui auront immédiatement précédé l'élection.

La condition de l'âge de trente ans ne sera pas exigible avant l'an septième de la république; jusqu'à cette époque, l'âge de vingt-cinq ans accomplis sera suffisant.

75. Le conseil des cinq-cents ne peut délibérer, si la séance n'est composée de deux cents membres au moins.

76. La proposition des lois appartient exclusivement au conseil des cinq-cents.

77. Aucune proposition ne peut être délibérée ni résolue dans le conseil des cinq-cents, qu'en observant les formes suivantes :

Il se fait trois lectures de la proposition; l'intervalle entre deux de ces lectures ne peut être moindre de dix jours.

La discussion est ouverte après chaque lecture; et néanmoins, après la première ou la seconde, le conseil des cinq cents peut déclarer qu'il y a lieu à l'ajournement, ou qu'il n'a pas lieu à délibérer.

Toute proposition doit être imprimée et distribuée deux jours avant la seconde lecture.

Après la troisième lecture, le conseil des cinq-cents décide s'il y a lieu, ou non, à l'ajournement.

78. Toute proposition qui, soumise à la discussion, a été définitivement rejetée après la troisième lecture, ne peut être reproduite qu'après une année révolue.

79. Les propositions adoptées par le conseil des cinq-cents s'appellent *résolutions*.

80. Le préambule de toute résolution énonce : 1° les dates des séances auxquelles les trois lectures de la proposition auront été faites; 2° l'acte par lequel il a été déclaré, après la troisième lecture, qu'il n'y a pas lieu à l'ajournement.

81. Sont exemptes des formes prescrites par l'art. 77, les propositions reconnues urgentes par une déclaration préalable du conseil des cinq-cents.

Cette déclaration énonce les motifs de l'urgence; et il en est fait mention dans le préambule de la résolution.

Conseil des Anciens.

82. Le conseil des anciens est composé de deux cent cinquante membres.

83. Nul ne peut être élu membre du conseil des anciens,

S'il n'est âgé de quarante ans accomplis;

Si, de plus, il n'est pas marié ou veuf;

Et s'il n'a pas été domicilié sur le territoire de la république pendant les quinze années qui auront immédiatement précédé l'élection.

84. La condition de domicile exigée par le précédent article, et celle prescrite par l'art. 74, ne concernent point les citoyens qui sont sortis du territoire de la république avec mission du gouvernement.

85. Le conseil des anciens ne peut délibérer, si la séance n'est composée de cent vingt-six membres au moins.

86. Il appartient exclusivement au conseil des anciens d'approuver ou de rejeter les résolutions du conseil des cinq-cents.

87. Aussitôt qu'une résolution du conseil des cinq-cents est parvenue au conseil des anciens, le président donne lecture du préambule.

88. Le conseil des anciens refuse d'approuver les résolutions du conseil des cinq-cents qui n'ont point été prises dans les formes prescrites par la constitution.

89. Si la proposition a été déclarée urgente par le conseil des cinq-cents, le conseil des anciens délibère, pour approuver ou rejeter l'acte d'urgence.

90. Si le conseil des anciens rejette l'acte d'urgence, il ne délibère point sur le fond de la résolution.

91. Si la résolution n'est pas précédée d'un acte d'urgence, il en est fait trois lectures : l'intervalle entre deux de ces lectures ne peut être moindre de cinq jours.

La discussion est ouverte après chaque lecture.

Toute résolution est imprimée et distribuée deux jours au moins avant la seconde lecture.

92. Les résolutions du conseil des cinq-cents adoptées par le conseil des anciens, s'appellent *lois*.

93. Le préambule des lois énonce les dates des séances du conseil des anciens auxquelles les trois lectures ont été faites.

94. Le décret par lequel le conseil des anciens reconnaît l'urgence d'une loi, est motivé et mentionné dans le préambule de cette loi.

95. La proposition de la loi, faite par le conseil des cinq-cents, s'entend de tous les articles d'un même projet : le conseil des anciens doit les rejeter tous ou les approuver dans leur ensemble.

96. L'approbation du conseil des anciens est exprimée su
chaque proposition de loi par cette formule, signée du pr
sident et des secrétaires : *Le conseil des anciens approuve...*

97. Le refus d'adopter, pour cause d'omission des forme
indiquées dans l'art. 77, est exprimé par cette formule, si
gnée du président et des secrétaires : *La constitution an.
nule...*

98. Le refus d'approuver le fond de la loi proposée est ex
primé par cette formule, signée du président et des secr
taires : *Le conseil des anciens ne peut adopter...*

99. Dans le cas du précédent article, le projet de loi reje
ne peut plus être présenté par le conseil des cinq-cen
qu'après une année révolue.

100. Le conseil des cinq-cents peut néanmoins présenter
à quelque époque que ce soit, un projet de loi qui contien
des articles faisant partie d'un projet qui a été rejeté.

101. Le conseil des anciens, envoie dans le jour, les lo
qu'il a adoptées, tant au conseil des cinq-cents qu'au dire
toire exécutif.

102. Le conseil des anciens peut changer la résidence d
corps législatif; il indique, en ce cas, un nouveau lieu, e
l'époque à laquelle les deux conseils sont tenus de s
rendre.

Le décret du conseil des anciens sur cet objet est irr
vocable.

103. Le jour même de ce décret, ni l'un ni l'autre d
conseils ne peuvent plus délibérer dans la commune où i
ont résidé jusqu'alors.

Les membres qui y continueraient leurs fonctions
rendraient coupables d'attentat contre la sûreté de la rép
blique.

104. Les membres du directoire exécutif qui retarderaie
ou refuseraient de sceller, promulguer et envoyer le décr
de translation du corps législatif, seraient coupables du mê
délit.

105. Si, dans les vingt jours après celui fixé par le cons
des anciens, la majorité de chacun des deux conseils n'a p
fait connaître à la république son arrivée au nouveau li
indiqué, ou sa réunion dans un autre lieu quelconque, le
administrateurs de département, ou, à leur défaut, les tr
bunaux civils de département, convoquent les assembl
primaires pour, nommer des électeurs, qui procèdent aussi

à la formation d'un nouveau corps législatif, par l'élection de deux cent cinquante députés pour le conseil des anciens, et de cinq cents pour l'autre conseil.

106. Les administrateurs de département qui, dans le cas de l'article précédent, seraient en retard de convoquer les assemblées primaires, se rendraient coupables de haute-trahison et d'attentat contre la sûreté de la république.

107. Sont déclarés coupables du même délit, tous citoyens qui mettraient obstacle à la convocation des assemblées primaires et électorales, dans le cas de l'article 106.

108. Les membres du nouveau corps législatif se rassemblent dans le lieu où le conseil des anciens avait transféré les séances.

S'ils ne peuvent se réunir dans ce lieu, en quelque endroit qu'ils se trouvent en majorité, là est le corps législatif.

109. Excepté dans les cas de l'art. 102, aucune proposition de loi ne peut prendre naissance dans le conseil des anciens.

De la Garantie des Membres du Corps législatif.

110. Les citoyens qui sont ou ont été membres du corps législatif ne peuvent être recherchés, accusés ni jugés, en aucun temps, pour ce qu'ils ont dit ou écrit dans l'exercice de leurs fonctions.

111. Les membres du corps législatif, depuis le moment de leur nomination jusqu'au trentième jour après l'expiration de leurs fonctions, ne peuvent être mis en jugement que dans les formes prescrites par les articles qui suivent.

112. Ils peuvent, pour faits criminels, être saisis en flagrant délit; mais il en est donné avis, sans délai, au corps législatif; et la poursuite ne pourra être continuée qu'après que le conseil des cinq-cents aura proposé la mise en jugement, et que le conseil des anciens l'aura décrétée.

113. Hors le cas de flagrant délit, les membres du corps législatif ne peuvent être amenés devant les officiers de police, ni mis en état d'arrestation, avant que le conseil des cinq-cents n'ait proposé la mise en jugement, et que le conseil des anciens ne l'ait décrétée.

114. Dans les cas des deux articles précédens, un membre du corps législatif ne peut être traduit devant aucun autre tribunal que la haute cour de justice.

115. Ils sont traduits devant la même cour pour les faits de trahison, de dilapidation, de manœuvres pour renverser

11.

la constitution, et d'attentat contre la sûreté intérieure de
république.

116. Aucune dénonciation contre un membre du corps l
gislatif ne peut donner lieu à poursuite, si elle n'est rédi
par écrit, signée et adressée au conseil des cinq-cents.

117. Si, après y avoir délibéré en la forme prescrite p
l'art. 77, le conseil des cinq-cents admet la dénonciation,
le déclare en ces termes :

*La dénonciation contre . . . . . pour le fait de . . . . da
du . . . . . signée de . . . . est admise.*

118. L'inculpé est alors appelé : il a, pour comparaîtr
un délai de trois jours francs ; et lorsqu'il comparaît, il
entendu dans l'intérieur du lieu des séances du conseil
cinq-cents.

119. Soit que l'inculpé se soit présenté, ou non, le cons
des cinq-cents déclare, après ce délai, s'il y a lieu, ou non
l'examen de sa conduite.

120. S'il est déclaré par le conseil des cinq-cents qu'il
lieu à examen, le prévenu est appelé par le conseil des a
ciens : il a, pour comparaître, un délai de deux jours fran
et s'il comparaît, il est entendu dans l'intérieur du lieu
séances du conseil des anciens.

121. Soit que le prévenu se soit présenté, ou non, le co
seil des anciens, après ce délai, et après y avoir délibéré da
les formes prescrites par l'art. 91, prononce l'accusation,
y a lieu, et renvoie l'accusé devant la haute cour de justi
laquelle est tenu d'instruire le procès sans aucun délai.

122. Toute discussion, dans l'un et dans l'autre cons
relative à la prévention ou à l'accusation d'un membre
corps législatif, se fait en comité général.

Toute délibération sur les mêmes objets est prise à l'ap
nominal et au scrutin secret.

123. L'accusation prononcée contre un membre du co
législatif entraîne suspension.

S'il est acquitté par le jugement de la haute cour de j
tice, il reprend ses fonctions.

Relations des deux Conseils entre eux.

124. Lorsque les deux conseils sont définitivement co
titués, ils s'en avertissent mutuellement par un messager d'Et

125. Chaque conseil nomme quatre messagers d'État p
son service.

TITRE VI.

Pouvoir exécutif.

136. A compter du premier jour de l'an cinquième de la république, les membres du corps législatif ne pourront être élus membres du directoire, ni ministres, soit pendant la durée de leurs fonctions législatives, soit pendant la première année après l'expiration de ces mêmes fonctions.

137. Le directoire est partiellement renouvelé, par l'élection d'un nouveau membre, chaque année.

Le sort décidera, pendant les quatre premières années, de la sortie successive de ceux qui auront été nommés la première fois.

138. Aucun des membres sortant ne peut être réélu qu'après un intervalle de cinq ans.

139. L'ascendant et le descendant en ligne directe, les frères, l'oncle et le neveu, les cousins au premier degré, et les alliés à ces divers degrés, ne peuvent être en même temps membres du directoire, ni s'y succéder qu'après un intervalle de cinq ans.

140. En cas de vacance par mort, démission ou autrement d'un des membres du directoire, son successeur est élu par le corps législatif, dans dix jours pour tout délai.

Le conseil des cinq-cents est tenu de proposer les candidats dans les cinq premiers jours; et le conseil des anciens doit consommer l'élection dans les cinq derniers.

Le nouveau membre n'est élu que pour le temps d'exercice qui restait à celui qu'il remplace.

Si néanmoins ce temps n'excède pas six mois, celui qui est élu demeure en fonctions jusqu'à la fin de la cinquième année suivante.

141. Chaque membre du directoire le préside à son tour durant trois mois seulement.

Le président a la signature et la garde du sceau.

Les lois et les actes du corps législatif sont adressés au directoire, en la personne de son président.

142. Le directoire exécutif ne peut délibérer, s'il n'y a trois membres présens au moins.

143. Il se choisit, hors de son sein, un secrétaire qui contre-signe les expéditions, et rédige les délibérations sur un registre où chaque membre a le droit de faire inscrire son avis motivé.

Le directoire peut, quand il le juge à propos, délibérer sans l'assistance de son secrétaire : en ce cas, les délibérations sont rédigées sur un registre particulier par l'un des membres du directoire.

144. Le directoire pourvoit, d'après les lois, à la sûreté extérieure ou intérieure de la république.

Il peut faire des proclamations conformes aux lois, et pour leur exécution.

Il dispose de la force armée, sans qu'en aucun cas le directoire collectivement, ni aucun de ses membres, puisse la commander, ni pendant le temps de ses fonctions, ni pendant les deux années qui suivent immédiatement l'expiration de ces mêmes fonctions.

145. Si le directoire est informé qu'il se trame quelque conspiration contre la sûreté extérieure ou intérieure de l'État, il peut décerner des mandats d'amener et des mandats d'arrêt contre ceux qui en sont présumés les auteurs ou les complices : il peut les interroger; mais, il est obligé sous les peines portées contre le crime de détention arbitraire, de les renvoyer par-devant l'officier de police, dans le délai de deux jours, pour procéder suivant les lois.

146. Le directoire nomme les généraux en chef; il ne peut les choisir parmi les parens ou alliés de ses membres, dans les degrés exprimés par l'art. 139.

147. Il surveille et assure l'exécution des lois, dans les administrations et tribunaux, par des commissaires à sa nomination.

148. Il nomme, hors de son sein, les ministres, et les révoque lorsqu'il le juge convenable.

Il ne peut les choisir au-dessous de l'âge de trente ans, ni parmi les parens ou alliés de ses membres, aux degrés énoncés dans l'art. 139.

149. Les ministres correspondent immédiatement avec les autorités qui leur sont subordonnées.

150. Le corps législatif détermine les attributions et le nombre des ministres.

Ce nombre est de six au moins, et de huit au plus.

151. Les ministres ne forment point un conseil.

152. Les ministres sont respectivement responsables, tant de l'inexécution des lois que de l'inexécution des arrêtés du directoire.

153. Le directoire nomme le receveur des impositions directes de chaque département.

154. Il nomme les préposés en chef aux régies des con-

tributions indirectes et à l'administration des domaines nationaux.

155. Tous les fonctionnaires publics dans les colonies françaises, excepté les départemens des Iles-de-France et de la Réunion, seront nommés par le directoire jusqu'à la paix.

156. Le corps législatif peut autoriser le directoire à envoyer dans toutes les colonies françaises, suivant l'exigence des cas, un ou plusieurs agens particuliers nommés par lui pour un temps limité.

Les agens particuliers exerceront les mêmes fonctions que le directoire, et lui seront subordonnés.

157. Aucun membre du directoire ne peut sortir du territoire de la république, que deux ans après la cessation de ses fonctions.

158. Il est tenu, pendant cet intervalle, de justifier au corps législatif de sa résidence.

L'article 112 et les suivans, jusqu'à l'article 123 inclusivement, relatifs à la garantie du corps législatif, sont communs aux membres du directoire.

159. Dans le cas où plus de deux membres du directoire seraient mis en jugement, le corps législatif pourvoira, dans les formes ordinaires, à leur remplacement provisoire, durant le jugement.

160. Hors les cas des art. 119 et 120, le directoire, ni aucun de ses membres, ne peut être appelé, ni par le conseil des cinq-cents, ni par le conseil des anciens.

161. Les comptes et les éclaircissemens demandés par l'un ou l'autre conseil au directoire sont fournis par écrit.

162. Le directoire est tenu, chaque année, de présenter par écrit à l'un et à l'autre conseil, l'aperçu des dépenses, la situation des finances, l'état des pensions existantes, ainsi que le projet de celles qu'il croit convenable d'établir.

Il doit indiquer les abus qui sont à sa connaissance.

163. Le directoire peut, en tout temps, inviter par écrit le conseil des cinq-cents à prendre un objet en considération; il peut lui proposer des mesures, mais non des projets rédigés en forme de lois.

164. Aucun membre du directoire ne peut s'absenter plus de cinq jours, ni s'éloigner au-delà de quatre myriamètres (huit lieues moyennes) du lieu de la résidence du directoire, sans l'autorisation du corps législatif.

165. Les membres du directoire ne peuvent paraître,

dans l'exercice de leurs fonctions, soit au dehors, soit dans l'intérieur de leurs maisons, que revêtus du costume qui leur est propre.

166. Le directoire a sa garde habituelle et soldée aux frais de la république, composée de cent-vingt hommes à pied et de cent-vingt hommes à cheval.

167. Le directoire est accompagné de sa garde dans les cérémonies et marches publiques, où il a toujours le premier rang.

168. Chaque membre du directoire se fait accompagner, au dehors, de deux gardes.

169. Tout poste de force-armée doit au directoire et à chacun de ses membres les honneurs militaires supérieurs.

170. Le directoire a quatre messagers d'Etat, qu'il nomme et qu'il peut destituer.

Ils portent aux deux conseils législatifs les lettres et les mémoires du directoire : ils ont entrée, à cet effet, dans le lieu des séances des conseils législatifs.

Ils marchent, précédés de deux huissiers.

171. Le directoire réside dans la même commune que le corps législatif.

172. Les membres du directoire sont logés aux frais de la république, et dans un même édifice.

173. Le traitement de chacun d'eux est fixé, pour chaque année, à la valeur de cinquante mille myriagrammes de froment (10, 222 quintaux).

TITRE VII.

Corps administratifs et municipaux.

174. Il y a dans chaque département une administration centrale, et dans chaque canton une administration municipale, au moins.

175. Tout membre d'une administration départementale ou municipale doit être âgé de vingt-cinq ans au moins.

176. L'ascendant et le descendant en ligne directe, les frères, l'oncle et le neveu, et les alliés aux mêmes degrés, ne peuvent simultanément être membres de la même administration, ni s'y succéder qu'après un intervalle de deux ans.

177. Chaque administration de département est composée de cinq membres; elle est renouvelée par cinquième tous les ans.

178. Toute commune dont la population s'élève depuis

cinq mille habitans jusqu'à cent mille, a pour elle seule une administration municipale.

179. Il y a dans chaque commune dont la population est inférieure à cinq mille habitans un agent municipal et un adjoint.

180. La réunion des agens municipaux de chaque commune forme la municipalité du canton.

181. Il y a de plus un président de l'administration municipale, choisi dans tout le canton.

182. Dans les communes dont la population s'élève de cinq à dix mille habitans, il y a cinq officiers municipaux ;

Sept, depuis dix mille jusqu'à cinquante mille;

Neuf, depuis cinquante mille jusqu'à cent mille.

183. Dans les communes dont la population excède cent mille habitans, il y a au moins trois administrations municipales.

Dans ces communes, la division des municipalités se fait de manière que la population de l'arrondissement de chacune n'excède pas cinquante mille individus, et ne soit pas moindre de trente mille.

La municipalité de chaque arrondissement est composée de sept membres.

184. Il y a, dans les communes divisées en plusieurs municipalités, un bureau central pour les objets jugés indivisibles par le corps législatif.

Ce bureau est composé de trois membres, nommés par l'administration de département, et confirmés par le pouvoir exécutif.

185. Les membres de toute administration municipale sont nommés pour deux ans, et renouvelés, chaque année, par moitié, ou par partie la plus approximative de la moitié, et alternativement par la fraction la plus forte et par la fraction la plus faible.

186. Les administrateurs de département et les membres des administrations municipales peuvent être réélus une fois sans intervalle.

187. Tout citoyen qui a été deux fois de suite élu administrateur de département ou membre d'une administration municipale, et qui en a rempli les fonctions en vertu de l'une et de l'autre élection, ne peut être élu de nouveau qu'après un intervalle de deux années.

188. Dans le cas où une administration départementale ou

municipale perdant un ou plusieurs de ses membres... décident... Les administrateurs restent... déjoindre, en remplacement, des administrateurs temporaires, et qui exercent en cette qualité jusqu'aux élections suivantes.

189. Les administrations départementales et municipales ne peuvent modifier les actes du corps législatif, ni ceux du directoire exécutif, ni en suspendre l'exécution.

Elles ne peuvent s'immiscer dans les objets dépendant de l'ordre judiciaire.

190. Les administrateurs sont essentiellement chargés de la répartition des contributions directes, et de la surveillance des deniers provenant des revenus publics dans leur territoire.

Le corps législatif détermine les règles et le mode de leurs fonctions, tant sur ces objets que sur les autres parties de l'administration intérieure.

191. Le directoire exécutif nomme auprès de chaque administration départementale et municipale un commissaire, qu'il révoque lorsqu'il le juge convenable.

Ce commissaire surveille et requiert l'exécution des lois.

192. Le commissaire près de chaque administration locale doit être pris parmi les citoyens domiciliés depuis un an dans le département où cette administration est établie.

Il doit être âgé de vingt-cinq ans au moins.

193. Les administrations municipales sont subordonnées aux administrations de département, et celles-ci aux ministres.

En conséquence, les ministres peuvent annuler, chacun dans sa partie, les actes des administrations de département; celles-ci, les actes des administrations municipales, lorsque ces actes sont contraires aux lois, ou aux ordres des autorités supérieures.

194. Les ministres peuvent aussi suspendre les administrateurs de département qui ont contrevenu aux lois, ou aux ordres des autorités supérieures; et les administrations de département ont le même droit à l'égard des membres des administrations municipales.

195. Aucune suspension ni annulation ne devient définitive, sans la confirmation formelle du directoire exécutif.

196. Le directoire peut aussi annuler immédiatement les actes des administrations départementales ou municipales.

Il peut suspendre ou destituer immédiatement, lorsqu'il le croit nécessaire, les administrateurs, soit de département, soit de canton, et les envoyer devant les tribunaux de département, lorsqu'il y a lieu.

197. Tout arrêté portant cassation d'actes, suspension ou destitution d'administrateurs, doit être motivé.

198. Lorsque les cinq membres d'une administration départementale sont destitués, le directoire exécutif pourvoit à leur remplacement jusqu'à l'élection suivante; mais il ne peut choisir leurs suppléans provisoires que parmi les anciens administrateurs du même département.

199. Les administrations, soit de département, soit de canton, ne peuvent correspondre entre elles que sur les affaires qui leur sont attribuées par la loi, et non sur les intérêts généraux de la république.

200. Toute administration doit annuellement le compte de sa gestion.

Les comptes rendus par les administrations départementales sont imprimés.

201. Tous les actes des corps administratifs sont rendus publics par le dépôt du registre où ils sont consignés, et qui est ouvert à tous les administrés.

Ce registre est clos tous les six mois, et n'est déposé que du jour qu'il a été clos.

Le corps législatif peut proroger, selon les circonstances, le délai fixé pour ce dépôt.

TITRE VIII.

Pouvoir judiciaire. — Dispositions générales.

202. Les fonctions judiciaires ne peuvent être exercées, ni par le corps législatif, ni par le pouvoir exécutif.

203. Les juges ne peuvent s'immiscer dans l'exercice du pouvoir législatif, ni faire aucun réglement.

Ils ne peuvent arrêter ou suspendre l'exécution d'aucune loi, ni citer devant eux les administrateurs pour raison de leurs fonctions.

204. Nul ne peut être distrait des juges que la loi lui assigne, par aucune commission, ni par d'autres attributions que celles qui sont déterminées par une loi antérieure.

205. La justice est rendue gratuitement.

206. Les juges ne peuvent être destitués que pour forfai

ture légalement jugée, ni suspendus que par une accusation admise.

207. L'ascendant et le descendant en ligne directe, les
frères, l'oncle et le neveu, les cousins au premier degré, et
les alliés à ces divers degrés, ne peuvent être simultanément
membres du même tribunal.

208. Les séances des tribunaux sont publiques; les juges
délibèrent en secret; les jugemens sont prononcés à haute
voix, ils sont motivés, et on y énonce les termes de la loi appliquée.

209. Nul citoyen, s'il n'a l'âge de trente ans accomplis,
ne peut être élu juge d'un tribunal de département, ni juge
de paix, ni assesseur de juge de paix, ni juge d'un tribunal
de commerce, ni membre du tribunal de cassation, ni juré,
ni commissaire du directoire exécutif près les tribunaux.

De la Justice civile.

210. Il ne peut être porté atteinte au droit de faire prononcer sur les différens par des arbitres du choix des parties.

211. La décision de ces arbitres est sans appel, et sans recours en cassation, si les parties ne l'ont expressément réservé.

212. Il y a dans chaque arrondissement déterminé par la
loi un juge de paix et ses assesseurs.

Ils sont tous élus pour deux ans, et peuvent être immédiatement et indéfiniment réélus.

213. La loi détermine les objets dont les juges de paix et
leurs assesseurs connaissent en dernier ressort.

Elle leur en attribue d'autres qu'ils jugent à la charge de
l'appel.

214. Il y a des tribunaux particuliers pour le commerce de
terre et de mer; la loi détermine les lieux où il est permis de
les établir.

Leur pouvoir de juger en dernier ressort ne peut être
étendu au-delà de la valeur de 500 myriagrammes de froment
(102 quintaux 22 livres).

215. Les affaires dont le jugement n'appartient ni aux juges
de paix, ni aux tribunaux de commerce, soit en dernier ressort,
soit à la charge d'appel, sont portées immédiatement devant
le juge de paix et ses assesseurs, pour être conciliées.

Si le juge de paix ne peut les concilier, il les renvoie devant
le tribunal civil.

216. Il y a un tribunal civil par département.

Chaque tribunal civil est composé de vingt juges au moins, d'un commissaire et d'un substitut, nommés et destituables par le directoire exécutif, et d'un greffier.

Tous les cinq ans on procède à l'élection de tous les membres du tribunal. Les juges peuvent toujours être réélus.

217. Lors de l'élection des juges, il est nommé cinq suppléans, dont trois sont pris parmi les citoyens résidant dans la commune où siége le tribunal.

218. Le tribunal civil prononce en dernier ressort, dans les cas déterminés par la loi, sur les appels des jugemens, soit des juges de paix, soit des arbitres, soit des tribunaux de commerce.

219. L'appel des jugemens prononcés par le tribunal civil se porte au tribunal civil de l'un des trois départemens les plus voisins, ainsi qu'il est déterminé par la loi.

220. Le tribunal civil se divise en sections. Une section ne peut juger au-dessous du nombre de cinq juges.

221. Les juges réunis dans chaque tribunal nomment entre eux, au scrutin secret, le président de chaque section.

De la Justice correctionnelle et criminelle.

222. Nul ne peut être saisi que pour être conduit devant l'officier de police; et nul ne peut être mis en arrestation ou détenu qu'en vertu d'un mandat d'arrêt des officiers de police, ou du directoire exécutif dans le cas de l'article cent quarante-cinq; ou d'une ordonnance de prise de corps, soit d'un tribunal, soit du directeur du jury d'accusation; ou d'un décret d'accusation du corps législatif, dans les cas où il lui appartient de la prononcer; ou d'un jugement de condamnation à la prison ou détention correctionnelle.

223. Pour que l'acte qui ordonne l'arrestation puisse être exécuté, il faut:

1° Qu'il exprime formellement le motif de l'arrestation, et la loi en conformité de laquelle elle est ordonnée;

2° Qu'il ait été notifié à celui qui en est l'objet, et qu'il lui en ait été laissé copie.

224. Toute personne saisie et conduite devant l'officier de police sera examinée sur-le-champ, ou dans le jour au plus tard.

225. S'il résulte de l'examen qu'il n'y a aucun sujet d'inculpation contre elle, elle sera remise aussitôt en liberté; ou, s'il y a lieu de l'envoyer à la maison d'arrêt, elle y sera con-

faite dans le plus bref délai, qui, en aucun cas, ne pourra excéder trois jours.

226. Nulle personne arrêtée ne peut être retenue, si elle donne caution suffisante, dans tous les cas où la loi permet de rester libre sous le cautionnement.

227. Nulle personne, dans le cas où sa détention est autorisée par la loi, ne peut être conduite ou détenue que dans les lieux légalement et publiquement désignés pour servir de maison d'arrêt, de maison de justice ou de maison de détention.

228. Nul gardien ou geolier ne peut recevoir ni retenir aucune personne qu'en vertu d'un mandat d'arrêt, selon les formes prescrites par les articles deux cent vingt-deux et deux cent vingt-trois, d'une ordonnance de prise de corps, d'un décret d'accusation, ou d'un jugement de condamnation à prison ou détention correctionnelle, et sans que la transcription en ait été faite sur son registre.

229. Tout gardien ou geolier est tenu, sans qu'aucun ordre puisse l'en dispenser, de présenter la personne détenue à l'officier civil ayant la police de la maison de détention, toutes les fois qu'il en sera requis par cet officier.

230. La représentation de la personne détenue ne pourra être refusée à ses parens et amis porteurs de l'ordre de l'officier civil; lequel sera toujours tenu de l'accorder, à moins que le gardien ou geolier ne représente une ordonnance du juge, transcrite sur son registre, pour tenir la personne arrêtée au secret.

231. Tout homme, quelle que soit sa place ou son emploi, autre que ceux à qui la loi donne le droit d'arrestation, qui donnera, signera, exécutera ou fera exécuter l'ordre d'arrêter un individu, ou quiconque, même dans le cas d'arrestation autorisée par la loi, conduira, recevra ou retiendra un individu dans un lieu de détention non publiquement et légalement désigné, et tous les gardiens ou geoliers qui contreviendront aux dispositions des trois articles précédens, seront coupables du crime de détention arbitraire.

232. Toute rigueur employée dans les arrestations, détentions ou exécutions, autres que celles prescrites par la loi, sont des crimes.

233. Il y a dans chaque département, pour le jugement des délits dont la peine n'est ni afflictive ni infamante, trois tribunaux correctionnels au moins, et six au plus.

Ces tribunaux ne pourront prononcer de peine plus grave que l'emprisonnement pour deux années.

La connaissance des délits dont la peine n'excède pas, soi
la valeur de trois journées de travail, soit un emprisonnemen
de trois jours, est déléguée au juge de paix, qui prononc
en dernier ressort.

234. Chaque tribunal correctionnel est composé d'un pré
sident, de deux juges de paix ou assesseurs de juges de pai
de la commune où il est établi, d'un commissaire du pouvoi
exécutif, nommé et destituable par le directoire exécutif, e
d'un greffier.

235. Le président de chaque tribunal correctionnel e
pris, tous les six mois, et par tour, parmi les membre
des sections du tribunal civil du département, les présiden
exceptés.

236. Il y a appel des jugemens du tribunal correctionne
par-devant le tribunal criminel du département.

237. En matière de délits emportant peine afflictive o
infamante, nulle personne ne peut être jugée que sur un
accusation admise par les jurés, ou décrétée par le corp
législatif, dans le cas où il lui appartient de décréter d'ac
cusation.

238. Un premier jury déclare si l'accusation doit être ad
mise ou rejetée : le fait est reconnu par un second jury ; et l
peine déterminée par la loi est appliquée par des tribunau
criminels.

239. Les jurés ne votent que par scrutin secret.

240. Il y a dans chaque département autant de jurys d'ac
cusation que de tribunaux correctionnels.

Les présidens des tribunaux correctionnels en sont les direc
teurs, chacun dans son arrondissement.

Dans les communes au-dessus de cinquante mille âmes, i
pourra être établi par la loi, outre le président du tribuna
correctionnel, autant de directeurs de jurys d'accusation qu
l'expédition des affaires l'exigera.

241. Les fonctions de commissaire du pouvoir exécuti
et de greffier près le directeur du jury d'accusation son
remplies par le commissaire et par le greffier du tribunal cor
rectionnel.

242. Chaque directeur du jury d'accusation a la surveil
lance immédiate de tous les officiers de police de son arron
dissement.

243. Le directeur du jury poursuit immédiatement, comm
officier de police, sur les dénonciations que lui fait l'accu

...teur public, soit d'office, soit d'après les ordres du directoire exécutif : 1° les attentats contre la liberté ou la sûreté individuelle des citoyens, 2° ceux commis contre le droit des gens ; 3° la rebellion à l'exécution, soit des jugemens, soit de tous les actes exécutoires émanés des autorités constituées ; 4° les troubles occasionnés, et les voies de fait commises pour entraver la perception des contributions, la libre circulation des subsistances et des autres objets de commerce.

244. Il y a un tribunal criminel pour chaque département.

245. Le tribunal criminel est composé d'un président, d'un accusateur public, de quatre juges pris dans le tribunal civil, du commissaire du pouvoir exécutif près le même tribunal, ou de son substitut, et d'un greffier.

Il y a dans le tribunal criminel du département de la Seine un vice président et un substitut de l'accusateur public : ce tribunal est divisé en deux sections ; huit membres du tribunal civil y exercent les fonctions de juges.

246. Les présidens des sections du tribunal civil ne peuvent remplir les fonctions de juges au tribunal criminel.

247. Les autres juges y font le service, chacun à son tour, pendant six mois, dans l'ordre de leur nomination ; et ils ne peuvent, pendant ce temps, exercer aucune fonction au tribunal civil.

248. L'accusateur public est chargé : 1° de poursuivre les délits sur les actes d'accusation admis par les premiers jurés ; 2° de transmettre aux officiers de police les dénonciations qui lui sont adressées directement ; 3° de surveiller les officiers de police du département, et d'agir contre eux suivant la loi, en cas de négligence ou de faits plus graves.

249. Le commissaire du pouvoir exécutif est chargé : 1° de requérir, dans le cours de l'instruction, pour la régularité des formes, et avant le jugement, pour l'application de la loi ; 2° de poursuivre l'exécution des jugemens rendus par le tribunal criminel.

250. Les juges ne peuvent proposer aux jurés aucune question complexe.

251. Le jury de jugement est de douze jurés au moins : l'accusé a la faculté d'en récuser, sans donner de motifs, un nombre que la loi détermine.

252. L'instruction devant le jury de jugement est publi-

que; et l'on ne peut refuser aux accusés le secours d
conseil, qu'ils ont la faculté de choisir, ou qui leur
nommé d'office.

253. Toute personne acquittée par un jury légal ne p
plus être reprise ni accusée pour le même fait.

Du tribunal de Cassation.

254. Il y a pour toute la république un tribunal de ca
tion. Il prononce : 1° sur les demandes en cassation con
les jugemens en dernier ressort rendus par les tribuna
2° sur les demandes en renvoi d'un tribunal à un autre, p
cause de suspicion légitime ou de sûreté publique; 3°
les réglemens de juges et les prises à partie contre un tribu
entier.

255. Le tribunal de cassation ne peut jamais connaître
fond des affaires; mais il casse les jugemens rendus sur d
procédures dans lesquelles les formes ont été violées, ou
contiennent quelque contravention expresse à la loi; et il n
voie le fond du procès au tribunal qui doit en connaître.

256. Lorsqu'après une cassation le second jugement su
fond est attaqué par les mêmes moyens que le premier
question ne peut plus être agitée au tribunal de cassati
sans avoir été soumise au corps législatif, qui porte
loi à laquelle le tribunal de cassation est tenu de se c
former.

257. Chaque année, le tribunal de cassation est tenu d
voyer à chacune des sections du corps législatif une dé
tation, qui lui présente l'état des jugemens rendus, ave
notice en marge, et le texte de la loi qui a déterminé
jugement.

258. Le nombre des juges du tribunal de cassation ne p
excéder les trois quarts du nombre des départemens.

259. Ce tribunal est renouvelé par cinquième tous les
Les assemblées électorales des départemens nomment
cessivement et alternativement les juges qui doivent re
placer ceux qui sortent du tribunal de cassation.

Les juges de ce tribunal peuvent toujours être réélus.

260. Chaque juge du tribunal de cassation a un supplé
élu par la même assemblée électorale.

261. Il y a près du tribunal de cassation un commiss
et des substituts, nommés et destituables par le directe
exécutif.

262. Le directoire exécutif dénonce au tribunal de cassation, par la voie de son commissaire, et sans préjudice du droit des parties intéressées, les actes par lesquels les juges ont excédé leurs pouvoirs.

263. Le tribunal annule ces actes; et, s'ils donnent lieu à la forfaiture, le fait est dénoncé au corps législatif, qui rend le décret d'accusation, après avoir entendu ou appelé les prévenus.

264. Le corps législatif ne peut annuler les jugemens du tribunal de cassation, sauf à poursuivre personnellement les juges qui auraient encouru la forfaiture.

Haute Cour de Justice.

265. Il y a une haute cour de justice pour juger les accusations admises par le corps législatif, soit contre ses propres membres, soit contre ceux du directoire exécutif.

266. La haute cour de justice est composée de cinq juges et de deux accusateurs nationaux tirés du tribunal de cassation, et de haut-jurés nommés par les assemblées électorales des départemens.

267. La haute cour de justice ne se forme qu'en vertu d'une proclamation du corps législatif, rédigée et publiée par le conseil des cinq cents.

268. Elle se forme et tient ses séances dans le lieu désigné par la proclamation du conseil des cinq-cents.

Ce lieu ne peut être plus près qu'à douze myriamètres de celui où réside le corps législatif.

269. Lorsque le corps législatif a proclamé la formation de la haute cour de justice, le tribunal de cassation tire au sort quinze de ses membres dans une séance publique; il nomme de suite, dans la même séance, par la voie du scrutin secret, cinq de ces quinze: les cinq juges ainsi nommés sont les juges de la haute cour de justice; ils choisissent entre eux un président.

270. Le tribunal de cassation nomme dans la même séance, par scrutin, à la majorité absolue, deux de ses membres pour remplir, à la haute cour de justice, les fonctions d'accusateurs nationaux.

271. Les actes d'accusation sont dressés et rédigés par le conseil des cinq-cents.

272. Les assemblées électorales de chaque département nomment, tous les ans, un juré pour la haute cour de justice.

273. Le directoire exécutif fait imprimer et publier , t mois après l'époque des élections, la liste des jurés nomm pour la haute cour de justice.

TITRE IX.

De la Force armée.

274. La force armée est instituée pour défendre l'Etat cont les ennemis du dehors, et pour assurer au-dedans le mai tien de l'ordre, et l'exécution des lois.

275. La force publique est essentiellement obéissante nul corps armé ne peut délibérer.

276. Elle se distingue en garde nationale sédentaire, garde nationale en activité.

De la Garde nationale sédentaire.

277. La garde nationale sédentaire est composée de to les citoyens et fils de citoyens en état de porter les armes.

278. Son organisation et sa discipline sont les mêmes po toute la république : elles sont déterminées par la loi.

279. Aucun Français ne peut exercer les droits de citoy s'il n'est inscrit au rôle de la garde nationale sédentaire.

280. Les distinctions de grades et la subordination n'y sub sistent que relativement au service, et pendant sa durée.

281. Les officiers de la garde nationale sédentaire so élus à temps par les citoyens qui la composent, et ne peuve être réélus qu'après un intervalle.

282. Le commandement de la garde nationale d'un d partement entier ne peut être confié habituellement à u seul citoyen.

283. S'il est jugé nécessaire de rassembler toute la gard nationale d'un département, le directoire exécutif peut nou mer un commandant temporaire.

284 .Le commandement de la garde nationale sédentair dans une ville de cent mille habitans et au-dessus, ne peu être habituellement confié à un seul homme.

De la Garde nationale en activité.

285. La république entretient à sa solde , même en temp de paix, sous le nom de gardes nationales en activité, un armée de terre et de mer.

286. L'armée se forme par enrôlement volontaire, et, e cas de besoin, par le mode que la loi détermine.

287. Aucun étranger qui n'a point acquis les droits de citoyen français, ne peut être admis dans les armées françaises, à moins qu'il n'ait fait une ou plusieurs campagnes pour l'établissement de la république.

288. Les commandans ou chefs de terre et de mer ne sont nommés qu'en cas de guerre : ils reçoivent du directoire exécutif des commissions révocables à volonté. La durée de ces commissions se borne à une campagne; mais elles peuvent être continuées.

289. Le commandement général des armées de la république ne peut être confié à un seul homme.

290. L'armée de terre et de mer est soumise à des lois particulières pour la discipline, la forme des jugemens et la nature des peines.

291. Aucune partie de la garde nationale sédentaire, ni de la garde nationale en activité, ne peut agir, pour le service intérieur de la république, que sur la réquisition par écrit de l'autorité civile, dans les formes prescrites par la loi.

292. La force publique ne peut être requise par les autorités civiles que dans l'étendue de leur territoire; elle ne peut se transporter d'un canton dans un autre, sans y être autorisée par l'administration de département, ni d'un département dans un autre, sans les ordres du directoire exécutif.

293. Néanmoins, le corps législatif détermine les moyens d'assurer par la force publique l'exécution des jugemens et la poursuite des accusés sur tout le territoire français.

294. En cas de dangers imminens, l'administration municipale d'un canton peut requérir la garde nationale des cantons voisins : en ce cas, l'administration qui a requis, et les chefs des gardes nationales qui ont été requises, sont également tenus d'en rendre compte, au même instant, à l'administration départementale.

295. Aucune troupe étrangère ne peut être introduite sur le territoire français, sans le consentement préalable du corps législatif.

TITRE X.

Instruction publique.

296. Il y a, dans la république, des écoles primaires, où les élèves apprennent à lire, à écrire, les élémens du calcul et ceux de la morale. La république pourvoit aux frais du logement des instituteurs préposés à ces écoles.

297. Il y a, dans les diverses parties de la république, des écoles supérieures aux écoles primaires, et dont le nombre sera tel, qu'il y en ait au moins une pour deux départemens.

298. Il y a, pour toute la république, un institut national, chargé de recueillir les découvertes, de perfectionner les arts et les sciences.

299. Les divers établissemens d'instruction publique n'ont entre eux aucun rapport de subordination, ni de correspondance administrative.

300. Les citoyens ont le droit de former des établissemens particuliers d'éducation et d'instruction, ainsi que des sociétés libres, pour concourir aux progrès des sciences, des lettres et des arts.

301. Il sera établi des fêtes nationales, pour entretenir la fraternité entre les citoyens, et les attacher à la constitution, à la patrie et aux lois.

TITRE XI.

Finances. — Contributions.

203. Les contributions publiques sont délibérées et fixées chaque année par le corps législatif : à lui seul appartient d'en établir. Elles ne peuvent subsister au-delà d'un an, si elles ne sont expressément renouvelées.

303. Le corps législatif peut créer tel genre de contribution qu'il croira nécessaire; mais il doit établir chaque année une imposition foncière et une imposition personnelle.

304. Tout individu qui, n'étant pas dans le cas des art. 12 et 13 de la constitution, n'a pas été compris au rôle des contributions directes, a le droit de se présenter à l'administration municipale de sa commune, et de s'y inscrire pour une contribution personnelle égale à la valeur locale de trois journées de travail agricole.

305. L'inscription mentionnée en l'article précédent ne peut se faire que durant le mois de messidor de chaque année.

306. Les contributions de toute nature sont réparties entre tous les contribuables, à raison de leurs facultés.

307. Le directoire exécutif dirige et surveille la perception et le versement des contributions, et donne, à cet effet, tous les ordres nécessaires.

308. Les comptes détaillés de la dépense des ministres, signés et certifiés par eux, sont rendus publics au commencement de chaque année.

Il en sera de même des états de recettes des diverses contributions, et de tous les revenus publics.

309. Les états de ces dépenses et recettes sont distingués suivant leur nature: ils expriment les sommes touchées et dépensées, année par année, dans chaque partie d'administration générale.

310. Sont également publiés, les comptes des dépenses particulières aux départemens et relatives aux-tribunaux, aux administrations, aux progrès des sciences, à tous les travaux et établissemens publics.

311. Les administrations de département et les municipalités ne peuvent faire aucune répartition au-delà des sommes fixées par le corps législatif, ni délibérer ou permettre, sans être autorisées par lui, aucun emprunt local à la charge des citoyens du département, de la commune ou du canton.

312. Au corps législatif seul appartient le droit de régler la fabrication et l'émission de toute espèce de monnaie, d'en fixer la valeur et le poids, et d'en déterminer le type.

313. Le directoire surveille la fabrication des monnaies, et nomme les officiers chargés d'exercer immédiatement cette inspection.

314. Le corps législatif détermine les contributions des colonies, et leurs rapports commerciaux avec la métropole.

Trésorerie nationale, et Comptabilité.

315. Il y a cinq commissaires de la trésorerie nationale, élus par le conseil des anciens, sur une liste triple présentée par celui des cinq-cents.

316. La durée de leurs fonctions est de cinq années: l'un d'eux est renouvelé tous les ans, et peut être réélu sans intervalle et indéfiniment.

317. Les commissaires de la trésorerie sont chargés de surveiller la recette de tous les deniers nationaux;

. D'ordonner les mouvemens de fonds, et le paiement de toutes les dépenses publiques consenties par le corps législatif;

De tenir un compte ouvert de dépense et de recette avec le receveur des contributions directes de chaque département, avec les différentes régies nationales, et avec les payeurs qui seraient établis dans les départemens;

D'entretenir avec lesdits receveurs et payeurs, avec les

régies et administrations, la correspondance nécessaire pour assurer la rentrée exacte et régulière des fonds.

318. Ils ne peuvent rien faire payer, sous peine de forfaiture, qu'en vertu,

1°. D'un décret du corps législatif, et jusqu'à concurrence des fonds décrétés par lui sur chaque objet;

2° D'une décision du directoire;

3° De la signature du ministre qui ordonne la dépense.

319. Il ne peuvent aussi, sous peine de forfaiture, approuver aucun paiement, si le mandat signé par le ministre que ce genre de dépense concerne, n'énonce pas la date, tant de la décision du directoire exécutif, que des décrets du corps législatif qui autorisent le paiement.

320. Les receveurs des contributions directes dans chaque département, les différentes régies nationales, et les payeurs dans les départemens, remettent à la trésorerie nationale leurs comptes respectifs : la trésorerie les vérifie, et les arrête.

321. Il y a cinq commissaires de la comptabilité nationale, élus par le corps législatif, aux mêmes époques et selon les mêmes formes et conditions que les commissaires de la trésorerie.

322. Le compte général des recettes et des dépenses de la république, appuyé des comptes particuliers et des pièces justificatives, est présenté par les commissaires de la trésorerie aux commissaires de la comptabilité, qui le vérifient et l'arrêtent.

323. Les commissaires de la comptabilité donnent connaissance au corps législatif, des abus, malversations, et de tous les cas de responsabilité qu'ils découvrent dans le cours de leurs opérations; ils proposent dans leur partie les mesures convenables aux intérêts de la république.

324. Le résultat des comptes arrêtés par les commissaires de la comptabilité est imprimé et rendu public.

325. Les commissaires, tant de la trésorerie nationale que de la comptabilité, ne peuvent être suspendus ni destitués que par le corps législatif.

Mais, durant l'ajournement du corps législatif, le directoire exécutif peut suspendre et remplacer provisoirement les commissaires de la trésorerie nationale au nombre de deux au plus, à charge d'en référer à l'un et à l'autre conseil du corps législatif, aussitôt qu'il ont repris leurs séances.

TITRE XII.

Relations extérieures.

526. La guerre ne peut être décidée que par un décret du corps législatif, sur la proposition formelle et nécessaire du directoire exécutif.

527. Les deux conseils législatifs concourent, dans les formes ordinaires, au décret par lequel la guerre est décidée.

528. En cas d'hostilités imminentes ou commencées, de menaces ou de préparatifs de guerre contre la république française, le directoire exécutif est tenu d'employer, pour la défense de l'État, les moyens mis à sa disposition, à la charge d'en prévenir sans délai le corps législatif.

Il peut même indiquer, en ce cas, les augmentations de force et les nouvelles dispositions législatives que les circonstances pourraient exiger.

529. Le directoire seul peut entretenir des relations politiques au dehors, conduire les négociations, distribuer les forces de terre et de mer, ainsi qu'il le juge convenable, et en régler la direction en cas de guerre.

530. Il est autorisé à faire les stipulations préliminaires, telles que des armistices, des neutralisations; il peut arrêter aussi des conventions secrètes.

531. Le directoire exécutif arrête, signe ou fait signer avec les puissances étrangères tous les traités de paix, d'alliance, de trêve, de neutralité, de commerce, et autres conventions qu'il juge nécessaires au bien de l'État.

Ces traités et conventions sont négociés, au nom de la république française, par des agens diplomatiques nommés par le directoire exécutif et chargés de ses instructions.

532. Dans le cas où un traité renferme des articles secrets, les dispositions de ces articles ne peuvent être destructives des articles patens, ni contenir aucune aliénation du territoire de la république.

333. Les traités ne sont valables qu'après avoir été examinés et ratifiés par le corps législatif; néanmoins, les conditions secrètes peuvent recevoir provisoirement leur exécution dès l'instant même où elles sont arrêtées par le directoire.

534. L'un et l'autre conseil législatif ne délibèrent sur la guerre, ni sur la paix, qu'en comité général.

535. Les étrangers établis ou non en France succèdent à

leurs parens étrangers ou Français ; ils peuvent contracter, acquérir et recevoir des biens situés en France, et en disposer, de même que les citoyens français, par tous les moyens autorisés par les lois.

TITRE XIII.

Révision de la Constitution.

336. Si l'expérience faisait sentir les inconvéniens de quelques articles de la constitution, le conseil des anciens en proposerait la révision.

337. La proposition du conseil des anciens est, en ce cas, soumise à la ratification du conseil des cinq-cents.

338. Lorsque, dans un espace de neuf années, la proposition du conseil des anciens, ratifiée par le conseil des cinq cents, a été faite à trois époques éloignées l'une de l'autre de trois années au moins, une assemblée de révision est convoquée.

339. Cette assemblée est formée de deux membres par département, tous élus de la même manière que les membres du corps législatif, et réunissant les mêmes conditions que celles exigées pour le conseil des anciens.

340. Le conseil des anciens désigne, pour la réunion de l'assemblée de révision, un lieu distant de vingt myriamètres au moins de celui ou siége le corps législatif.

341. L'assemblée de révision a le droit de changer le lieu de sa résidence, en observant la distance prescrite par l'article précédent.

342. L'assemblée de révision n'exerce aucune fonction législative, ni de gouvernement; elle se borne à la révision des seuls articles constitutionnels qui lui ont été désignés par le corps législatif.

343. Tous les articles de la constitution, sans exception, continuent d'être en vigueur, tant que les changemens proposés par l'assemblée de révision n'ont pas été acceptés par le peuple.

344. Les membres de l'assemblée de révision délibèrent en commun.

345. Les citoyens qui sont membres du corps législatif au moment où une assemblée de révision est convoquée ne peuvent être élus membres de cette assemblée.

346. L'assemblée de révision adresse immédiatement aux assemblées primaires le projet de réforme qu'elle a arrêté.

Elle est dissoute dès que ce projet leur a été adressé.

347. En aucun cas, la durée de l'assemblée de révision ne peut excéder trois mois.

348. Les membres de l'assemblée de révision ne peuvent être recherchés, accusés, ni jugés, en aucun temps, pour ce qu'ils ont dit ou écrit dans l'exercice de leurs fonctions.

Pendant la durée de ces fonctions, ils ne peuvent être mis en jugement, si ce n'est par une décision des membres mêmes de l'assemblée de révision.

349. L'assemblée de révision n'assiste à aucune cérémonie publique : ses membres reçoivent la même indemnité que celle des membres du corps législatif.

350. L'assemblée de révision a le droit d'exercer ou faire exercer la police dans la commune où elle réside.

TITRE XIV.

Dispositions générales.

351. Il n'existe, entre les citoyens, d'autre supériorité que celle des fonctionnaires publics, et relativement à l'exercice de leurs fonctions.

352. La loi ne reconnaît ni vœux religieux, ni aucun engagement contraire aux droits naturels de l'homme.

353. Nul ne peut être empêché de dire, écrire, imprimer et publier sa pensée.

Les écrits ne peuvent être soumis à aucune censure avant leur publication.

Nul ne peut être responsable de ce qu'il a écrit ou publié, que dans les cas prévus par la loi.

354. Nul ne peut être empêché d'exercer, en se conformant aux lois, le culte qu'il a choisi.

Nul ne peut être forcé de contribuer aux dépenses d'aucun culte. La république n'en salarie aucun.

355. Il n'y a ni privilège, ni maîtrise, ni jurande, ni limitation à la liberté de la presse, du commerce, et à l'exercice de l'industrie et des arts de toute espèce.

Toute loi prohibitive en ce genre, quand les circonstances la rendent nécessaire, est essentiellement provisoire, et n'a d'effet que pendant un an au plus, à moins qu'elle ne soit formellement renouvelée.

356. La loi surveille particulièrement les professions qui intéressent les mœurs publiques, la sûreté et la santé des

citoyens; mais on ne peut faire dépendre l'admission à l'exercice de ces professions, d'aucune prestation pécuniaire.

357. La loi doit pourvoir à la récompense des inventeurs ou au maintien de la propriété exclusive de leurs découvertes ou de leurs productions.

358. La constitution garantit l'inviolabilité de toutes les propriétés, ou la juste indemnité de celles dont la nécessité publique, légalement constatée, exigerait le sacrifice.

359. La maison de chaque citoyen est un asile inviolable; pendant la nuit, nul n'a le droit d'y entrer que dans le cas d'incendie, d'inondation, ou de réclamation venant de l'intérieur de la maison.

Pendant le jour, on peut y exécuter les ordres des autorités constituées.

Aucune visite domiciliaire ne peut avoir lieu qu'en vertu d'une loi, et pour la personne ou l'objet expressément désigné dans l'acte qui ordonne la visite.

360. Il ne peut être formé de corporations ni d'associations contraires à l'ordre public.

361. Aucune assemblée de citoyens ne peut se qualifier société populaire.

362. Aucune société particulière s'occupant de questions politiques ne peut correspondre avec aucune autre, ni s'affilier à elle, ni tenir des séances publiques composées de sociétaires et d'assistans distingués les uns des autres, ni imposer des conditions d'admission et d'éligibilité; ni s'arroger des droits d'exclusion, ni faire porter à ses membres aucun signe extérieur de leur association.

363. Les citoyens ne peuvent exercer leurs droits politiques que dans les assemblées primaires ou communales.

364. Tous les citoyens sont libres d'adresser aux autorités publiques des pétitions, mais elles doivent être individuelles: nulle association ne peut en présenter de collectives, si ce n'est les autorités constituées, et seulement pour des objets propres à leur attribution.

Les pétitionnaires ne doivent jamais oublier le respect dû aux autorités constituées.

365. Tout attroupement armé est un attentat à la constitution; il doit être dissipé sur-le-champ par la force.

366. Tout attroupement non armé doit également être dissipé, d'abord par voie de commandement verbal, et, s'il est nécessaire, par le développement de la force-armée.

367. Plusieurs autorités constituées ne peuvent jamais se réunir pour délibérer ensemble : aucun acte émané d'une telle réunion ne peut être exécuté.

368. Nul ne peut porter des marques distinctives qui rappellent des fonctions antérieurement exercées, ou des services rendus.

369. Les membres du corps législatif, et tous les fonctionnaires publics, portent, dans l'exercice de leurs fonctions, le costume ou le signe de l'autorité dont ils sont revêtus : la loi en détermine la forme.

370. Nul citoyen ne peut renoncer, ni en tout, ni en partie, à l'indemnité ou au traitement qui lui est attribué par la loi, à raison de fonctions publiques.

371. Il y a dans la république uniformité de poids et de mesures.

372. L'ère française commence au 22 septembre 1792, jour de la fondation de la république.

373. La nation française déclare qu'en aucun cas elle ne souffrira le retour des Français qui, ayant abandonné leur patrie depuis le 15 juillet 1789, ne sont pas compris dans les exceptions portées aux lois rendues contre les émigrés ; et, elle interdit au corps législatif de créer de nouvelles exceptions sur ce point.

Les biens des émigrés sont irrévocablement acquis au profit de la république.

374. La nation française proclame pareillement, comme garantie de la foi publique, qu'après une adjudication légalement consommée de biens nationaux, quelle qu'en soit l'origine, l'acquéreur légitime ne peut en être dépossédé, sauf aux tiers réclamans à être, s'il y a lieu, indemnisés par le trésor national.

375. Aucun des pouvoirs institués par la constitution, n'a le droit de la changer dans son ensemble, ni dans aucune de ses parties, sauf les réformes qui pourront y être faites par la voie de la révision, conformément aux dispositions du titre XIII.

376. Les citoyens se rappelleront sans cesse que c'est de la sagesse des choix, dans les assemblées primaires et électorales, que dépendent principalement la durée, la conservation et la prospérité de la république.

377. Le peuple français remet le dépôt de la présente constitution à la fidélité du corps législatif, du directoire exécutif, des administrateurs et des juges; à la vigilance des pères

de famille, aux épouses et aux mères, à l'affection des jeunes
citoyens, au courage de tous les Français.

Adresse de la Convention nationale au Peuple Français.

6 fructidor an 3 (23 août 1795.)

FRANÇAIS,

Après de longs orages, vous allez fixer vos destinées en
prononçant sur votre constitution.

Depuis long-temps la patrie appelait à grand cris un gouvernement libre, qui trouvât dans la sagesse des principes
la garantie de sa durée.

Vos mandataires ont-ils atteint ce but? Ils le croient; ils
ont fortement le désir.

Patriotes de 1789, qui restâtes purs au milieu des écueils
révolutionnaires; généreux guerriers, qui versâtes votre sang
pour la patrie; citoyens, qui aimez l'ordre et la tranquillité
acceptez-en le gage : il est dans le gouvernement qui vous est
offert; lui seul peut, en nous donnant la paix, ramener par
degré l'abondance et le bonheur.

Français, citoyens de toutes les professions, de toutes les
opinions, ralliez-vous pour l'intérêt de la patrie : surtout ne
portez pas de regards rétrogrades vers le point du départ.
Des siècles se sont écoulés depuis six ans: et si le peuple français est las de révolution, il ne l'est pas de liberté. Vous souf-
frez, il est vrai; mais ce n'est pas en faisant des révolutions
nouvelles, c'est en finissant celle qui est commencée, que
vous trouverez le terme de vos maux.

Non, vous n'imputerez point à la république, qui, jusqu'à
ce jour, ne fut pas organisée, des malheurs qui ne sauroient
se reproduire sous un gouvernement libre sans licence, et
fort sans despotisme.

Peuple souverain, écoute la voix de tes mandataires;
projet de pacte social qu'ils t'offrent leur fut dicté par le
désir de ton bonheur.

C'est à toi d'y attacher ton sort; consulte ton intérêt et
gloire, et la patrie est sauvée (1).

_____

(1) Le 1er vendémiaire an 4, la convention nationale déclara que la constitution était acceptée par le peuple français. Le recensement des votes était
que 1,057,390 citoyens avaient voté pour la constitution, et que 49,
l'avaient rejetée.

Trois pouvoirs avaient été créés par la constitution de l'an III, qu'on peut regarder comme une amélioration de celle de 1791. Le conseil des *cinq cents*, qui dut proposer les lois, le conseil *des anciens*, auquel fut attribué le droit de les sanctionner ou de les rejeter, et le *Directoire exécutif*, qui, par ses attributions, put exercer pendant un temps une influence telle, qu'on désigna l'époque de son existence sous le titre de *Règne du directoire*.

Cet acte avait été immédiatement suivi de deux lois: la loi du 5 fructidor, qui déclarait rééligibles les membres de la convention alors en activité, et celle du 13, portant que les assemblées électorales nommeraient d'abord les deux tiers des membres que chacune d'elles devaient fournir au corps législatif, et qu'elles les choisiraient, soit parmi la députation actuelle de leurs départemens, soit parmi les autres membres de la convention légalement éligibles.

Par ces mesures, le corps législatif, qui allait succéder à la convention, se trouvait composé des deux tiers de ses membres, et devait prolonger l'influence de cette assemblée, même après sa dissolution. Tout semblait tendre à ce but. Pour obtenir ce résultat, tout fut mis en usage par des hommes qui ayant goûté du pouvoir, ne pouvaient se résoudre à le laisser échapper de leurs mains.

Cependant, lassées d'un régime dont elles croyaient avoir droit de se plaindre, les assemblées primaires de Paris se déclarèrent en permanence, et continuèrent leurs séances, malgré l'ordre de se dissoudre, qui leur avait été intimé; les sections imitèrent leur exemple, refusèrent de reconnaître les décrets des 5 et 13 fructidor, et le 13 vendémiaire, elles marchèrent en armes sur la convention, qui repoussa la force par la force, et termina enfin sa session quelques jours après, laissant parmi ses actes, des exemples de vastes conceptions et d'idées ridicules, des monumens de génie et d'atrocité.

Le lendemain, le corps législatif se forma en séance générale pour procéder à sa division en deux conseils; et deux jours après furent nommés les cinq directeurs, pris encore parmi les membres de la convention.

L'intelligence ne put exister long-temps entre des corps dont les pouvoirs rivaux devaient nécessairement être en opposition conti-

nuelle. D'un autre côté, la guerre au dehors et au dedans, les l
d'exception dont la plupart étaient encore en vigueur, tout conc
rait à aigrir les esprits. Le parti contre-révolutionnaire deven
tous les jours plus fort : il avait dominé dans plusieurs sessio
électorales ; et déjà on avait proposé, dans un comité secret d
membres des conseils, dé dissoudre le directoire.

Enfin, le 18 fructidor (4 septembre 1799) arriva; la sciss
entre les deux grands pouvoirs de l'Etat avait éclaté; les conse
extraordinairement convoqués s'étaient déclarés en permanenc
trois des directeurs prirent enfin une mesure décisive; ils opérè
un coup d'Etat, et ordonnèrent des proscriptions et des dépor
tions : deux membres du directoire, soupçonnés de favoriser
parti royaliste, cinquante-deux membres des conseils, et un gra
nombre d'autres individus furent transportés à la Guiane.

Cependant on vit bientôt que cette mesure, loin d'apporter
calme, n'avait fait, au contraire, qu'accroître les mécontenteme
Des mesures extraordinaires n'amenèrent que le changement
quelques individus dans le directoire, sans le faire changer
principes ni de conduite, et les ressorts de la machine politiq
continuèrent à se froisser jusqu'à ce que la suite des événemens
amené un nouvel ordre de choses.

Ce fut le 18 brumaire, que le général Bonaparte, encore t
couvert de la poussière des camps, vint à la face de la Fran
attenter aux droits les plus chers des nations. Le corps législa
est transféré à Saint-Cloud; les cinq cents prêtent, au milieu
l'agitation, un vain serment à la constitution. Bonaparte paraît da
l'assemblée; il veut parler ; sa voix est étouffée : le tumulte au
mente; des grenadiers occupent les portes, et les baïonnet
viennent décider du nouveau mode de gouvernement.

Les débris de l'assemblée se réunissent sous la présidence d'
frère du général, Lucien : la séance est reprise; le directoire
supprimé et remplacé par une commission consulaire composée d
deux ex-directeurs et de Bonaparte lui-même. Un mois apr
fut publiée la constitution de l'an 8, qui créa le gouvernem
consulaire.

CONSTITUTION

DE LA RÉPUBLIQUE FRANÇAISE,

ARRÊTÉE PAR LES COMMISSIONS LÉGISLATIVES DES DEUX CONSEILS
ET PAR LES CONSULS.

22 frimaire an 8 (13 décembre 1799).

TITRE PREMIER.

De l'Exercice des droits de cité.

ART. 1er. La république française est une et indivisible.

Son territoire européen est distribué en départemens et arrondissemens communaux.

2. Tout homme né et résidant en France, qui, âgé de vingt-un ans accomplis, s'est fait inscrire sur le registre civique de son arrondissement communal, et qui a demeuré depuis pendant un an sur le territoire de la république, est citoyen français.

3. Un étranger devient citoyen français, lorsqu'après avoir atteint l'âge de vingt-un ans accomplis, et avoir déclaré l'intention de se fixer en France, il y a résidé pendant dix années consécutives.

4. La qualité de citoyen français se perd,

Par la naturalisation en pays étranger ; par l'acceptation de fonctions ou de pensions offertes par un gouvernement étranger ; par l'affiliation à toute corporation étrangère qui supposerait des distinctions de naissance ; par la condamnation à des peines afflictives ou infamantes.

5. L'exercice des droits de citoyen français est suspendu par l'état de débiteur failli, ou d'héritier immédiat, détenteur à titre gratuit de la succession totale ou partielle d'un failli ; par l'état de domestique à gages, attaché au service de la personne ou du ménage ; par l'état d'interdiction judiciaire, d'accusation ou de contumace.

6. Pour exercer les droits de cité dans un arrondissement communal, il faut y avoir acquis domicile par une année de résidence, et ne l'avoir pas perdu par une année d'absence.

7. Les citoyens de chaque arrondissement communal dé signent par leurs suffrages ceux d'entre eux qu'ils croient le plus propres à gérer les affaires publiques. Il en résulte un liste de confiance, contenant un nombre de noms égal a dixième du nombre des citoyens ayant droit d'y coopére C'est dans cette première liste communale que doiven être pris les fonctionnaires publics de l'arrondissement.

8. Les citoyens compris dans les listes communales d'u département, désignent également un dixième d'entre eux. en résulte une seconde liste dite départementale, dans b quelle doivent être pris les fonctionnaires publics du dép tement.

9. Les citoyens portés dans la liste départementale, de gnent pareillement un dixième d'entre eux : il en résu une troisième liste qui comprend les citoyens de ce dép ment éligibles aux fonctions publiques nationales.

10. Les citoyens ayant droit de coopérer à la formation l'une des listes mentionnées aux trois articles précéde sont appelés tous les trois ans à pourvoir au remplacem des inscrits décédés ou absens, pour tout autre cause q l'exercice d'une fonction publique.

11. Ils peuvent, en même temps retirer de la liste les i crits qu'ils ne jugent pas à propos d'y maintenir, et les re placer par d'autres citoyens dans lesquels ils ont une p grande confiance.

12. Nul n'est retiré d'une liste, que par les votes de majorité absolue des citoyens ayant droit de coopérer a formation.

13. On n'est point retiré d'une liste d'éligibles par cela qu'on n'est pas maintenu sur une autre liste d'un degré in rieur ou supérieur.

14. L'inscription sur une liste d'éligibles n'est néc saire qu'à l'égard de celles des fonctions publiques p lesquelles cette condition est expressément exigée par constitution ou par la loi. Les listes d'éligibles seront form pour la première fois dans le cours de l'an 9.

Les citoyens qui seront nommés pour la première form tion des autorités constituées, feront partie nécessaire premières listes d'éligibles.

TITRE II.

Du Sénat conservateur.

15. Le sénat conservateur est composé de quatre-vingts membres, inamovibles et à vie, âgés de quarante ans au moins.

Pour la formation du sénat, il sera d'abord nommé soixante membres : ce nombre sera porté à soixante-deux dans le cours de l'an 8, à soixante-quatre en l'an 9, et s'élèvera ainsi graduellement à quatre-vingt par l'addition de deux membres en chacune des dix premières années.

16. La nomination à une place de sénateur se fait par le sénat, qui choisit entre trois candidats présentés : le premier, par le corps législatif; le second, par le tribunat, et le troisième par le premier consul.

Il ne choisit qu'entre deux candidats, si l'un d'eux est proposé par deux des trois autorités présentantes; il est tenu d'admettre celui qui serait proposé à la fois par les trois autorités.

17. Le premier consul sortant de place, soit par l'expiration de ses fonctions, soit par démission, devient sénateur de plein droit et nécessairement.

Les deux autres consuls, durant le mois qui suit l'expiration de leurs fonctions, peuvent prendre place dans le sénat, et ne sont pas obligés d'user de ce droit.

Ils ne l'ont point, quand ils quittent leurs fonctions consulaires par démission.

18. Un sénateur est à jamais inéligible à tout autre fonction publique.

19. Toutes les listes faites dans les départemens en vertu de l'art. 9, sont adressées au sénat: elles composent la liste nationale.

20. Il élit, dans cette liste, les législateurs, les tribuns, les consuls, les juges de cassation, et les commissaires à la comptabilité.

21. Il maintient ou annule tous les actes qui lui sont déférés, comme inconstitutionnels, par le tribunat ou par le gouvernement. Les listes d'éligibles sont comprises parmi ces actes.

22. Des revenus de domaines nationaux déterminés sont affectés aux dépenses du sénat. Le traitement annuel de cha-

cun de ses membres se prend sur ces revenus, et il est égal au vingtième de celui du premier consul.

23. Les séances du sénat ne sont pas publiques.

24. Les citoyens *Sieyes* et *Roger-Ducos*, consuls sortans sont nommés membres du sénat conservateur ; ils se réuniront avec les second et troisième consuls nommés par la présente constitution. Ces quatre citoyens nomment la majorité du sénat, qui se complète ensuite lui-même, et procède aux élections qui lui sont confiées.

TITRE III.

Du Pouvoir législatif.

25. Il ne sera promulgué de lois nouvelles que lorsque le projet en aura été proposé par le gouvernement, communiqué au tribunat, et décrété par le corps législatif.

26. Les projets que le gouvernement propose, sont rédigés en articles. En tout état de la discussion de ces projets, le gouvernement peut les retirer; il peut les reproduire modifiés.

27. Le tribunat est composé de cent membres, âgés de vingt-cinq ans au moins ; ils sont renouvelés par cinquième tous les ans, et indéfiniment rééligibles tant qu'ils demeurent sur la liste nationale.

28. Le tribunat discute les projets de loi; il en vote l'adoption ou le rejet.

Il envoie trois orateurs, pris dans son sein, par lesquels les motifs du vœu qu'il a exprimé sur chacun de ces projets sont exposés et défendus devant le corps législatif.

Il défère au sénat, pour cause d'inconstitutionnalité seulement, les listes d'éligibles, les actes du corps législatif, et ceux du gouvernement.

29. Il exprime son vœu sur les lois faites et à faire, sur les abus à corriger, sur les améliorations à entreprendre dans toutes les parties de l'administration publique, mais jamais sur les affaires civiles ou criminelles portées devant les tribunaux.

Les vœux qu'il manifeste, en vertu du présent article, n'ont aucune suite nécessaire, et n'obligent aucune autorité constituée à une délibération.

30. Quand le tribunat s'ajourne, il peut nommer une commission de dix à quinze de ses membres, chargée de le convoquer si elle le juge convenable.

31. Le corps législatif est composé de trois cents membres,

izés de trente ans au moins : ils sont renouvelés par cinquième tous les ans.

Il doit toujours s'y trouver un citoyen au moins de chaque département de la république.

32. Un membre sortant du corps législatif ne peut y rentrer qu'après un an d'intervalle; mais il peut être immédiatement élu à toute autre fonction publique, y compris celle de tribun, s'il y est d'ailleurs éligible.

33. La session du corps législatif commence chaque année, le 1er frimaire, et ne dure que quatre mois; il peut être extraordinairement convoqué durant les huit autres par le gouvernement.

34. Le corps législatif fait la loi en statuant par scrutin secret, et sans aucune discussion de la part de ses membres, sur les projets de lois débattus devant lui par les orateurs du tribunat et du gouvernement.

35. Les séances du tribunat, et celles du corps législatif sont publiques; le nombre des assistans, soit aux unes, soit aux autres, ne peut excéder deux cents.

36. Le traitement annuel d'un tribun est de quinze mille francs; celui d'un législateur, de dix mille francs.

37. Tout décret du corps législatif, le dixième jour après son émission, est promulgué par le premier consul, à moins que dans ce délai, il n'y ait eu recours au sénat pour cause d'inconstitutionnalité. Ce recours n'a point lieu contre les lois promulguées.

38. Le premier renouvellement du corps législatif, et du tribunat n'aura lieu que dans le cours de l'an 10.

TITRE IV.

Du Gouvernement.

39. Le gouvernement est confié à trois consuls nommés pour dix ans, et indéfiniment rééligibles.

Chacun d'eux est élu individuellement, avec la qualité distincte ou de premier, ou de second, ou de troisième consul.

La constitution nomme premier consul le citoyen *Bonaparte*, ex-consul provisoire; second consul, le citoyen *Cambacérès*, ex-ministre de la justice; et troisième consul, le citoyen *Lebrun*, ex-membre de la commission du conseil des anciens.

Pour cette fois, le troisième consul n'est nommé que pour cinq ans.

40. Le premier consul a des fonctions et des attributio
particulières, dans lesquelles il est momentanément supplé
quand il y a lieu, par un de ses collègues.

41. Le premier consul promulgue les lois; il nomme et r
voque à volonté les membres du conseil d'Etat, les ministre
les ambassadeurs et autres agens extérieurs en chef, les of
ciers de l'armée de terre et de mer, les membres des adm
nistrations locales, et les commissaires du gouvernement pr
les tribunaux. Il nomme tous les juges criminels et civi
autres que les juges de paix et les juges de cassation, s
pouvoir les révoquer.

42. Dans les autres actes du gouvernement, le second u
le troisième consul ont voix consultative; ils signent le r
gistre de ces actes pour constater leur présence; et, s'ils
veulent, ils y consignent leurs opinions; après quoi la dé
sion du premier consul suffit.

43. Le traitement du premier consul sera de cinq cer
mille fr. en l'an 8. Le traitement de chacun des deux aut
consuls est égal aux trois dixièmes de celui du premier.

44. Le gouvernement propose les lois, et fait les réglemer
nécessaires pour assurer leur exécution.

45. Le gouvernement dirige les recettes et les dépens
de l'Etat, conformément à la loi annuelle qui détermine
montant des unes et des autres; il surveille la fabrication d
monnaies, dont la loi seule ordonne l'émission, fixe le titr
le poids, et le type.

46. Si le gouvernement est informé qu'il se trame quelq
conspiration contre l Etat, il peut décerner des mandats d
mener, et des mandats d'arrêt contre les personnes qui en so
présumées les auteurs ou les complices; mais si, dans un dé
de dix jours après leur arrestation, elles ne sont mises en l
berté ou en justice réglée, il y a de la part du ministre sign
taire du mandat, crime de détention arbitraire.

47. Le gouvernement pourvoit à la sûreté intérieure et
la défense extérieure de l'Etat; il distribue les forces de ter
et de mer, et en règle la direction.

48. La garde nationale en activité est soumise aux régl
mens d'administration publique : la garde nationale séde
taire n'est soumise qu'à la loi.

49. Le gouvernement entretient des relations politiqu
au dehors, conduit les négociations, fait les stipulatio
préliminaires, signe, fait signer et conclut tous les traités d

paix, d'alliance, de trève, de neutralité, de commerce et autres conventions.

50. Les déclarations de guerre et les traités de paix, d'alliance et de commerce, sont proposés, discutés, décrétés et promulgués comme des lois.

Seulement les discussions et délibérations sur ces objets, ont dans le tribunat que dans le corps législatif, se font en comité secret quand le gouvernement le demande.

51. Les articles secrets d'un traité ne peuvent être destructifs des articles patens.

52. Sous la direction des consuls, le conseil d'Etat est chargé de rédiger les projets de lois et les réglemens d'administration publique, et de résoudre les difficultés qui s'élèvent en matière administrative.

53. C'est parmi les membres du conseil d'Etat que sont toujours pris les orateurs chargés de porter la parole au nom du gouvernement devant le corps législatif.

Ces orateurs ne sont jamais envoyés au nombre de plus de trois, pour la défense d'un même projet de loi.

54. Les ministres procurent l'exécution des lois et des réglemens d'administration publique.

55. Aucun acte du gouvernement ne peut avoir d'effet, s'il n'est signé par un ministre.

56. L'un des ministres est spécialemant chargé de l'administration du trésor public : il assure les recettes, ordonne les mouvemens de fonds et les paiemens autorisés par la loi. Il ne peut rien faire payer qu'en vertu, 1° d'une loi, et jusqu'à la concurrence des fonds qu'elle a déterminés pour un genre de dépenses; 2° d'un arrêté du gouvernement; 3° d'un mandat signé par un ministre.

57. Les comptes détaillés de la dépense de chaque ministre, signés et certifiés par lui, sont rendus publics.

58. Le gouvernement ne peut élire ou conserver pour conseillers d'Etat, pour ministres, que des citoyens dont les noms se trouvent inscrits sur la liste nationale.

59. Les administrations locales établies, soit pour chaque arrondissement communal, soit pour des portions plus étendues du territoire, sont subordonnées aux ministres. Nul ne peut devenir ou rester membre de ces administrations, s'il n'est porté ou maintenu sur l'une des listes mentionnées aux articles 7 et 8.

TITRE V.
Des Tribunaux.

60. Chaque arrondissement communal a un ou plusieurs juges de paix, élus immédiatement par les citoyens pour trois années.

Leur principale fonction consiste à concilier les parties, qu'ils invitent, dans le cas de non-conciliation, à se faire juger par des arbitres.

61. En matière civile, il y a des tribunaux de première instance et des tribunaux d'appel. La loi détermine l'organisation des uns et des autres, leur compétence, et le territoire formant le ressort de chacun.

62. En matière de délits emportant peine afflictive ou infamante, un premier jury admet ou rejette l'accusation : si elle est admise, un second jury reconnaît le fait ; et les juges, formant un tribunal criminel, appliquent la peine : leur jugement est sans appel.

63. La fonction d'accusateur public près un tribunal criminel, est remplie par le commissaire du gouvernement.

64. Les délits qui n'emportent pas peine afflictive ou infamante, sont jugés par des tribunaux de police correctionnelle, sauf l'appel aux tribunaux criminels.

65. Il y a, pour toute la république, un tribunal de cassation, qui prononce sur les demandes en cassation contre les jugemens en dernier ressort rendus par les tribunaux, sur les demandes en renvoi d'un tribunal à un autre pour cause de suspicion légitime ou de sûreté publique, sur les prises à partie contre un tribunal entier.

66. Le tribunal de cassation ne connaît point du fond des affaires ; mais il casse les jugemens rendus sur des procédures dans lesquelles les formes ont été violées, ou qui contiennent quelque contravention expresse à la loi ; et il renvoie le fond du procès au tribunal qui doit en connaître.

67. Les juges composant les tribunaux de première instance, et les commissaires du gouvernement établis près ces tribunaux, sont pris dans la liste communale ou dans la liste départementale.

Les juges formant les tribunaux d'appel, et les commissaires placés près d'eux, sont pris dans la liste départementale.

Les juges composant le tribunal de cassation, et les commissaires établis près ce tribunal, sont pris dans la liste nationale.

68. Les juges autres que les juges de paix, conservent leurs fonctions toute leur vie, à moins qu'ils ne soient condamnés pour forfaiture, ou qu'ils ne soient pas maintenus sur les listes d'éligibles.

TITRE VI.

De la Responsabilité des Fonctionnaires publics.

69. Les fonctions des membres, soit du sénat, soit du corps législatif, soit du tribunat, celles des consuls et des conseillers d'État, ne donnent lieu à aucune responsabilité.

70. Les délits personnels emportant peine afflictive ou infamante, commis par un membre, soit du sénat, soit du tribunat, soit du corps législatif, soit du conseil d'État, sont poursuivis devant les tribunaux ordinaires, après qu'une délibération du corps auquel le prévenu appartient, a autorisé cette poursuite.

71. Les ministres prévenus de délits privés emportant peine afflictive ou infamante, sont considérés comme membres du conseil d'État.

72. Les ministres sont responsables, 1° de tout acte de gouvernement signé par eux, et déclaré inconstitutionnel par le sénat; 2° de l'inexécution des lois et des réglemens d'administration publique; 3° des ordres particuliers qu'ils ont donnés, si ces ordres sont contraires à la constitution, aux lois et aux réglemens.

73. Dans les cas de l'article précédent, le tribunat dénonce le ministre par un acte sur lequel le corps législatif délibère dans les formes ordinaires, après avoir entendu ou appelé le dénoncé. Le ministre mis en jugement par un décret du corps législatif, est jugé par une haute cour, sans appel et sans recours en cassation.

La haute cour est composée de juges et de jurés : les juges sont choisis par le tribunal de cassation, et dans son sein ; les jurés sont pris dans la liste nationale : le tout suivant les formes que la loi détermine.

74. Les juges civils et criminels sont, pour les délits relatifs à leurs fonctions, poursuivis devant les tribunaux auxquels celui de cassation les renvoie après avoir annulé leurs actes.

75. Les agens du gouvernement, autres que les ministres, ne peuvent être poursuivis pour des faits relatifs à leurs fonctions, qu'en vertu d'une décision du conseil d'État : en ce cas la poursuite a lieu devant les tribunaux ordinaires.

TITRE VII.

Dispositions générales.

76. La maison de toute personne habitant le territoire français, est un asile inviolable.

Pendant la nuit, nul n'a le droit d'y entrer que dans le cas d'incendie, d'inondation, ou de réclamation faite de l'intérieur de la maison.

Pendant le jour, on peut y entrer pour un objet spécial déterminé, ou par une loi, ou par un ordre émané d'une autorité publique.

77. Pour que l'acte qui ordonne l'arrestation d'une personne puisse être exécuté, il faut, 1° qu'il exprime formellement le motif de l'arrestation, et la loi en exécution de laquelle elle est ordonnée ; 2° qu'il émane d'un fonctionnaire à qui la loi ait donné formellement ce pouvoir ; 3° qu'il soit notifié à la personne arrêtée, et qu'il lui en soit laissé copie.

78. Un gardien ou geolier ne peut recevoir ou détenir aucune personne qu'après avoir transcrit sur son registre l'acte qui ordonne l'arrestation : cet acte doit être un mandat donné dans les formes prescrites par l'article précédent, ou une ordonnance de prise de corps, ou un décret d'accusation, ou un jugement.

79. Tout gardien ou geolier est tenu, sans qu'aucun ordre puisse l'en dispenser, de représenter la personne détenue à l'officier civil ayant la police de la maison de détention, toutes les fois qu'il en sera requis par cet officier.

80. La représentation de la personne détenue ne pourra être refusée à ses parens et amis porteurs de l'ordre de l'officier civil, lequel sera toujours tenu de l'accorder, à moins que le gardien ou geolier ne représente une ordonnance du juge pour tenir la personne au secret.

81. Tous ceux qui, n'ayant point reçu de la loi le pouvoir de faire arrêter, donneront, signeront, exécuteront l'arrestation d'une personne quelconque ; tous ceux qui, même dans le cas de l'arrestation autorisée par la loi, recevront ou retiendront la personne arrêtée, dans un lieu de détention non publiquement et légalement désigné comme tel, et tous les gardiens ou geoliers qui contreviendront aux dispositions des trois articles précédens, seront coupables du crime de détention arbitraire.

82. Toutes rigueurs employées dans les arrestations, dé-

ventions ou exécutions, autres que celles autorisées par les lois, sont des crimes.

83. Toute personne a le droit d'adresser des pétitions individuelles à toute autorité constituée, et spécialement au tribunat.

84. La force publique est essentiellement obéissante; nul corps armé ne peut délibérer.

85. Les délits des militaires sont soumis à des tribunaux spéciaux, et à des formes particulières de jugement.

86. La nation française déclare qu'il sera accordé des pensions à tous les militaires blessés à la défense de la patrie, ainsi qu'aux veuves et aux enfans des militaires morts sur le champ de bataille ou des suites de leurs blessures.

87. Il sera décerné des récompenses nationales aux guerriers qui auront rendu des services éclatans en combattant pour la république.

88. Un institut national est chargé de recueillir les découvertes, de perfectionner les sciences et les arts.

89. Une commission de comptabilité nationale règle et vérifie les comptes des recettes et des dépenses de la république. Cette commission est composée de sept membres choisis par le sénat dans la liste nationale.

90. Un corps constitué ne peut prendre de délibération que dans une séance où les deux tiers au moins de ses membres se trouvent présens.

91. Le régime des colonies françaises est déterminé par des lois spéciales.

92. Dans le cas de révolte à main armée, ou de troubles qui menacent la sûreté de l'État, la loi peut suspendre, dans les lieux, et pour le temps qu'elle détermine, l'empire de la constitution.

Cette suspension peut être provisoirement déclarée dans les mêmes cas, par un arrêté du gouvernement, le corps législatif étant en vacance, pourvu que ce corps soit convoqué au plus court terme par un article du même arrêté.

93. La nation française déclare, qu'en aucun cas, elle ne souffrira le retour des Français qui, ayant abandonné leur patrie depuis le 14 juillet 1789, ne sont pas compris dans les exceptions portées aux lois rendues contre les émigrés; elle interdit toute exception nouvelle sur ce point.

Les biens des émigrés sont irrévocablement acquis au profit de la république.

94. La nation française déclare qu'après une vente légale-

ment consommée de biens nationaux, quelle qu'en soit l'ori
gine, l'acquéreur légitime ne peut en être dépossédé, sauf
aux tiers réclamans à être, s'il y a lieu, indemnisés par le
trésor public.

95. La présente constitution sera offerte de suite à l'acceptation du peuple français.

Fait à Paris le 22 frimaire an 8 de la république française,
une et indivisible.

Proclamation des Consuls de la République.

14 frimaire an 8 (15 décembre 1799).

Les Consuls de la République, aux Français.

Une constitution vous est présentée.

Elle fait cesser les incertitudes que le gouvernement provisoire mettait dans les relations extérieures, et dans la
situation intérieure et militaire de la république.

Elle place dans les institutions qu'elle établit, les premiers magistrats dont le dévouement a paru nécessaire à son
activité.

La constitution est fondée sur les vrais principes du gouvernement représentatif, sur les droits sacrés de la propriété,
de l'égalité et de la liberté.

Les pouvoirs qu'elle institue seront forts et stables, tels
qu'ils doivent être pour garantir les droits des citoyens et les
intérêts de l'Etat.

Citoyens, la révolution est fixée aux principes qui l'ont
commencée : elle est finie.

Roger-Ducos, Bonaparte, Sieyes.

Proclamation des Consuls sur l'acceptation de la Constitution.

18 pluviose an 8 (7 février 1800).

Les Consuls de la République, en conformité de l'article 5
de la loi du 23 frimaire, qui règle la manière dont la constitution sera présentée au peuple français; après avoir entendu le rapport des ministres de la justice, de l'intérieur,
de la guerre et de la marine,

Proclament le résultat des votes émis par les citoyens
français sur l'acte constitutionnel.

Sur trois millions douze mille cinq cent soixante-neuf
votans, quinze cent soixante-deux ont rejeté, trois millions
onze mille sept ont accepté la constitution.

SÉNATUS-CONSULTE ORGANIQUE
DE LA CONSTITUTION.

16 thermidor an 10 (4 août 1802).

TITRE PREMIER.

Art. 1er Chaque ressort de justice de paix a une assemblée de canton.

2. Chaque arrondissement communal ou district de sous-préfecture a un collége électoral d'arrondissement.

3. Chaque département a un collége électoral de département.

TITRE II.

Des Assemblées de Canton.

4. L'assemblée de canton se compose de tous les citoyens domiciliés dans ce canton, et qui y sont inscrits sur la liste communale d'arrondissement.

A dater de l'époque où, aux termes de la constitution, les listes communales doivent être renouvelées, l'assemblée de canton sera composée de tous les citoyens domiciliés dans le canton, et qui y jouissent des droits de citoyen.

5. Le premier consul nomme le président de l'assemblée de canton.

Ses fonctions durent cinq ans; il peut être renommé indéfiniment.

Il est assisté de quatre scrutateurs, dont deux sont les plus âgés, et les deux autres les plus imposés des citoyens ayant droit de voter dans l'assemblée de canton.

Le président et les quatre scrutateurs nomment le secrétaire.

6. L'assemblée de canton se divise en sections pour faire les opérations qui lui appartiennent.

Lors de la première convocation de chaque assemblée, l'organisation et les formes en seront déterminées par un réglement émané du gouvernement.

7. Le président de l'assemblée de canton nomme les présidens des sections.

Leurs fonctions finissent avec chaque assemblée sectionnaire.

Ils sont assistés chacun de deux scrutateurs, dont l'un est le plus âgé, et l'autre le plus imposé des citoyens ayant droit de voter dans la section.

8. L'assemblée de canton désigne deux citoyens sur lesquels le premier consul choisit le juge de paix du canton.

Elle désigne pareillement deux citoyens pour chaque place vacante de suppléant de juge de paix.

9. Les juges de paix et leurs suppléans sont nommés pour dix ans.

10. Dans les villes de 5000 âmes, l'assemblée de canton présente deux citoyens pour chacune des places du conseil municipal. Dans les villes où il y aura plusieurs justices de paix ou plusieurs assemblées de canton, chaque assemblée présentera pareillement deux citoyens pour chaque place du conseil municipal.

11. Les membres des conseils municipaux sont pris par chaque assemblée de canton sur la liste des cent plus imposés du canton. Cette liste sera arrêtée et imprimée par ordre du préfet.

12. Les conseils municipaux se renouvellent tous les deux ans par moitié.

13. Le premier consul choisit les maires et adjoints dans les conseils municipaux : ils sont cinq ans en place; ils peuvent être renommés.

14. L'assemblée de canton nomme au collége électoral d'arrondissement le nombre des membres qui lui est assigné en raison du nombre de citoyens dont elle se compose.

15. Elle nomme au collége électoral de département, et une liste dont il sera parlé ci-après, le nombre de membres qui lui est attribué.

16. Les membres des colléges électoraux doivent être domiciliés dans les arrondissemens et départemens respectifs.

17. Le gouvernement convoque les assemblées de canton, fixe le temps de leur durée et l'objet de leur réunion.

TITRE III.

Des Colléges électoraux.

18. Les colléges électoraux d'arrondissement ont un membre pour 500 habitans domiciliés dans l'arrondissement.

Le nombre de membres ne peut néanmoins excéder 200, ni être au-dessous de 120.

19. Les collèges électoraux de département ont un membre par mille habitans domiciliés dans le département, et néanmoins ces membres ne peuvent excéder 300, ni être au-dessous de 200.

20. Les membres des collèges électoraux sont à vie.

21. Si un membre d'un collège électoral est dénoncé au gouvernement, comme s'étant permis quelqu'acte contraire à l'honneur ou à la patrie, le gouvernement invite le collège à manifester son vœu; il faut les trois quarts des voix pour faire perdre au membre dénoncé sa place dans le collège.

22. On perd sa place dans les collèges électoraux pour les mêmes causes qui font perdre le droit de citoyen.

On la perd également lorsque, sans empêchement légitime, on n'a point assisté à trois réunions successives.

23. Le premier consul nomme les présidens des collèges électoraux à chaque session.

Le président a seul la police du collège électoral, lorsqu'il est assemblé.

24. Les collèges électoraux nomment, à chaque session, deux scrutateurs et un secrétaire.

25. Pour parvenir à la formation des collèges électoraux de département, il sera dressé dans chaque département, sous les ordres du ministre des finances, une liste de 600 citoyens les plus imposés aux rôles des contributions foncière, mobiliaire et somptuaire, et au rôle des patentes.

On ajoute à la somme de la contribution, dans le domicile du département, celle qu'on peut justifier payer dans les autres parties du territoire de la France et de ses colonies. Cette liste sera imprimée.

26. L'assemblée de canton prendra sur cette liste les membres qu'elle devra nommer au collège électoral du département.

27. Le premier consul peut ajouter aux collèges électoraux d'arrondissement, dix membres pris parmi les citoyens appartenant à la légion d'honneur, ou qui ont rendu des services.

Il peut ajouter à chaque collège électoral de département vingt citoyens, dont dix pris parmi les trente plus imposés du département, et les dix autres, soit parmi les membres de la légion d'honneur, soit parmi les citoyens qui ont rendu de services.

Il n'est point assujéti, pour ces nominations, à des époque déterminées.

28. Les colléges électoraux d'arrondissement présentent au premier consul deux citoyens domiciliés dans l'arrondi sement, pour chaque place vacante dans le conseil d'arron dissement.

Un, au moins, de ces citoyens doit être pris nécessairemen hors du collége électoral qui le désigne.

Les conseil d'arrondissement se renouvellent par tiers tou les cinq ans.

29. Les colléges électoraux d'arrondissement présentent, à chaque réunion, deux citoyens pour faire partie de la liste sur laquelle doivent être choisis les membres du tribunat.

Un, au moins, de ces citoyens doit être pris nécessairemen hors du collége qui le présente.

Tous deux peuvent être pris hors du département.

30. Les colléges électoraux de département présentent au premier consul deux citoyens domiciliés dans le département pour chaque place vacante dans le conseil général du dépar tement.

Un de ces citoyens, au moins, doit être pris nécessairemen hors du collége électoral qui le présente.

Les conseils généraux de département se renouvellent par tiers tous les cinq ans.

31. Les colléges électoraux de département présentent à chaque réunion deux citoyens pour former la liste sur laquell sont nommés les membres du sénat.

Un, au moins, doit être pris nécessairement hors du col lége qui le présente, et tous deux peuvent être pris hors d département.

Ils doivent avoir l'âge et les qualités exigés par la consti tution.

32. Les colléges électoraux de département et d'arrondis sement présentent chacun deux citoyens domiciliés dans le département, pour former la liste sur laquelle doivent être nommés les membres de la députation au corps législatif.

Un de ces citoyens doit être pris nécessairement hors du collége qui le présente.

Il doit y avoir trois fois autant de candidats différens sur la liste formée par la réunion des présentations des collége électoraux de département et d'arrondissement, qu'il y a de places vacantes.

33. On peut être membre d'un conseil de commune et d'un collége électoral d'arrondissement ou de département.

On ne peut être à la fois membre d'un collége d'arrondissement et d'un collége de département.

34. Les membres du corps législatif et du tribunat ne peuvent assister aux séances du collége électoral dont ils seront partie. Tous les autres fonctionnaires publics ont droit d'y assister et d'y voter.

35. Il n'est procédé par aucune assemblée de canton à la nomination des places qui lui appartiennent dans un collége électoral, que quand ces places sont réduites aux deux tiers.

36. Les colléges électoraux ne s'assemblent qu'en vertu d'un acte de convocation émané du gouvernement, et dans le lieu qui leur est assigné.

Ils ne peuvent s'occuper que des opérations pour lesquelles ils sont convoqués, ni continuer leurs séances au-delà du temps fixé par l'acte de convocation.

S'ils sortent de ces bornes, le gouvernement a le droit de les dissoudre.

37. Les colléges électoraux ne peuvent, ni directement, ni indirectement, sous quelque prétexte que ce soit, correspondre entre eux.

38. La dissolution d'un corps électoral opère le renouvellement de tous ses membres.

TITRE IV.

Des Consuls.

39. Les consuls sont à vie. Ils sont membres du sénat, et le président.

40. Les second et troisième consuls sont nommés par le sénat sur la présentation du premier.

41. A cet effet, lorsque l'une des deux places vient à vaquer, le premier consul présente au sénat un premier sujet : s'il n'est pas nommé, il en présente un second; si le second n'est pas accepté, il en présente un troisième, qui est nécessairement nommé.

42. Lorsque le premier consul le juge convenable, il présente un citoyen pour lui succéder après sa mort, dans les formes indiquées par l'article précédent.

43. Le citoyen nommé pour succéder au premier consul prête serment à la république entre les mains du premie. consul, assisté des deuxième et troisième consuls, en présence du sénat, des ministres, du conseil d'Etat, du corps législatif, du tribunat, du tribunal de cassation, des archevêques, des évêques, des présidens des tribunaux d'appel, des présidens des colléges électoraux, des présidens des assemblées de canton, des grands officiers de la légion d'honneur et des maires des vingt-quatre principales villes de la république.

Le secrétaire d'Etat dresse le procès-verbal de la prestation de serment.

44. Le serment est ainsi conçu :

« Je jure de maintenir la constitution, de respecter la liberté
» des consciences, de m'opposer au retour des institutions
» féodales, de ne jamais faire la guerre que pour la défense
» et la gloire de la république, et de n'employer le pouvoir
» dont je serai revêtu que pour le bonheur du peuple de qui
» et pour qui je l'aurai reçu. »

45. Le serment prêté, il prend séance au sénat, immédiatement après le troisième consul.

46. Le premier consul peut déposer aux archives du gouvernement son vœu sur la nomination de son successeur, pour être présenté au sénat après sa mort.

47. Dans ce cas, il appelle les second et troisième consuls, les ministres et les présidens des sections du conseil d'Etat.

En leur présence, il remet au secrétaire d'Etat le papier scellé de son sceau, dans lequel est consigné son vœu. Ce papier est souscrit par tous ceux qui sont présens à l'acte.

Le secrétaire d'Etat le dépose aux archives du gouvernement, en présence des ministres et présidens des sections du conseil d'Etat.

48. Le premier consul peut retirer ce dépôt, en observant les formalités prescrites dans l'article précédent.

49. Après la mort du premier consul, si son vœu est resté déposé, le papier qui le renferme est retiré des archives du gouvernement par le secrétaire d'Etat, en présence des ministres et des présidens des sections du conseil d'Etat; l'intégrité et l'identité en sont reconnues en présence des second et troisième consuls. Il est adressé au sénat par un message du gouvernement, avec expédition des procès-verbaux qui en ont constaté le dépôt, l'identité et l'intégrité.

50. Si le sujet présenté par le premier consul n'est pas nommé, le second et le troisième consuls en présentent chacun un : en cas de non nomination, ils en présentent chacun un autre, et l'un des deux est nécessairement nommé.

51. Si le premier consul n'a point laissé de présentation, les second et troisième consuls font leurs présentations séparées, une première, une seconde ; et si ni l'une ni l'autre n'a obtenu de nomination, une troisième. Le sénat nomme nécessairement sur la troisième.

52. Dans tous les cas, les présentations et la nomination devront être consommées dans les vingt-quatre heures qui suivront la mort du premier consul.

53. La loi fixe pour la vie de chaque premier consul l'état des dépenses du gouvernement.

TITRE V.

Du Sénat.

54. Le sénat règle par un *sénatus-consulte organique*, 1° la constitution des colonies; 2° tout ce qui n'a pas été prévu par la constitution, et qui est nécessaire à sa marche; 3° il explique les articles de la constitution qui donnent lieu à différentes interprétations.

55. Le sénat, par des actes intitulés *sénatus-consultes*, 1° suspend pour cinq ans les fonctions de jurés dans les départemens où cette mesure est nécessaire; 2° déclare, quand les circonstances l'exigent, des départemens hors de la constitution; 3° détermine le temps dans lequel des individus arrêtés en vertu de l'art. 46 de la constitution, doivent être traduits devant les tribunaux, lorsqu'ils ne l'ont pas été dans les dix jours de leur arrestation; 4° annule les jugemens des tribunaux, lorsqu'ils sont attentatoires à la sûreté de l'Etat; 5° dissout le corps législatif et le tribunat; 6° nomme les consuls.

56. Les sénatus-consultes organiques et les sénatus-consultes sont délibérés par le sénat sur l'initiative du gouvernement.

Une simple majorité suffit pour les sénatus-consultes; il faut les deux tiers des voix des membres présens pour un sénatus-consulte organique.

57. Les projets de sénatus-consulte pris en conséquence des art. 54 et 55, sont discutés dans un conseil privé, composé

des consuls, de deux ministres, de deux sénateurs, de deux conseillers d'Etat, et de deux grands officiers de la légion d'honneur.

Le premier consul désigne à chaque tenue les membres qui doivent composer le conseil privé.

58. Le premier consul ratifie les traités de paix et d'alliance, après avoir pris l'avis du conseil privé.

Avant de les promulguer, il en donne connaissance au sénat.

59. L'acte de nomination d'un membre du corps législatif, du tribunat et du tribunal de cassation, s'intitule *arrêté*.

60. Les actes du sénat relatifs à sa police et à son administration intérieure, s'intitulent *délibérations*.

61. Dans le courant de l'an 11, il sera procédé à la nomination de quatorze citoyens pour compléter le nombre de quatre-vingts sénateurs déterminé par l'art. 15 de la constitution.

Cette nomination sera faite par le sénat, sur la présentation du premier consul, qui, pour cette présentation, et pour les présentations ultérieures, dans le nombre de quatre-vingts, prendra trois sujets sur la liste des citoyens désignés par les collèges électoraux.

62. Les membres du grand conseil de la légion d'honneur sont membres du sénat, quel que soit leur âge.

63. Le premier consul peut en outre nommer au sénat, sans présentation préalable par les collèges électoraux de département, des citoyens distingués par leurs services et leurs talens, à condition néanmoins qu'ils auront l'âge requis par la constitution, et que le nombre des sénateurs ne pourra, en aucun cas, excéder cent vingt.

64. Les sénateurs pourront être consuls, ministres, membres de la légion d'honneur, inspecteurs de l'instruction publique, et employés dans les missions extraordinaires et temporaires.

65. Le sénat nomme chaque année deux de ses membres pour remplir les fonctions de secrétaires.

66. Les ministres ont séance au sénat, mais sans voix délibérative, s'ils ne sont sénateurs.

TITRE VI.
Des Conseillers d'Etat.

67. Les conseillers d'Etat n'excéderont jamais le nombre de cinquante.

68. Le conseil d'Etat se divise en sections.

69. Les ministres ont rang, séance et voix délibérative au conseil d'Etat.

TITRE VII.
Du Corps législatif.

70. Chaque département aura dans le corps législatif un nombre de membres proportionné à l'étendue de sa population, conformément au tableau annexé au présent sénatus-consulte.

71. Tous les membres du corps législatif appartenant à la même députation, sont nommés à la fois.

72. Les départemens de la république sont divisés en cinq séries, conformément au tableau annexé au présent sénatus-consulte (1).

73. Les députés actuels sont classés dans les cinq séries.

74. Ils seront renouvelés dans l'année à laquelle appartiendra la série où sera placé le département auquel ils auront été attachés.

75. Néanmoins, les députés qui ont été nommés en l'an 10, rempliront leurs cinq années.

76. Le gouvernement convoque, ajourne et proroge le corps législatif.

TITRE VIII.
Du Tribunat.

77. A dater de l'an 13, le tribunat sera réduit à cinquante membres.

Moitié des cinquante sortira tous les trois ans ; jusqu'à cette réduction, les membres sortans ne seront point remplacés.

Le tribunat se divise en sections.

78. Le corps législatif et le tribunat sont renouvelés dans tous leurs membres, quand le sénat en a prononcé la dissolution.

(1) Voir le tableau général du nombre des députés, d'après les différentes constitutions, imprimé à la suite de la loi du 29 juin 1820, sur les élections.

TITRE IX.

De la Justice et des Tribunaux,

79. Il y a un grand juge ministre de la justice.

80. Il a une place distinguée au sénat et au conseil d'Etat.

81. Il préside le tribunal de cassation et les tribunaux d'appel, quand le gouvernement le juge convenable.

82. Il a sur les tribunaux, les justices de paix et les membres qui les composent, le droit de les surveiller et de les reprendre.

83. Le tribunal de cassation, présidé par lui, a droit de censure et de discipline sur les tribunaux d'appel et sur les tribunaux criminels; il peut, pour cause grave, suspendre les juges de leurs fonctions, les mander près du grand juge, pour y rendre compte de leur conduite.

84. Les tribunaux d'appel ont droit de surveillance sur les tribunaux civils de leur ressort, et les tribunaux civils sur les juges de paix de leur arrondissement.

85. Le commissaire du gouvernement près le tribunal de cassation surveille les commissaires près les tribunaux d'appel et les tribunaux criminels.

Les commissaires près les tribunaux d'appel surveillent les commissaires près les tribunaux de première instance.

86. Les membres du tribunal de cassation sont nommés par le sénat, sur la présentation du premier consul. Le premier consul présente trois sujets pour chaque place vacante.

TITRE X.

Droit de faire grâce.

87. Le premier consul a droit de faire grâce.

Il l'exerce après avoir entendu un conseil privé, composé du grand juge, de deux ministres, de deux sénateurs, de deux conseillers d'Etat, et de deux membres du tribunal de cassation.

Le présent *sénatus-consulte* sera transmis, par un message, aux consuls de la république.

La constitution consulaire donnait une grande force au pouvoir, et diminuait les garanties de la Nation. Ce système fut-il introduit uniquement dans la vue de prévenir les désordres qu'avaient déjà produit des institutions trop démocratiques? Il est permis d'en douter; et l'homme, sous l'influence duquel fut faite la constitution, nous est assez connu pour croire qu'il songeait dès-lors moins à réprimer l'anarchie qu'à fonder son despotisme. Enfin, soit qu'il eût conçu d'avance les projets qu'il exécuta par la suite; soit que le désir d'augmenter sa puissance s'accrût précisément à mesure que cette puissance augmentait, il marcha d'un pas rapide au trône impérial.

Pour arriver à son but, Bonaparte employa tour-à-tour la séduction et la force; il accorda aux sénateurs le droit de cumuler différens traitemens; et lorsque le sénat lui résista (ce qui fut rare, comme on le sait), il imagina un appel au peuple, dont il sut préparer le vote. Telle fut la marche qu'il suivit, par exemple, pour se faire nommer *consul à vie*, au mois de fructidor an 10.

Ce premier pas fut suivi de nouvelles tentatives, également heureuses; et le 16 thermidor an 10 (4 août 1802), un sénatus-consulte organique vint *modifier* ou plutôt *changer* la constitution.

Il est assez important de faire remarquer que la constitution ne donnait pas le droit au sénat d'établir chaque jour de nouvelles dispositions constitutionnelles, et que cette distinction de *sénatus-consultes organiques* et de *sénatus-consultes* simples fut établie précisément par ce même *sénatus-consulte* du 16 thermidor.

Le droit attribué au sénat fut un instrument dont Napoléon sut se servir merveilleusement; il ne se contenta pas même d'en faire un fréquent usage, il en abusa, et l'étendit hors de toute mesure. Pour s'en convaincre, il suffit de remarquer, qu'aux termes de l'art. 55 du sénatus-consulte, le sénat ne pouvait, par des *sénatus-consultes organiques*, que *régler ce qui n'avait pas été prévu par la constitution, et qui était nécessaire à sa marche, et expliquer les articles de la constitution qui donnaient lieu à différentes interprétations.*

Or, de bonne foi, le sénat régla-t-il ce qui n'avait pas été prévu par la constitution, ou expliqua-t-il les articles obscurs, en substituant au gouvernement consulaire le gouvernement monarchique, par le sénatus-consulte du 28 floréal an 12 (18 mai 1804) ?

Depuis cette époque, on ne conserva plus même l'apparence de la liberté ; les choix des colléges électoraux furent ordonnés par le gouvernement, et les caprices de l'Empereur furent sanctionnés sans observation. On a affirmé (1) que jamais, dans le sénat, le nombre des votans, contre les ordres du maître, ne s'éleva à plus de quatorze. Cependant le tribunat subsistait encore : cette institution était trop libérale ; un sénatus-consulte la supprima (19 août 1807.) Trois commissions, formées dans le corps législatif, eurent seules le droit de discuter les lois *en secret* ; enfin, par une autre innovation, l'âge de quarante ans accomplis fut exigé pour être admis au corps législatif.

Il est inutile de retracer ici la suite d'actes arbitraires et despotiques par lesquels la nation française fut réduite à l'esclavage le plus dur. Dans les derniers temps, tout fut réglé souverainement par des décrets impériaux.

Les victoires de Napoléon contribuèrent beaucoup à faire supporter son despotisme ; notre nation se laisse facilement séduire pas l'éclat de la gloire militaire. Les excès de la révolution l'avaient aussi disposée à subir le joug, et Napoléon sut habilement profiter de la crainte qu'inspirait l'anarchie, pour détruire la liberté.

_____

(1) M. Lanjuinais.

SÉNATUS-CONSULTE ORGANIQUE.

28 floréal an 12 (18 mai 1804.)

TITRE PREMIER.

Art. 1er. Le gouvernement de la république est confié à un Empereur, qui prend le titre d'*Empereur des Français*.

La justice se rend, au nom de l'*Empereur*, par les officiers qu'il institue.

2. Napoléon Bonaparte, premier consul actuel de la république, est *Empereur des Français*.

TITRE II.

De l'Hérédité.

3. La dignité impériale est héréditaire dans la descendance directe, naturelle et légitime de *Napoléon Bonaparte*, de mâle en mâle, par ordre de primogéniture, et à l'exclusion perpétuelle des femmes et de leur descendance.

4. *Napoléon Bonaparte* peut adopter les enfans ou petits-enfans de ses frères, pourvu qu'ils aient atteint l'âge de dix-huit ans accomplis, et que lui-même n'ait point d'enfans mâles au moment de l'adoption.

Ses fils adoptifs entrent dans la ligne de sa descendance directe.

Si, postérieurement à l'adoption, il lui survient des enfans mâles, ses fils adoptifs ne peuvent être appelés qu'après les descendans naturels et légitimes.

L'adoption est interdite aux successeurs de *Napoléon Bonaparte* et à leurs descendans.

5. A défaut d'héritier naturel et légitime ou d'héritier adoptif de *Napoléon Bonaparte*, la dignité impériale est dévolue et déférée à *Joseph Bonaparte* et à ses descendans naturels et légitimes, par ordre de primogéniture, et de mâle en mâle, à l'exclusion perpétuelle des femmes et de leur descendance.

6. A défaut de *Joseph Bonaparte* et de ses descendans mâles, la dignité impériale est dévolue et déférée à *Louis Bonaparte* et à ses descendans naturels et légitimes, par ordre de

primogéniture, et de mâle en mâle, à l'exclusion perpétuelle des femmes et de leur descendance.

7. A défaut d'héritier naturel et légitime et d'héritier adop-tif de *Napoléon Bonaparte ;*

A défaut d'héritiers naturels et légitimes de *Joseph Bona-parte* et de ses descendans mâles ;

De *Louis Bonaparte* et de ses descendans mâles ;

Un sénatus-consulte organique, proposé au sénat par les titulaires des grandes dignités de l'empire, et soumis à l'ac-ceptation du peuple, nomme l'empereur, et règle dans sa famille l'ordre de l'hérédité, de mâle en mâle, à l'exclusion perpétuelle des femmes et de leur descendance.

8. Jusqu'au moment où l'élection du nouvel empereur est consommée, les affaires de l'État sont gouvernées par les mi-nistres, qui se forment en conseil de gouvernement, et qui délibèrent à la majorité des voix. Le secrétaire d'État tient le registre des délibérations.

TITRE III.

De la Famille impériale.

9. Les membres de la famille impériale, dans l'ordre de l'hérédité, portent le titre de *princes français.*

Le fils aîné de l'empereur porte celui de *prince impérial.*

10. Un sénatus-consulte règle le mode de l'éducation des princes français.

11. Ils sont membres du sénat et du conseil d'État, lors-qu'ils ont atteint leur dix-huitième année.

12. Ils ne peuvent se marier sans l'autorisation de l'em-pereur.

Le mariage d'un prince français, fait sans l'autorisation de l'empereur, emporte privation de tout droit à l'hérédité, tant pour celui qui l'a contracté que pour ses descendans.

Néanmoins, s'il n'existe point d'enfans de ce mariage, et qu'il vienne à se dissoudre, le prince qui l'avoit contracté recouvre ses droits à l'hérédité.

13. Les actes qui constatent la naissance, les mariages et les décès des membres de la famille impériale, sont trans-mis, sur un ordre de l'empereur, au sénat, qui en ordonne la transcription sur ses registres et le dépôt dans ses archives.

14. *Napoléon Bonaparte* établit par des statuts auxquels ses successeurs sont tenus de se conformer,

1° Les devoirs des individus de tout sexe, membre de la famille impériale, envers l'empereur;

2° Une organisation du palais impérial conforme à la dignité du trône et à la grandeur de la Nation.

15. La liste civile reste réglée ainsi qu'elle l'a été par les articles 1 et 4 du décret du 26 mai 1791.

Les princes français *Joseph* et *Louis Bonaparte*, et à l'avenir les fils puînés naturels et légitimes de l'empereur, seront traités conformément aux articles 1, 10, 11 12 et 13 du décret du 21 décembre 1790.

L'empereur pourra fixer le douaire de l'impératrice et l'assigner sur la liste civile; ses successeurs ne pourront rien changer aux dispositions qu'il aura faites à cet égard.

16. L'empereur visite les départemens : en conséquence, des palais impériaux sont établis aux quatre points principaux de l'empire.

Ces palais sont désignés et leurs dépendances déterminées par une loi.

TITRE IV.

De la Régence.

17. L'empereur est mineur jusqu'à l'âge de dix-huit ans accomplis : pendant sa minorité il y a un régent de l'empire.

18. Le régent doit être âgé au moins de vingt-cinq ans accomplis.

Les femmes sont exclues de la régence (1).

19. L'empereur désigne le régent parmi les princes français ayant l'âge exigé par l'article précédent; et, à leur défaut, parmi les titulaires des grandes dignités de l'empire.

20. A défaut de désignation de la part de l'empereur, la régence est déférée au prince le plus proche en degré, dans l'ordre de l'hérédité, ayant vingt-cinq ans accomplis.

21. Si, l'empereur n'ayant pas désigné le régent, aucun des princes français n'est âgé de vingt-cinq ans accomplis, le sénat élit le régent parmi les titulaires des grandes dignités de l'empire.

22. Si à raison de la minorité d'âge du prince appelé à la régence dans l'ordre de l'hérédité, elle a été déférée à un parent plus éloigné, ou à l'un des titulaires des grandes di-

_____

(1) Un sénatus-consulte rendu en 1813, appela les femmes à la régence

gnités de l'empire, le régent entré en exercice continue se
fonctions jusqu'à la majorité de l'empereur.

23. Aucun sénatus-consulte organique ne peut être rendu
pendant la régence, ni avant la fin de la troisième année qui
suit la majorité.

24. Le régent exerce jusqu'à la majorité de l'empereur toutes
les attributions de la dignité impériale.

Neanmoins, il ne peut nommer ni aux grandes dignités de
l'empire, ni aux places de grands officiers qui se trouveraient
vacantes à l'époque de la régence, ou qui viendraient à manquer pendant la minorité, ni user de la prérogative réservée
à l'empereur d'élever des citoyens au rang de sénateur.

Il ne peut révoquer ni le grand-juge, ni le secrétaire d'Etat.

25. Il n'est pas personnellement responsable des actes de
son administration.

26. Tous les actes de la régence sont au nom de l'empereur
mineur.

27. Le régent ne propose aucun projet de loi ou de sénatus-consulte, et n'adopte aucun réglement d'administration
publique, qu'après avoir pris l'avis du conseil de régence,
composé des titulaires des grandes dignités de l'empire.

Il ne peut déclarer la guerre, ni signer des traités de paix,
d'alliance ou de commerce, qu'après en avoir délibéré dans le
conseil de régence, dont les membres, pour ce seul cas, ont
voix délibérative. La délibération a lieu à la majorité des
voix ; et s'il y a partage, elle passe à l'avis du régent.

Le ministre des relations extérieures prend séance au conseil de régence, lorsque ce conseil délibère sur des objets relatifs à son département.

Le grand-juge ministre de la justice y peut être appelé par
l'ordre du régent.

Le secrétaire d'Etat tient le registre des délibérations.

28. La régence ne confère aucun droit sur la personne de
l'empereur mineur.

29. Le traitement du régent est fixé au quart du montant
de la liste civile.

30. La garde de l'empereur mineur est confiée à sa mère,
et à son défaut au prince désigné à cet effet par le prédéces-
seur de l'empereur mineur.

A défaut de la mère de l'empereur mineur, et d'un prince
désigné par l'empereur, le sénat confie la garde de l'empereur
mineur à l'un des titulaires des grandes dignités de l'empire.

Ne peuvent être élus pour la garde de l'empereur mineur, si le régent et ses descendans, ni les femmes.

31. Dans le cas où *Napoléon Bonaparte* usera de la faculté qui lui est conférée par l'article 4, titre II, l'acte d'adoption sera fait en présence des titulaires des grandes dignités de l'empire, reçu par le secrétaire d'Etat, et transmis aussitôt au sénat pour être transcrit sur ses registres et déposé dans ses archives.

Lorsque l'empereur désigne, soit un régent pour la minorité, soit un prince pour la garde de l'empereur mineur, les mêmes formalités sont observées.

Les actes de désignation, soit d'un régent pour la minorité, soit d'un prince pour la garde d'un empereur mineur, sont révocables à volonté par l'empereur.

Tout acte d'adoption, de désignation, ou de révocation de désignation, qui n'aura pas été transcrit sur les registres du sénat avant le décès de l'empereur, sera nul et de nul effet.

TITRE V.

Des grandes Dignités de l'Empire.

32. Les grandes dignités de l'empire sont celles de grand-électeur, d'archi-chancelier de l'empire, d'archi-chancelier d'Etat, d'archi-trésorier, de connétable, de grand amiral.

33. Les titulaires des grandes dignités de l'empire sont nommés par l'empereur.

Ils jouissent des mêmes honneurs que les princes français, et prennent rang immédiatement après eux.

L'époque de leur réception détermine le rang qu'ils occupent respectivement.

34. Les grandes dignités de l'empire sont inamovibles.

35. Les titulaires des grandes dignités de l'empire sont sénateurs et conseillers d'Etat.

36. Ils forment le grand conseil de l'empereur;

Ils sont membres du conseil privé;

Ils composent le grand conseil de la légion d'honneur.

Les membres actuels du grand conseil de la légion d'honneur conservent, pour la durée de leur vie, leurs titres, fonctions et prérogatives.

37. Le sénat et le conseil d'Etat sont présidés par l'empereur.

Lorsque l'empereur ne préside pas le sénat ou le conseil d'Etat, il désigne celui des titulaires des grandes dignités de l'empire qui doit présider.

38. Tous les actes du sénat et du corps législatif sont rendus au nom de l'empereur, et promulgués ou publiés sous le sceau impérial.

39. Le grand-électeur fait les fonctions de chancelier, 1° pour la convocation du corps législatif, des colléges électoraux et des assemblées de canton ; 2° pour la promulgation des sénatus-consultes portant dissolution, soit du corps législatif, soit des colléges électoraux.

Le grand-électeur préside en l'absence de l'empereur, lorsque le sénat procède aux nominations des sénateurs, des législateurs et des tribuns.

Il peut résider au palais du sénat.

Il porte à la connoissance de l'empereur les réclamations formées par les colléges électoraux ou par les assemblées de canton pour la conservation de leurs prérogatives.

Lorsqu'un membre d'un collége électoral est dénoncé, conformément à l'article 21 du sénatus-consulte organique du thermidor an 10, comme s'étant permis quelque acte contraire à l'honneur ou à la patrie, le grand-électeur invite le collége à manifester son vœu. Il porte le vœu du collége à connaissance de l'empereur.

Le grand-électeur présente les membres du sénat, du conseil d'État, du corps-législatif et du tribunat, au serment qu'ils prêtent entre les mains de l'empereur.

Il reçoit le serment des présidens des colléges électoraux de département et des assemblées de canton.

Il présente les députations solennelles du sénat, du conseil d'Etat, du corps législatif, du tribunat, et des colléges électoraux, lorsqu'elles sont admises à l'audience de l'empereur.

40. L'archi-chancelier de l'empire fait les fonctions de chancelier pour la promulgation des sénatus-consultes organiques et des lois.

Il fait également celles de chancelier du palais impérial.

Il est présent au travail annuel, dans lequel le grand-juge ministre de la justice rend compte à l'empereur des abus qui peuvent s'être introduits dans l'administration de la justice, soit civile, soit criminelle.

Il préside la haute cour impériale.

...les sections réunies du conseil d'État et...
conformément à l'art. 95, titre XI.

...présent à la célébration des mariages et à la naissance
...ces, au couronnement et aux obsèques de l'empe...
...signe le procès-verbal que dresse le secrétaire d'État.
...présente les titulaires des grandes dignités de l'empire,
...nistres et le secrétaire d'État, les grands officiers civils
...couronne, et le premier président de la cour de cas-
...au serment qu'ils prêtent entre les mains de l'em-

...reçoit le serment des membres et du parquet de la cour
...nation, des présidents et procureurs généraux des cours
...et des cours criminelles.
...présente les députations solennelles et les membres des
...de justice, admis à l'audience de l'empereur.
...signe et scelle les commissions et brevets des membres
...cours de justice et des officiers ministériels; il scelle les
...missions et brevets des fonctions civiles administratives,
...autres acte qui seront désignés dans le règlement par-
...nistion du sceau.
...L'archi-chancelier d'État fait les fonctions de chancelier
...la promulgation des traités de paix et d'alliance, et pour
...déclarations de guerre.
...présente à l'empereur et signe les lettres de créance, et la
...pondance d'étiquette avec les différentes cours de l'Eu-
...formes du protocole impérial, dont
...dien.
...est présent au travail annuel dans lequel le ministre des
...étrangères rend compte à l'empereur de la situation
...de l'État.
...ambassadeurs et ministres de l'empereur
...étrangères, au serment qu'ils prêtent entre les
...de Sa Majesté Impériale.
...résident, chargés d'affaires, sont
...l'ambassade ou la légation, et des commissaires géné-
...des relations commerciales.
...les ambassadeurs extraordinaires et les ministres
...emploi ordinaire.
...L'archi-trésorier est présent au travail annuel dans le-
...les ministres des finances et du trésor public rendent à
...empereur les comptes des recettes et dépenses de l'État, et

exposent leurs vues sur les besoins des finances de l'empire

Les comptes de recettes et des dépenses annuelles, avant d'être présentés à l'empereur, sont revêtus de son visa.

Il reçoit, tous les trois mois, le compte des travaux de la comptabilité nationale, et tous les ans le résultat général et les vues de reforme et d'amélioration dans les différente parties de la comptabilité ; il les porte à la connaissance d l'empereur. •

Il arrête, tous les ans, le grand-livre de la dette publique.

Il signe les brevets des pensions civiles.

Il préside les sections réunies du conseil d'état et du tribunat, conformément à l'art. 95, tit. XI.

Il reçoit le serment des membres de la comptabilité nationale, des administrations de fiuances, et des principaux agens du trésor public.

Il présente les députations de la comptabilité nationale des administrations des finances admises à l'audience de l'empereur.

43. Le connétable est présent au travail annuel dans lequel le ministre de la guerre et le directeur de l'administration de la guerre rendent compte à l'empereur, des disposition à prendre pour compléter le ssytème de défense des frontières, l'entretien, la réparation et l'approvisionement des places.

Il pose la première pierre des places-fortes, dont la construction est ordonnée.

Il est gouverneur des écoles militaires.

Lorsque l'empereur ne remet pas en personne les drapeaux aux corps de l'armée, ils leur sont remis en son nom par le connétable.

En l'absence de l'empereur, le connétable passe les grandes revues de la garde impériale.

Lorsqu'un général d'armée est prévenu d'un délit spécifié au Code pénal militaire, le connétable peut présider le conseil de guerre qui doit juger.

Il présente les maréchaux de l'empire, les colonels-généraux, les inspecteurs-généraux, les officiers-généraux et les colonels de toutes les armes, au serment qu'ils prêtent entre les mains de l'empereur.

Il reçoit le serment des majors, chefs de bataillon et d'escadron de toutes armes.

Il installe les maréchaux de l'empire.

Il présente les officiers-généraux et les colonels, majors, chefs de bataillon et d'escadron de toutes les armes, lorsqu'ils sont admis à l'audience de l'empereur.

Il signe les brevets de l'armée et ceux des militaires pensionnaires de l'État.

44. Le grand-amiral est présent au travail annuel dans lequel le ministre de la marine rend compte à l'empereur de l'état des constructions navales, des arsenaux et des approvisionnemens.

Il reçoit annuellement et présente à l'empereur les comptes de la caisse des invalides de la marine.

Lorsqu'un amiral, vice-amiral ou contre-amiral commandant en chef une armée navale, est prévenu d'un délit spécifié au Code pénal maritime, le grand-amiral peut présider la cour martiale qui doit juger.

Il présente les amiraux, les vice-amiraux, les contre-amiraux et les capitaines de vaisseau, au serment qu'ils prêtent entre les mains de l'empereur.

Il reçoit le serment des membres du conseil des prises et des capitaines de frégate.

Il présente les amiraux, les vice-amiraux, les contre-amiraux, les capitaines de vaisseau et de frégate, et les membres du conseil des prises, lorsqu'ils sont admis à l'audience de l'empereur.

Il signe les brevets des officiers de l'armée navale et ceux des marins pensionnaires de l'État.

45. Chaque titulaire des grandes dignités de l'empire préside un collége électoral de département.

Le collége électoral séant à Bruxelles est présidé par le grand-électeur. Le collége électoral séant à Bordeaux est présidé par l'archi-chancelier de l'empire. Le collége électoral séant à Nantes est présidé par l'archi-chancelier d'État. Le collége électoral séant à Lyon est présidé par l'archi-trésorier de l'empire. Le collége électoral séant à Turin est présidé par le connétable. Le collége électoral séant à Marseille est présidé par le grand-amiral.

46. Chaque titulaire des grandes dignités de l'empire reçoit annuellement, à titre de traitement fixe, le tiers de la somme affectée aux princes, conformément au décret du 21 décembre 1790.

47. Un statut de l'empereur règle les fonctions des titu-

laires des grandes dignités de l'empire auprès de l'empereur
et détermine leur costume dans les grandes cérémonies. Les
successeurs de l'empereur ne peuvent déroger à ce statut
que par un sénatus-consulte.

TITRE VI.

Des grands Officiers de l'Empire.

48. Les grands officiers de l'empire sont :
Premièrement, des maréchaux de l'empire, choisis parmi
les généraux les plus distingués.
Leur nombre n'excède pas celui de seize.
Ne font point partie de ce nombre les maréchaux de l'empire
qui sont sénateurs.
Secondement, huit inspecteurs et colonels-généraux de
l'artillerie et du génie, des troupes à cheval et de la marine.
Troisièmement, des grands officiers civils de la couronne,
tels qu'ils seront institués par les statuts de l'empereur.
49. Les places de grands officiers sont inamovibles.
50. Chacun des grands officiers de l'empire préside un collége électoral qui lui est spécialement affecté au moment de sa
nomination.
51. Si, par un ordre de l'empereur, ou par tout autre
cause que ce puisse être, un titulaire d'une grande dignité
de l'empire ou un grand officier vient à cesser ses fonctions,
il conserve son titre, son rang, ses prérogatives, et la moitié
de son traitement : il ne les perd que par un jugement de
la cour impériale.

TITRE VII.

Des Sermens.

52. Dans les deux ans qui suivent son avénement, ou sa
majorité, l'empereur, accompagné
Des titulaires des grandes dignités de l'empire, des ministres, des grands officiers de l'empire,
Prête serment au Peuple français sur l'Evangile, et en
présence
Du sénat, du conseil d'Etat, du corps législatif, du tribunat, de la cour de cassation, des archevêques, des évêques,
des grands officiers de la légion d'honneur, de la comptabilité nationale, des présidens des cours d'appel, des présidens des colléges électoraux, des présidens des assemblées de

canton, des présidens des consistoires, et des maires des trente-six principales villes de l'empire. .

Le secrétaire d'Etat dresse procès-verbal de la prestation du serment.

53. Le serment de l'empereur est ainsi conçu :

« Je jure de maintenir l'intégrité du territoire de la répu-blique; de respecter et de faire respecter les lois du con-cordat et la liberté des cultes ; de respecter et de faire res-pecter l'égalité des droits, la liberté politique et civile, l'ir-révocabilité des ventes des biens nationaux ; de ne lever aucun impôt, de n'établir aucune taxe qu'en vertu de la loi; de maintenir l'institution de la légion d'honneur; de gouverner dans la seule vue de l'intérêt, du bonheur et de la gloire du peuple français. »

54. Avant de commencer l'exercice de ses fonctions, le régent, accompagné

Des titulaires des grandes dignités de l'empire, des mi-nistres, des grands officiers de l'empire, prête serment sur l'Evangile, et en présence

Du sénat, du conseil d'Etat, du président et des questeurs du corps législatif, du président et des questeurs du tribunat, et des grands officiers de la légion d'honneur.

Le secrétaire d'Etat dresse procès-verbal de la prestation du serment.

55. Le serment du régent est conçu en ces termes :

« Je jure d'administrer les affaires de l'Etat, conformément aux constitutions de l'empire, aux sénatus-consultes et aux lois; de maintenir dans toute leur intégrité le territoire de la république, les droits de la Nation et ceux de la dignité impériale, et de remettre fidèlement à l'empereur, au mo-ment de sa majorité, le pouvoir dont l'exercice m'est confié. »

56. Les titulaires des grandes dignités de l'empire, les mi-nistres et le secrétaire d'Etat, les grands officiers, les membres du sénat, du conseil d'Etat, du corps législatif, du tribunat, des collèges électoraux et des assemblées de canton, prêtent serment en ces termes :

« Je jure obéissance aux constitutions de l'empire et fidé-lité à l'empereur ».

Les fonctionnaires publics, civils et judiciaires, et les offi-ciers et soldats de l'armée de terre et de mer, prêtent le même serment.

15.

TITRE VIII.

Du Sénat.

57. Le sénat se compose,

1°. Des princes français ayant atteint leur dix-huitième année;

2°. Des titulaires des grandes dignités de l'empire;

3°. Des quatre-vingts membres nommés sur la présentation de candidats choisis par l'empereur sur les listes formées par les colléges électoraux de département;

4°. Des citoyens que l'empereur juge convenable d'élever à la dignité de sénateur.

Dans la cas où le nombre de sénateurs excédera celui qui a été fixé par l'article 63 du sénatus-consulte organique du 16 thermidor an 10, il sera à cet égard, pourvu par une loi l'exécution de l'article 17 du sénatus-consulte du 14 nivôse an 11.

58. Le président du sénat est nommé par l'empereur, et choisi parmi les sénateurs.

Ses fonctions durent un an.

59. Il convoque le sénat sur un ordre du propre mouvement de l'empereur, et sur la demande, ou des commissions dont il sera parlé ci-après, art. 60 et 64, ou d'un sénateur conformément aux dispositions de l'art. 70, ou d'un officier du sénat, pour les affaires intérieures du corps.

Il rend compte à l'empereur des convocations faites sur la demande des commissions ou d'un sénateur, de leur objet, et des résultats des délibérations du sénat.

60. Une commission de sept membres nommés par le sénat et choisis dans son sein, prend connaissance, sur la communication qui lui en est donnée par les ministres, des arrestations effectuées conformément à l'art. 46 de la constitution, lorsque les personnes arrêtées n'ont pas été traduites devant les tribunaux dans les dix jours de leur arrestation.

Cette commission est appelée *commission sénatoriale de la liberté individuelle.*

61. Toutes les personnes arrêtées et non mises en jugement après les dix jours de leur arrestation, peuvent recourir directement, par elles, leurs parens ou leurs représentans, et par voie de pétition, à la commission sénatoriale de la liberté individuelle.

62. Lorsque la commission estime que la détention prolongée au delà des dix jours de l'arrestation n'est pas justifiée par l'intérêt de l'Etat, elle invite le ministre qui a ordonné l'arrestation à faire mettre en liberté la personne détenue, ou a la renvoyer devant les tribunaux ordinaires.

63. Si, après trois invitations consécutives, renouvelées dans l'espace d'un mois, la personne détenue n'est pas mise en liberté ou renvoyée devant les tribunaux ordinaires, la commission demande une assemblée du sénat, qui est convoqué par le président, et qui rend, s'il y a lieu, la déclaration suivante :

« Il y a de fortes présomptions que N. est détenu arbitrairement. »

On procède ensuite conformément aux dispositions de l'article 112, titre XIII : *De la haute cour impériale.*

64. Une commission de sept membres nommés par le sénat et choisis dans son sein, est chargée de veiller à la liberté de la presse.

Ne sont point compris dans son attribution les ouvrages qui s'impriment et se distribuent par abonnement et à des époques périodiques.

Cette commission est appelée *commission sénatoriale de la liberté de la presse.*

65. Les auteurs, imprimeurs ou libraires qui se croient fondés à se plaindre d'empêchement mis à l'impression ou à la circulation d'un ouvrage, peuvent recourir directement et par voie de pétition à la commission sénatoriale de la liberté de la presse.

66. Lorsque la commission estime que les empêchemens ne sont pas justifiés par l'intérêt de l'Etat, elle invite le ministre qui a donné l'ordre, à le révoquer.

67. Si, après trois invitations consécutives, renouvelées dans l'espace d'un mois, les empêchemens subsistent, la commission demande une assemblée du sénat, qui est convoqué par le président, et qui rend, s'il y a lieu, la déclaration suivante :

« Il y a de fortes présomptions que la liberté de la presse a été violée. »

On procède ensuite conformément à la disposition de l'article 112 : titre XIII, *De la haute cour impériale.*

68. Un membre de chacune des commissions sénatoriales cesse ses fonctions tous les quatre mois.

69. Les projets de lois décrétés par le corps législatif sont transmis, le jour même de leur adoption, au sénat, et déposés dans ses archives.

70. Tout décret rendu par le corps législatif peut être dénoncé au sénat par un sénateur, 1° comme tendant au rétablissement du régime féodal ; 2° comme contraire à l'irrévocabilité des ventes des domaines nationaux ; 3° comme n'ayant pas été délibéré dans les formes prescrites par les constitutions de l'empire, les réglemens et les lois ; 4° comme portant atteinte aux prérogatives de la dignité impériale et à celles du sénat : sans préjudice de l'exécution des art. 21 et 57 de l'acte des constitutions de l'empire, en date du 22 frimaire an 8.

71. Le sénat, dans les six jours qui suivent l'adoption du projet de loi, délibérant sur le rapport d'une commission spéciale, et après avoir entendu trois lectures du décret dans trois séances tenues à des jours différens, peut exprimer l'opinion *qu'il n'y a pas lieu à promulguer la loi.*

Le président porte à l'empereur la délibération motivée du sénat.

72. L'empereur, après avoir entendu le conseil d'État, ou déclare par un décret son adhésion à la délibération du sénat, ou fait promulguer la loi.

73. Toute loi dont la promulgation, dans cette circonstance, n'a pas été faite avant l'expiration du délai de dix jours, ne peut plus être promulguée si elle n'a pas été de nouveau délibérée et adoptée par le corps législatif.

74. Les opérations entières d'un collège électoral, et les opérations partielles qui sont relatives à la présentation des candidats au sénat, au corps législatif et au tribunat, ne peuvent être annulées pour cause d'inconstitutionnalité, que par un sénatus-consulte.

TITRE IX.

Du Conseil d'Etat.

75. Lorsque le conseil d'État délibère sur les projets de lois ou sur les réglemens d'administration publique, les deux tiers des membres du conseil en service ordinaire doivent être présens.

Le nombre des conseillers d'État présens ne peut être moindre de vingt-cinq.

76. Le conseil d'Etat se divise en six sections; savoir:

Section de la législation, section de l'intérieur, section des finances, section de la guerre, section de la marine, et section du commerce.

77. Lorsqu'un membre du conseil d'Etat a été porté pendant cinq années sur la liste du conseil des membres du conseil en service ordinaire, il reçoit un brevet de conseiller d'Etat à vie.

Lorsqu'il cesse d'être porté sur la liste du conseil d'état en service ordinaire ou extraordinaire, il n'a droit qu'au tiers du traitement de conseiller d'Etat.

Il ne perd son titre et ses droits que par un jugement de la haute cour impériale, emportant peine afflictive ou infamante.

TITRE X.

Du Corps législatif.

78. Les membres sortant du corps législatif peuvent être réélus sans intervalle.

79. Les projets de lois présentés au corps législatif sont renvoyés aux trois sections du tribunat.

80. Les séances du corps législatif se distinguent en séances ordinaires et en comités généraux.

81. Les séances ordinaires sont composées des membres du corps législatif, des orateurs du conseil d'Etat, des orateurs des trois sections du tribunat.

Les comités généraux ne sont composés que des membres du corps législatif.

Le président du corps législatif préside les séances ordinaires et les comités généraux.

82. En séance ordinaire, le corps législatif entend les orateurs du conseil d'Etat et ceux des trois sections du tribunat, et vote sur le projet de loi.

En comité général, les membres du corps législatif discutent entre eux les avantages et les inconvéniens du projet de loi.

83. Le corps législatif se forme en comité général,

1°. Sur l'invitation du président pour les affaires intérieures du corps; 2° sur une demande faite au président et signée par cinquante membres présens; dans ces deux cas, le comité général est secret, et les discussions ne doivent être ni imprimées ni divulguées ; 3° sur la demande des orateurs du conseil d'Etat, spécialement autorisés à cet effet : dans ce cas, le comité général est nécessairement public.

Aucune délibération ne peut être prise dans les comités généraux.

84. Lorsque la discussion en comité général est fermée, la délibération est ajournée au lendemain en séance ordinaire.

85. Le corps législatif, le jour où il doit voter sur le projet de loi, entend dans la même séance, le résumé que font les orateurs du conseil d'Etat.

86. La délibération d'un projet de loi ne peut, dans aucun cas, être différée de plus de trois jours au-delà de celui qui avait été fixé pour la clôture de la discussion.

87. Les sections du tribunat constituent les seules commissions du corps législatif, qui ne peut en former d'autres que dans le cas énoncé art. 115, titre XIII : *De la haute cour impériale.*

TITRE XI.

Du Tribunat.

88. Les fonctions des membres du tribunat durent dix ans.

89. Le tribunat est renouvelé par moitié tous les cinq ans.

Le premier renouvellement aura lieu, pour la session de l'an 17, conformément au sénatus-consulte organique du 16 thermidor an 10.

90. Le président du tribunat est nommé par l'empereur, sur une présentation de trois candidats faite par le tribunat au scrutin secret et à la majorité absolue.

91. Les fonctions du président du tribunat durent deux ans.

92. Le tribunat a deux questeurs.

Ils sont nommés par l'empereur, sur une liste triple de candidats choisis par le tribunat au scrutin secret et à la majorité absolue.

Leurs fonctions sont les mêmes que celles attribuées aux questeurs du corps législatif, par les articles 19, 20, 21, 22, 23, 24 et 25 du sénatus-consulte organique du 24 frimaire an 12.

Un des questeurs est renouvelé chaque année.

93. Le tribunat est divisé en trois sections; savoir :

Section de la législation, section de l'intérieur, section des finances.

94. Chaque section forme une liste de trois de ses membres, parmi lesquels le président du tribunat désigne le président de la section.

Les fonctions de président de section durent un an.

95. Lorsque les sections respectives du conseil d'État et du tribunat demandent à se réunir, les conférences ont lieu sous la présidence de l'archi-chancelier de l'empire, ou de l'archi-trésorier, suivant la nature des objets à examiner.

96. Chaque section discute séparément et en assemblée de section, les projets de lois qui lui sont transmis par le corps législatif.

Deux orateurs de chacune des trois sections portent au corps législatif le vœu de leur section, et en développent les motifs.

97. En aucun cas, les projets de lois ne peuvent être discutés par le tribunat en assemblée générale.

Il se réunit en assemblée générale, sous la présidence de son président, pour l'exercice de ses autres attributions.

TITRE XII.

Des Colléges électoraux.

98. Toutes les fois qu'un collége électoral de département est réuni pour la formation de la liste des candidats au corps législatif, les listes de candidats pour le sénat sont renouvelées.

Chaque renouvellement rend les présentations antérieures de nul effet.

99. Les grands officiers, les commandans et les officiers de la légion d'honneur, sont membres du collége électoral du département dans lequel ils ont leur domicile, ou de l'un des départemens de la cohorte à laquelle ils appartiennent.

Les légionnaires sont membres du collége électoral de leur arrondissement.

Les membres de la légion d'honneur sont admis au collége électoral dont ils doivent faire partie, sur la présentation d'un brevet qui leur est délivré à cet effet par le grand électeur.

100. Les préfets et les commandans militaires des départemens ne peuvent être élus candidats au sénat par les col-

léges électoraux des départemens dans lesquels ils exercent leurs fonctions.

TITRE XIII.

De la Haute Cour impériale.

101. Une haute cour impériale connaît,

1° Des délits personnels commis par des membres de famille impériale, par des titulaires des grandes dignités de l'empire, par des ministres et par le secrétaire d'Etat, par les grands officiers, par des sénateurs, par des conseillers d'Etat; 2° des crimes, attentats et complots contre la sûreté intérieure et extérieure de l'Etat, la personne de l'empereur, celle de l'héritier présomptif de l'empire; 3° des *délits de responsabilité d'office* commis par les ministres et les conseillers d'Etat chargés spécialement d'une partie d'administration publique; 4° des prévarications et abus de pouvoir, commis soit par des capitaines généraux des colonies, des préfets coloniaux et des commandans des établissemens français hors du continent, soit par des administrateurs généraux employés extraordinairement, soit par des généraux de terre et de mer, sans préjudice, à l'égard de ceux-ci, des poursuites de la juridiction militaire, dans les cas déterminés par les lois; 5° du fait de désobéissance des généraux de terre ou de mer qui contreviennent à leurs instructions; 6° des concussions et dilapidations dont les préfets de l'intérieur se rendent coupables dans l'exercice de leurs fonctions; 7° des forfaitures ou prises à partie qui peuvent être encourues par une cour d'appel, ou par une cour de justice criminelle, ou par des membres de la cour de cassation; 8° des dénonciations pour cause de détention arbitraire et de violation de la liberté de la presse.

102. Le siége de la haute cour impériale est dans le sénat.

103. Elle est présidée par l'archi-chancelier de l'empire.

S'il est malade, absent ou légitimement empêché, elle est présidée par un autre titulaire d'une grande dignité de l'empire.

104. La haute cour impériale est composée des princes, des titulaires des grandes dignités et grands officiers de l'empire, du grand juge ministre de la justice, de soixante sénateurs, des six présidens des sections du conseil d'Etat, de quatorze conseillers d'Etat et de vingt membres de la cour de cassation.

Les sénateurs, les conseillers d'Etat et les membres de la cour de cassation, sont appelés par ordre d'ancienneté.

105. Il y a auprès de la haute cour impériale, un procureur-général, nommé à vie par l'empereur.

Il exerce le ministère public, étant assisté de trois tribuns, nommés, chaque année, par le corps législatif, sur une liste de neuf candidats présentés par le tribunat, et de trois magistrats que l'empereur nomme aussi, chaque année, parmi les officiers des cours d'appel ou de justice criminelle.

106. Il y a auprès de la haute cour impériale, un greffier en chef, nommé à vie par l'empereur.

107. Le président de la haute cour impériale ne peut jamais être récusé ; il peut s'abstenir pour des causes légitimes.

108. La haute cour impériale ne peut agir que sur les poursuites du ministère public, dans les délits commis par ceux que leur qualité rend justiciables de la cour impériale ; s'il y a un plaignant, le ministère public devient nécessairement partie jointe et poursuivante, et procède ainsi qu'il est réglé ci-après.

Le ministère public est également partie jointe et poursuivante, dans les cas de forfaiture ou de prise à partie.

109. Les magistrats de sûreté et les directeurs de jury sont tenus de s'arrêter et de renvoyer, dans le délai de huitaine, au procureur-général près la haute cour impériale, toutes les pièces de la procédure, lorsque, dans les délits dont ils poursuivent la réparation, il résulte, soit de la qualité des personnes, soit du titre de l'accusation, soit des circonstances, que le fait est de la compétence de la haute cour impériale.

Néanmoins les magistrats de sûreté continuent à recueillir les preuves et les traces du délit.

110. Les ministres ou les conseillers d'Etat chargés d'une partie quelconque d'administration publique, peuvent être dénoncés par le corps législatif, s'ils ont donné des ordres contraires aux constitutions et aux lois de l'empire.

111. Peuvent être également dénoncés par le corps législatif,

Les capitaines généraux des colonies, les préfets coloniaux, les commandans des établissemens français hors du continent, les administrateurs généraux, lorsqu'ils ont prévariqué ou abusé de leur pouvoir ;

Les généraux de terre ou de mer qui ont désobéi à leu instructions;

Les préfets de l'intérieur qui se sont rendus coupables d dilapidation ou de concussion.

112. Le corps législatif dénonce pareillement les ministr ou agens de l'autorité, lorsqu'il y a eu, de la part du séna déclaration de *fortes présomptions de détention arbitraire* ou *de violation de la liberté de la presse.*

113. La dénonciation du corps législatif ne peut être a rêtée que sur la demande du tribunat, ou sur la réclam tion de cinquante membres du corps législatif, qui requie rent un comité secret à l'effet de faire désigner, par la vo du scrutin, dix d'entre eux pour rédiger le projet de déno ciation.

114. Dans l'un et l'autre cas, la demande ou la réclamatio doit être faite par écrit, signée par le président et les secre taires du tribunat, ou par les dix membres du corps lé gislatif.

Si elle est dirigée contre un ministre, ou contre un co seiller d'Etat chargé d'une partie d'administration publique elle leur est communiquée dans le délai d'un mois.

115. Le ministre ou le conseiller d'Etat dénoncé ne comp raît point pour y répondre.

L'empereur nomme trois conseillers d'Etat pour se rend au corps législatif le jour qui est indiqué, et donner d éclaircissemens sur les faits de la dénonciation.

116. Le corps législatif discute en comité secret les fai compris dans la demande ou dans la réclamation, et il déli bère par la voie du scrutin.

117. L'acte de dénonciation doit être circonstancié, sig par le président et par les secrétaires du corps législatif.

Il est adressé, par un message, à l'archi-chancelier de l'em pire, qui le transmet au procureur-général près la haute cou impériale.

118. Les prévarications ou abus de pouvoir des capitaine généraux des colonies, des préfets coloniaux, des commandan des établissemens hors du continent, des administrateurs gé néraux; les faits de désobéissance de la part des généraux de terre ou de mer aux instructions qui leur ont été données les dilapidations et concussions des préfets, sont aussi dé noncés par les ministres, chacun dans ses attributions, a officiers chargés du ministère public.

Si la dénonciation est faite par le grand-juge ministre de la justice, il ne peut point assister ni prendre part aux jugemens qui interviennent sur sa dénonciation.

119. Dans les cas déterminés par les articles 110, 111, 112 et 118, le procureur-général informe, sous trois jours, l'archi-chancelier de l'empire, qu'il y a lieu de réunir la haute cour impériale.

L'archi-chancelier, après avoir pris les ordres de l'empereur, fixe dans la huitaine l'ouverture des séances.

120. Dans la première séance de la haute cour impériale, elle doit juger sa compétence.

121. Lorsqu'il y a dénonciation ou plainte, le procureur-général, de concert avec les tribuns et les trois magistrats officiers du parquet, examine s'il y a lieu à poursuites.

La décision lui appartient; l'un des magistrats du parquet peut être chargé, par le procureur-général, de diriger les poursuites.

Si le ministère public estime que la plainte ou la dénonciation ne doit pas être admise, il motive les conclusions sur lesquelles la haute cour impériale prononce, après avoir entendu le magistrat chargé du rapport.

122. Lorsque les conclusions sont adoptées, la haute cour impériale termine l'affaire par un jugement définitif.

Lorsqu'elles sont rejetées, le ministère public est tenu de continuer les poursuites.

123. Dans le second cas prévu par l'article précédent, et ainsi lorsque le ministère public estime que la plainte ou la dénonciation doit être admise, il est tenu de dresser l'acte d'accusation dans la huitaine, et de le communiquer au commissaire et au suppléant que l'archi-chancelier de l'empire nomme parmi les juges de la cour de cassation qui sont membres de la haute cour impériale. Les fonctions de ce commissaire, et, à son défaut, du suppléant, consistent à faire l'instruction et le rapport.

124. Le rapporteur ou son suppléant soumet l'acte d'accusation à douze commissaires de la haute cour impériale, choisis par l'archi-chancelier de l'empire; six parmi les sénateurs, et six parmi les autres membres de la haute cour impériale. Les membres choisis ne concourent point au jugement de la haute cour impériale.

125. Si les douze commissaires jugent qu'il y a lieu à accusation, le commissaire rapporteur rend une ordonnance

conforme, décerne les mandats d'arrêt et procède à l'instruction.

126. Si les commissaires estiment, au contraire, qu'il n'a pas lieu à accusation, il en est référé par le rapporteur à la haute cour impériale, qui prononce définitivement.

127. La haute cour impériale ne peut juger à moins de soixante membres. Dix de la totalité des membres qui sont appelés à la composer, peuvent être récusés sans motifs déterminés pas l'accusé, et dix par la partie publique. L'arrêt est rendu à la majorité absolue des voix.

128. Les débats et le jugement ont lieu en public.

129. Les accusés ont des défenseurs; s'ils n'en présentent point, l'archi-chancelier de l'empire leur en donne d'office.

130. La haute cour impériale ne peut prononcer que des peines portées par le Code pénal. Elle prononce, s'il y a lieu, la condamnation aux dommages et intérêts civils.

131. Lorsqu'elle acquitte, elle peut mettre ceux qui sont absous, sous la surveillance ou à la disposition de la haute police de l'Etat, pour le temps qu'elle détermine.

132. Les arrêts rendus par la haute cour impériale ne sont soumis à aucun recours.

Ceux qui prononcent une condamnation à une peine afflictive ou infamante, ne peuvent être exécutés que lorsqu'ils ont été signés par l'empereur.

133. Un sénatus-consulte particulier contient le surplus des dispositions relatives à l'organisation et à l'action de la haute cour impériale.

TITRE XIV.

De l'Ordre judiciaire.

134. Les jugemens des cours de justice sont intitulés *Arrêts*.

135. Les présidens de la cour de cassation, des cours d'appel et de justice criminelle, sont nommés à vie par l'empereur, et peuvent être choisis hors des cours qu'ils doivent présider.

136. Le tribunal de cassation prend la dénomination de *cour de cassation*.

Les tribunaux d'appel prennent celle de *cours d'appel*.

Les tribunaux criminels, celle de *cours de justice criminelle*.

sident de la cour de cassation, et ceux des cours
divisées en sections, prennent le titre de pr...

vice-présidens prennent celui de président.

commissaires du gouvernement près de la cour de cas...
des cours d'appel et des cours de justice criminelle,
... le titre de procureurs-généraux impériaux.

commissaires du gouvernement auprès des autres tri...
..., prennent le titre de procureurs impériaux.

TITRE XV.

De la Promulgation.

L'empereur fait sceller et fait promulguer les sénatus...
...organiques, les sénatus-consultes, les actes du sénat...

...sénatus-consultes organiques, les sénatus-consultes, les
...leur ... promulgués qu'au plus tard le dixième jour
... leur formation.

Il se fait deux expéditions originales de chacun des
...mentionnés en l'article précédent.

...deux sont signées par l'empereur, visées par l'ar...
...ministre des grandes dignités ... chacun suivant leurs
... leurs attributions, contre-signées par le secrétaire
...administre de la justice, et scellées du grand sceau.

L'une de ces expéditions est déposée aux archives du
... l'autre est remise aux archives de l'autorité publique
...qu'à l'acte et chargé.

La promulgation est ainsi conçue.

(le prénom de l'empereur) ... le collège de l'État et les
...tions de la république, au pays de ... à tous
... et à venir, SALUT.

...voir, après avoir entendu les orateurs du conseil
..., a décrété en arrêté, et nous Ordonnons ce qui

... (s'il s'agit d'une loi) la cour LÉGISLATIVE a rendu,
(la date) le décret suivant, conformément à la pro-
...faite au nom de l'empereur, et après avoir entendu les
...orateurs du conseil d'État et des sections du tribunat,

...faisons et ordonnons que les présentes, revêtues du

» sceaux de l'Etat, insérées au Bulletin des lois, soient adres-
» sées aux cours, aux tribunaux et aux autorités admi-
» nistratives, pour qu'ils les inscrivent dans leurs registres,
» les observent et les fassent observer ; et le grand ju-
» ministre de la justice, est chargé d'en surveiller la publi-
» cation. »

141. Les expéditions exécutoires des jugemens sont rédigées ainsi qu'il suit :

» N. (*le prénom de l'empereur*), par la grâce de Dieu et la
» constitutions de la république, empereur des Français, à tou
» présens et à venir, SALUT.

» La cour de.... *ou* le TRIBUNAL de.... (*si c'est un tribunal de*
» *première instance*) a rendu le jugement suivant :

 (*Ici copier l'arrêt* ou *le jugement.*)

» MANDONS ET ORDONNONS à tous huissiers sur ce requis, de
» mettre ledit jugement à exécution ; à nos procureurs géné-
» raux, et à nos procureurs près les tribunaux de première
» instance, d'y tenir la main ; à tous commandans et officiers
» de la force publique, de prêter main-forte lorsqu'ils en
» seront légalement requis.

» En foi de quoi le présent jugement a été signé par
» le président de la cour *ou* du tribunal, et par le gref-
» fier. »

TITRE XVI.

142. La proposition suivante sera présentée à l'acceptation
du peuple, dans les formes déterminées par l'arrêté du 20 floréal an 10 :

« Le peuple veut l'hérédité de la dignité impériale dans la
descendance directe, naturelle, légitime et adoptive de Napoléon *Bonaparte*, et dans la descendance directe, naturelle
et légitime de *Joseph Bonaparte* et de *Louis Bonaparte*,
ainsi qu'il est réglé par le sénatus-consulte organique de ce
jour. »

ACTE ADDITIONNEL

AUX CONSTITUTIONS DE L'EMPIRE,

DONNÉ PAR L'EMPEREUR NAPOLÉON BONAPARTE (1).

22 avril 1815.

NAPOLÉON, par la grâce de Dieu et les constitutions, *empereur des Français*, à tous présens et à venir, SALUT.

Depuis que nous avons été appelés, il y a quinze années, par le vœu de la France, au gouvernement de l'Etat, nous avons cherché à perfectionner, à diverses époques, les formes constitutionnelles, suivant les besoins et les désirs de la nation, et en profitant des leçons de l'expérience. Les constitutions de l'empire se sont ainsi formées d'une série d'actes qui ont été revêtus de l'acceptation du peuple. Nous avions alors pour but d'organiser un grand système fédératif européen, que nous avions adopté, comme conforme à l'esprit du siècle, et favorable aux progrès de la civilisation. Pour parvenir à le compléter et à lui donner toute l'étendue et toute la stabilité dont il était susceptible, nous avions ajourné l'établissement de plusieurs institutions intérieures, plus spécialement destinées à protéger la liberté des citoyens. Notre but n'est plus désormais que d'accroître la prospérité de la France par l'affermissement de la liberté publique. De là résulte la nécessité de plusieurs modifications importantes dans les constitutions, sénatus-consultes et autres actes qui régissent cet empire. A CES CAUSES, voulant, d'un côté, conserver du passé ce qu'il a de bon et de salutaire, et, de l'autre, rendre les constitutions de notre empire conformes en tout aux vœux et aux besoins nationaux, ainsi qu'à l'état de paix que nous désirons maintenir avec l'Europe, nous avons résolu de proposer au peuple une suite de dispositions tendant à modifier et perfectionner ses actes constitutionnels, à entourer les droits des citoyens de toutes leurs garanties, à donner au système représentatif toute son extension, à investir les corps intermédiaires de la considération et du pouvoir désirables; en

---

(1) Nous plaçons ici cet acte qui, dans l'ordre des dates, ne devrait se trouver qu'après la charte, afin de présenter de suite tous les actes formant les constitutions de l'empire.

un mot, à combiner le plus haut point de liberté politiq
et de sûreté individuelle avec la force et la centralisati
nécessaires pour faire respecter par l'étranger l'indépendan
du peuple français et la dignité de notre couronne. En co
séquence, les articles suivans, formant un acte supplémé
taire aux constitutions de l'empire, seront soumis à l'acce
tation libre et solennelle de tous les citoyens, dans tou
l'étendue de la France.

TITRE PREMIER.
Dispositions générales.

ART. 1er. Les constitutions de l'empire, nommément l'ac
constitutionnel du 22 frimaire an 8, les sénatus-consult
des 14 et 16 thermidor an 10, et celui du 28 floréal an 11
seront modifiés par les dispositions qui suivent. Toutes le
autres dispositions sont confirmées et maintenues.

2. Le pouvoir législatif est exercé par l'empereur et p
les deux chambres.

3. La première chambre, nommée chambre des pairs, e
héréditaire.

4. L'empereur en nomme les membres, qui sont irré
cables, eux et leurs descendans mâles, d'aîné en aîné, e
ligne directe. Le nombre des pairs est illimité. L'adopte
ne transmet point la dignité de pair à celui qui en est l'obj

Les pairs prennent séance à vingt-un ans, mais n'ont v
délibérative qu'à vingt-cinq.

5. La chambre des pairs est présidée par l'archi-chancel
de l'empire, ou, dans le cas prévu par l'art. 51 du sénat
consulte du 28 floréal an 12, par un des membres de ce
chambre désigné spécialement par l'empereur.

6. Les membres de la famille impériale, dans l'ordre
l'hérédité, sont pairs de droit. Ils siègent après le préside
Ils prennent séance à dix-huit ans, mais n'ont voix délibe
tive qu'à vingt-un.

7. La seconde chambre, nommée chambre des représe
tans, est élue par le peuple.

8. Les membres de cette chambre sont au nombre de
cent ving-neuf. Ils doivent être âgés de vingt-cinq ans au moi

9. Le président de la chambre des représentans est nomm
par la chambre, à l'ouverture de la première session. Il re
en fonctions jusqu'au renouvellement de la chambre. Sa n
mination est soumise à l'approbation de l'empereur.

10. La chambre des représentans vérifie les pouvoirs de s

embres, et prononce sur la validité des élections contestées.

11. Les membres de la chambre des représentans reçoivent, pour frais de voyage, et durant la session, l'indemnité décrétée par l'assemblée constituante.

12. Ils sont indéfiniment rééligibles.

13. La chambre des représentans est renouvelée de droit en entier tous les cinq ans.

14. Aucun membre de l'une ou de l'autre chambre ne peut être arrêté, sauf le cas de flagrant délit, ni poursuivi en matière criminelle et correctionnelle, pendant les sessions, qu'en vertu d'une résolution de la chambre dont il fait partie.

15. Aucun ne peut être arrêté ni détenu pour dettes, à partir de la convocation, ni quarante jours après la session.

16. Les pairs sont jugés par leur chambre, en matière criminelle et correctionnelle, dans les formes qui seront réglées par la loi.

17. La qualité de pair et de représentant est compatible avec toute fonction publique, hors celle des comptables. Toutefois les préfets et sous-préfets ne sont pas éligibles par le collége électoral du département ou de l'arrondissement qu'ils administrent.

18. L'empereur envoie dans les chambres des ministres d'état et des conseillers d'état, qui y siégent et prennent part aux discussions, mais qui n'ont voix délibérative que dans le cas où ils sont membres de la chambre comme pairs ou élus du peuple.

19. Les ministres qui sont membres de la chambre des pairs ou de celle des représentans, ou qui siégent par mission du gouvernement, donnent aux chambres les éclaircissemens qui sont jugés nécessaires, quand leur publicité ne compromet pas l'intérêt de l'État.

20. Les séances des deux chambres sont publiques. Elles peuvent néanmoins se former en comité secret, la chambre des pairs, sur la demande de dix membres; celle des représentans, sur la demande de vingt-cinq. Le gouvernement peut également requérir des comités secrets pour des communications à faire. Dans tous les cas, les délibérations et les votes ne peuvent avoir lieu qu'en séance publique.

21. L'empereur peut proroger, ajourner et dissoudre la chambre des représentans. La proclamation qui prononce la dissolution convoque les colléges électoraux pour une élection nouvelle, et indique la réunion des représentans dans six mois au plus tard.

22. Durant l'intervalle des sessions de la chambre des re présentans, ou en cas de dissolution de cette chambre, la chambre des pairs ne peut s'assembler.

23. Le gouvernement a la proposition de la loi ; les chambres peuvent proposer des amendemens : si ces amendemens ne sont pas adoptés par le gouvernement, les chambres sont tenues de voter sur la loi, telle qu'elle a été proposée.

24 Les chambres ont la faculté d'inviter le gouvernemer à proposer une loi sur un objet déterminé, et de rédiger ce qu'il leur paraît convenable d'insérer dans la loi. Cette de mande peut être faite par chacune des deux chambres.

25. Lorsqu'une rédaction est adoptée dans l'une des deux chambres, elle est portée à l'autre ; et si elle y est approuvee elle est portée à l'empereur.

26. Aucun discours écrit, excepté les rapports des com missions, les rapports des ministres sur les lois qui sont pré sentées, et les comptes qui sont rendus, ne peut être lu dan l'une ou l'autre des chambres.

TITRE II.
Des Colléges électoraux et du Mode d'élection.

27. Les colléges électoraux de département et d'arrondis sement sont maintenus, conformément au sénatus-consul du 16 thermidor an 10, sauf les modifications qui suivent.

28. Les assemblées de canton rempliront, chaque anné par des élections annuelles, toutes les vacances dans les col léges électoraux.

29. A dater de l'an 1816, un membre de la chambre de pairs, désigné par l'empereur, sera président à vie et inamo vible de chaque collége électoral de département.

30. A dater de la même époque, le collége électoral de chaque département nommera, parmi les membres de chaque collége d'arrondissement, le président et deux vice-présidens A cet effet, l'assemblée du collége de département précéden de quinze jours celle du collége d'arrondissement.

31. Les colléges de département et d'arrondissement nom meront le nombre de représentans établi pour chacun par l'acte et le tableau ci-annexés (1).

32. Les représentans peuvent être choisis indifféremment dans toute l'étendue de la France.

Chaque collége de département ou d'arrondissement qu

---

(1) Voyez le tableau placé après la charte constitutionnelle.

choisira un représentant hors du département ou de l'arrondissement nommera un suppléant, qui sera pris nécessairement dans le département ou l'arrondissement.

33. L'industrie et la propriété manufacturière et commerciale auront une représentation spéciale.

L'élection des représentans commerciaux et manufacturiers sera faite par le collège électoral de département, sur une liste d'éligibles dressée par les chambres de commerce et les chambres consultatives réunies, suivant l'acte ci-annexé (1).

TITRE III.

De la Loi de l'impôt.

34. L'impôt général direct, soit foncier, soit mobilier, n'est voté que pour un an. Les impôts indirects peuvent être votés pour plusieurs années.

Dans le cas de la dissolution de la chambre des représentans, les impositions votées dans la session précédente sont continuées jusqu'à la nouvelle réunion de la chambre.

35. Aucun impôt direct ou indirect, en argent ou en nature, ne peut être perçu; aucun emprunt ne peut avoir lieu; aucune inscription de créance au grand-livre de la dette publique ne peut être faite; aucun domaine ne peut être aliéné ni échangé; aucune levée d'hommes pour l'armée ne peut être ordonnée; aucune portion du territoire ne peut être échangée qu'en vertu d'une loi.

36. Toute proposition d'impôt, d'emprunt, ou de levée d'hommes, ne peut être faite qu'à la chambre des représentans.

37. C'est aussi à la chambre des représentans qu'est porté d'abord, 1°. le budget général de l'état, contenant l'aperçu des recettes et la proposition des fonds assignés pour l'année à chaque département du ministère; 2°. le compte des recettes et dépenses de l'année ou des années précédentes.

TITRE IV.

Des Ministres, et de la Responsabilité.

38. Tous les actes du gouvernement doivent être contresignés par un ministre ayant département.

(1) Voyez page 248.

39. Les ministres sont responsables des actes du gouvernement signés par eux, ainsi que de l'exécution des lois.

40. Ils peuvent être accusés par la chambre des représentans, et sont jugés par celle des pairs.

41. Tout ministre, tout commandant d'armée de terre ou de mer, peut être accusé par la chambre des représentans, jugé par la chambre des pairs, pour avoir compromis la sûreté ou l'honneur de la nation.

42. La chambre des pairs, en ce cas, exerce, soit pour caractériser le délit, soit pour infliger la peine, un pouvoir discrétionnaire.

43. Avant de prononcer la mise en accusation d'un ministre, la chambre des représentans doit declarer qu'il y a lieu à examiner la proposition d'accusation.

44. Cette déclaration ne peut se faire qu'après le rapport d'une commission de soixante membres tirés au sort. Cette commission ne fait son rapport que dix jours au plus tôt après sa nomination.

45. Quand la chambre a déclaré qu'il y a lieu à examen, elle peut appeler le ministre dans son sein pour lui demander des explications. Cet appel ne peut avoir lieu que dix jours après le rapport de la commission.

46. Dans tout autre cas, les ministres ayant département ne peuvent être appelés ni mandés par les chambres.

47. Lorsque la chambre des représentans a déclaré qu'il y a lieu à examen contre un ministre, il est formé une nouvelle commission de soixante membres tirés au sort, comme la première; il est fait, par cette commission, un nouveau rapport sur la mise en accusation. Cette commission ne fait son rapport que dix jours après sa nomination.

48. La mise en accusation ne peut être prononcée que dix jours après la lecture et la distribution du rapport.

49. L'accusation étant prononcée, la chambre des représentans nomme cinq commissaires pris dans son sein, pour poursuivre l'accusation devant la chambre des pairs.

50. L'article 75 du titre VIII de l'acte constitutionnel du 22 frimaire an 8, portant que les agens du gouvernement ne peuvent être poursuivis qu'en vertu d'une décision du conseil d'Etat sera modifié par une loi.

TITRE V.

Du Pouvoir judiciaire.

51. L'empereur nomme tous les juges. Ils sont inamovibles et à vie dès l'instant de leur nomination, sauf la nomination des juges de paix et des juges de commerce, qui aura lieu comme par le passé. Les juges actuels nommés par l'empereur, aux termes du sénatus-consulte du 12 octobre 1807, et qu'il jugera convenable de conserver, recevront des provisions à vie avant le 1er janvier prochain.

52. L'institution des jurés est maintenue.

53. Les débats en matière criminelle sont publics.

54. Les délits militaires seuls sont du ressort des tribunaux militaires.

55. Tous les autres délits, même commis par des militaires, sont de la compétence des tribunaux civils.

56. Tous les crimes et délits qui étaient attribués à la haute cour impériale, et dont le jugement n'est pas réservé par le présent acte à la chambre des pairs, seront portés devant les tribunaux ordinaires.

57. L'empereur a le droit de faire grâce, même en matière correctionnelle, et d'accorder des amnisties.

58. Les interprétations des lois, demandées par la cour de cassation, seront données dans la forme d'une loi.

TITRE VI.

Droit des Citoyens.

59. Les Français sont égaux devant la loi, soit pour la contribution aux impôts et charges publiques, soit pour l'admission aux emplois civils et militaires.

60. Nul ne peut, sous aucun prétexte, être distrait des juges qui lui sont assignés par la loi.

61. Nul ne peut être poursuivi, arrêté, détenu ni exilé que dans les cas prévus par la loi, et suivant les formes prescrites.

62. La liberté des cultes est garantie à tous.

63. Toutes les propriétés possédées ou acquises en vertu des lois, et toutes les créances sur l'Etat sont inviolables.

64. Tout citoyen a le droit d'imprimer et de publier ses pensées, en les signant, sans aucune censure préalable, sauf la responsabilité légale, après la publication, par jugement par

jurés, quand même il n'y aurait lieu qu'à l'application d'une peine correctionnelle.

65. Le droit de pétition est assuré à tous les citoyens. Toute pétition est individuelle. Ces pétitions peuvent être adressées, soit au gouvernement, soit aux deux chambres ; néanmoins ces dernières mêmes doivent porter l'intitulé : *A S. M. l'Empereur*. Elles seront présentées aux chambres sous la garantie d'un membre qui recommande la pétition. Elles sont lues publiquement ; et si la chambre les prend en considération, elles sont portées à l'empereur par le président.

66. Aucune place, aucune partie du territoire ne peut être déclarée en état de siége que dans le cas d'invasion de la part d'une force étrangère ou de troubles civils.

Dans le premier cas, la déclaration est faite par un acte du gouvernement.

Dans le second cas, elle ne peut l'être que par la loi. Toutefois, si, le cas arrivant, les chambres ne sont pas assemblées, l'acte du gouvernement déclarant l'état de siége doit être converti en une proposition de loi dans les quinze premiers jours de la réunion des chambres.

67. Le peuple français déclare en outre que, dans la délégation qu'il a faite et qu'il fait de ses pouvoirs, il n'a pas entendu et n'entend pas donner le droit de proposer le rétablissement des Bourbons ou d'aucun prince de cette famille sur le trône, même en cas d'extinction de la dynastie impériale, ni le droit de rétablir soit l'ancienne noblesse féodale, soit les droits féodaux et seigneuriaux, soit les dîmes, soit aucun culte privilégié et dominant, ni la faculté de porter aucune atteinte à l'irrévocabilité de la vente des domaines nationaux ; il interdit formellement au gouvernement, aux chambres et aux citoyens toute proposition à cet égard.

NAPOLÉON.

Acte pour régler le nombre de Députés pour représenter la Propriété et l'Industrie commerciale et manufacturière.

22 avril 1815.

ART. 1. Pour l'exécution de l'art. 35 de l'acte des constitutions, relatif à la représentation de l'industrie et de la propriété commerciale et manufacturière, la France sera divisée en treize arrondissemens (1).

_____

(1) Chefs-lieux d'arrondissemens commerciaux : Lille, Rouen, Nantes

2. Il sera nommé, pour tous les arrondissemens, vingt-trois députés, choisis, 1° parmi les négocians, armateurs ou banquiers ; 2° parmi les manufacturiers ou fabricans (1).

3. Les députés seront nommés au chef-lieu, et par les électeurs du département (2).

4. Les députés seront pris nécessairement sur une liste d'éligibles formée par les membres réunis des chambres de commerce et des chambres consultatives de commerce de tout l'arrondissement commercial, lesquels nommeront, au scrutin et à la majorité, un président, un vice-président et un secrétaire.

5. L'assemblée, chargée de la formation de cette liste, y portera les commerçans qui se sont le plus distingués par leur probité et leurs talens, et qui payent le plus de contributions, qui font les opérations les plus considérables en France ou à l'étranger, ou qui emploient le plus d'ouvriers, et en les distinguant par la nature des opérations commerciales auxquels ils se livrent.

6. Cette liste sera de soixante pour chaque arrondissement commercial, et de cent-vingt pour l'arrondissement de Paris. Il y aura sur chacune au moins un tiers de manufacturiers et un tiers de négocians.

7. Elle sera renouvelée en entier, tous les cinq ans, à la fin de chaque législature, ou en cas de dissolution de la chambre des représentans.

8. Le présent acte sera joint à l'acte additionnel aux constitutions en date de ce jour.

Orléans, Toulouse, Nîmes, Marseille, Lyon, Strasbourg, Troyes, Paris, Rouen, Tours, comprenant les 87 departemens.

(1) Au nombre de onze députés parmi les premiers, et de douze parmi les seconds.

(2) Dans les treize villes, chefs-lieux d'arrondissemens commerciaux, désignées dans la note de la page précédente.

Par suite du désastre de Leipsick, les armées coalisées avaient mis le pied sur le sol de la France; les ministres des cours étrangères avaient signé, le 1ᵉʳ mars 1814, à Chaumont, un traité de ligue, dans le but de forcer la France à souscrire à une paix qui assurât l'indépendance de l'Europe; les bataillons étrangers s'approchaient tous les jours de la Capitale. Enfin, le 30 mars, les hauteurs de Paris furent attaquées; et le lendemain une capitulation livra la ville aux souverains alliés.

Le 1ᵉʳ avril, le sénat nomma un gouvernement provisoire, et le conseil général du département de la Seine publia, conjointement avec le conseil municipal de Paris, une proclamation, dans laquelle il déclarait qu'il s'affranchissait de toute obéissance envers Napoléon et manifestait le vœu de voir le rétablissement du gouvernement monarchique dans la personne de Louis XVIII.

Le 3, un décret du sénat prononça la déchéance de l'empereur, abolit le droit d'hérédité établi dans sa famille, et délia de leur serment les Français qui l'avaient prêté.

Tout cela avait lieu pendant que Napoléon, peu instruit de ce qui se passait à Paris, abdiquait à Fontainebleau en faveur de son fils; mais il apprit peu après les mesures prises envers toute sa famille; et, après avoir refusé naguères une paix avantageuse, consentit à profiter de la dernière grâce qui lui fut accordée.

Cependant l'empereur de Russie avait, dans une proclamation invité le sénat à travailler à une constitution, dont *la France pouvait plus se passer* (1). Cette constitution, rédigée à la hâte, présentée par le gouvernement provisoire à l'acceptation du sénat le 6 avril.

Par cet acte, la dynastie des Bourbons était *rétablie*; mais le roi ne devait être *proclamé* qu'après avoir prêté, par écrit, le serment constitutionnel.

D'ailleurs la constitution du sénat reposait à peu près sur les mêmes bases générales que celles de 1791; elle portait, en substance, que le peuple français appelait librement au trône *Louis-Stanislas-Xavier de France*, frère du dernier roi; l'inviolabilité de la personne royale; la liberté des cultes, la liberté de la presse étaient reconnues; la dette publique, la vente des biens nationaux

(1) *Voyez* le Moniteur du 31 mars 1814.

grantis; la confiscation abolie; la noblesse ancienne et nouvelle conservées.

Le pouvoir législatif résidait dans deux chambres et dans le monarque, qui concourait avec elles, et avait la *sanction* : l'initiative appartenait également aux trois branches du pouvoir législatif. Il suffisait d'avoir vingt-cinq ans pour siéger dans l'une et l'autre chambres ; la dignité de sénateur était inamovible et héréditaire de mâle en mâle, par ordre de primogéniture ; la dotation du sénat appartenait aux sénateurs, et les revenus passaient à leurs successeurs.

Des articles transitoires réglaient des intérêts particuliers : c'est ainsi que les grades, honneurs et pensions des militaires étaient garantis; qu'aucun Français ne pouvait être recherché ni pour les opinions ni pour les votes qu'il avait pu émettre; principes également consacrés par la charte.

La constitution décrétée par le sénat n'eut aucune suite. Par la déclaration royale de Saint-Ouen, publiée le 2 mai, le roi donna aux Français l'assurance de consigner dans un acte solennel les règles de leurs droits ; des commissaires du sénat et du corps législatif durent travailler à sa rédaction ; enfin, au commencement du mois suivant, eut lieu la séance royale, qui commença la session des chambres. La charte constitutionnelle fut lue dans l'assemblée; les pairs et les députés jurèrent *fidélité au roi et aux lois du royaume.* L'empire de la charte fut établi.

Décret du sénat, qui défère le gouvernement provisoire de la France à S. A. R. Mgr le comte d'Artois, sous le titre de Lieutenant-général du royaume.

Paris, le 14 avril 1814.

Le sénat, délibérant sur la proposition du gouvernement provisoire, après avoir entendu le rapport d'une commission spéciale de sept membres,

Décrète ce qui suit :

Le sénat défère le gouvernement provisoire de la France à S. A. R. Mgr le comte d'Artois, sous le titre de Lieutenant-général du royaume, en attendant que Louis-Stanislas-Xavier de France, appelé au trône des Français, ait accepté la charte constitutionnelle.

Le sénat arrête que le décret de ce jour, concernant le gouvernement provisoire de la France, sera présenté ce soir, par le sénat en corps, à S. A. R. Mgr le comte d'Artois.

Réponse de S. A. R. Mgr le comte d'Artois au decret du sénat.

14 avril 1814.

J'ai pris connaissance de l'acte constitutionnel qui rappelle trône de France le roi, mon auguste frère. Je n'ai point reçu del le pouvoir d'accepter la constitution ; mais je connais ses sentime et ses principes, et je ne crains pas d'être désavoué en assurant, son nom, qu'il en admettra les bases.

Le roi, en déclarant qu'il maintiendrait la forme actuelle gouvernement, a donc reconnu que la monarchie devait être po dérée par un gouvernement représentatif divisé en deux chambr ces deux chambres sont le sénat et la chambre des députés d départemens ; que l'impôt sera librement consenti par les répr sentans de la nation ; la liberté publique et individuelle assurée; liberté de la presse respectée, sauf les restrictions nécessaire l'ordre et à la tranquillité publique; la liberté des cultes garant que les propriétés seront inviolables et sacrées ; les ministres r ponsables, pouvant être accusés et poursuivis par les représent de la nation ; que les juges seront inamovibles; le pouvoir ju ciaire indépendant, nul ne pouvant être distrait de ses ju naturels ; que la dette publique sera garantie; les pensions, grad honneurs militaires seront conservés, ainsi que l'ancienne et nouvelle noblesse ; la légion d'honneur maintenue. Le roi en dé minera la décoration; que tout Français sera admissible aux empl civils et militaires ; qu'aucun individu ne pourra être inquiété p ses opinions et votes, et que la vente des biens nationaux se irrévocable. Voilà, ce me semble, Messieurs, les bases essentiell et nécessaires pour consacrer tous les droits, tracer tous les devo assurer toutes les existences, et garantir notre avenir.

Je vous remercie, au nom du roi mon frère, de la part que vou avez eue au retour de notre souverain légitime, et de ce que vo avez assuré par là le bonheur de la France, pour lequel le roi toute sa famille sont prêts à sacrifier leur sang. Il ne peut plus avoir, parmi nous, qu'un sentiment ; il ne faut plus se rappeler passé ; nous ne devons plus former qu'un peuple de frères. Pendan le temps que j'aurai entre les mains le pouvoir, temps qui, je l'espère, sera très-court, j'emploierai tous mes moyens à tra vailler au bonheur public.

Déclaration du Roi, du 2 mai 1814.

..., par la grâce de Dieu, roi de France et de Navarre; à tous
qui ces présentes verront; salut.

... par les malheurs de la nation, que nous sommes destinés à
..., notre première pensée est d'invoquer cette confiance
..., si nécessaire à notre réputation bonheur.

... avoir lu attentivement le plan de constitution proposé par
... dans sa séance du 6 avril dernier, nous avons reconnu que
... en désirant bonnes, mais qu'un grand nombre d'articles
... l'empreinte de la précipitation avec laquelle ils ont été ...
... ne peuvent, dans leur forme actuelle, devenir les lois ...
... de l'État.

... d'adopter une constitution libérale, nous voulons qu'elle
... sagement combinée; et, ne pouvant en accepter une qu'il est
... unable de ratifier, nous convoquons, pour le 10 du mois
... de la présente année, le sénat et le corps législatif,
... à mettre sous leurs yeux le travail que nous aurons ...
... une commission choisie dans le sein de ces deux corps, et à
... pour bases, à cette constitution, les garanties suivantes:

... gouvernement représentatif sera maintenu tel qu'il existe
... hui, divisé en deux corps, savoir: le sénat et le chambre
... des députés des départements.

... impôt librement consenti;

... liberté publique et individuelle assurée;

... liberté de la presse respectée, sauf les précautions néces-
... à la tranquillité publique;

... d'autres garanties;

... propriétés seront inviolables et sacrées; la vente des biens
... sera irrévocable;

... ministres responsables, pourront être poursuivis par une
... des chambres, et jugés par l'autre;

... amovibles, et le pouvoir judiciaire ...
... la dette publique garantie;

... ainsi que l'ancienne et la nouvelle noblesse
... la légion d'honneur, dont nous déterminerons la décoration,

... français sont admissibles aux emplois civils et militaires;
... nul individu ne pourra être inquiété pour ses opinions ...

... Saint-Ouen, le 2 mai 1814.

Signé Louis.

CHARTE CONSTITUTIONNELLE.

4 juin 1814.

——————

Louis, par la grâce de Dieu, roi de France et de Navarre,
A tous ceux qui ces présentes verront, SALUT.

La divine Providence, en nous rappelant dans nos États
après une longue absence, nous a imposé de grandes obligations. La paix était le premier besoin de nos sujets ; nous
nous en sommes occupés sans relâche ; et cette paix, si nécessaire à la France comme au reste de l'Europe, est signée.
Une charte constitutionnelle était sollicitée par l'état actuel
du royaume ; nous l'avons promise, et nous la publions. Nous
avons considéré que, bien que l'autorité toute entière réside
en France dans la personne du roi, nos prédécesseurs n'a-
vaient point hésité à en modifier l'exercice, suivant la différence des temps ; que c'est ainsi que les communes ont dû
leur affranchissement à Louis-le-Gros, la confirmation et
l'extension de leurs droits à saint Louis et à Philippe-le-Bel ;
que l'ordre judiciaire a été établi et développé par les lois de
Louis XI, de Henri II et de Charles IX ; enfin, que Louis XIV
a réglé presque toutes les parties de l'administration publique par différentes ordonnances dont rien encore n'avait sur-
passé la sagesse.

Nous avons dû, à l'exemple des rois nos prédécesseurs,
apprécier les effets des progrès toujours croissans des lumières,
les rapports nouveaux que ces progrès ont introduits dans la
société, la direction imprimée aux esprits depuis un demi-
siècle, et les graves altérations qui en sont résultées : nous
avons reconnu que le vœu de nos sujets pour une charte
constitutionnelle était l'expression d'un besoin réel ; mais, en
cédant à ce vœu, nous avons pris toutes les précautions
pour que cette charte fût digne de nous et du peuple auquel nous sommes fiers de commander. Des hommes sages,
pris dans les premiers corps de l'État, se sont réunis à des
commissaires de notre conseil pour travailler à cet important
ouvrage.

En même temps que nous reconnaissions qu'une constitution libre et monarchique devait remplir l'attente de l'Eu-

rope éclairée, nous avons dû nous souvenir aussi que notre premier devoir envers nos peuples était de conserver, pour leur propre intérêt, les droits et les prérogatives de notre couronne. Nous avons espéré qu'instruits par l'expérience, ils seraient convaincus que l'autorité suprême peut seule donner aux institutions qu'elle établit la force, la permanence et la majesté dont elle est elle-même revêtue; qu'ainsi, lorsque la sagesse des rois s'accorde librement avec le vœu des peuples, une charte constitutionnelle peut être de longue durée; mais que, quand la violence arrache des concessions à la faiblesse du gouvernement, la liberté publique n'est pas moins en danger que le trône même. Nous avons enfin cherché les principes de la charte constitutionnelle dans le caractère français et dans les monumens vénérables des siècles passés. Ainsi nous avons vu, dans le renouvellement de la pairie, une institution vraiment nationale, et qui doit lier tous les souvenirs à toutes les espérances, en réunissant les temps anciens et les temps modernes.

Nous avons remplacé, par la chambre des députés, ces anciennes assemblées des Champs-de-Mars et de Mai, et ces chambres du tiers-état, qui ont si souvent donné tout à la fois des preuves de zèle pour les intérêts du peuple, de fidélité et de respect pour l'autorité des rois. En cherchant ainsi à renouer la chaîne des temps, que de funestes écarts avaient interrompue, nous avons effacé de notre souvenir, comme nous voudrions qu'on pût les effacer de l'histoire, tous les maux qui ont affligé la patrie durant notre absence. Heureux de nous retrouver au sein de la grande famille, nous n'avons su répondre à l'amour dont nous recevons tant de témoignages qu'en prononçant des paroles de paix et de consolation. Le vœu le plus cher à notre cœur, c'est que tous les Français vivent en frères, et que jamais aucun souvenir amer ne trouble la sécurité qui doit suivre l'acte solennel que nous leur accordons aujourd'hui.

Sûrs de nos intentions, forts de notre conscience, nous nous engageons, devant l'assemblée qui nous écoute, à être fidèles à cette charte constitutionnelle, nous réservant d'en jurer le maintien, avec une nouvelle solennité, devant les autels de celui qui pèse dans la même balance les rois et les nations.

À ces causes,

Nous avons volontairement, et par le libre exercice de

notre autorité royale, accordé et accordons, fait concessio
et octroi à nos sujets, tant pour nous que pour nos successeurs, et à toujours, de la charte constitutionnelle qui suit

Droit public des Français.

Art 1er Les Français sont égaux devant la loi, quels qu
soient d'ailleurs leurs titres et leurs rangs.

2. Ils contribuent indistinctement, dans la proportion d
leur fortune, aux charges de l'Etat.

3. Ils sont tous également admissibles aux emplois civils
militaires.

4. Leur liberté individuelle est également garantie, person
ne pouvant être poursuivi ni arrêté que dans les cas prév
par la loi, et dans la forme qu'elle prescrit.

5. Chacun professe sa religion avec une égale liberté,
obtient pour son culte la même protection.

6. Cependant la religion catholique, apostolique et romai
est la religion de l'Etat.

7. Les ministres de la religion catholique, apostolique
romaine, et ceux des autres cultes chrétiens, reçoivent se
des traitemens du trésor royal.

8. Les Français ont le droit de publier et de faire imprim
leurs opinions, en se conformant aux lois qui doivent répri
mer les abus de cette liberté.

9. Toutes les propriétés sont inviolables, sans aucune e
ception de celles qu'on appelle *nationales*, la loi ne mettr
aucune différence entre elles.

10. L'état peut exiger le sacrifice d'une propriété, po
cause d'intérêt public légalement constaté, mais avec une i
demnité préalable.

11. Toutes recherches des opinions et votes émis jusques
la restauration sont interdites. Le même oubli est comman
aux tribunaux et aux citoyens.

13. La conscription est abolie. Le mode de recruteme
de l'armée de terre et de mer est déterminé par une loi.

Formes du Gouvernement du Roi.

13. La personne du roi est inviolable et sacrée. Ses minis
tres sont responsables. Au roi seul appartient la puissanc
exécutive.

14. Le roi est le chef suprême de l'Etat, commande le
forces de terre et de mer, déclare la guerre, fait les traités d

paix, d'alliance et de commerce, nomme à tous les emplois d'administration publique, et fait les réglemens et ordonnances nécessaires pour l'exécution des lois et la sûreté de l'Etat.

15. La puissance législative s'exerce collectivement par le roi, la chambre des pairs, et la chambre des députés des départemens.

16. Le roi propose la loi.

17. La proposition de la loi est portée, au gré du roi, à la chambre des pairs ou à celle des députés, excepté la loi de l'impôt, qui doit être adressée d'abord à la chambre des députés.

18. Toute loi doit être discutée et votée librement par la majorité de chacune des deux chambres.

19. Les chambres ont la faculté de supplier le roi de proposer une loi sur quelque objet que ce soit, et d'indiquer ce qui leur paraît convenable que la loi contienne.

20. Cette demande pourra être faite par chacune des deux chambres, mais après avoir été discutée en comité secret : elle ne sera envoyée à l'autre chambre, par celle qui l'aura proposée, qu'après un délai de dix jours.

21. Si la proposition est adoptée par l'autre chambre, elle est mise sous les yeux du roi ; si elle est rejetée, elle ne pourra être représentée dans la même session.

22. Le roi seul sanctionne et promulgue les lois.

23. La liste civile est fixée pour toute la durée du règne, par la première législature assemblée depuis l'avènement du roi.

De la Chambre des Pairs.

24. La chambre des pairs est une portion essentielle de la puissance législative.

25. Elle est convoquée par le roi en même temps que la chambre des députés des départemens. La session de l'une commence et finit en même temps que celle de l'autre.

26. Toute assemblée de la chambre des pairs, qui serait tenue hors du temps de la session de la chambre des députés, ou qui ne serait pas ordonnée par le roi, est illicite et nulle de plein droit.

27. La nomination des pairs de France appartient au roi. Leur nombre est illimité : il peut en varier les dignités, les nommer à vie ou les rendre héréditaires, selon sa volonté (1).

(1) Nous devons rappeler ici l'ordonnance du roi du 19 août 1815, portant : Art. 1er La dignité de pair est et demeurera héréditaire de mâle en mâle,

28. Les pairs ont entrée dans la chambre à vingt-cinq ans, et voix délibérative à trente ans seulement.

29. La chambre des pairs est présidée par le chancelier de France, et, en son absence, par un pair nommé par le roi.

30. Les membres de la famille royale et les princes du sang sont pairs par le droit de leur naissance. Ils siègent immédiatement après le président; mais ils n'ont voix délibérative qu'à vingt-cinq ans.

31. Les princes ne peuvent prendre séance à la chambre que de l'ordre du roi, exprimé, pour chaque session, par un message, à peine de nullité de tout ce qui aurait été fait en leur présence.

32. Toutes les délibérations de la chambre des pairs sont secrètes.

33. La chambre des pairs connaît des crimes de haute trahison et des attentats à la sûreté de l'Etat, qui seront définis par la loi.

34. Aucun pair ne peut être arrêté que de l'autorité de la chambre, et jugé que par elle en matière criminelle.

De la Chambre des Députés des départemens.

35. La chambre des députés sera composée des députés élus par les colléges électoraux dont l'organisation sera déterminée par des lois.

36. Chaque département aura le même nombre de députés qu'il a eu jusqu'à présent.

37. Les députés seront élus pour cinq ans, et de manière que la chambre soit renouvelée, chaque année, par cinquième.

38. Aucun député ne peut être admis dans la chambre, s'il n'est âgé de quarante ans, et s'il ne paie une contribution directe de mille francs.

59. Si néanmoins il ne se trouvait pas dans le département cinquante personnes de l'âge indiqué, payant au moins mille francs de contributions directes, leur nombre sera complété

---

par ordre de primogéniture dans la famille des pairs qui composent actuellement notre chambre des pairs.

2. La même prérogative est accordée aux pairs que nous nommerons à l'avenir.

40. Les électeurs qui concourent à la nomination des députés, ne peuvent avoir droit de suffrage, s'ils ne paient une contribution directe de trois cents francs, et s'ils ont moins de trente ans.

par les plus imposés au-dessous de mille francs; et ceux-ci pourront être élus concurremment avec les premiers.

41. Les présidens des colléges électoraux seront nommés par le roi, et de droit membres du collége.

42. La moitié au moins des députés sera choisie parmi des éligibles qui ont leur domicile politique dans le département.

43. Le président de la chambre des députés est nommé par le roi, sur une liste de cinq membres présentée par la chambre.

44. Les séances de la chambre sont publiques; mais la demande de cinq membres suffit pour qu'elle se forme en comité secret.

45. La chambre se partage en bureaux pour discuter les projets qui lui ont été présentés de la part du roi.

46. Aucun amendement ne peut être fait à une loi, s'il n'a été proposé ou consenti par le roi, et s'il n'a été renvoyé et discuté dans les bureaux.

47. La chambre des députés reçoit toutes les propositions d'impôts : ce n'est qu'après que ces propositions ont été admises, qu'elles peuvent être portées à la chambre des pairs.

48. Aucun impôt ne peut être établi ni perçu, s'il n'a été consenti par les deux chambres et sanctionné par le roi.

49. L'impôt foncier n'est consenti que pour un an. Les impositions indirectes peuvent l'être pour plusieurs années.

50. Le roi convoque chaque année les deux chambres : il les proroge, et peut dissoudre celle des députés des départemens; mais, dans ce cas, il doit en convoquer une nouvelle dans le délai de trois mois.

51. Aucune contrainte par corps ne peut être exercée contre un membre de la chambre, durant la session, et dans les six semaines qui l'auront précédée ou suivie.

52. Aucun membre de la chambre ne peut, pendant la durée de la session, être poursuivi ni arrêté en matière criminelle, sauf le cas de flagrant délit, qu'après que la chambre a permis sa poursuite.

53. Toute pétition à l'une ou à l'autre des chambres ne peut être faite et présentée que par écrit. La loi interdit d'en apporter en personne et à la barre.

17.

Des Ministres.

54. Les ministres peuvent être membres de la chambre des pairs, ou de la chambre des députés. Ils ont en outre leur entrée dans l'une ou l'autre chambre, et doivent être entendus quand ils le demandent.

55. La chambre des députés a le droit d'accuser les ministres, et de les traduire devant la chambre des pairs, qui seule a celui de les juger.

56. Ils ne peuvent être accusés que pour fait de trahison ou de concussion. Des lois particulières spécifieront cette nature de délits, et en détermineront la poursuite.

De l'Ordre judiciaire.

57. Toute justice émane du roi. Elle s'administre en son nom par dés juges qu'il nomme et qu'il institue.

58. Les juges nommés par le roi sont inamovibles.

59. Les cours et tribunaux ordinaires, actuellement existans, sont maintenus. Il n'y sera rien changé qu'en vertu d'une loi.

60. L'institution actuelle des juges de commerce est conservée.

61. La justice de paix est également conservée. Les juges de paix, quoique nommés par le roi, ne sont point inamovibles.

62. Nul ne pourra être distrait de ses juges naturels.

63. Il ne pourra, en conséquence, être créé de commissions et tribunaux extraordinaires. Ne sont pas comprises sous cette dénomination, les juridictions prévôtales, si leur rétablissement est jugé nécessaire.

64. Les débats seront publics en matière criminelle à moins que cette publicité ne soit dangereuse pour l'ordre et les mœurs; et, dans ce cas, le tribunal le déclare par un jugement.

L'institution des Jurés est conservée. Les changemens qu'une plus longue expérience ferait juger nécessaires, ne peuvent être effectués que par une loi (1).

66. La peine de la confiscation des biens est abolie, et ne pourra pas être rétablie.

67. Le roi a le droit de faire grâce et celui de commuer les peines.

---

(1) *Voyez* liv. ii, tit. ii, chap. 4, et spécialement chap. 5 du Code d'instruction criminelle.

68. Le code civil et les lois actuellement existantes qui ne sont pas contraires à la présente Charte, restent en vigueur jusqu'à ce qu'il y soit légalement dérogé.

Droits particuliers garantis par l'État.

69. Les militaires en activité de service, les officiers et soldats en retraite, les veuves, les officiers et soldats pensionnés conserveront leurs grades, honneurs et pensions.

70. La dette publique est garantie. Toute espèce d'engagement pris par l'État avec ses créanciers est inviolable.

71. La noblesse ancienne reprend ses titres. La nouvelle conserve les siens. Le roi fait des nobles à volonté; mais il ne leur accorde que des rangs et des honneurs, sans aucune exemption des charges et des devoirs de la société.

La Légion d'honneur est maintenue. Le roi déterminera les règlements intérieurs et la décoration.

73. Les colonies seront régies par des lois et des réglements particuliers.

74. Le roi et ses successeurs jureront, dans la solennité de leur sacre, d'observer fidèlement la présente Charte constitutionnelle.

Articles transitoires.

75. Les députés des départements de France qui siégeaient au corps-législatif, lors du dernier ajournement, continueront de siéger à la chambre des députés jusqu'à remplacement.

76. Le premier renouvellement d'un cinquième de la chambre des députés aura lieu, au plus tard, en l'année 1816, suivant l'ordre établi entre les séries.

Nous Ordonnons que la présente Charte constitutionnelle, mise sous les yeux du sénat et du corps-législatif, conformément à notre proclamation du 2 mai, sera envoyée incontinent à la chambre des pairs et à celle des députés.

Donné à Paris, l'an de grâce dix-huit cent quatorze, et de notre règne le dix-neuvième.

Signé LOUIS.

Et plus bas, l'abbé DE MONTESQUIOU.

LOIS ORGANIQUES.

ÉLECTIONS (1).

Loi du 5 février 1820.

ART. 1er. Tout Français jouissant des droits civils et politiques, âgé de trente ans accomplis, et payant 300 francs de contributions directes, est appelé à concourir à l'élection des députés du département où il a son domicile politique.

2. Pour former la masse des contributions nécessaires à la qualité d'électeur ou d'éligible, on comptera à chaque Français les contributions directes qu'il paie dans tout le royaume

Au mari, celles de sa femme, même non commune en biens; et au père, celles des biens de ses enfans mineurs dont il aura la jouissance.

3. Le domicile politique de tout Français est dans le département où il a son domicile réel. Néanmoins il pourra le transférer dans tout autre département où il paiera des contributions directes, à la charge par lui d'en faire, six mois d'avance, une déclaration expresse devant le préfet du département où il aura son domicile politique actuel, et devant le préfet du département où il voudra le transférer.

La translation du domicile réel ou politique ne donnera l'exercice du droit politique, relativement à l'élection des députés, qu'à celui qui, dans les quatre ans antérieurs, n'aura point exercé dans un autre département. Cette exception n'a pas lieu dans le cas de dissolution de la chambre.

4. Nul ne peut exercer les droits d'électeur dans deux départemens.

5. Le préfet dressera, dans chaque département, la liste des électeurs, qui sera imprimée et affichée.

Il statuera provisoirement, en conseil de préfecture, sur les réclamations qui s'élèveraient contre la teneur de cette liste, sans préjudice du recours de droit, lequel ne pourra néanmoins suspendre les élections.

6. Les difficultés relatives à la jouissance des droits civils ou politiques du réclamant, seront définitivement jugées par les cours royales : celles qui concerneraient ses contributions ou son domicile politique, le seront par le conseil d'Etat.

(1) Voyez l'art. 35 de la Charte.

7. Il n'y a, dans chaque département, qu'un seul collége électoral : il est composé de tous les électeurs du département dont il nomme directement les députés à la chambre.

8. Les colléges électoraux sont convoqués par le roi : ils se réunissent au chef-lieu du département, ou dans telle autre ville du département que le roi désigne. Ils ne peuvent s'occuper d'autres objets que de l'élection des députés; toute discussion, toute délibération leur sont interdites.

9. Les électeurs se réunissent en une seule assemblée, dans les départemens où leur nombre n'excède pas six cents.

Dans ceux où il y en a plus de six cents, le collége électoral est divisé en sections, dont chacune ne peut être moindre de trois cents électeurs.

Chaque section concourt directement à la nomination de tous les députés que le collége électoral doit élire.

10. Le bureau de chaque collége électoral se compose d'un président nommé par le roi, de quatre scrutateurs et d'un secrétaire.

Les quatre scrutateurs et le secrétaire sont nommés par le collége, à un seul tour de scrutin de liste pour les scrutateurs, et individuel pour le secrétaire, à la pluralité des voix.

Dans les colléges électoraux qui se divisent en sections, le bureau ainsi formé est attaché à la première section du collége.

Le bureau de chacune des autres sections se compose d'un vice-président nommé par le roi, de quatre scrutateurs et d'un secrétaire choisis de la manière ci-dessus prescrite.

A l'ouverture du collége et sections de collége, le président et les vice-présidens nomment le bureau provisoire, composé de quatre scrutateurs et d'un secrétaire.

11. Le président et les vice-présidens ont seuls la police du collége électoral ou des sections de collége qu'ils président.

Il y aura toujours présens dans chaque bureau, trois au moins des membres qui en font partie.

Le bureau juge provisoirement toutes les difficultés qui s'élèvent sur les opérations du collége ou de la section, sauf la décision définitive de la chambre des députés.

12. La session des colléges est de dix jours au plus. Chaque séance s'ouvre à huit heures du matin : il ne peut y en avoir qu'une par jour, qui est close après le dépouillement du scrutin.

13. Les électeurs votent par bulletin de liste, contenant, à chaque tour de scrutin, autant de noms qu'il y a de nominations à faire.

Le nom, la qualification, le domicile de chaque électeur qui déposera son bulletin, seront inscrits, par le secrétaire ou l'un des scrutateurs présens, sur une liste destinée à constater le nombre des votans.

Celui des membres du bureau qui aura inscrit le nom, la qualification, le domicile de l'électeur, inscrira en marge son propre nom.

Il n'y a que trois tours de scrutin.

Chaque scrutin est, après être resté ouvert au moins pendant six heures, clos à trois heures du soir et dépouillé séance tenante.

L'état de dépouillement du scrutin de chaque section est arrêté et signé par le bureau. Il est immédiatement porté par le vice-président au bureau du collége, qui fait en présence des vice-présidens de toutes les sections, le recensement général des votes.

Le résultat de chaque tour de scrutin est sur-le-champ rendu public.

14. Nul n'est élu à l'un des deux premiers tours de scrutin, s'il ne réunit au moins le quart plus une des voix de la totalité des membres qui composent le collége, et la moitié plus un des suffrages exprimés.

15. Après les deux premiers tours de scrutin, s'il reste des nominations à faire, le bureau du collége dresse et arrête une liste des personnes qui, au second tour, ont obtenu le plus de suffrages.

Elle contient deux fois autant de noms qu'il y a encore de députés à élire.

Les suffrages, au troisième tour de scrutin, ne peuvent être donnés qu'à ceux dont les noms sont portés sur cette liste.

Les nominations ont lieu à la pluralité des votes exprimés.

16. Dans tous les cas où il y aura concours par égalité de suffrages, l'âge décidera de la préférence.

17. Les préfets et les officiers généraux commandant les divisions militaires et les départemens ne peuvent être élus députés dans les départemens où ils exercent leurs fonctions.

18. Lorsque, pendant la durée ou dans l'intervalle des sessions des chambres, la députation d'un département devient incomplète, elle est complétée par le collége électoral du département auquel elle appartient.

19. Les députés à la chambre ne reçoivent ni traitemens ni indemnités.

20. Les lois, décrets et réglemens sur le mode des élections antérieurs à la présente loi sont abrogés.

21. Toutes les formalités relatives à l'exécution de la présente loi seront réglées par des ordonnances du roi.

Loi du 25 mars 1818.

Art. 1. Nul ne pourra être membre de la chambre des députés, si au jour de son élection il n'est âgé de quarante ans accomplis et ne paie mille francs de contribution directe, sauf le cas prévu par l'art. 59 de la charte.

2. Le député élu par plusieurs départemens, sera tenu de déclarer son option à la chambre, dans le mois de l'ouverture de la première session qui suivra la double élection ; et, à défaut d'option dans ce délai, il sera décidé, par la voie du sort, à quel département ce député appartiendra.

Loi du 29 juin 1820.

Art. 1. Il y a dans chaque département un collége électoral de département et des colléges électoraux d'arrondissement.

Néanmoins tous les électeurs se réuniront en un seul collége dans les départemens qui n'avaient, à l'époque du 5 février 1817, qu'un député à nommer ; dans ceux où le nombre des électeurs n'excède pas trois cents, et dans ceux qui, divisés en cinq arrondissemens de sous-préfecture, n'auront pas au-delà de quatre cents électeurs.

2. Les colléges de département sont composés des électeurs les plus imposés, en nombre égal au quart de la totalité des électeurs du département.

Les colléges de département nomment cent soixante-douze nouveaux députés, conformément au tableau annexé à la présente loi. Ils procéderont à cette nomination pour la session de 1820.

La nomination des deux cent cinquante-huit députés actuels est attribuée aux colléges d'arrondissemens électoraux à former dans chaque département en vertu de l'article 1er, sauf les exceptions portées au paragraphe 2 du même article.

Ces colléges nomment chacun un député. Ils sont composés de tous les électeurs ayant leur domicile politique dans l'une des communes comprises dans la circonscription de chaque arrondissement électoral. Cette circonscription sera provisoirement déterminée, pour chaque département, sur l'avis du conseil général, par des ordonnances du roi, qui seront soumises à l'approbation législative dans la prochaine session.

Le cinquième des députés actuels qui doit être renouvelé sera nommé par les colléges d'arrondissement.

Pour les sessions suivantes, les départemens qui auront à renouveler leur députation, la nommeront en entier d'après les bases établies par le présent article.

3. La liste des électeurs de chaque collége sera imprimée et affichée un mois avant l'ouverture des colléges électoraux. Cette liste contiendra la quotité et l'espèce des contributions de chaque électeur, avec l'indication des départemens où elles sont payées.

4. Les contributions directes ne seront comptées, pour être électeur ou éligible, que lorsque la propriété foncière aura été possédée, la location faite, la patente prise et l'industrie sujette à patente exercée une année avant l'époque de la convocation du collége électoral. Ceux qui ont des droits acquis avant la publication de la présente loi, et le possesseur à titre successif, sont seuls exceptés de cette condition.

5. Les contributions foncières payées par une veuve sont comptées à celui de ses fils, à défaut de fils à celui de ses petits-fils, et, à défaut de fils et petits-fils, à celui de ses gendres qu'elle désigne.

6. Pour procéder à l'élection des députés, chaque électeur écrit secrètement son vote sur le bureau, ou l'y fait écrire par un autre électeur de son choix, sur un bulletin, qu'il reçoit à cet effet, du président; il remet son bulletin écrit et fermé, au président, qui le dépose dans l'urne destinée à cet usage.

7. Nul ne peut être élu député aux deux premiers tours de scrutin, s'il ne réunit au moins le tiers plus une des voix de la totalité des membres qui composent le collége, et la moitié plus un des suffrages exprimés.

8. Les sous-préfets ne peuvent être élus députés par les colléges d'arrondissemens électoraux qui comprennent la totalité, ou une partie des électeurs de l'arrondissement de leur sous-préfecture.

9. Les députés décédés ou démissionnaires seront remplacés chacun par le collége qui l'aura nommé.

En cas de décès ou démission d'aucun des membres actuels de la chambre, avant que le département auquel il appartient soit en tour de renouveler sa députation, il sera remplacé par un des colléges d'arrondissement de ce département.

La chambre déterminera par la voie du sort, l'ordre dans

lequel les colléges électoraux d'arrondissement procéderont aux remplacemens éventuels jusqu'au premier renouvellement intégral de chaque députation.

10. En cas de vacance par option, décès, démission ou autrement, les colléges électoraux seront convoqués dans le délai de deux mois pour procéder à une nouvelle élection.

11. Les dispositions des lois des 5 février 1817 et 25 mars 1818 auxquelles il n'est pas dérogé par la présente, continueront d'être exécutées, et seront communes aux colléges électoraux de département et d'arrondissement.

TABLEAU du nombre des députés à élire par chaque département.

DÉPARTEMENS.	D'après le sénatus-consulte du 16 therm. an 10	D'après l'acte additionnel de 1815	D'après l'ordonn. du 27 novembre 1816	D'après la loi du 29 juin 1820	OBSERVATIONS
Ain.................	4	7	3	2	
Aisne..............	3	9	4	2	
Allier.............	2	6	2	2	
Alpes (Basses)......	1	6	1	1	
Alpes (Hautes)......	1	4	1	1	
Alpes maritimes.....	1	»	»	»	
Ardèche...........	2	5	2	1	
Ardennes..........	2	7	2	1	1° Les départe-
Arriège...........	2	4	2	1	mens pour lesquels
Aube..............	2	7	2	1	le nombre de dépu-
Aude..............	2	6	2	2	tés n'est pas indiqué
Aveyron...........	3	7	3	2	dans les 2e, 3e, et
Bouches-du-Rhone..	3	7	3	2	4e colonnes, ont
Calvados...........	4	10	4	3	cessé d'appartenir à
Cantal............:	2	6	2	1	la France en 1814.
Charente...........	3	7	3	2	
Charente-Inférieure..	4	10	4	3	2° Pour avoir le
Cher..............	2	5	2	2	nombre des députés
Corrèze...........	2	5	2	2	nommés actuelle-
Corse.............	»	6	»	»	ment par chaque dé-
Côte-d'Or.........	3	7	3	2	partement, il faut
Côtes-du-Nord.....	4	9	4	2	réunir les nombres
Creuse............	2	6	2	1	indiqués dans les 3e
Dordogne..........	4	8	4	3	et 4e colonnes. Il y
Doubs............	2	6	2	2	a 172 députés nom-
Drôme............	2	6	2	1	més en vertu de la
Dyle.............	4	»	»	»	loi du 29 juin 1820,
Escaut...........	4	»	»	»	et 258, aux ter-
Eure.............	4	8	4	3	mes de l'ordonnance
Eure-et-Loire......	2	6	2	2	de 1816; en total,
Finistère.........	4	9	4	2	430 siégent actuel-
Forêts...........	2	»	»	»	lement.
Gard.............	3	7	3	2	
Garonne (Haute)....	4	8	4	3	3° Pour les dé-
Gers.............	3	7	3	2	partemens du Golo
Gironde..........	5	10	5	3	et de Liamone, voy.
Golo.............	1	»	»	»	Corse.
Hérault...........	3	6	3	2	
Ille-et-Vilaine......	4	10	4	3	
Indre.............	2	6	2	1	
Indre-et-Loire......	2	5	2	2	
Isère.............	4	8	4	2	
Jemmapes.........	4	»	»	»	
Jura.............	2	7	2	1	
Landes...........	»	5	2	1	
Léman...........	2	»	»	»	
Liamone..........	1	»	»	»	
Loir-et-Cher......	2	5	2	1	
Loire............	3	6	3	2	
Loire (Haute).....	2	5	2	1	
Loire-Inférieure....	4	8	4	2	
Loiret...........	3	6	3	2	

DÉPARTEMENS.	Députés nommés précédemment	Députés de 1815	Députés d'après la loi maintenant existante	D'après la loi du maximum	OBSERVATIONS.
Lot	4	5	4	2	
Lot-et-Garonne	3	7	3	2	
Loire	1	4	1	1	
Lys	4	8	4	2	
Maine-et-Loire	4	10	4	3	
Manche	3	8	4	3	
Marne	3	8	3	2	
Marne (Haute)	2	5	2	2	
Mayenne	3	6	3	2	
Meurthe	3	8	3	2	
Meuse	2	6	2	2	
Meuse-Inférieure . . .	2	»	»	»	
Mont-Blanc	3	5	»	»	
Mont-Tonnerre	3	»	»	»	
Morbihan	4	8	4	2	
Moselle	4	7	4	3	
Nèthes (Deux)	3	»	»	»	
Nièvre	2	6	2	2	
Nord	8	12	8	4	
Oise	3	7	3	3	
Orne	4	7	4	3	
Ourthe	3	»	»	»	
Pas-de-Calais	4	11	4	3	
Puy-de-Dôme	4	9	4	3	
Pyrénées (Basses) . . .	2	8	3	2	
Pyrénées (Hautes) . . .	2	5	2	1	
Pyrénées-Orientales .	1	4	1	1	
Rhin (Bas)	4	8	4	2	
Rhin (Haut)	3	6	3	2	
Rhin-et-Moselle	2	»	»	»	
Rhône	3	5	3	2	
Roer	4	»	»	»	
Sambre-et-Meuse . . .	2	»	»	1	
Saône (Haute)	3	6	3	3	
Saône-et-Loire	4	9	4	3	
Sarre	2	»	»	»	
Sarthe	4	7	4	3	
Seine	8	12	8	4	
Seine-Inférieure . . .	6	10	6	4	
Seine-et-Marne	3	7	3	2	
Seine-et-Oise	4	10	4	3	
Sèvres (Deux)	2	6	2	1	
Somme	4	9	4	3	
Tarn	2	6	2	2	
Tarn-et-Garonne . . .	»	5	2	2	
Var	3	6	3	2	
Vaucluse	2	6	2	1	
Vendée	3	5	3	2	
Vienne	2	»	2	2	
Vienne (Haute) . . .	2	6	2	2	
Vosges	3	8	3	2	
Yonne	3	8	3	2	

LIBERTÉ DE LA PRESSE (1).

Loi sur la Répression des Crimes et Délits commis par la voie de la Presse, ou par tout autre moyen de publication.

17 mai 1819.

CHAPITRE PREMIER.

De la Provocation publique aux Crimes et Délits.

ART. 1. Quiconque, soit par des discours, des cris ou menaces proférés dans des lieux ou réunions publics, soit par des écrits, des imprimés, des dessins, des gravures, des peintures ou emblèmes vendus ou distribués, mis en vente ou exposés dans des lieux ou réunions publics, soit par des placards et affiches exposés aux regards du public, aura provoqué l'auteur ou les auteurs de toute action qualifiée crime ou délit à la commettre, sera réputé complice, et puni comme tel.

2. Quiconque aura, par l'un des moyens énoncés en l'article 1, provoqué à commettre un ou plusieurs crimes, sans que ladite provocation ait été suivie d'aucun effet, sera puni d'un emprisonnement qui ne pourra être de moins de trois mois, ni excéder cinq années, et d'une amende qui ne pourra être au-dessous de cinquante francs, ni excéder six mille francs.

3. Quiconque aura, par l'un des mêmes moyens, provoqué à commettre un ou plusieurs délits, sans que ladite provocation ait été suivie d'aucun effet, sera puni d'un emprisonnement de trois jours à deux années, et d'une amende de trente francs à quatre mille francs, ou de l'une de ces deux peines seulement, selon les circonstances; sauf les cas dans lesquels la loi prononcerait une peine moins grave contre l'auteur même du délit, laquelle sera alors appliquée au provocateur.

4. Sera réputée provocation au crime, et punie des peines portées par l'article 2, toute attaque formelle, par l'un des moyens énoncés en l'article 1er, soit contre l'inviolabilité de la personne du Roi, soit contre l'ordre de successibilité au trône, soit contre l'autorité constitutionnelle du roi et des chambres.

---

(1) *Voyez* l'art. 8 de la Charte.

5. Seront réputés provocation au délit, et punis des peines portées par l'article 3,

1° Tous cris séditieux publiquement proférés, autres que ceux qui rentreraient dans la disposition de l'article 4;

2° L'enlèvement ou la dégradation des signes publics de l'autorité royale, opérés par haine ou mépris de cette autorité;

3° Le port public de tous signes extérieurs de ralliement non autorisés par le roi ou par des réglemens de police;

4° L'attaque formelle, par l'un des moyens énoncés en l'article 1er, des droits garantis par les articles 5 et 9 de la Charte constitutionnelle.

6. La provocation, par l'un des mêmes moyens, à la désobéissance aux lois, sera également punie des peines portées en l'article 3.

7. Il n'est point dérogé aux lois qui punissent la provocation et la complicité résultant de tous actes autres que les faits de publication prévus par la présente loi.

CHAPITRE II.

Des Outrages à la Morale publique et religieuse, ou aux bonnes Mœurs.

8. Tout outrage à la morale publique et religieuse, ou aux bonnes mœurs, par l'un des moyens énoncés en l'article 1er, sera puni d'un emprisonnement d'un mois à un an, et d'une amende de seize francs à cinq cents francs.

CHAPITRE III.

Des offenses publiques envers la personne du Roi.

9. Quiconque, par l'un des moyens énoncés en l'article 1er de la présente loi, se sera rendu coupable d'offenses envers la personne du roi, sera puni d'un emprisonnement qui ne pourra être de moins de six mois, ni excéder cinq années, et d'une amende qui ne pourra être au-dessous de cinq cents francs, ni excéder dix mille francs.

Le coupable pourra, en outre, être interdit de tout ou partie des droits mentionnés en l'article 42 du Code pénal, pendant un temps égal à celui de l'emprisonnement auquel il aura été condamné : ce temps courra à compter du jour où le coupable aura subi sa peine.

CHAPITRE IV.

Des Offenses publiques envers les Membres de la Fa *royale, les Chambres, les Souverains et les Chefs des Gou* *vernemens étrangers.*

10. L'offense, par l'un des moyens énoncés en l'article 1er, envers les membres de la famille royale, sera punie d'un emprisonnement d'un mois à trois ans, et d'une amende de cent francs à cinq mille francs.

11. L'offense, par l'un des mêmes moyens, envers les chambres ou l'une d'elles, sera punie d'un emprisonnement d'un mois à trois ans, et d'une amende de cent francs à cinq mille francs.

12. L'offense, par l'un des mêmes moyens, envers la personne des souverains ou envers celle des chefs des gouvernemens étrangers, sera punie d'un emprisonnement d'un mois à trois ans, et d'une amende de cent francs à cinq mille francs.

CHAPITRE V.

De la Diffamation et de l'Injure publiques.

13. Toute allégation ou imputation d'un fait qui porte atteinte à l'honneur ou à la considération de la personne ou du corps auquel le fait est imputé, est une diffamation.

Toute expression outrageante, termes de mépris ou invective, qui ne renferme l'imputation d'aucun fait, est une injure.

14. La diffamation et l'injure commises par l'un des moyens énoncés en l'article 1er de la présente loi, seront punis d'après les distinctions suivantes.

15. La diffamation ou l'injure envers les cours, tribunaux ou autres corps constitués, sera punie d'un emprisonnement de quinze jours à deux ans, et d'une amende de cinquante francs à quatre mille francs.

16. La diffamation envers tout dépositaire ou agent de l'autorité publique, pour des faits relatifs à ses fonctions, sera punie d'un emprisonnement de huit jours à dix-huit mois, et d'une amende de cinquante francs à trois mille francs.

L'emprisonnement et l'amende pourront, dans ce cas, être infligés cumulativement ou séparément, selon les circonstances.

17. La diffamation envers les ambassadeurs, ministres plénipotentiaires, envoyés, chargés d'affaires, ou autres agens diplomatiques accrédités près du roi, sera punie d'un emprisonnement de huit jours à dix-huit mois, et d'une amende de cinquante francs à trois mille francs, ou de l'une de ces deux peines seulement, selon les circonstances.

18. La diffamation envers les particuliers sera punie d'un emprisonnement de cinq jours à un an et d'une amende de vingt-cinq francs à deux mille francs, ou de l'une de ces deux peines seulement, selon les circonstances.

19. L'injure contre les personnes désignées par les articles 16 et 17 de la présente loi, sera punie d'un emprisonnement de cinq jours à un an et d'une amende de vingt-cinq francs à deux mille francs, ou de l'une de ces deux peines seulement, selon les circonstances.

L'injure contre les particuliers sera punie d'une amende de seize francs à cinq cents francs.

20. Néanmoins, l'injure qui ne renfermerait pas l'imputation d'un vice déterminé, ou qui ne serait pas publique, continuera d'être punie des peines de simple police.

CHAPITRE VI
Dispositions générales.

21. Ne donneront ouverture à aucune action, les discours tenus dans le sein de l'une des deux chambres, ainsi que les rapports ou toutes autres pièces imprimés par ordre de l'une des deux chambres.

22. Ne donnera lieu à aucune action, le compte fidèle des séances publiques de la chambre des députés, rendu de bonne foi dans les journaux.

23. Ne donneront lieu à aucune action en diffamation ou injure, les discours prononcés ou les écrits produits devant les tribunaux : pourront, néanmoins; les juges saisis de la cause, en statuant sur le fond, prononcer la suppression des écrits injurieux ou diffamatoires, et condamner qui il appartiendra en des dommages-intérêts.

Les juges pourront aussi, dans le même cas, faire des injonctions aux avocats et officiers ministériels, ou même les suspendre de leurs fonctions.

La durée de cette suspension ne pourra excéder six mois ; en cas de récidive, elle sera d'un an au moins et de cinq au plus.

Pourront, toutefois, les faits diffamatoires étrangers à la cause, donner ouverture, soit à l'action publique, soit à l'action civile des parties, lorsqu'elle leur aura été réservée par les tribunaux, et dans tous les cas, à l'action civile des tiers.

24. Les imprimeurs d'écrits dont les auteurs seraient mis en jugement en vertu de la présente loi, et qui auraient rempli les obligations prescrites par le titre II de la loi du 21 octobre 1814, ne pourront être recherchés pour le simple fait d'impression de ces écrits, à moins qu'ils n'aient agi sciemment, ainsi qu'il est dit à l'article 60 du Code pénal, qui définit la complicité.

25. En cas de récidive des crimes et délits prévus par la présente loi, il pourra y avoir lieu à l'aggravation de peines prononcées par le chapitre IV, livre Ier du Code pénal.

26. Les articles 102, 217, 367, 368, 369, 370, 371, 372, 374, 375, 377 du Code pénal, et la loi du 9 novembre 1815, sont abrogés.

Loi Relative à la Poursuite et au Jugement des Crimes et Délits commis par la voie de la Presse, ou par tout autre moyen de publication.

26 mai 1819.

Art. Ier La poursuite des crimes et délits commis par la voie de la presse, ou par tout autre moyen de publication, aura lieu d'office et à la requête du ministère public, sous les modifications suivantes.

2. Dans le cas d'offense envers les chambres ou l'une d'elles, par voie de publication, la poursuite n'aura lieu qu'autant que la chambre qui se croira offensée l'aura autorisée.

3. Dans le cas du même délit contre la personne des souverains et celle des chefs des Gouvernemens étrangers, la poursuite n'aura lieu que sur la plainte ou à la requête du souverain ou du chef du Gouvernement qui se croira offensé.

4. Dans les cas de diffamation ou d'injure contre les cours, tribunaux, ou autres corps constitués, la poursuite n'aura lieu qu'après une délibération de ces corps, prise en assemblée générale et requérant les poursuites.

5. Dans le cas des mêmes délits contre tout dépositaire ou agent de l'autorité publique, contre tout agent diplomatique étranger, accrédité près du roi, ou contre tout particulier,

a poursuite n'aura lieu que sur la plainte de la partie qui se prétendra lésée.

6. La partie publique, dans son réquisitoire, si elle poursuit d'office, ou le plaignant, dans sa plainte, seront tenus d'articuler et de qualifier les provocations, attaques, offenses, outrages, faits diffamatoires ou injures, à raison desquels la poursuite est intentée, et ce, à peine de nullité de la poursuite.

7. Immédiatement après avoir reçu le réquisitoire ou la plainte, le juge d'instruction pourra ordonner la saisie des écrits, imprimés, placards, dessins, gravures, peintures, emblèmes ou autres instrumens de publication.

L'ordre de saisir et le procès-verbal de saisie seront notifiés, dans les trois jours de ladite saisie, à la personne entre les mains de laquelle la saisie aura été faite, à peine de nullité.

8. Dans les huit jours de ladite notification, le juge d'instruction est tenu de faire son rapport à la chambre du conseil qui procède, ainsi qu'il est dit au Code d'instruction criminelle, livre Ier, chapitre IX, sauf les dispositions ci-après.

9. Si la chambre du conseil est unanimement d'avis qu'il n'y a pas lieu à poursuivre, elle prononce la main-levée de la saisie.

10. Dans le cas contraire, ou dans le cas de pourvoi du procureur du roi ou de la partie civile contre la décision de la chambre du conseil, les pièces sont transmises, sans délai, au procureur général près la cour royale, qui est tenu, dans les cinq jours de la réception, de faire son rapport à la chambre des mises en accusation, laquelle est tenue de prononcer dans les trois jours dudit rapport

11. A défaut par la chambre du conseil du tribunal de première instance d'avoir prononcé dans les dix jours de la notification du procès-verbal de saisie, la saisie sera de plein droit périmée. Elle le sera également à défaut par la cour royale d'avoir prononcé sur cette même saisie dans les dix jours du dépôt en son greffe de la requête que la partie saisie est autorisée à présenter, à l'appui de son pourvoi, contre l'ordonnance de la chambre du conseil. Tous les dépositaires des objets saisis seront tenus de les rendre au propriétaire sur la simple exhibition du certificat des greffiers respectifs, constatant qu'il n'y a pas eu d'ordonnance ou d'arrêt dans les délais ci-dessus prescrits.

Les greffiers sont tenus de délivrer ce certificat à la première réquisition, sous peine d'une amende de trois cents francs, sans préjudice des dommages-intérêts, s'il y a lieu.

Toutes les fois qu'il ne s'agira que d'un simple délit, la péremption de la saisie entraînera celle de l'action publique.

12. Dans les cas où les formalités prescrites par les lois et réglemens concernant le dépôt auront été remplies, les poursuites à la requête du ministère public ne pourront être faites que devant les juges du lieu où le dépôt aura été opéré, ou de celui de la résidence du prévenu.

En cas de contravention aux dispositions ci-dessus rappelées concernant le dépôt, les poursuites pourront être faites soit devant le juge de la résidence du prévenu, soit dans les lieux où les écrits et autres instrumens de publication auront été saisis.

Dans tous les cas, la poursuite à la requête de la partie plaignante pourra être portée devant les juges de son domicile, lorsque la publication y aura été effectuée.

13. Les crimes et délits commis par la voie de la presse ou tout autre moyen de publication, à l'exception de ceux désignés dans l'article suivant, seront renvoyés par la chambre des mises en accusation de la cour royale devant la cour d'assises, pour être jugés à la plus prochaine session. L'arrêt de renvoi sera de suite notifié au prévenu.

14. Les délits de diffamation verbale ou d'injure verbale contre toute personne, et ceux de diffamation ou d'injure par une voie de publication quelconque contre des particuliers, seront jugés par les tribunaux de police correctionnelle, sauf les cas attribués aux tribunaux de simple police.

15. Sont tenues, la chambre du conseil du tribunal de première instance, dans le jugement de mise en prévention, et la chambre des mises en accusation de la cour royale, dans l'arrêt de renvoi devant la cour d'assises, d'articuler et de qualifier les faits à raison desquels lesdits prévention ou renvoi sont prononcés, à peine de nullité desdits jugement ou arrêt.

16. Lorsque la mise en accusation aura été prononcée pour crimes commis par voie de publication, et que l'accusé n'aura pu être saisi, ou qu'il ne se présentera pas, il sera procédé contre lui, ainsi qu'il est prescrit au livre II, titre IV, du Code d'instruction criminelle, chapitre des *Contumaces*.

17. Lorsque le renvoi à la cour d'assises aura été fait pour délits spécifiés dans la présente loi, le prévenu, s'il n'est pré-

rent au jour fixé pour le jugement par l'ordonnance du président, dûment notifiée audit prévenu ou à son domicile,
dix jours au moins avant l'échéance, outre un jour par cinq
myriamètres de distance, sera jugé par défaut. La cour statuera sans assistance ni intervention de jurés, tant sur l'action
publique que sur l'action civile.

18. Le prévenu pourra former opposition à l'arrêt par défaut dans les dix jours de la notification qui lui en aura été
faite ou à son domicile, outre un jour par cinq myriamètres
de distance, à charge de notifier son opposition, tant au
ministère public qu'à la partie civile.

Le prévenu supportera, sans recours, les frais de l'expédition et de la signification de l'arrêt par défaut et de l'opposition, ainsi que de l'assignation et de la taxe des témoins
appelés à l'audience pour le jugement de l'opposition.

19. Dans les cinq jours de la notification de l'opposition,
le prévenu devra déposer au greffe une requête tendant à
obtenir du président de la cour d'assises une ordonnance
fixant le jour du jugement de l'opposition : cette ordonnance fixera le jour aux plus prochaines assises ; elle sera
signifiée, à la requête du ministère public, tant au prévenu
qu'au plaignant, avec assignation au jour fixé, dix jours au
moins avant l'échéance. Faute par le prévenu de remplir
les formalités mises à sa charge par le présent article, ou de
comparaître par lui-même ou par un fondé de pouvoir au
jour fixé par l'ordonnance, l'opposition sera réputée non
avenue, et l'arrêt par défaut sera définitif.

20. Nul ne sera admis à prouver la vérité des faits diffamatoires, si ce n'est dans le cas d'imputation contre des dépositaires ou agens de l'autorité, ou contre toutes personnes
ayant agi dans un caractère public, de faits relatifs à leurs
fonctions. Dans ce cas, les faits pourront être prouvés par-
devant la cour d'assises par toutes les voies ordinaires, sauf
la preuve contraire par les mêmes voies.

La preuve des faits imputés met l'auteur de l'imputation
à l'abri de toute peine, sans préjudice des peines prononcées
contre toute injure qui ne serait pas nécessairement dépen-
dante des mêmes faits.

21. Le prévenu qui voudra être admis à prouver la vérité
des faits dans le cas prévu par le précédent article, devra,
dans les huit jours qui suivront la notification de l'arrêt de

renvoi devant la cour d'assises, ou de l'opposition à l'arr'
par défaut rendu contre lui, faire signifier au plaiguant,

1° Les faits articulés et qualifiés dans cet arrêt desquels
il entend prouver la vérité ;

2° La copie des pièces ;

3° Les noms, professions et demeures des témoins par
lesquels il entend faire sa preuve.

Cette signification contiendra élection de domicile près
la cour d'assises ; le tout à peine d'être déchu de la
preuve.

22. Dans les huit jours suivans, le plaignant sera tenu de
faire signifier au prévenu, au domicile par lui élu, la copie
des pièces, et les noms, professions et demeures des témoins
par lesquels il entend faire la preuve contraire ; le tout également sous peine de déchéance.

23. Le plaignant en diffamation ou injure pourra faire
entendre des témoins qui attesteront sa moralité : les noms
professions et demeures de ces témoins seront notifiés au
prévenu ou à son domicile, un jour au moins avant l'au-
dition.

Le prévenu ne sera point admis à faire entendre des témoins contre la moralité du plaignant.

24. Le plaignant sera tenu, immédiatement après l'arrêt de
renvoi, d'élire domicile près la cour d'assises, et de notifier
cette élection au prévenu et au ministère public ; à défaut de
quoi toutes significations seront faites valablement ou plaignant au greffe de la cour.

Lorsque le prévenu sera en état d'arrestation, toute
notifications, pour être valables, devront lui être faites à
personne.

25. Lorsque les faits imputés seront punissables selon la
loi, et qu'il y aura des poursuites commencées à la requête
du ministère public, ou que l'auteur de l'imputation aura
dénoncé ces faits, il sera, durant l'instruction, sursis à la
poursuite et au jugement du délit de diffamation.

26. Tout arrêt de condamnation contre les auteurs ou
complices de crimes et délits commis par voie de publication, ordonnera la suppression ou la destruction des objets
saisis, ou de tous ceux qui pourront l'être ultérieurement
en tout ou en partie, suivant qu'il y aura lieu pour l'effet
de la condamnation.

L'impression ou l'affiche de l'arrêt pourront être ordonnées aux frais du condamné.

Ces arrêts seront rendus publics dans la même forme que les jugemens portant déclaration d'absence.

27. Quiconque, après que la condamnation d'un écrit, de dessins ou gravures, sera réputée connue par la publication dans les formes prescrites par l'article précédent, les réimprimera, vendra ou distribuera, subira le *maximum* de la peine qu'aurait pu encourir l'auteur.

28. Toute personne inculpée d'un délit commis par la voie de la presse, ou par tout autre moyen de publication, contre laquelle il aura été décerné un mandat de dépôt ou d'arrêt, obtiendra sa mise en liberté provisoire, moyennant caution. La caution à exiger de l'inculpé ne pourra être supérieure au double du *maximum* de l'amende prononcée par la loi contre le délit qui lui est imputé.

29. L'action publique contre les crimes et délits commis par la voie de la presse, ou tout autre moyen de publication, se prescrira par six mois révolus, à compter du fait de publication qui donnera lieu à la poursuite.

Pour faire courir cette prescription de six mois, la publication d'un écrit devra être précédée du dépôt et de la déclaration que l'éditeur entend le publier.

S'il a été fait, dans cet intervalle, un acte de poursuite ou d'instruction, l'action publique ne se prescrira qu'après un an, à compter du dernier acte, à l'égard même des personnes qui ne seraient pas impliquées dans ces actes d'instruction ou de poursuite.

Néanmoins, dans le cas d'offense envers les chambres, le délai ne courra pas dans l'intervalle de leurs sessions.

L'action civile ne se prescrira, dans tous les cas, que par la révolution de trois années, à compter du fait de la publication.

30. Les délits commis par la voie de la presse ou par tout autre moyen de publication, et qui ne seraient point encore jugés, le seront suivant les formes prescrites par la présente loi.

31. La loi du 28 février 1817 est abrogée.

Les dispositions du Code d'instruction criminelle auxquelles il n'est pas dérogé par la présente loi, continueront d'être exécutées.

Loi relative à la publication des Journaux ou Ecrits périodiques (1).

juin 819.

ART. 1. Les propriétaires ou éditeurs de tout journal ou écrit périodique, consacré en tout ou en partie aux nouvelles ou matières politiques, et paraissant, soit à jour fixe, soit par livraison et irrégulièrement, mais plus d'une fois par mois, seront tenus,

1° De faire une déclaration indiquant le nom, au moins, d'un propriétaire ou éditeur responsable, sa demeure, et

---

(1) *Ordonnance du Roi concernant l'exécution de la Loi relative à la Publication des journaux ou écrits périodiques.*

du 9 juin 1819.

ART. 1er L'éditeur ou propriétaire d'un journal ou écrit périodique, de la nature de ceux désignés par l'art. 1er de la loi de ce jour, qui voudra fournir en rentes le cautionnement prescrit par la loi, déclarera à l'agent judiciaire du trésor royal qu'il affecte l'inscription dont il est propriétaire au cautionnement de son entreprise. L'acte de cautionnement sera fait double entre l'agent judiciaire et le titulaire de l'inscription.

L'inscription donnée en cautionnement sera déposée à la caisse centrale du trésor royal. Les arrérages continueront à en être payés sur la représentation d'un bordereau délivré par l'agent judiciaire.

Lorsque le cautionnement sera fourni en inscription départementale, le directeur de l'enregistrement remplira, pour le département au livre auxiliaire duquel appartient la rente, les fonctions ci-dessus attribuées à l'agent judiciaire; l'inscription sera déposée à la caisse du receveur des domaines du chef-lieu.

Les mêmes formalités devront être remplies par tout propriétaire d'une rente qui déclarerait l'affecter au cautionnement de l'entreprise formée par un tuteur ou propriétaire de journal.

2. Toute inscription directe ou départementale, affectée à un cautionnement, devra être *visée pour cautionnement*, soit par le directeur du grand livre, soit par le receveur-général, avant d'être présentée à l'agent judiciaire ou au directeur de l'enregistrement, à l'appui de la déclaration prescrite par l'article précédent.

3. Lorsque le cautionnement aura été, soit versé à la caisse des consignations, soit fourni en rentes, l'éditeur ou propriétaire fera, devant le préfet du département, ou à Paris, devant le préfet de police, la déclaration prescrite par le n° 1 de l'art. 1er de la loi. Il représentera en même temps, soit le reçu de la caisse des consignations, soit l'acte constatant qu'il a fourni son cautionnement en rentes.

Le préfet donnera sur-le-champ acte de la déclaration, et de la justification du cautionnement.

La publication du journal ou de l'écrit périodique pourra commencer immédiatement après.

l'imprimerie, dûment autorisée, dans laquelle le journal ou
écrit périodique doit être imprimé;

2° De fournir un cautionnement, qui sera, dans les départemens de la Seine, de Seine-et-Oise et de Seine-et-
Marne, de dix mille francs de rente pour les journaux quotidiens, et de cinq mille francs de rente pour les journaux
ou écrits périodiques paraissant à des termes moins rapprochés ;

Et dans les autres départemens, le cautionnement relatif
aux journaux quotidiens sera de deux mille cinq cents francs
de rente dans les villes de cinquante mille âmes et au-dessus;
de quinze cents francs de rente dans les villes au-dessous, et

---

4. La remise au moment de la publication de chaque feuille ou livraison
du journal ou écrit périodique, exigée par l'article 5 de la loi, sera faite à
Paris, à la préfecture de police.

5. Sur le vu du jugement ou de l'arrêt qui, à défaut par la partie condamnée d'avoir acquitté le montant des condamnations contre elle prononcées dans
le délai prescrit par l'art. 4 de la loi, aurait ordonné la vente de l'inscription
portée au cautionnement, cette inscription sera vendue, jusqu'à concurrence, à la requête de la partie plaignante, ou, en cas d'amende, à celle
du préposé de la régie de l'enregistrement, chargé de la perception des
amendes.

Cette vente sera opérée par les soins de l'agent judiciaire, le lendemain de
la notification à lui faite du jugement ou de l'arrêt.

Les rentes départementales seront, dans le même cas, transmises par le
directeur de l'enregistrement à l'agent judiciaire, lequel en fera faire immédiatement la vente, et en enverra le produit au directeur de l'enregistrement
ou un mandat de la caisse centrale du trésor sur le receveur-général. Il y
joindra le bordereau de l'agent de change pour justification des frais de
courtage.

Le prélèvement sur le capital résultant de la vente sera fait, ainsi qu'il est
dit à l'article 3 de la loi.

6. Le complètement ou le remplacement d'un cautionnement aura lieu
dans les formes prescrites pour le cautionnement primitif.

7. Le propriétaire ou éditeur de journal ou écrit périodique qui voudra cesser
son entreprise, en fera déclaration au préfet du département, ou, à Paris,
au préfet de police. Le préfet lui donnera acte de ladite déclaration ; sur le vu
de cette pièce, et après un délai de trois mois, son cautionnement sera rem-
boursé ou libéré, à moins que, par suite de condamnations ou de poursuites commencées, des oppositions n'aient été faites, soit à la caisse des
consignations, soit entre les mains de l'agent judiciaire ou du directeur de
l'enregistrement.

8. Il est accordé aux éditeurs ou propriétaires des journaux et écrits
périodiques désignés par l'art. 1er de la loi, actuellement existans, un
délai de quinze jours pour accomplir les formalités prescrites par la loi de ce
jour et par la présente ordonnance.

9. Notre garde-des-sceaux ministre de la justice, nos ministres de l'intérieur et des finances, sont chargés, chacun en ce qui le concerne, de
l'exécution de la présente ordonnance, qui sera insérée au Bulletin des lois.

de la moitié de ces rentes pour les journaux ou écrits périodiques qui paraissent à des termes moins rapprochés.

Les cautionnemens pourront être également effectués à la caisse des consignations, en y versant le capital de la rente au cours du jour du dépôt.

2. La responsabilité des auteurs ou éditeurs indiqués dans la déclaration s'étendra à tous les articles insérés dans le journal ou écrit périodique, sans préjudice de la solidarité des auteurs ou rédacteurs desdits articles.

3. Le cautionnement sera affecté, par privilége aux dépens, dommages-intérêts et amendes auxquels les propriétaires ou éditeurs pourront être condamnés : le prélèvement s'opérera dans l'ordre indiqué au présent article. En cas d'insuffisance, il y aura lieu à recours solidaire sur les biens des propriétaires ou éditeurs déclarés responsables du journal ou écrit périodique, et des auteurs et rédacteurs des articles condamnés.

4. Les condamnations encourues devront être acquittées et le cautionnement libéré ou complété dans les quinze jours de la notification de l'arrêt ; les quinze jours révolus sans que la libération ou le complétement ait été opéré ; et jusqu'à ce qu'il le soit, le journal ou écrit périodique cessera de paraître.

5. Au moment de la publication de chaque feuille ou livraison du journal ou écrit périodique, il en sera remis, à la préfecture pour les chefs-lieux de département, à la sous-préfecture pour ceux d'arrondissement, et, dans les autres villes, à la mairie, un exemplaire signé d'un propriétaire ou éditeur responsable.

Cette formalité ne pourra ni retarder ni suspendre le départ ou la distribution du journal ou écrit périodique.

6. Quiconque publiera un journal ou écrit périodique sans avoir satisfait aux conditions prescrites par les articles 1er, 4 et 5 de la présente loi, sera puni correctionnellement d'un emprisonnement d'un mois à six mois, et d'une amende de deux cents francs à douze cents francs.

7. Les éditeurs de tout journal ou écrit périodique ne pourront rendre compte des séances secrètes des chambres, ou de l'une d'elles, sans leur autorisation.

8. Tout journal sera tenu d'insérer les publications officielles qui lui seront adressées, à cet effet, par le gouverne-

cent, le lendemain du jour de l'envoi de ces pièces, sous la seule condition du paiement des frais d'insertion.

9. Les propriétaires ou éditeurs responsables d'un journal ou écrit périodique, ou auteurs ou rédacteurs d'articles imprimés dans ledit journal ou écrit, prévenus de crimes ou délits pour fait de publication, seront poursuivis et jugés dans les formes et suivant les distinctions prescrites à l'égard de toutes les autres publications.

10. En cas de condamnation, les mêmes peines leur seront appliquées : toutefois les amendes pourront être élevées au double, et, en cas de récidive, portées au quadruple, sans préjudice des peines de la récidive prononcées par le Code pénal.

11. Les éditeurs du journal ou écrit périodique seront tenus d'insérer dans l'une des feuilles ou des livraisons qui paraîtront dans le mois du jugement ou de l'arrêt intervenu contre eux, extrait contenant les motifs et le dispositif dudit jugement ou arrêt.

12. La contravention aux articles 7, 8 et 11 de la présente loi, sera punie correctionnellement d'une amende de cent francs à mille francs.

13. Les poursuites auxquelles pourront donner lieu les contraventions aux articles 7, 8 et 11 de la présente loi, se prescriront par le laps de trois mois, à compter de la contravention, ou de l'interruption des poursuites, s'il y en a de commencées en temps utile.

ÉGLISE DE FRANCE.

DÉCLARATION DU CLERGÉ DE FRANCE.
de 1682.

Les rois et les princes ne sont pas soumis pour leur temporel, à la puissance ecclésiastique, et ils ne peuvent être déposés directement ni indirectement, par l'autorité des chefs de l'Eglise, ni leurs sujets exemptés de la fidélité et de l'obéissance qu'ils leur doivent ;

Les décrets du concile de Constance, sur l'autorité des conciles généraux, doivent demeurer dans leur force et vertu, et l'Eglise de France n'approuve point ceux qui disent que ces

décrets sont douteux, qu'ils n'ont pas été approuvés ou qu'ils
n'ont été faits que pour le temps du schisme ;

L'usage de la puissance ecclésiastique doit être tempéré
par les canons ; les réglemens, les coutumes et les lois reçues
dans l'Eglise Gallicane doivent être observés ;

Enfin, quoique le souverain Pontife ait la principale part
dans les questions de foi, et que ses décrets regardent toutes
les Eglises, et chaque Eglise en particulier, son jugement,
toutefois, n'est pas infaillible, s'il n'est pas suivi du consentement de toute l'Eglise (1).

CONCORDAT DE 1801,

sous ce titre :

Convention entre le Gouvernement Français et Sa Sainteté Pie VII.

LE gouvernement de la république française reconnaît que
la Religion catholique, apostolique et romaine, est la Religion
de la grande majorité des citoyens français.

Sa Sainteté reconnaît également que cette même religion
a retiré et attend encore en ce moment, le plus grand bien
et le plus grand éclat de l'établissement du culte catholique
en France, et de la profession particulière qu'en font les
consuls de la république.

En conséquence, d'après cette reconnaisance mutuelle,
tant pour le bien de la religion que pour le maintien de la
tranquillité intérieure ; ils sont convenus de ce qui suit :

ART. Ier. La Religion catholique, apostolique et romaine
sera librement exercée en France ; son culte sera public, et
se conformant aux réglemens de police que le gouvernement
jugera nécessaires pour la tranquillité publique.

2. Il sera fait par le Saint-Siége, de concert avec le gouvernement, une nouvelle circonscription des diocèses français.

---

(1) *Voyez* Fleury, *Inst. au Droit ecclés.*, pag. 3, chap. 25.
(2) La Charte a omis les règles fondamentales de notre Droit public, relativement à la constitution politique de l'Eglise de France. Nous renvoyons,
sur ce point, au chapitre de la Constitution *non écrite*, portant pour titre
Eglise gallicane : les principes qui y sont énoncés ne nous ont pas permis de
donner place, dans ce recueil, à l'acte conclu, en 1817, entre la couronne et
le Saint-Siége. Il est manifeste, en effet, que par la loi la plus constante peut-
être de la monarchie, ce concordat ne peut être regardé que comme un *projet*.

3. Sa Sainteté déclarera aux titulaires des évêchés français, qu'elle attend d'eux avec une ferme confiance pour le bien de la paix et de l'unité, toute espèce de sacrifices, même celui de leurs siéges.

D'après cette exhortation, s'ils se refusaient à ce sacrifice commandé par le bien de l'Eglise (refus néanmoins auquel sa Sainteté ne s'attend pas), il sera pourvu, par de nouveaux titulaires au gouvernement des évêchés de la circonscription nouvelle, de la manière suivante.

4. Le premier consul de la république nommera, dans les trois mois qui suivront la publication de la bulle de Sa Sainteté, aux archevêchés et évêchés de la circonscription nouvelle. Sa Sainteté conférera l'institution canonique, suivant les formes établies par rapport à la France, avant le changement de gouvernement.

5. Les nominations aux évêchés qui vaqueront dans la suite, seront également faites par le premier consul, et l'institution canonique sera donnée par le Saint-Siége, en conformité de l'article précédent.

6. Les évêques, avant d'entrer en fonctions, prêteront directement entre les mains du premier consul, le serment de fidélité qui était en usage avant le changement de gouvernement, exprimé dans les termes suivants :

« Je jure et promets à Dieu, sur les saints Evangiles, de
« garder obéissance et fidélité au gouvernement établi par la
« constitution de la République française. Je promets aussi de
« n'avoir aucune intelligence, de n'assister à aucun conseil,
« de n'entretenir aucune ligue, soit au-dedans, soit au-dehors
« qui soit contraire à la tranquillité publique ; et, si dans
« mon diocèse ou ailleurs, j'apprends qu'il se trame quelque
« chose au préjudice de l'Etat, je le ferai savoir au gou-
« vernement. »

7. Les ecclésiastiques du second ordre prêteront le même serment entre les mains des autorités civiles, désignées par le gouvernement.

8. La formule de prière suivante sera récitée à la fin de l'office divin, dans toutes les églises catholiques de France : *Domine, salvam fac rempublicam ; domine, salvos fac consules.*

9. Les évêques feront une nouvelle circonscription des paroisses de leurs diocèses, qui n'aura d'effet que d'après le consentement du gouvernement.

10. Les évêques nommeront aux cures.

Leur choix ne pourra tomber que sur des personnes agréées par le gouvernement.

11. Les évêques pourront avoir un chapitre dans leur cathédrale, et un séminaire pour leur diocèse, sans que le gouvernement s'oblige à les doter.

12. Toutes les églises métropolitaines, cathédrales, paroissiales et autres non aliénées, nécessaires au culte, seront remises à la disposition des évêques.

13. Sa Sainteté, pour le bien de la paix et l'heureux rétablissement de la religion catholique, déclare que ni elle, ni ses successeurs ne troubleront en aucune manière les acquéreurs des biens ecclésiastiques aliénés, et qu'en conséquence, la propriété de ces mêmes biens, les droits et revenus y attachés, demeureront incommutables entre leurs mains ou celles de leurs ayant-cause.

14. Le gouvernement assurera un traitement convenable aux évêques et aux curés, dont les diocèses et les paroisses seront compris dans la circonscription nouvelle.

15. Le gouvernement prendra également des mesures pour que les catholiques français puissent, s'ils le veulent, faire en faveur des églises, des fondations.

16. Sa Sainteté reconnaît dans le premier consul de la république française, les mêmes droits et prérogatives dont jouissait près d'elle l'ancien gouvernement.

17. Il est convenu entre les parties contractantes que, dans le cas où quelqu'un des successeurs du premier consul actuel ne serait pas catholique, les droits et prérogatives mentionnés dans l'article ci-dessus, et la nomination aux évêchés seront réglés, par rapport à lui, par une nouvelle convention.

Les ratifications seront échangées à Paris dans l'espace de quarante jours.

Fait à Paris le 26 messidor an 9.

(Suivent les signatures).

Loi du 18 germinal an 10, sur l'organisation des Cultes.

DU CULTE CATHOLIQUE.

TITRE PREMIER.

Du régime de l'Eglise catholique dans ses rapports généraux avec les droits et la police de l'Etat.

ART. 1. Aucune bulle, bref, rescrit, décret, mandat, provision, signature servant de provision, ni autres expéditions de la cour de Rome, même ne concernant que les particuliers, ne peuvent être reçues, publiées, imprimées ni autrement mises à exécution, sans l'autorisation du gouvernement.

2. Aucun individu se disant nonce, légat, vicaire ou commissaire apostolique, ou se prévalant de tout autre dénomination, ne peut, sans la même autorisation, exercer sur le sol français ni ailleurs, aucune fonction relative aux affaires de l'Eglise gallicane.

3. Les décrets des synodes étrangers, même ceux des conciles généraux ne peuvent être publiés en France, avant que le gouvernement en ait examiné la forme, leur conformité avec les lois, droits et franchises de l'Empire français, et tout ce qui dans leur publication pourrait altérer ou intéresser la tranquillité publique.

4. Aucun concile national ou métropolitain, aucun synode diocésain, aucune assemblée délibérante n'a lieu sans la permission expresse du gouvernement.

5. Toutes les fonctions ecclésiastiques sont gratuites, sauf les oblations qui seraient autorisées et fixées par les réglemens.

6. Il y a recours au conseil d'Etat, dans tous les cas d'abus de la part des supérieurs et autres personnes ecclésiastiques.

Les cas d'abus sont, l'usurpation ou l'excès de pouvoir, la contravention aux lois et réglemens de l'état, l'infraction des règles consacrées par les canons reçus en France, l'attentat aux libertés, franchises et coutumes de l'Eglise gallicane, et toute entreprise ou tout procédé qui, dans l'exercice du culte, peut compromettre l'honneur des citoyens, troubler arbitra.-

rement leur conscience, dégénérer contre eux en oppression ou en injure, ou en scandale public.

7. Il y a pareillement recours au conseil d'Etat s'il est porté atteinte à l'exercice public du culte et à la liberté que les lois et les réglemens garantissent à ses ministres.

8. Le recours compète à toute personne intéressée. A défaut de plainte particulière, il est exercé d'office par les préfets.

Le fonctionnaire public, l'ecclésiastique ou la personne qui veut exercer ce recours, adresse un mémoire détaillé et signé au conseiller d'Etat chargé de toutes les affaires concernant les cultes, lequel est tenu de prendre, dans le plus court délai, tous les renseignemens convenables ; et sur son rapport, l'affaire est suivie et définitivement terminée dans la forme administrative, ou renvoyée selon l'exigence des cas, aux autorités compétentes.

TITRE II.
Des Ministres.

SECTION PREMIÈRE.
Dispositions générales.

9. Le culte catholique est exercé sous la direction des archevêques et évêques dans leurs diocèses, et sous celles de curés dans leurs paroisses.

10. Tout privilége portant exemption ou attribution de juridiction épiscopale est aboli.

11. Les archevêques et évêques peuvent, avec l'autorisation du gouvernement, établir dans leurs diocèses des chapitres cathédraux et des séminaires. Tous autres établissemens ecclésiastiques sont supprimés.

12. Il est libre aux archevêques et évêques d'ajouter à leur nom le titre de *Citoyen* ou celui de *Monsieur.* Toutes autres qualifications sont interdites.

SECTION II.
Des Archevêques ou Métropolitains.

13. Les archevêques consacrent et installent leurs suffragans. En cas d'empêchement ou de refus de leur part, ils sont suppléés par le plus ancien évêque de l'arrondissement métropolitain.

14. Ils veillent au maintien de la foi et de la discipline dans les diocèses dépendans de leur métropole.

15. Ils connaissent des réclamations et des plaintes portées contre la conduite et les décisions des évêques suffragans.

Des Évêques, des Vicaires généraux et des Séminaires.

16. On ne peut être nommé évêque avant l'âge de 30 ans et si on n'est originaire français.

17. Avant l'expédition de l'arrêté de nomination, celui ou ceux qui sont proposés, sont tenus de rapporter une attestation de bonne vie et mœurs, expédiée par l'évêque dans le diocèse duquel ils ont exercé les fonctions du ministère ecclésiastique ; et ils sont examinés sur leur doctrine par un évêque et deux prêtres qui sont commis par le premier consul, lesquels adressent le résultat de leur examen au ministre chargé de toutes les affaires concernant les cultes.

18. Le prêtre nommé par le premier consul fait les diligences pour rapporter l'institution du pape.

Il ne peut exercer aucune fonction avant que la bulle portant son institution ait reçu l'attache du gouvernement, et qu'il ait prêté en personne le serment prescrit par la convention passée entre le gouvernement français et le Saint-Siége.

Ce serment est prêté au premier consul, il en est dressé procès-verbal par le secrétaire d'Etat.

19. Les évêques nomment et instituent les curés ; néanmoins ils ne manifestent leur nomination et ils ne donnent l'institution canonique, qu'après que cette nomination a été agréée par le premier consul.

20. Ils sont tenus de résider dans leurs diocèses ; ils ne peuvent en sortir qu'avec la permission du premier consul.

21. Chaque évêque peut nommer deux vicaires généraux, et chaque archevêque peut en nommer trois ; ils les choisissent parmi les prêtres ayant les qualités pour être évêques.

22. Ils visitent annuellement et en personne une partie de leur diocèse, et dans l'espace de cinq ans le diocèse entier.

En cas d'empêchement légitime, la visite est faite par un vicaire général.

23. Les évêques sont chargés de l'organisation de leurs séminaires, et les réglemens de cette organisation sont soumis à l'approbation du premier consul.

24. Ceux qui sont choisis pour l'enseignement dans les sé-

minaires, souscrivent la déclaration faite par le clergé de France en 1682 (1), et publiée par un édit de la même année. Ils se soumettent à y enseigner la doctrine qui y est contenue, et les évêques adressent une expédition en forme de cette soumission, au ministre chargé de toutes les affaires concernant les cultes.

25. Les évêques envoient, toutes les années, à ce ministre le nom des personnes qui étudient dans les séminaires, et qui se destinent à l'état ecclésiastique.

Ils ne peuvent ordonner aucun ecclésiastique, s'il ne justifie d'une propriété produisant au moins un revenu annuel de trois cents francs, s'il n'a atteint l'âge de vingt-cinq ans, et s'il ne réunit les qualités requises par les canons reçus en France.

Les évêques ne font aucune ordination, avant que le nombre des personnes à ordonner ait été soumis au gouvernement et par lui agréé.

SECTION IV.

Des Curés.

27. Les curés ne peuvent entrer en fonctions qu'après avoir prêté entre les mains du préfet le serment prescrit par la convention passée entre le gouvernement et le Saint-Siége. Il est dressé procès-verbal de cette prestation par le secrétaire-général de la préfecture, et copie collationnée leur en est délivrée.

28. Ils sont mis en possession par le curé ou le prêtre que l'évêque désigne.

29. Ils sont tenus de résider dans leurs paroisses.

30. Les curés sont immédiatement soumis aux évêques dans l'exercice de leurs fonctions.

31. Les vicaires et desservans exercent leur ministère sous la surveillance et la direction des curés.

Ils sont approuvés par l'évêque et révocables par lui.

32. Aucun étranger ne peut être employé dans les fonctions du ministère ecclésiastique, sans la permission du gouvernement.

33. Toute fonction est interdite à tout ecclésiastique, même Français qui n'appartient à aucun diocèse.

34. Un prêtre ne peut quitter son diocèse pour aller desservir dans un autre, sans la permission de son évêque.

_____

(1) *Voyez* cette déclaration, page 283.

SECTION V.

Des chapitres cathédraux et du gouvernement des diocèses pendant la vacance du siége.

55. Les archevêques et évêques qui veulent user de la faculté qui leur est donnée d'établir des chapitres, ne peuvent le faire sans avoir rapporté l'autorisation du gouvernement, tant pour l'établissement lui même que pour le nombre et le choix des ecclésiastiques destinés a les former.

56. Pendant la vacance des siéges, il est pourvu par le métropolitain, et a son défaut, par le plus ancien des évêques suffragans au gouvernement des diocèses.

Les vicaires-généraux de ces diocèses continuent leurs fonctions même après la mort de l'évêque jusqu'à remplacement.

57. Les métropolitains, les chapitres cathédraux, sont tenus, sans délai, de donner avis au gouvernement de la vacance des siéges, et des mesures qui ont été prises pour le gouvernement des diocèses vacans.

58. Les vicaires-généraux qui gouvernent pendant la vacance, ainsi que les métropolitains ou capitulaires ne se permettent aucune innovation dans les usages et coutumes des diocèses.

TITRE III.

Du Culte.

39. Il n'y a qu'une liturgie et un catéchisme pour toutes les églises catholiques de France.

40. Aucun curé ne peut ordonner des prières publiques extraordinaires dans sa paroisse, sans la permission spéciale de l'évêque.

41. Aucune fête, à l'exception du dimanche, ne peut être établie sans la permission du gouvernement.

42. Les ecclésiastiques usent dans les cérémonies religieuses, des habits et ornemens convenables à leurs titres : ils ne pourront, dans aucun cas, ni sous aucun prétexte, prendre la couleur et les marques distinctives réservées aux évêques.

43. Tous les ecclésiastiques sont habillés à la française et en noir.

Les évêques peuvent joindre à ce costume la croix pastorale et les bas violets.

44. Les chapelles domestiques, les oratoires particuliers

19.

ne peuvent être établis sans une permission expresse du gouvernement, accordée sur la demande de l'évêque.

45. Aucune cérémonie religieuse n'a lieu hors des édifices
consacrés au culte catholique dans les villes où il y a des
temples destinés à différens cultes.

46. Le même temple ne peut être consacré qu'à un même culte.

47. Il y a dans les cathédrales et paroisses une place distinguée pour les individus catholiques qui remplissent les
autorités civiles et militaires.

48. L'évêque se concerte avec le préfet pour régler la manière d'appeler les fidèles au service divin, par le son des clo-
ches. On ne peut les sonner pour tout autre cause sans la
permission de la police locale.

49. Lorsque le gouvernement ordonne des prières publiques, les évêques se concertent avec le préfet et le commandant militaire du lieu, pour le jour, l'heure et le mode
d'exécution de ces ordonnances.

50. Les prédications solennelles, appelées *sermons*, et
celles connues sous le nom de *stations* de l'avent et du ca-
rême ne sont faites que par des prêtres qui en ont obtenu
une autorisation spéciale de l'évêque.

51. Les curés, aux prônes des messes paroissiales, prient
et font prier pour la prospérité de la république et pour les
consuls.

52. Ils ne se permettent dans leurs instructions aucune
inculpation directe ou indirecte, soit contre les personnes, soit
contre les autres cultes autorisés dans l'Etat.

53. Ils ne font au prône aucune publication étrangère à
l'exercice du culte, si ce n'est celles qui sont ordonnées par
le gouvernement.

54. Ils ne donnent la bénédiction nuptiale qu'à ceux qui
justifient en bonne et due forme avoir contracté mariage devant l'officier civil.

55. Les registres tenus par les ministres du culte, n'étant
et ne pouvant être relatifs qu'à l'administration des sacremens,
ne peuvent dans aucun cas, suppléer les registres ordonnés
par la loi pour constater l'état civil des Français.

56. Dans tous les actes ecclésiastiques et religieux, on est
obligé de se servir du calendrier d'équinoxe établi par les
lois de la république; on désignera les jours par les noms qu'ils
avaient dans le calendrier des solstices.

57. Le repos des fonctionnaires publics est fixé au dimanche

TITRE IV.

De la Circonscription des Archevéchés, des Evéchés et des paroisses, des édifices destinés au Culte, et du traitement des ministres.

SECTION PREMIÈRE.

De la circonscription des Archevéchés et Evéchés.

58. Il y a en France onze archevêchés ou métropoles, et cinquante-sept évêchés.

59. La circonscription des métropoles et des diocèses est faite conformément au tableau ci-joint : (1)

PARIS, *Archevêché*, comprend dans son diocèse le département de la Seine ;

Troyes, l'Aube et l'Yonne ;   Cambray, le Nord ;
Amiens, la Somme et l'Oise ;   Versailles, S.-et-Oise, Eure-et-Loir ;
Soissons, l'Aisne ;   Meaux, Seine-et-Marne, Marne ;
Arras, le Pas-de-Calais ;   Orléans ; Loiret, Loir-et-Cher ;

* MALINES, *Archevêché*, les Deux-Nèthes, la Dyle ;

* Namur, Sambre-et-Meuse ;   * Trèves, la Sarre ;
* Tournay, Jemmappe ;   * Gand, l'Escaut, la Lys ;
* Aix-la-Chapelle, la Roër, Rhin-et-   * Liège, Meuse inf., Ourthe ;
  Moselle ;   * Mayence, Mont-Tonnerre ;

BESANÇON, *Archevêché*, Haute-Saône, le Doubs, le Jura ;

Autun, Saône-et-Loire, la Nièvre ;   Nancy, la Meuse, la Meurthe, les
Metz, la Moselle, * les Forêts, les   Vosges ;
  Ardennes ;   Dijon, Côte-d'Or, Haute-Marne ;
Strasbourg, Haut-Rhin, Bas-Rhin ;

LYON, *Archevêché*, le Rhône, la Loire, l'Ain ;

Mende, l'Ardèche, la Lozère ;   Valence, la Drôme ;
Grenoble, l'Isère ;   * Chambéry, le M.-Blanc, le Léman ;

AIX, *Archevêché*, le Var, les Bouches-du-Rhône ;

* Nice, Alpes Maritimes ;   Ajaccio, le Golo, le Liamone (2) ;
Avignon, Gard, Vaucluse ;   Digne, Hautes-Alpes, B.-Alpes ;

TOULOUSE, *Archevêché*, Haute-Garonne, Arriège ;

Cahors, le Lot, l'Aveyron ;   Agen, Lot-et-Garonne, le Gers ;
Montpellier, l'Hérault, le Tarn ;   Bayonne, les Landes, Hautes-Pyré-
Carcassonne, l'Aude, les Pyrén.-Or. ;   nées, Basses-Pyrénées ;

BORDEAUX, *Archevêché*, la Gironde ;

Poitiers, les Deux-Sèvres, la Vienne.   Angoulême, la Charente.
La Rochelle, la Charente-Inférieure,   la Dordogne.
  la Vendée ;

_____

(1) Les archevêchés, évêchés ou départemens précédés d'un * ne font plus partie de la France.

(2) La Corse ne fait plus qu'un seul départ. qui porte le nom de l'île.

BOURGES, *Archevêché*, le Cher, l'Indre;

Clermont, l'Allier, le Puy de-Dôme;   *Limoges*, la Creuse, la Corrèze, la
Saint-Flour, la H.-Loire, le Cantal;   Haute-Vienne;

TOURS, *Archevêché*, Indre-et-Loire;

Le Mans, Sarthe, Mayenne;   *Vannes*, le Morbihan;
Angers, Maine-et-Loire;   *Saint Brieux*, Côtes du Nord;
Nantes, Loire-Inférieure;   *Quimper*, Finistère;
Rennes, Ile-et-Vilaine;

ROUEN, *Archevêché*, Seine-Inférieure;

Coutances, la Manche;   *Séez*, l'Orne;
Bayeux, le Calvados;   *Evreux*, l'Eure;

* TURIN, *Archevêché*;

* *Saluces*;   * *Alexandrie*;
* *Acqui*;   * *Joroeil*;
* *Coni*;   * *Ivrée*;
* *Asty*;

SECTION II.

De la Circonscription des Paroisses.

60. Il y a au moins une paroisse par justice de paix.

Il est en outre établi autant de succursales que le besoin peut l'exiger.

61. Chaque évêque, de concert avec le préfet, règle le nombre et l'étendue de ces succursales. Les plans arrêtés sont soumis au gouvernement, et ne peuvent être mis à exécution sans son autorisation.

62. Aucune partie du territoire français ne peut être érigée en cures ou en succursales, sans l'autorisation expresse du gouvernement.

63. Les prêtres desservant les succursales sont nommés par les évêques.

SECTION III.

Du Traitement des Ministres.

64. Le traitement des archevêques est de 15,000 fr.

65. Le traitement des évêques est de 10,000 fr.

66. Les curés sont distribués en deux classes;

Le traitement des curés de la première classe est porté à 1,500 fr.; celui des curés de la seconde classe à 1,000 fr.

67. Les pensions dont ils jouissent, en exécution des lois de l'assemblée constituante sont précomptées sur leur traitement.

Les conseils-généraux des grandes communes peuvent, sur leurs biens ruraux ou sur leurs octrois, leur accorder une augmentation de traitement, si les circonstances l'exigent.

68. Les vicaires et des servans sont choisis parmi les ecclé-

siastiques pensionnés, en exécution des lois de l'assemblée constituante.

Le montant de ces pensions et le produit des oblations forment leur traitement.

69. Les évêques rédigent des projets de réglemens relatifs aux oblations que les ministres du culte sont autorisés à recevoir pour l'administration des sacremens. Les projets de réglemens rédigés par les évêques, ne peuvent être publiés ou autrement mis à exécution qu'après avoir été approuvés par le gouvernement.

70. Tout ecclésiastique pensionnaire de l'État est privé de sa pension, s'il refuse, sans cause légitime les fonctions qui peuvent lui être confiées.

71. Les conseils-généraux de département sont autorisés à procurer aux archevêques et évêques un logement convenable.

72. Les présbytères et les jardins attenans, non aliénés, sont rendus aux curés et aux desservans des succursales. A défaut de ces présbytères, les conseils-généraux des communes sont autorisés à leur procurer un logement et un jardin.

73. Les fondations qui ont pour objet l'entretien des ministres et l'exercice du culte, ne peuvent consister qu'en rentes constituées sur l'État. Elles sont acceptées par l'évêque diocésain, et ne peuvent être exécutées qu'avec l'autorisation du gouvernement.

74. Les immeubles, autres que les édifices destinés au logement et les jardins attenans, ne peuvent être affectés à des titres ecclésiastiques, ni possédés par les ministres du culte à raison de leurs fonctions.

SECTION IV.
Des Edifices destinés au Culte.

75. Les édifices anciennement destinés au culte catholique, actuellement dans les mains de la nation, à raison d'un édifice par cure et par succursale, sont mis à la disposition des évêques par arrêtés du préfet du département. Une expédition de ces arrêtés est adressée au conseiller-d'État chargé de toutes les affaires concernant les cultes.

76. Il est établi des fabriques pour veiller à l'entretien et à la conservation des temples, à l'administration des aumônes.

77. Dans les paroisses où il n'y a point d'édifice disponible pour le culte, l'évêque se concerte avec le préfet pour la désignation d'un édifice convenable.

DES CULTES PROTESTANS.

TITRE PREMIER.

Dispositions générales pour toutes les communions protestantes.

ART. 1er Nul ne peut exercer les fonctions du culte, s'il n'est Français.

2. Les églises protestantes, ni leurs ministres, ne peuvent avoir des relations avec aucune puissance ni autorité étrangère.

. 3. Les pasteurs et ministres des diverses communions protestantes prient et font prier, dans la récitation de leurs offices, pour la prospérité de la république et pour les consuls.

4. Aucune décision doctrinale ou dogmatique, aucun formulaire, sous le titre de *confession*, ou sous tout autre titre, ne peuvent être publiés ou devenir la matière de l'enseignement, avant que le gouvernement en ait autorisé la publication ou promulgation.

5. Aucun changement dans la discipline n'a lieu sans la même autorisation.

6. Le conseil d'Etat connaît de toutes les entreprises des ministres du culte, et de toutes dissentions qui peuvent s'élever entre ces ministres.

7. Il est pourvu au traitement des pasteurs des églises consistoriales, bien entendu qu'on impute sur ce traitement les biens que ces églises possèdent, et le produit des oblations établies par l'usage, ou par des réglemens.

8. Les dispositions portées par les articles organiques du culte catholique, sur la liberté des fondations, et sur la nature des biens qui peuvent en être l'objet, sont communes aux églises protestantes.

9. Il y a deux académies ou séminaires, dans l'Est de la France, pour l'instruction des ministres de la confession d'Augsbourg,

10. Il y a un séminaire à Genève, pour l'instruction des ministres des églises réformées.

11. Les professeurs de toutes les académies ou séminaires sont nommés par le premier consul.

12. Nul ne peut être élu ministre ou pasteur d'une église de la confession d'Augsbourg, s'il n'a étudié, pendant un

temps déterminé, dans un des séminaires français destinés à l'instruction des ministres de cette confession, et s'il ne rapporte un certificat en bonne forme, constatant son temps d'étude, sa capacité et ses bonnes mœurs.

13. On ne peut être élu ministre ou pasteur d'une église réformée, sans avoir étudié dans le séminaire de Genève, et si on ne rapporte un certificat dans la forme énoncée dans l'article précédent.

14. Les réglemens sur l'administration et la police intérieure des séminaires, sur le nombre et la qualité des professeurs, et la manière d'enseigner, et sur les objets d'enseignement, ainsi que sur la forme des certificats ou attestations d'étude, de bonne conduite et de capacité, sont approuvés par le gouvernement.

TITRE II.

Des Églises réformées.

SECTION PREMIÈRE.

De l'Organisation générale de ces Églises.

15. Les églises réformées de France ont des pasteurs, des consistoires locaux et des synodes.

16. Il y a une église consistoriale par six mille âmes de la même communion.

17. Cinq églises consistoriales forment l'arrondissement d'un synode.

SECTION II.

Des Pasteurs et des Consistoires locaux.

18. Le consistoire de chaque église est composé du pasteur ou des pasteurs desserrant cette église, et d'anciens ou notables laïques, choisis parmi les citoyens les plus imposés au rôle des contributions directes. Le nombre de ces notables ne peut être au-dessous de six, ni au-dessus de douze.

19. Le nombre des ministres ou pasteurs, dans une même église consistoriale, ne peut être augmenté sans l'autorisation du gouvernement.

20. Les consistoires veillent au maintien de la discipline, à l'administration des biens de l'église et à celle des deniers provenant des aumônes.

21. Les assemblées des consistoires sont présidées par le pasteur, ou par le plus ancien des pasteurs; un des anciens ou notables remplit les fonctions de secrétaire.

22. Les assemblées ordinaires des consistoires continuent de se tenir aux jours marqués par l'usage.

Les assemblées extraordinaires ne peuvent avoir lieu sans la permission du sous-préfet ou du maire, en l'absence du sous-préfet.

23. Tous les deux ans, les anciens du consistoire seront renouvelés par moitié. A cette époque, les anciens en exercice s'adjoignent un nombre égal de citoyens protestans, chefs de famille, et choisis parmi les plus imposés au rôle des contributions directes, de la commune où l'église consistoriale est située, pour procéder au renouvellement. Les anciens sortant peuvent être réélus.

24. Dans les églises où il n'y a point de consistoire actuel, il en est formé un. Tous les membres sont élus par la réunion des vingt-cinq chefs de famille protestans, les plus imposés au rôle des contributions directes : cette réunion n'a lieu qu'avec l'autorisation et en la présence du préfet ou du sous-préfet.

25. Les pasteurs ne peuvent être destitués, qu'à la charge de présenter les motifs de la destitution au gouvernement, qui les approuve ou les rejette.

26. En cas de décès ou de démission volontaire, ou de destitution confirmée d'un pasteur, le consistoire formé de la manière prescrite par l'article 18, choisit, à la pluralité des voix, pour le remplacer.

Le titre d'élection est présenté au premier consul par le ministre chargé de toutes les affaires concernant les cultes pour avoir son approbation.

L'approbation donnée, il ne peut exercer qu'après avoir prêté, entre les mains du préfet, le serment exigé des ministres du culte catholique.

27. Tous les pasteurs actuellement en exercice, sont provisoirement confirmés.

28. Aucune église ne peut s'étendre d'un département dans un autre.

SECTION III.

Des Synodes.

29. Chaque synode est formé d'un pasteur, ou d'un des pasteurs, et d'un ancien ou notable de chaque église.

30. Les synodes veillent sur tout ce qui concerne la célé-

bration du culte, l'enseignement de la doctrine et la conduite des affaires ecclésiastiques. Toutes les décisions qui émanent d'eux, de quelque nature qu'elles soient, sont soumises à l'approbation du gouvernement.

31. Les synodes ne peuvent s'assembler que lorsqu'on en a rapporté la permission du gouvernement.

On donne connaissance préalable au ministre chargé de toutes les affaires concernant les cultes, des matières qui doivent y être traitées. L'assemblée est tenue en présence du préfet ou du sous-préfet, et une expédition du procès-verbal des délibérations est adressée, par le préfet, au ministre chargé de toutes les affaires concernant les cultes, qui, dans le plus court délai, en fait son rapport au gouvernement.

32. L'assemblée d'un synode ne peut durer que six jours.

TITRE III.

De l'Organisation des Églises de la confession d'Augsbourg.

SECTION PREMIÈRE.

Dispositions générales.

33. Les églises de la confession d'Augsbourg ont des pasteurs, des consistoires locaux, des inspections et des consistoires généraux.

SECTION II.

Des Ministres ou Pasteurs, et des Consistoires locaux de chaque église.

34. On suit, relativement aux pasteurs, à la circonscription et au régime des églises consistoriales, ce qui a été prescrit par la section II du titre précédent, pour les pasteurs et pour les églises réformées.

SECTION III.

Des inspections.

35. Les églises de la confession d'Augsbourg sont subordonnées à des inspections.

36. Cinq églises consistoriales forment l'arrondissement d'une inspection.

37. Chaque inspection est composée du ministre et d'un ancien ou notable de chaque église de l'arrondissement : elle ne peut s'assembler que lorsqu'on en a rapporté la permission du gouvernement ; la première fois qu'il écherra de la convo-

quer, elle le sera par le plus ancien des ministres desservant les églises de l'arrondissement. Chaque inspection choisira dans son sein deux laïques et un ecclésiastique qui prendra le titre d'inspecteur, et qui sera chargé de veiller sur les ministres et sur le maintien du bon ordre dans les églises particulières.

Le choix de l'inspecteur et des deux laïques sera confirmé par le premier consul.

38. L'inspection ne peut s'assembler qu'avec l'autorisation du gouvernement, en présence du préfet ou du sous-préfet, et après avoir donné connaissance préalable au ministre chargé de toutes les affaires concernant les cultes, des matières que l'on se propose d'y traiter.

39. L'inspecteur peut visiter les églises de son arrondissement; il s'adjoint les deux laïques nommés avec lui, toutes les fois que les circonstances l'exigent; il est chargé de la convocation de l'assemblée générale de l'inspection. Aucune décision émanée de l'assemblée générale de l'inspection, ne peut être exécutée sans avoir été soumise à l'approbation du gouvernement.

SECTION IV.

Des Consistoires généraux.

40. Il y a trois consistoires généraux, l'un à Strasbourg, pour les protestans de la confession d'Augsbourg des départemens du Haut et du Bas-Rhin; l'autre à Mayence, pour ceux des départemens de la Sarre et du Mont-Tonnerre, et le troisième, à Cologne, pour ceux des départemens de Rhin-et-Moselle et de la Roër.

41. Chaque consistoire est composé d'un président laïque protestant, de deux ecclésiastiques inspecteurs, et d'un député de chaque inspection.

Le président et les deux ecclésiastiques inspecteurs seront nommés par le premier consul.

Le président est tenu de prêter, entre les mains du premier consul, ou du fonctionnaire public qu'il plaît au premier consul de déléguer à cet effet, le serment exigé des ministres du culte catholique.

Les deux ecclésiastiques inspecteurs, et les membres laïques prêtent le même serment entre les mains du président.

42. Le consistoire général ne peut s'assembler que lorsqu'on en a rapporté la permission du gouvernement, et qu'en pré-

████ du publ████ ██ ██ ██████████ ██████ ██████ ████
██████ ██ ██████ ██████ de ██████ les affaires ████
████ les cultes, des ██████ qu'elle ██████ les ████
████████ ne peut durer plus de six jours.

██ Dans le ██████████ ██████ d'une ██████████ l'autre,
y a un directoire composé du président, du plus âgé des
██ ecclésiastiques inspecteurs, et du ██████ laïque, donc on
nommé par le premier conseil : les deux autres ██████████
la consistoire général.

44. Les attributions du consistoire général et de ██████████
████████ d'être ██████ par les règlements ██████████ des
████ de la confession d'Augsbourg, dans toutes les choses
████████ il n'a point été ██████████ ██████ par les lois
d'État et par les présents articles.

DU CULTE JUIF.

Décret du 10 décembre 1806, sur le culte Juif (1).

Art. 1er. Il est établi une synagogue et un consistoire
israélite dans chaque département, renfermant deux mille
individus professant la religion de Moïse.

2. Dans le cas où il ne se trouverait pas deux mille
israélites dans un seul département, la circonscription de
la synagogue consistoriale embrasse autant de départements
de proche en proche qu'il en faut pour les réunir. Le siège
de la synagogue est toujours dans la ville dont la population
israélite est la plus nombreuse.

3. Dans aucun cas, il ne peut y avoir plus d'une synagogue consistoriale par département.

4. Aucune synagogue particulière n'est établie, si la pétition n'en est faite par la synagogue consistoriale à l'autorité compétente. Chaque synagogue particulière est administrée par deux notables et un rabbin, lesquels sont désignés
par l'autorité compétente.

5. Il y a un grand-rabbin par synagogue consistoriale.

(1) Ce règlement fut arrêté par une commission ██████████ par un grand
████████, convoqué à Paris en 1806, et confirmé par le décret impérial
██ 11 décembre de la même année. [██████ le mot ██] el par ██████ ██████
██████████ du mot ██████████.

9. Les consistoires sont composés d'un grand-rabbin, d'un autre rabbin autant que faire se peut, et de trois autres Israelites dont deux sont choisis parmi les habitans de la ville où siége le consistoire.

7. Le consistoire est présidé par le plus âgé de ses membres qui prend le nom d'*ancien* du consistoire.

8. Il est désigné par l'autorité compétente dans chaque circonscription consistoriale, des notables, au nombre de vingt-cinq, choisis parmi les plus imposés et les plus recommandables des Israélites.

9. Ces notables procèdent à l'élection des membres du consistoire qui doivent être agréés par l'autorité compétente.

10. Nul ne peut être membre du consistoire, 1° s'il n'a trente ans; 2° s'il a fait faillite, à moins qu'il ne soit honorablement réhabilité; 3° s'il est connu pour avoir fait l'usure.

11. Tout Israélite qui veut s'établir en France ou dans le royaume d'Italie, doit en donner connaissance dans le délai de trois mois, au consistoire le plus voisin du lieu où il fixe son domicile.

12. Les fonctions du consistoire sont: 1° De veiller à ce que les rabbins ne puissent donner, soit en public, soit en particulier, aucune instruction ou explication de la loi qui ne soit conforme aux réponses de l'assemblée convertie aux décisions doctrinales par le grand-sanhédrin (1);

2° De maintenir l'ordre dans l'intérieur des synagogues, surveiller l'administration des synagogues particulières, régler la perception de l'emploi des sommes destinées aux frais du culte Mozaïque, et veiller à ce que pour cause ou sous prétexte de religion, il ne se forme, sans une autorisation expresse aucune assemblée de prières;

3° D'encourager par tous les moyens possibles les Israélites de la circonscription consistoriale, à l'exercice des professions utiles, et de faire connaître à l'autorité ceux qui n'ont pas des moyens d'existence avoués;

4° De donner chaque année à l'autorité connaissance du nombre de conscrits Israélites de la circonscription.

_____

(1) C'était un tribunal souverain chez les Hébreux, composé de soixante-douze membres. Il n'y avait qu'un grand-sanhédrin pour toute la nation juive; il tenait ses assemblées dans le temple, et connaissait de toutes les affaires en général; il recevait les appels des petits sanhédrins, interprétait les lois, et faisait des réglemens pour leur exécution.

13. Il y a à Paris un consistoire central composé de trois rabbins et de deux autres Israélites.

14. Les rabbins du consistoire central sont pris parmi les grands-rabbins, et les autres membres sont assujettis aux conditions de l'éligibilité portées en l'art. 10.

15. Chaque année il sort un membre du consistoire central, lequel est toujours rééligible.

16. Il est pourvu à son remplacement par les membres restans. Le nouvel élu n'est installé qu'après avoir obtenu l'agrément de l'autorité compétente.

17. Les fonctions du consistoire central sont, 1° de correspondre avec les consistoires ; 2° de veiller dans toutes ses parties à l'exécution du présent réglement ; 3° de déférer à l'autorité compétante toutes les atteintes portées à l'exécution dudit réglement, soit par infraction, soit par inobservation ; 4° de confirmer la nomination des rabbins et de proposer quand il y a lieu à l'autorité compétante, la destitution des rabbins et des membres des consistoires.

18. L'élection du grand-rabbin se fait par les vingt-cinq notables désignés en l'art. 8.

19. Le nouvel élu ne peut entrer en fonctions qu'après avoir été confirmé par le consistoire central.

20. Aucun rabbin ne peut être élu ; 1° s'il n'est natif ou naturalisé Français ou Italien du royaume d'Italie (1) 2° s'il ne rapporte une attestation de capacité souscrite par trois grands-rabbins italiens s'il est italien, et français s'il est français, et à dater de 1820, s'il ne sait la langue française en France et l'italienne dans le royaume d'Italie. Celui qui joindra à la connaissance de la langue hébraïque quelque connaissance des langues grecque et latine sera préféré, toutes choses égales d'ailleurs.

21. Les fonctions des rabbins sont : 1° d'enseigner la Religion ; 2° la doctrine renfermée dans les désisions du grand-sanhédrin ; 3° de rappeler, en toutes circonstances, l'obéissance aux lois, notamment et en particulier à celles relatives à la défense de la patrie, mais d'y exhorter plus spécialement encore tous les ans, à l'époque de la conscription, depuis le premier appel de l'autorité jusqu'à la complète exécution de la loi ; 4° de faire considérer aux Israélites le service militaire comme un

_____

(1) Aujourd'hui que l'Italie est un Etat indépendant de la France, cette disposition ne doit plus avoir d'effet.

devoir sacré, et de leur déclarer que pendant le temps où il se consacreront à ce service, la loi les dispense des observances qui ne pourroient point se concilier avec lui ; 5° de prêcher dans les synagogues et réciter les prières qui s'y font en commun pour l'empereur et la famille impériale ; 6° de célébrer les mariages et de déclarer les divorces, sans qu'ils puissent, dans aucun cas, y procéder que les parties requérantes ne leur aient bien et duement justifié de l'acte civil de mariage ou de divorce.

22. Le traitement des rabbins membres du consistoire central est fixé à six mille francs ; celui des grands-rabbins des synagogues consistoriales à trois mille francs ; celui des rabbins des synagogues particulières est fixé par la réunion des Israélites qui ont demandé l'établissement de la synagogue, il ne peut être moindre de 1000 fr. Les Israélites des circonscriptions respectives peuvent voter l'augmentation de ce traitement.

23. Chaque consistoire propose à l'autorité compétente un projet de répartition entre les Israélites de la circonscription pour l'acquittement du salaire des rabbins : les autres frais du culte sont déterminés et repartis sur la demande des consistoires par l'autorité compétante. Le paiement des rabbins membres du consistoire central est prélevé proportionnellement sur les sommes perçues dans les différentes circonscriptions.

24. Chaque consistoire désigne hors de son sein un Israélite non rabbin pour recevoir les sommes qui doivent être perçues dans la circonscription.

25. Ce receveur paie par quartier les rabbins, ainsi que les autres frais du culte sur une ordonnance signée au moins par trois membres du consistoire. Il rend ses comptes chaque année, à jour fixe, au consistoire assemblé.

26. Tout rabbin qui, après la mise en activité du présent réglement, ne se trouvera pas employé et qui voudra cependant conserver son domicile en France ou dans le royaume d'Italie, sera tenu d'adhérer, par une déclaration formelle qu'il signera, aux décisions du grand-Sanhédrin. Copie de cette déclaration sera envoyée par le consistoire qui l'aura reçue au consistoire central.

27. Les rabbins membres du grand-Sanhédrin sont préférés, autant que faire se peut, à tous autres pour les places de grands-rabbins.

COLLECTION

DES

CONSTITUTIONS,

CHARTES ET LOIS FONDAMENTALES

DES PEUPLES DE L'EUROPE ET DES DEUX AMÉRIQUES.

ANGLETERRE.

PRÉCIS DE L'HISTOIRE

DU

GOUVERNEMENT D'ANGLETERRE.

———

Les institutions et les lois qui ont successivement régi l'Angleterre offrent une suite, et en quelque sorte une filiation non-interrompue. Il n'y a point d'époque où l'on voie un système entièrement nouveau remplacer subitement le système ancien. Au milieu des révolutions fréquentes arrivées dans ce pays, les anciennes lois ont toujours conservé leur autorité, au moins en ce sens, qu'elles ont servi de base aux institutions nouvelles : ainsi, la division territoriale de l'Angleterre paraît remonter aux temps antérieurs à la conquête des Normands; l'institution des jurés est attribuée par quelques écrivains à Alfred-le-Grand, et l'on a cru trouver l'image, ou du moins

l'origine du parlement anglais dans ces anciennes assemb
nommées *Wittenagemot*.

Sans rien exagérer sur l'ancienneté d'origine de ses ir
tutions actuelles, toujours est-il vrai que l'Angleterre a
cet avantage de ne pas éprouver dans sa législation, ces ro
lutions soudaines qui renversent le système existant, e
remplacent tout-à-coup par un système nouveau, quelque
plus parfait, mais ordinairement peu solide, car il ne rep
sur aucune base.

C'est sur-tout à cette cause que les Anglais doivent al
buer la stabilité de leurs institutions ; quelle que soit d
leurs l'heureuse combinaison des pouvoirs qui caracté
leur constitution. Nous avons cru devoir le faire remarq
en commençant ce précis, parceque, à notre avis, c'est i
ce point de vue, qu'il faut surtout envisager les évènem
et les révolutions que nous allons retracer.

CHAPITRE I.er

De l'établissement des Saxons à la conquête des Normand

La Bretagne, connue aussi sous le nom d'Albion, fut
limite de la domination romaine. Lors de l'irruption i
Barbares, les Bretons secouèrent facilement le joug, ou p
tôt les Romains abandonnèrent d'eux-mêmes, vers l'an 4
une conquête, dont la conservation n'était ni utile ni po
ble. On ignore quelle étoit la forme de gouvernement i
établie ; l'opinion la plus vraisemblable est que les gr
s'arrogeaient, chacun dans leur district, une sorte d'auto
souveraine, et qu'ils étaient d'ailleurs indépendans les
des autres (1).

Cette division en petites principautés affaiblissait les I
tons: le séjour des Romains en les civilisant les avait amol
en sorte que lorsque abandonnés à leurs seules forces,

(1) Hume, ch. Ier.

rent attaqués par les Pictes et les Ecossais, ils ne firent
aucune résistance ; et fuyant dans les montagnes, ils appelèrent à leur secours les *Saxons*, nation germanique établie
sur les côtes de la mer, depuis l'embouchure du Rhin, jusqu'au Jutland.

Les Saxons acceptèrent avec empressement les propositions qui leur étaient faites ; ils partirent moins sans doute
dans l'intention de défendre les Bretons contre leurs ennemis, que de s'établir dans leur île, a l'exemple des autres
Germains qui avaient conquis les Gaules. Les Bretons ne
tardèrent pas à reconnaître quel prix les Saxons mettaient à
leurs services, et délivrés de leurs anciens ennemis, ils eurent à se défendre contre leurs nouveaux alliés ; de là cette
guerre longue et sanglante, dans laquelle se signalèrent des
héros dont l'histoire a conservé les noms, et dont les Bardes
ont chanté les exploits. Parmi les Bretons, le plus célèbre fut
Arthur ; et l'on doit remarquer parmi les Saxons *Cerdic et*
Kenric son fils, dont la race a régné sur l'Angleterre, jusqu'à
l'invasion des Normands.

C'est en l'an 449 ou 450, que les premiers Saxons (1),
sous la conduite de Hengist et de Horsa avaient abordé en
Angleterre, et ce ne fut qu'après un siècle et demi de combats qu'ils furent maîtres paisibles de la Bretagne. Ils y fondèrent sept royaumes connus sous le nom d'*heptarchie* ; en
voici les noms : les royaumes de *Kent*, de *Northumberland*,
d'*Est-anglie*, de *Mercie*, d'*Essex*, de *Sussex* et *Wessex*.

Il était difficile que tous ces petits Etats voisins et indépendans restassent long-temps unis, la guerre éclata bientôt
entre eux ; d'abord les vainqueurs imposèrent des tributs ;
puis les Etats les plus faibles furent réunis aux plus forts.
Enfin les trois royaumes de Wessex, de Mercie et de Northumberland devinrent prédominans : la lutte s'établit entre

(1) *Saxons* était le nom générique de plusieurs tribus différentes ; l'une
d'elles était nommée les *Angles*, d'où l'Angleterre a tiré son nom.

eux, jusqu'à ce qu'Egbert, roi de Wessex et descendant d
Cerdic, soumit toute l'Heptarchie à ses lois, en 827.

Ce prince fut couronné à Winchester, sous le nom de n
d'Angleterre, selon quelques historiens: d'autres au contrai
prétendent qu'Egbert et ses cinq successeurs immediats consi
vèrent le titre de rois de *Wessex*, et qu'*Edouard l'ancien* fut
premier qui prit dans les monnaies celui de *Rex Anglorum*
Quoiqu'il en soit, l'autorité d'Egbert s'etendait réelleme
sur toute l'*Angleterre* proprement dite; seulement il perm
aux rois de *Mercie*, d'*Est-anglie* et de *Northumberland* de co
server leur titre.

Nous avons dit quelle était, suivant l'opinion la plus pro
bable, la forme du gouvernement établi en Bretagne p
les Romains; l'invasion des Saxons apporta de nouveaux us
ges. L'autorité se trouvait partagée entre le roi ou chef (1
les grands : quelques écrivains ont cru que le peuple n'ét
pas exclu du gouvernement; mais il serait ridicule de pr
tendre que déjà dans ces temps grossiers chaque pouvoir ét
établi de manière à tempérer les autres, sans avoir les moye
de les envahir; comme nous le voyons aujourd'hui.

Dans les royaumes de l'Heptarchie l'ordre de succession
trône paraît n'avoir pas eu de règles fixes; la couronne ét
à la vérité conservée dans la famille du roi; mais elle n'ét
pas toujours transmise à son parent le plus proche; que
quefois même le roi désignait son successeur par son test
ment (2) et son choix était suivi. On reconnaît à ces usa
l'origine germanique des vainqueurs de la Bretagne; au surplu
les Saxons ne se bornèrent pas à imposer le joug aux vaincu
et à leur donner leurs lois; ils substituèrent leurs mœurs
leur langage à ceux des anciens habitans, et bientôt la po
pulation primitive et ses oppresseurs ne formèrent plu
qu'une seule nation.

---

(1) Chieftain.
(2) Hume, ch. 2.

L'Angleterre réunie ous un seul chef devait espérer plus de tranquillité qu'elle n'en avait eu durant l'Heptarchie ; mais ses guerres intestines étaient à peine terminées, qu'un ennemi extérieur vint troubler son repos et la menacer de la servitude.

Les Danois, peuple habitant des bords de la Baltique, parurent en armes sur les côtes de l'Angleterre. Dans leurs premières expéditions on ne vit que des pirates ; mais bientôt on sentit des conquérans, et les Anglo-Saxons furent menacés du joug qu'ils avaient imposé aux Bretons.

La guerre éclata, et se poursuivit avec des succès divers sous les règnes d'Egbert, d'Ethelwolth, d'Ethelbald et d'Ethered.

A la mort de ce dernier roi, les Danois avaient déjà formé des établissemens considérables : en 871, ils étaient maîtres des royaumes de Mercie, de Northumberland, et d'Est-Anglie. Les Anglo-Saxons découragés, n'opposaient qu'une faible résistance à ces formidables ennemis ; mais Alfred, leur roi, trouva dans son courage et dans son génie des ressources inespérées : il arrêta les progrès des Danois et fut vainqueur dans plusieurs batailles ; enfin après avoir éprouvé de grands revers, il parvint à préserver son peuple du joug ennemi. Toutefois, ses victoires ne purent expulser entièrement les Danois ; mais sa politique les soumit à son autorité. Les Danois conservèrent leurs lois, mais ils furent les sujets d'Alfred.

Ce prince fut aussi sage législateur que grand capitaine, et a mérité le titre de *Legum anglicanarum conditor*. Avant de parler des lois qu'il publia et des institutions dont il fut fondateur, il importe de jeter un coup-d'œil sur le gouvernement d'Angleterre, durant et après l'Heptarchie jusqu'à Alfred.

Le royaume était divisé en *comtés* qui avaient chacun leur *alderman* ou comte particulier. Les habitans formaient plusieurs classes distinctes : la première division était en hommes libres et esclaves ; mais tous les hommes libres n'étaient pas

d'une égale condition, et ne jouissaient pas des mêmes droits
Les *thanes* ou nobles étaient au-dessus des *ceorls*, appelé
aussi *husbandmen*, qui composaient la classe moyenne. Parmi
les *thanes*, il y avait différens degrés; ceux du premier ordre
étaient nommés *thanes du roi*, les autres étaient sous leur
dépendance : probablement ils en avaient reçu des terres
dont le prix consistait en rentes. Ils étaient en outre obligés
d'obéir à leur seigneur en temps de paix et de guerre (1). Le
Weregild ou la *composition* pour meurtre, établit ces distinctions d'une manière certaine : la vie d'un *thane royal* était
évaluée à 1200 shillings, celle d'un *thane* du second ordre
la moitié, et la composition pour meurtre d'un *ceorl* était fixé
à 200 shillings. (2)

Les *thanes* étaient les propriétaires des terres ou les *franc*
tenanciers, les *ceorls* étaient les cultivateurs.

Il est douteux si ces derniers étaient attachés à la glèbe
quoiqu'il en soit, ils devaient le service militaire, ils obte-
naient protection pour leur personne et pour leurs biens
pouvaient devenir propriétaires, et même parvenir à la dignité de *thanes*, s'ils acquéraient cinq *hydes* (3) de terres a
une chapelle, une cuisine, une salle et une cloche, c'est à
dire, un manoir seigneurial (4).

La dignité de *thane*, était également accordée au com-
merçant qui avait fait trois grands voyages par mer.

L'institution politique la plus remarquable à cette époque
est sans doute l'assemblée connue sous le nom de *Witte-*
gemot ; elle était composée des évêques, des abbés (5) et
des *Aldermen*, ou gouverneurs de provinces ; sur ce point

---

(1) Wilkins. *Leges anglo-saxon*, pages 40, 43, 64, 72, 101.

(2) Spelman, *Feuds and tenures*, page 40.

(3) L'*hyde* équivaut à 120 acres environ.

(4) Selden *titles of honour*, page 515.

(5) Quelquefois les abbesses y étaient admises.—Spelm. gloss. au
Parlamentum, cité par Hume.

toutes les opinions sont d'accord; mais les Prélats et les Aldermen ne composaient pas seuls l'assemblée : les *Wites* ou *Sages* en faisaient aussi partie; et il y a incertitude sur la question de savoir dans quelle classe ils étaient pris. Les uns ont soutenu que cette branche du Wittenagemot était formée des juges et des hommes instruits dans les lois; d'autres, au contraire, y ont vu les représentans des bourgs, et l'ont regardée comme l'origine de la chambre des communes. Cette dernière opinion ne paraît pas fondée : les bourgs, à cette époque, étaient si petits et si pauvres; les habitans étaient dans une telle dépendance des grands, qu'il est invraisemblable qu'ils fussent admis au conseil du Prince (1); d'ailleurs, comment concilier les dénominations de *Principes*, *Satrapes*, *Mamates*, etc., que tous les historiens s'accordent à donner aux membres du Wittenagemot, avec l'opinion que les représentans des bourgs faisaient partie de cette assemblée. Il faut donc croire que par cette expression de *Wites*, on désignait les grands propriétaires.

Les attributions du Wittenagemot ne peuvent être déterminées avec une parfaite exactitude; on sait seulement que son concours était nécessaire pour faire les lois; qu'il avait droit de surveiller l'administration publique, et de provoquer la révocation des actes faits sans sa participation.

Chaque comté avait son assemblée particulière, appelée *Shire-Gemot*; elle était formée des *thanes* du comté : on y jugeait les affaires civiles et criminelles; et cette institution a dû puissamment contribuer, ainsi que le remarque M. Hallam, *à fixer les libertés de l'Angleterre sur une base large et populaire, en restreignant les droits de l'aristocratie féodale* (2).

Telles étaient alors les institutions politiques de l'Angleterre; les lois d'Alfred vinrent les perfectionner et les affermir.

---

(1) Brady, *Traité des Bourgs*, pages 3, 4, 5.

(2) *L'Europe au moyen âge*, tome 2, page 18, traduction de MM. Du douit et Borghers.

C'est à ce grand Roi, qu'il faut attribuer, suivant l'opinion la plus commune, la division régulière de l'Angleterre, en comtés : chaque comté fut subdivisé en *Hundreds, centaine* ou cantons, et chaque canton en *Thitings* ou *dixaines*. Le canton ou centaine dont le chef se nommait *Hundreder* comprenait dix *Thitings* ou dixaines ; la dixaine se composait de dix *francs tenanciers* avec leurs familles : ainsi réunies, dix familles formaient une communauté soumise à un chef nommé *Thitingman*, *Headbourg* ou *Borsholder*. Ces familles étaient en quelque sorte solidaires pour la punition des crimes commis par un de leurs membres : elles étaient obligées de représenter le coupable ou de payer une amende proportionnée à la gravité du délit : d'ailleurs chaque homme étant obligé de se faire inscrire dans une dixaine, et personne ne pouvait en changer, sans l'autorisation de son *Thitingman*.

L'administration de la justice était organisée d'après la division territoriale ; les contestations entre les membres d'une même dixaine étaient jugées par la dixaine assemblée, sur la convocation et sous la présidence du *Thitingman*. Les affaires d'une grande importance, les appels des sentences rendues par les dixaines, et les différens entre les dixaines étaient portés devant l'assemblée du canton (*Hundred*) présidée par son chef : « les formalités que ces cantons observaient méritent » d'être rapportées, dit Hume, comme étant l'origine des » jurés, institution admirable en elle-même, et ce que l'esprit » de l'homme a jamais imaginé de mieux, pour maintenir les » libertés nationales et l'administration de la justice ; douze » *Free-Holders*, c'est-à-dire francs-tenanciers, étaient choisis, » et prêtaient serment avec le *Hundreder*, d'administrer une » justice impartiale, et procédaient ensuite à l'examen de » l'affaire soumise à leur jugement ».

Cette opinion de Hume a été combattue par d'autres écrivains ; le cadre de notre travail ne nous permet pas de traiter la question avec les développemens dont elle est susceptible ;

nous nous bornerons à faire observer que l'on peut adopter le sentiment de Hume, bien que l'institution actuelle du jury anglais, diffère en beaucoup de points des tribunaux dont nous venons d'exposer l'organisation, comme l'ont fait remarquer ceux qui ont soutenu un système contraire au sien. Dans tous les cas, nous avons dû signaler la difficulté, car en faisant connaître les anciennes institutions, nous devons sur-tout nous attacher à montrer leur influence sur les institutions modernes.

Au-dessus des assemblées de canton, était la cour du comté; elle se composait de tous les francs-tenanciers de la Province; elle connaissait, sous la présidence du comte ou Alderman et de l'évêque, des appels des sentences rendues par les cantons, et des contestations entre les membres des différens cantons.

Enfin le conseil du Roi était la cour suprême, à laquelle on portait l'appel de toutes les cours du royaume.

Après avoir ainsi réglé l'hiérarchie des différens tribunaux, Alfred pensa qu'il était dangereux de laisser entre les mains de l'Alderman, l'autorité civile et militaire; il institua des *Shériffs* pour chaque province, auxquels fut confiée l'administration des affaires civiles. *Blackstone* pense au contraire, que les *Shériffs* ne furent dans l'origine que des officiers du comte, chargés de le suppléer dans toutes ses fonctions; et que c'est peu à peu, que l'autorité civile se trouva entre leurs mains, entièrement séparée du commandement militaire (1).

Outre ces réglemens particuliers, Alfred publia un corps de lois, qui ne s'est point conservé; mais que l'on regarde généralement comme la source de ce qu'on appelle en Angleterre le *droit commun*.

Telles furent les institutions d'Alfred; il sut établir l'ordre et faire respecter ses lois, sans attenter aux droits et à la liberté de son peuple; on trouve dans son testament ces paroles remarquables: *Il serait juste que les Anglais pussent toujours rester aussi libres que leurs pensées.*

---

(1) Blackstone, *Comment. sur les Lois*, discours préliminaire, page 149.

Les successeurs d'Alfred furent continuellement inquiétés par les courses des Danois, dont les expéditions devenaient chaque jour plus nombreuses et plus redoutables. Ceux-ci parvinrent à former des établissemens sur les côtes, puis dans les terres; enfin, en 1016, *Edmond Côte-de-fer* fut contraint de partager son royaume avec *Canut*, roi de Danemarck; bientôt après, il mourut assassiné, laissant deux fils mineurs, et *Canut* fut reconnu roi d'Angleterre. C'est ainsi que la race des rois Saxons fut exclue du trône, mais les rois Danois ne le conservèrent pas long-temps, et la famille Saxone fut rétablie en 1041, dans la personne d'*Edouard le Confesseur*.

Edouard fit une nouvelle promulgation des lois d'Alfred et fut nommé, par cette raison, *restitutor legum anglicanarum*. Le règne de ce prince n'offre rien de remarquable mais il prépara de grands évènemens.

A sa mort, Edgard, son neveu, Harold, seigneur puissant et Guillaume duc de Normandie se disputèrent le trône Harold, soutenu par un parti nombreux, se saisit du sceptre Guillaume invoquait et les liens du sang qui l'unissaient au dernier roi, et le testament de ce prince qui le désignait pour successeur. Ses droits pouvaient être contestés, mais son épée trancha la question : vainqueur de Harold, à la bataille d'Hastings, il est sacré et couronné dans l'abbaye de Westminster, le 26 décembre 1066; ainsi finit la dynastie Saxone.

L'avènement de Guillaume amena de grands changemens dans le gouvernement, dans les mœurs et dans les institutions « Dès-lors, dit Spelman, un nouvel ordre de choses commence ».

L'Angleterre était encore à cette époque régie par les lois d'Alfred; nous avons tâché d'en faire connaître l'ensemble. Il faut voir maintenant par quels changemens successifs le nouveau régime fut établi; mais il convient d'examiner d'abord une question importante, savoir : si les tenures féodales étaient connues en Angleterre avant la conquête.

Ceux qui ont soutenu l'existence de la féodalité, ont fait remarquer que les terres en franche tenure étaient soumises au service militaire, dans les expéditions du roi; à la réparation des ponts, et à l'entretien des forteresses royales; que les biens d'un thane qui s'était mal conduit à la guerre étaient confisqués; que la confiscation était même prononcée contre les thanes inférieurs, par cela seul qu'ils avaient négligé le service militaire; qu'enfin, il existait entre les propriétaires libres, par exemple entre les thanes royaux et les thanes inférieurs, des relations mutuelles et une subordination, telles que celles de seigneur à vassal.

Pour soutenir l'opinion contraire, on s'est attaché à faire remarquer que dans ces obligations et ces relations, on ne trouvait pas ce qui constituait essentiellement, le *vassellage féodal*; on a cité l'autorité du *Domesday-Book*, (1) qui qualifie souvent les tenans, soit de la couronne, soit d'autres seigneurs, de *Thanes, francs-tenanciers* (*liberi homines*), et qui porte expressément, que certains tenans pouvaient vendre leurs terres, à qui ils voulaient; qu'enfin d'autres pouvaient *aller avec leurs terres* où il leur plaisait, c'est-à-dire changer de patron à leur gré. D'ailleurs, on a eu soin d'établir que si quelques tenanciers ne pouvaient quitter leur seigneur, cependant leur personne n'était pas attachée à la terre; que seulement, tant qu'ils en avaient la possession, ils étaient soumis au seigneur. Une autre observation importante, c'est qu'il n'y a point de preuve, que le service militaire ait été dû par ces tenans; et qu'enfin, avant la conquête, la cérémonie d'hommage et de fidélité, la levée des aides féodales, les droits de garde et de mariage étaient absolument inconnus. Quant à la juridiction territoriale, il est difficile de savoir de quelle manière elle était établie.

_____

(1) Registre dans lequel étaient inscrits tous les propriétaires de terres, et où étaient mentionnées la valeur, l'étendue, et la nature des terres, ainsi que le nombre des fermiers, des paysans et des esclaves qui les cultivaient.

M. Hallam, qui développe et apprécie les raisons pour et
contre, termine ainsi : « Trois choses sont à considérer dans
» toute institution politique ; le principe, la forme et le nom.
» Je ne crois pas que le nom de fief se trouve dans aucun acte
» Anglo-Saxon bien authentique (1). Quant à la forme, c'est-
» à-dire aux cérémonies particulières et aux droits attachés
» aux fiefs réguliers, on en trouve des traces, quoiqu'en petit
» nombre. Mais il est, je crois, impossible de ne pas recon-
» naître dans la dépendance sous laquelle des hommes li-
» bres, et même des tenans nobles, se trouvaient placés vis-
» à-vis d'autres sujets, par rapport à leurs biens, ainsi que
» dans les privilèges de juridiction territoriale, les princi-
» paux caractères de la relation féodale, quoique le système
» ne fût ni aussi parfait, ni établi sur des bases aussi larges
» qu'après la conquête des Normands (2) ».

CHAPITRE II.

De la conquête des Normands jusqu'à la grande Charte.

Guillaume ne fut pas paisible possesseur de son nouveau
royaume. De fréquentes révoltes éclatèrent, sur-tout pendant
son absence ; mais toujours vaincus, les Anglais furent enfin
obligés de se soumettre. Il est difficile de savoir si la rébellion de ses sujets fut provoquée par la pesanteur du joug
qu'il leur imposa ; ou si ce ne furent pas au contraire les sédi-
tions réitérées, qui l'amenèrent à gouverner d'une manière
tyrannique ; du moins est-il certain que beaucoup de terres
furent confisquées, et formèrent des fiefs que Guillaume
donna comme récompenses à ses officiers.

Le nom d'anglais fut un titre d'exclusion de tous les emplois, la langue anglaise fut même proscrite ; on enseigna le

---

(1) On rencontre deux fois le mot *feodum* dans le testament d'Alfred ; mais
il ne paraît pas y avoir été employé dans son sens propre ; et je ne crois pas que
l'original de cet acte ait été écrit en latin.

(2) *L'Europe au moyen âge*, tome 2, page 50.

ormand dans les écoles publiques, et cet idiôme fut seul
employé dans tous les actes de l'autorité, jusqu'au règne
d'Édouard III.

Comme nous l'avons déjà indiqué, ce fut Guillaume, qui
porta en Angleterre le régime féodal, proprement dit. La
manière dont il fut établi, et l'influence que durent nécessairement avoir sur ce régime les institutions préexis-
antes, lui donnèrent un caractère bien différent de celui
qu'il avait en France. Aussi voyons-nous qu'il a eu dans les
deux pays des résultats tout opposés.

En France, la souveraineté du roi, à l'égard des grands vassaux, n'était qu'un vain titre; ceux-ci s'étaient arrogé le droit
de faire la guerre entre eux : ils la firent souvent au roi lui-
même ; d'ailleurs le monarque n'avait aucune autorité féodale
sur ses arrière-vassaux.

En Angleterre, au contraire, Guillaume en donnant des
fiefs à ses généraux, s'attribua toujours sur eux une puissance réelle, et les soumit à des charges qu'il imposa comme
conditions de ses libéralités : en outre il conserva une partie
de l'autorité sur ses arrière-vassaux, et reçut en 1085, le serment de fidélité de tous les possesseurs de terres, tant arrière-
vassaux que vassaux immédiats. Enfin, la cour souveraine
du roi (*Aula Regis*), les tribunaux des comtés et des *hundred* restreignaient beaucoup la juridiction des cours sei-
gneuriales. Rien de semblable n'existait en France.

Il faut remarquer en outre, que les fiefs d'Angleterre étaient
bien moins considérables que ceux de France, et que par
conséquent, les seigneurs avaient moins de moyens pour se
soustraire à l'autorité royale; enfin (ainsi que l'a remarqué
Delolme), « les différens ordres du gouvernement féodal anglais
« étaient liés les uns aux autres par des *tenures* exactement
« semblables; ce qui était vrai vis-à-vis du seigneur Suze-
« rain en faveur d'un seigneur *dominant*, était vrai vis-à-vis
« de celui-ci en faveur du seigneur d'un fief *servant* »; en

sorte que les seigneurs étaient, aussi bien que le peuple, soumis aux rigueurs du régime féodal (1).

De là, il est arrivé qu'en France, le roi et le peuple ont eu également intérêt de renverser le régime féodal; le roi, pour diminuer l'autorité des seigneurs rivale de la sienne; et le peuple, pour se soustraire à un joug odieux : mais les communes, lorsqu'elles ont été affranchies, se sont trouvées en présence du pouvoir royal accru par la même cause à laquelle elles devaient leur émancipation. Dans cette position, la nation s'est crue assez libre, par cela seul qu'elle n'était plus dans le servage féodal; ou peut-être a-t-elle été trop faible pour obtenir de ses rois une liberté plus étendue.

Les barons anglais, par une combinaison tout opposée, se trouvaient placés sous le même joug que le reste de la nation la communauté d'intérêts produisit la réunion des forces contre l'autorité royale. De là, ces concessions successives faites par les rois aux barons et aux communes, et qui forment les libertés de l'Angleterre.

La grande Charte, si célèbre dans les fastes de la nation anglaise, fut le premier résultat important que produisit cette ligue entre la noblesse et les communes contre le pouvoir du monarque; avant de parler de cet acte, il convient de jeter un coup-d'œil sur les temps qui l'ont précédé.

Après la mort de Guillaume-le-conquérant, les guerres civiles éclatèrent; le trône fut souvent réclamé par plusieurs prétendans qui soutenaient leurs droits les armes à la main, et qui, pour se concilier la faveur des barons et du peuple, faisaient des concessions, dont ils ne gardaient plus le souvenir lorsqu'ils

(1) Ils étaient même assujettis aux lois de forêt : par ces lois, Guillaume le-conquérant s'était réservé le droit exclusif de la chasse, et avait établi les châtimens les plus terribles contre ceux qui chassaient sans sa permission: on crevait les yeux à quiconque tuait un cerf, ou sanglier, ou même un lièvre et cela, dans un temps où le meurtre d'un homme n'était puni que d'une amende.

quient parvenus à la suprême puissance. Ainsi, Henri Ier
accorda, en 1100, une Charte par laquelle il promit, qu'à la mort
des évêques ou des abbés, il ne s'emparerait jamais du revenu
des sièges et des abbayes pendant la vacance; qu'à la mort des
comtes, barons ou tenanciers militaires, leurs héritiers seraient mis en possession de leurs biens, en payant à la
couronne une redevance modérée (il eut soin de n'en pas
déterminer la quotité). Enfin, il se dépouilla de la garde
noble ou tutelle des mineurs. Il déclara que si un baron
voulait marier sa fille ou sa parente, il suffisait qu'il con-
sultât le roi, dont le consentement ne serait jamais vendu,
ni refusé, à moins que l'époux proposé ne fût son ennemi. Il
permit aux barons de disposer de leurs biens meubles et immeubles par testament; il renonça à imposer des taxes arbitraires sur les fermes que les barons retenaient dans leurs propres
mains : enfin, il promit de confirmer les lois d'Edouard le Confesseur (1). Un exemplaire de cette Charte fut déposé, suivant
quelques historiens, dans une abbaye de chaque province;
mais Henri n'observa aucune de ses dispositions. Son successeur, Etienne, fit les mêmes concessions, et promit d'une
manière encore plus expresse, le rétablissement des lois
d'Edouard.

Henri II (Plantagenet), confirma les actes de ses prédécesseurs, mais sans parler des lois d'Edouard. Soutenu des barons, il réprima les prétentions des ecclésiastiques par des
lois faites dans une assemblée générale de la noblesse et des

---

(1) Le maintien de ces lois, dit Blackstone, fut toujours l'objet des vœux
du peuple, sous les premiers princes de la race normande; et la promesse de
les conserver ou de les rétablir, fut toujours regardée comme l'acte le plus
populaire et le plus agréable à la nation. Il faut convenir cependant que ces
lois si vivement réclamées n'étaient pas bien connues; mais on savait seulement que sous le règne des rois Anglo-Saxons, on n'avait à supporter ni les
rigueurs du régime féodal, ni le poids des impôts, ni les abus qui s'étaient
introduits depuis la conquête.

prélats, tenue à Clarendon , en 1164. Ces lois sont commu nément appelées *Constitutions de Clarendon.*

Sous son règne on vit se reproduire l'ancienne *épreuve des Jurés* (1), et voici à quelle occasion : le roi voulant abol autant qu'il était possible, la coutume barbare de décider l contestations par le duel , et n'osant pas cependant proscri ouvertement cet ancien usage, permit à chacune des parti de demander à être jugée par une assise de douze francs-tena ciers. Long-temps encore on vit les plaideurs préférer le com bat judiciaire, à l'institution si belle et si sage du Jury ; ma peu à peu, la raison triompha et l'épée cessa d'être l'arbi du droit.

Une autre ordonnance du même prince partagea l'Angl terre en quatre divisions, et institua des juges ambula destinés à tenir leurs assises dans chaque partie successiv ment, pour décider les constestations des particuliers.

Nous devons rappeler ici ce que nous avons dit plus ha de *Wittenagemot*, et faire remarquer que sous les princ normands, les mêmes attributions furent exercées par l *grand Conseil*; qui était composé des archevêques, évêqu et abbés, des barons, de quelques autres tenanciers imm diats et militaires de la couronne, inférieurs en puissanc et en propriété.

CHAPITRE III.

Depuis la grande Charte jusqu'à l'admission des communes au Parlement.

Nous avons déjà indiqué les causes qui devaient produir la liberté en Angleterre : le règne du roi Jean vint en accéléra l'effet. Quelles circonstances peuvent être plus favorables à l'émancipation d'un peuple, qu'un gouvernement faible et tyran nique? tel fut celui du roi Jean. Les barons se liguèrent et

---

(1) Trial by Jury.

clamèrent à haute voix la confirmation des chartes de
Henri I et de Henri II. Le monarque éluda, puis résista ouvertement, il fut vaincu et concéda cette fameuse grande
charte, le fondement de la constitution anglaise.

Parmi les actes antérieurs et les institutions plus anciennes,
nous avons signalé ceux qui ont été regardés en général
comme les germes des libertés de l'Angleterre ; la grande charte
offre les développemens ; elle n'établit pas, il est vrai, le gouvernement parlementaire, tel qu'il existe de nos jours, mais
elle consacre tous les principes de la véritable liberté.

Les barons qui avaient pris les armes étaient spécialement
irrités par les rigueurs du régime féodal : la grande charte
les diminua ; mais, ainsi qu'on l'a déjà dit, le peuple était
uni aux barons pour combattre l'autorité royale : Il dut aussi
avoir sa part dans les concessions du monarque. La grande
charte considérée sous ce point de vue présente deux sortes
de dispositions différentes ; les unes favorables à la noblesse,
en ce qu'elles diminuaient la puissance féodale du roi ; les
autres favorables au reste de la nation, en ce que tous les
privilèges accordés aux barons contre le roi, s'étendaient
des barons à leurs vassaux. D'autres droits plus précieux
encore furent solennellement reconnus : la liberté civile
et la propriété furent garanties ; les anciennes immunités
et franchises des villes et des bourgs furent conservées : les
commerçans eurent toute liberté de voyager dans le royaume
et dans les pays étrangers pour leur négoce : le consentement du grand conseil fut déclaré nécessaire pour la levée
des subsides. Enfin il fut établi que la cour du roi serait permanente et ne suivrait plus sa personne ; qu'elle ne pourrait dif-
férer ni refuser la justice ; et que les tournées judiciaires
auraient lieu régulièrement et à des époques déterminées.

En lisant la grande charte, on y verra que les adoucisse-
mens au régime féodal qu'elle consacre sont à-peu-près ceux
qu'établissait la charte de Henri Ier. Sans doute aussi l'on re-
marquera l'article 48, fondement de la liberté civile, et tout

ceux qui donnent aux propriétaires des garanties contre les spoliations entières, ou les amendes excessives.

«La concession du roi avait été contrainte et à la première occasion il s'empressa de la révoquer; mais les barons défendirent leurs droits avec l'ardeur qu'ils avaient mise à les conquérir, et la grande charte fut maintenue au milieu des troubles dont l'Angleterre devint le théâtre.

Henri III monta sur le trône après la mort du roi Jean son père. Dans les premières années de son règne, il confirma la grande charte, y ajouta quelques dispositions, et fit quelques changemens; notamment il supprima un des articles les plus importans, celui qui portait que le roi ne ferait *aucune levée d'imposition, soit pour le droit de scutage, soit pour tout autre, sans le consentement du conseil commun du royaume.* Certainement, cette omission n'était pas involontaire, et il est facile d'en deviner le motif; mais les circonstances ne permirent ni au roi, ni à ses ministres d'exécuter les projets qu'ils avaient formés; et toutes les fois qu'on eut besoin de lever des subsides, on demanda le consentement du grand conseil, qui quelquefois le refusa, ou du moins ne l'accorda que sous condition.

Henri publia dans le même temps la charte des forêts qui, sans doute, n'est pas d'un grand intérêt par rapport à l'état actuel des choses; mais qui était de la plus haute importance à une époque où le roi comprenait dans les forêts une portion très-considérable du royaume, qu'il gouvernait par des lois arbitraires et particulières, et où les infractions aux lois forestières étaient pour la plupart punies de la peine capitale.

Ces premiers actes devaient donner d'heureuses espérances; elles ne furent point réalisées. Les prodigalités du roi et l'administration de ses favoris indisposèrent la noblesse et la nation. Le roi viola ouvertement la grande charte qu'il avait cependant, comme on l'a vu, confirmée avec la plus grande solennité; et dès-lors la haine contre lui fut excessive. Au mo-

at où les esprits étaient le plus aigris, il se trouva obligé
convoquer les barons pour leur demander de nouveaux
aides : la circonstance était favorable , ils en profitèrent;
sur leur demande, vingt-quatre commissaires furent nom-
s, moitié par eux, et moitié par la couronne, pour opérer
e réforme dans l'État. Provisoirement ces vingt-quatre
ommissaires eurent la garde de toutes les forteresses , et la
position de tous les gouvernemens; d'abord ils s'occupè-
t de la mission qui leur avait été confiée , et par de sages
lemens ils corrigèrent les abus dont se plaignait la na-
n; ces réglemens sont connus sous le nom de *provisions*
Oxford.

Mais on ne tarda pas à s'apercevoir que le conseil des
gt-quatre cherchait à étendre son autorité, en empiétant
le pouvoir royal; et bientôt on le vit substituer ouver-
ment, à la tyrannie du monarque, la tyrannie plus odieuse
l'aristocratie. Dès que les desseins des barons furent con-
s, leurs partisans diminuèrent, et la haine contre le roi
ffaiblit : d'ailleurs plusieurs barons voyaient avec inquié-
le la puissance de Simon de Montfort, comte de Leicester,
i, après avoir dirigé le mouvement contre le roi, s'était
cé à la tête des *vingt-quatre*. Les talens et le courage de
homme extraordinaire, les avaient fait triompher; ils
gnaient qu'ils ne servissent à les opprimer. Le roi crut le
ment favorable pour ressaisir l'autorité; il convoqua un
uveau parlement, et dans la séance d'ouverture il annonça
intentions par ces paroles. « *Puisque je suis né roi, je veux*
tre : Reprenons chacun notre rôle; moi celui de maître, vous
ui de sujets. »

Le Comte de Leicester répondit avec arrogance, au nom
s barons; dès ce moment la guerre fut inévitable, elle
lata bientôt après. Le courage du prince Edouard, fils du
i, ne put résister à l'expérience du comte; les royalistes
rent vaincus, le roi fut fait prisonnier.

Cette victoire rendit Leicester tout puissant, et probable-

ment il ne songea plus qu'à affermir ou à étendre son auto
rité; mais les mesures qu'il prit dans cette intention devaier
produire un autre résultat qu'il ne prévoyait pas lui-même
c'était l'admission des communes au parlement.

CHAPITRE IV.

Etablissement de la Chambre des Communes.

Le Comte de Leicester ne trouva pas de meilleur moye
pour conserver le pouvoir, que de paraître l'exercer a
nom du roi et du consentement de la nation; à cet effe
convoqua, en 1265, un parlement, auquel il appela no
seulement les barons, mais encore *deux chevaliers* po
représenter leur comté, et *deux citoyens ou bourgeois* po
représenter chaque *ville ou bourg;* ces députés furent no
més en vertu de *Writs* adressés aux *Shériffs* au nom du r
Telle est, suivant l'opinion la plus générale, l'origine de l
chambre des communes; mais on doit remarquer avec Hum
que « la politique de Leicester ne fit qu'accélérer de quelqu
» années une institution à laquelle l'état des choses av
» déjà préparé la nation; autrement, ajoute cet historien,
» serait inconcevable qu'un tel arbre, planté par une ma
» si fatale, eût pu croître si vigoureusement et fleurir au s
» de semblables orages. »

L'histoire nous apprend que Leicester parvenu à l'autor
suprême en abusa; obligé de soutenir une nouvelle guer
contre le roi, ou plutôt contre le prince Edouard, il f
vaincu et tué à la bataille d'Evesham. Henri III remonta s
son trône et montra plus de modération qu'on ne devait
attendre; il respecta la grande charte et les droits acqui
et ne punit que par l'exil ses ennemis les plus acharnés.

Le prince Edouard fut son successeur; dans les premiè
années de son règne, plusieurs parlemens furent convoqué
et il est remarquable que les députés des *bourgs* n'y fure
point appelés, comme ils l'avaient été par le comte Leiceste

is en 1295, le roi adressa aux *Shériffs* des *Writs* par les-
els il leur enjoignait d'envoyer au parlement, outre deux
italiers de la province, deux députés de chaque bourg (1);
parceque c'est la règle la plus équitable, est-il dit dans le
préambule des *Writs*, que ce qui intéresse tous soit approu-
té, de tous et que le danger commun soit repoussé par des
efforts réunis. » (2).

On a écrit des volumes sur les premières élections des
putés des bourgs; on a examiné à qui appartenait le droit
lire, dans quelle forme il était exercé; sur-tout on a re-
rché quels étaient dans l'origine les pouvoirs des députés,
comment ils concouraient avec les barons aux actes du
rlement; enfin par quels degrés, la chambre des communes
devenue, comme elle l'est aujourd'hui, partie essentielle
pouvoir législatif. Toutes ces questions, à l'exception de
lernière, nous paraissent avoir été traitées avec une étendue
un soin qu'elles ne méritent pas; ainsi nous nous attache-
is seulement à noter les époques et les actes qui ont pro-
it des changemens notables dans l'institution alors nais-
ne.

Voici comment s'exprime Delolme (3) à ce sujet. « Il faut
lavouer cependant, ces députés du peuple n'eurent pas d'a-
ord des droits fort considérables, ils étaient bien éloignés de
puir de ces belles prérogatives qui font aujourd'hui de la
hambre des communes une partie collatérale du gouvernement; ils ne furent d'abord appelés que pour *consentir aux* ré-
olutions que prendraient le roi et l'assemblée des seigneurs;
mais c'était avoir beaucoup acquis, que d'avoir acquis le droit
de faire entendre leurs plaintes sans péril et en commun;
c'était beaucoup, au lieu de la ressource dangereuse des
insurrections, d'avoir une influence légale sur les motions du

---

(1) Il y avait alors environ cent-vingt bourgs ou cités, qui nommaient des
putés.
(2) Brady, *Traité des Bourgs*, page 25.
(3) Page 25, chap. 1.

» gouvernement et d'en faire désormais partie. Quelque [...]
» le désavantage de la place qui leur était assignée, il dev[...]
» être bientôt compensé par la prépondérance nécessaire qu[...]
» le peuple, lorsqu'il peut se mouvoir avec règle. »

Delolme ajoute en note que le *summon* ou appel que l[...]
seigneurs recevaient du roi pour se rendre au parlement[...]
portait : *ad audiendum et faciendum*, et celui des communes[...]
ad audiendum et consentiendum. Telle était en effet la for[...]
mule des *H rits* de convocation expédiés en 1295 ; da[...]
la suite, elle varia souvent ; mais il ne faut point regarder ce[...]
changemens dans les expressions comme des signes certai[...]
d'extension ou de diminution dans le pouvoir des commune[...]
pendant long-temps elles n'eurent que celui de *consentir* aux [...]
tes qui leur étaient présentés, et même on ne les regarda comm[...]
partie essentielle de la législature que pour le vote des impôt[...]

Malgré les grandes qualités du roi Edouard Ier, les Angla[...]
voyaient avec inquiétude ce prince chercher à étendre so[...]
autorité ; on avait à lui reprocher plusieurs violations de [...]
grande charte ; la nation se plaignit, le monarque fut obli[...]
de confirmer la grande charte et la charte des forêts ; il o[...]
donna par le même statut qu'elles seraient envoyées à tous l[...]
Shériffs, et à tous les magistrats du royaume pour ê[...]
solennellement publiées ; qu'elles seraient conservées et lu[...]
deux fois par an dans chaque cathédrale, avec sentence d'é[...]
communication contre quiconque les violerait ; et enfin q[...]
tout jugement contraire à ces chartes serait réputé nul e[...]
considéré comme non-avenu. En outre, et quelques anné[...]
après, Edouard publia le statut *de tallagio non concedend*[...]
portant qu'on ne pourrait lever aucun impôt sans le con[...]
sentement des pairs et des communes. Cet acte important[...]
dit Delolme, « est conjointement avec la grande charte, l[...]
» base de la constitution d'Angleterre. Si c'est de l'une que l[...]
» Anglais doivent dater l'origine de leur liberté, c'est d[...]
» l'autre qu'ils doivent en dater l'établissement ; et si la grand[...]
» charte était le rempart qui protégeait toutes les liberté[...]

individuelles, le statut en question était la machine qui protégeait la charte elle-même, et à l'aide de laquelle la nation devait faire désormais des conquêtes légales sur l'autorité du roi. »

Ici il importe de remarquer qu'antérieurement à ce statut, le parlement devait, à la vérité, voter les subsides; mais le roi n'en avait pas moins le droit de lever sur les terres de sa dépendance immédiate des taxes connues sous le nom de *tailles* et *prises* : certains impôts tels que le droit sur la sortie des laines étaient également levés en vertu de la prérogative royale. Ce nouvel acte embrassant dans la généralité de ses expressions tous les impôts, le roi fut désormais obligé d'obtenir toujours le consentement du parlement.

Tels sont les évènemens du règne d'Édouard Ier, qui ont influé sur la constitution de l'Angleterre. C'étaient les seuls qu'il entrait dans notre plan de retracer. Jusqu'à cette époque, nous avions à rechercher les germes faibles et épars des institutions, et à suivre leurs développemens successifs : maintenant ces institutions, quoiqu'encore irrégulières dans quelques parties, se montrent avec leurs caractères essentiels, il ne reste plus qu'à signaler les causes de leur perfectionnement, et enfin à les étudier dans leurs effets.

Nous avons vu les communes devenir partie essentielle du parlement; et dès-lors a été constitué le gouvernement par *roi, lords et communes*, tel qu'il existe de nos jours; mais les limites respectives de chacun des trois pouvoirs n'ont été bien déterminées que par la suite : reprenons le fil des évènemens et des actes qui ont placé les choses dans l'état actuel.

La chambre des communes, comme on le sait, ne fut appelée dans l'origine qu'à voter l'impôt, mais ses prérogatives devaient nécessairement s'accroître; car, le droit de refuser des subsides au monarque emportait le droit de les accorder sous conditions; en d'autres termes, d'exiger en compensation ou en

échange de l'argent qu'on accordait au roi, le sacrifice d'une
partie de son autorité.

Il paraît certain que dès les premiers temps les communes
formèrent une assemblée distincte de celle des barons, et
qu'elles votèrent toujours séparément (1). Les *chevaliers* élus
par les comtés et qui d'abord avaient fait partie de l'assemblée des barons se réunirent à celle des communes dans laquelle ils n'ont pas cessé de siéger. Les rôles du parlement
font foi que cette réunion eut lieu dans les huitième, neuvième et dix-neuvième années d'Édouard II (2); d'ailleurs
il est constant qu'un parlement devait être convoqué chaque
année, ou même deux fois par an, si cela était nécessaire:
c'est la disposition expresse d'un statut de la cinquième
année d'Édouard II.

Tel était l'état des choses, lorsque les causes de l'accroissement du pouvoir des communes, que nous avons signalées
précédemment, commencèrent à produire leurs effets. Dans
le parlement de 1308, la chambre des communes accorda
les subsides demandés, *à condition que le roi prendrait l'avis*
de son conseil et leur ferait justice sur certains points qui étaient
énumérés avec soin. Le roi s'engagea à faire cesser la plupart de
ces abus. Si la chambre ne se constituait pas dès-lors partie essentielle du corps législatif, du moins il faut reconnaître que ce
n'était pas seulement un droit de *remontrances* qu'elle s'ar ro-
geait. On verra bientôt ses tentatives se renouveler et réussir.

Le règne d'Édouard fut extrêmement agité, le sceptre était
trop pesant pour sa faiblesse, on l'avait vu, en 1312, forcé
d'abandonner toute l'autorité à douze commissaires choisis
par les barons, et qu'on nomma *les lords ordonnateurs* (*Lords*
ordainers); en 1326, il fut *déposé* par le parlement. Il importe

<hr />

(1) Quelques écrivains ont fixé l'époque de la séparation du parlement en
deux chambres, à la sixième année d'Édouard II, d'autres à la dix-septième
année du même roi. — *Carte*, tome 2, page 451. — *Parliament. hist.*, tome 1,
page 234.

(2) *Rot. Parl.*, page 289, 351, 430.

remarquer que dans ces deux actes on eut soin de faire
intervenir les communes et de mentionner leur consentement. Cette précaution n'était prise que pour donner à des
mesures violentes une apparence de légalité; mais dans le
fait, c'était leur reconnaître des droits égaux à ceux des
barons.

L'acte de déposition du roi était certainement une violation des principes du droit public alors existant : ni avant cette
époque, ni depuis, aucun statut n'a conféré au parlement le
droit d'expulser le monarque du trône ; il serait même con-
tradictoire de supposer que ce corps qui n'est constitué que
par la convocation du roi, et dont les actes ne peuvent avoir
d'effet qu'avec l'approbation de l'autorité royale, fût le maître
de disposer du spectre et de la couronne. Cependant on verra
dans plusieurs occasions le parlement étendre son *omnipo-*
tence sur le roi lui-même : la révolution de 1688 est un
exemple que tout le monde connaît.

Sous Edouard III, l'autorité du parlement continua à
accroître; le droit de voter les subsides déjà établi fut sanctionné, et la nécessité du concours des deux chambres, pour
faire les lois et les abroger, fut reconnue. Le parlement de 1341
fit un statut portant entre autres dispositions remarquables,
que dorénavant aucun pair ne pourrait être puni que *par*
Jugement de ses pairs dans le parlement ; que toutes les fois
qu'une des grandes charges du royaume serait vacante, le
roi y nommerait, en prenant l'avis de son conseil, et le consentement des grands seigneurs qui se trouveraient résider
dans le voisinage de la cour ; qu'enfin, le troisième jour de
chaque session du parlement, le roi se ressaisirait de toutes
les grandes charges, excepté de celle des chefs de justice des
deux bancs, et des barons de l'échiquier; que les ministres
ainsi réduits pour un temps à la condition de simples particuliers seraient obligés de répondre en présence du parlement
aux diverses accusations portées contre eux ; que s'ils se trouvaient coupables sur quelques points, on les destituerait

en définitif de leur place, pour leur substituer des sujets plu
dignes. (1)

Le consentement du roi fut acheté, on peut le dire, pa
un subside de 20,000 sacs de laine ; mais ce prince, par un
artifice dont il y avait déjà plusieurs exemples, fit une *protestation secrète* contre son adhésion publique à l'acte du
parlement, et dès qu'il eut reçu le subside ; il publia un édit
par lequel, en avouant ingénument qu'il avait *dissimulé* en
donnant son consentement, il déclarait le révoquer, et par
conséquent annuler le statut, comme contraire à la loi et
attentatoire aux prérogatives de la couronne. Cependant on
garda le souvenir de ces concessions, et sans qu'aucun acte
nouveau confirmât les principes qu'elles consacraient, ils
furent reproduits et appliqués dans plus d'une occasion ; par
exemple le parlement de 1376, porta un œil scrutateur et
sévère sur les abus de l'administration et mit en accusation
les ministres du roi, notamment Lord Latimer qui, comme
le dit Hume, fut victime de ce nouvel accroissement de l'autorité du parlement.

Ainsi, les prérogatives nouvelles du parlement n'ont pas toujours été solidement établies du moment où elles ont été reconnues ; souvent au contraire elles n'ont été définitivement acquises et consacrées qu'après avoir été suspendues, et quelquefois même oubliées en apparence. Cette réflexion ne s'applique
pas seulement au fait historique qui nous l'a suggérée ; mais
elle pourrait presque être reproduite pour chaque institution

Nous avons énuméré les actes du parlement qui ont accru
son autorité particulière, sous le règne d'Edouard III, et
par conséquent les libertés nationales. Un autre statut du
même règne mérite d'être cité à côté de ceux qui viennent
d'être analysés, c'est celui qui détermina d'une manière précise
les cas de haute-trahison, jusqu'alors trop vaguement désignés. (2) Ils furent fixés à trois : Savoir le crime *de conspirer*

(1) V. Stat. 15. Edouard III.
(2) Vingt-cinquième année d'Edouard III.

la mort du roi, *de lever l'étendard de la guerre contre lui, et
de se jeter dans le parti de ses ennemis;* depuis on a rangé dans
les cas de haute-trahison, *la conspiration pour prendre les
armes contre le roi.* On sentira combien il est important que
les crimes de cette espèce soient caractérisés de manière à
empêcher toute interprétation extensive, puisque la législation criminelle refuse à ceux qui en sont accusés une partie
des droits et des garanties dont jouissent les autres prévenus :
l'acte *d'habeas corpus,* par exemple, établit plusieurs exceptions de ce genre.

Richard II succéda à Edouard III; les actes de son règne
ne peuvent fournir que peu de documens utiles. Tour-à-tour
le parlement et le roi étendirent leur pouvoir et leurs prérogatives au-delà des limites qui leur étaient tracées par la
constitution; et dans ce flux et reflux continuel, tous les
droits et tous les principes se trouvèrent confondus. A diverses
époques, des commissions de réforme nommées dans le parlement s'emparèrent de tout le pouvoir, sous prétexte de corriger les abus; telle fut la commission établie en 1386. A la même
époque, le comte Suffolk, ministre du roi, fut accusé et jugé
par le parlement; et l'on menaça le roi de le déposer, en in-
voquant, comme précédent, la déposition d'Edouard II. Bientôt après, le roi fit décider, par des juges du *banc du roi* et des
plaids communs, contrairement aux statuts arrêtés par la commission de réforme, qu'il pouvait mettre fin à la session, suivant son bon plaisir; que ses ministres ne pouvaient être
accusés sans son consentement; que les peines de trahison
étaient applicables à tout membre qui enfreindrait ces décisions, et particulièrement à celui qui avait proposé qu'on fit
lecture de la sentence de déposition d'Edouard II.

Cette décision fut à son tour qualifiée de haute-trahison,
lorsque le parlement eut ressaisi l'autorité; et les juges qui
l'avaient rendue, furent accusés devant la chambre des pairs
et condamnés à mort.

Enfin le roi parvint encore une fois à renverser la puissance

de ses ennemis ; et soit ressentiment des outrages qu'il avait
reçus, soit crainte d'en recevoir de nouveaux, il n'employa
que la force et la violence pour gouverner son royaume. Cette
conduite excita des troubles, ou dumoins servit de prétexte
à ceux qui cherchaient à les exciter ; et le monarque vaincu
par ses sujets fut déposé, en 1399, par les deux chambres du
parlement.

Voilà le second exemple d'un parlement qui s'arroge le
droit de prononcer la déchéance du monarque ; cependant
il importe de faire remarquer que le parlement crut devoir
arracher au roi une abdication, ce qui prouve que lui-même
regardait comme douteux le droit qu'il exerçait.

Henri de Lancastre qui avait renversé Richard du trône y
monta après lui ; dès que la sentence de déposition eut été
prononcée, il s'avança dans l'assemblée et faisant le signe de la
croix, il dit : « Au nom du Père et du Fils et du Saint-Esprit,
» moi, Henri de Lancastre, je réclame le royaume d'An-
» gleterre et la couronne, avec tous ses membres et appar-
» tenances ; comme descendu en droite ligne du bon roi
» Henri III, et par ce droit que Dieu de sa grâce m'a trans-
» mis, et le secours de mes parens et amis, j'espère recouvrer
» le dit royaume qui était prêt à être détruit par défaut de
» gouvernement et de stabilité des bonnes lois. »

Par ces paroles, le nouveau monarque semblait fonder ses
droits sur sa naissance, sur la conquête et sur le vœu de ses
sujets. Dans la réalité, aucun de ces titres ne pouvait être in-
voqué par lui ; mais favorisé par les circonstances, il réussit
à se maintenir sur le trône où il venait de monter.

Maintenant nous pouvons parcourir rapidement plusieurs
règnes. Henri V et Henri VI décorés du titre de roi de France
et conquérans d'une grande partie de ce royaume ; les guerres
sanglantes d'York et de Lancastre ; les règnes de Henri VIII
et d'Elisabeth, les querelles de religion et la séparation de
l'Église anglicane sont des époques remarquables dans l'histoire d'Angleterre ; mais au milieu de ces grands évènemens on

se voit point s'élever de nouvelles institutions politiques, et les anciennes sont près de disparaître sous les atteintes réitérées de la tyrannie. Nous devons par conséquent nous hâter d'arriver au règne de Charles I.ᵉʳ ; époque mémorable et féconde en grands résultats.

Toutefois il importe de signaler, dans l'intervalle que nous nous marqué, quelques points dignes d'attention.

Le droit du parlement de concourir à la confection des lois fut solennellement reconnu; mais la manière dont il était exercé donnait au roi le moyen d'en arrêter les effets. Les communes, comme on l'a dit, exposaient leurs griefs dans des pétitions, et en exigeaient la réparation comme conditions des subsides qu'elles accordaient. Tantôt le monarque, sous prétexte qu'il ne devait faire droit aux pétitions qu'après le vote des communes sur les subsides, et le dernier jour de la session, éludait toute explication, et lorsqu'il avait reçu l'argent, il repoussait les demandes qui lui étaient adressées: tantôt il feignait de les accorder; mais par la rédaction des statuts qui était confiée aux juges, on parvenait facilement à dénaturer les intentions du parlement: enfin le droit que s'arrogeait le roi de suspendre les statuts rendait presque illusoire le pouvoir législatif des lords et des communes.

Sous Henri IV, et dans la seconde année de son règne, les communes demandèrent que le roi fît droit à leurs pétitions avant de voter les subsides. Cette tentative qui n'eut aucun succès ne fut pas renouvelée de long-temps; mais quatre ans après, une innovation d'une autre espèce vint accroître ou du moins consolider le pouvoir du parlement. On ne se borna point, comme on l'avait fait jusqu'alors, à voter les subsides, on en détermina l'emploi d'une manière spéciale, et des trésoriers chargés de la recette furent déclarés responsables et comptables devant le parlement. Plus tard enfin, les chambres substituèrent aux anciennes *pétitions* des statuts tout rédigés qu'on appela *bills*, et que le roi devait adopter ou rejeter sans modifications. Cet usage fut introduit sous le roi Henri VI ;

mais il ne fut solidement établi que plusieurs années après; on pourrait citer plusieurs statuts auxquels les rois Henri VI et Edouard IV son successeur ajoutèrent ou retranchèrent de dispositions de leur autorité privée.

Il est inutile de rappeler l'état d'avilissement auquel fut réduit le parlement sous le règne de Henri VIII; un exemple suffira pour en donner une idée : en 1523, les communes refusaient de voter les subsides demandés. Henri fit appeler *Montague*, un des membres les plus influens de l'assemblée, et lui adressa ces étranges paroles : « *Oh l'homme!* » ils ne veulent donc pas laisser passer mon bill? Puis mettant la main sur la tête de Montague qui était à *genoux* devant lui : « Que mon bill passe demain, ou demain, je vous fais » couper la tête. » Le bill passa (1). On sent combien il sera superflu d'étudier le progrès des institutions sous le règne d'un tel prince.

Elisabeth, avec plus de mesure et de prudence, exerça également un pouvoir absolu; elle faisait emprisonner les membres du parlement, désignait les matières sur lesquelles il leur était permis de discuter : en sorte que les discours étaient, suivant l'expression de Hume, *plus dignes d'un divan de Turquie*, *que d'une chambre des communes d'Angleterre.*

Cependant dans le temps qui s'était écoulé entre l'avènement de Henri IV et le règne d'Elisabeth; le parlement avait acquis d'importans priviléges, et des règles assez sages s'étaient introduites sur les élections. Ces règles et ces priviléges plièrent sous le sceptre tout-puissant de Henri VIII et de sa fille.

De tous les priviléges acquis par le parlement dans cet intervalle, les plus remarquables sont, 1° celui qui consiste en ce que ses membres ne peuvent être impliqués dans aucune procédure criminelle excepté pour cause de trahison, de félonie et d'atteinte portée à la paix publique; 2° la liberté de la parole et des opinions dans les chambres (2); 3° l'initiative exclusive

(1) Collins, pairie anglaise.
(2) Trente-troisième année de Henri VI.

ent attribuée aux communes pour les bills de finances;
enfin la garantie que le roi ne pourra nullement inter-
voir dans les affaires qui se traitent au parlement. (1)

Il n'y a rien de bien positif sur les conditions exigées dans
les premiers temps pour être électeur. Suivant les uns,
c'est l'opinion la plus générale, les francs-tenanciers seuls
aient électeurs, (2) suivant d'autres, tous les individus présens
à comté participaient au droit d'élection (3). Toute incerti-
de cesse devant un statut de la 8e année de Henri VI, qui
*streint le droit d'élection aux francs-tenanciers de terres, ou
*nement (freehold) d'un revenu de quarante shillings (4. Le
*ambule de ce statut mérite d'être rapporté. Il indiquera
*tat des choses qu'il a fait cesser: d'autant, y est il-dit, que
les élections de chevalier en plusieurs provinces de l'Angleterre ont été faites en dernier lieu par un nombre abusif
et excessif de gens, plusieurs d'entre eux d'une espèce inférieure, prétendent s'égaler aux chevaliers et aux écuyers
les plus considérables; de là résulteraient des *meurtres*, des
désordres, des *batteries*, des divisions parmi les gentils-
hommes, et autres particuliers des mêmes provinces ».

Voilà pour ce qui regarde les élections des *comtés*; quant
celles des *villes* et *bourgs*, il paraît que tous les hommes
bres (*freemen*) avaient le droit d'y concourir; mais ce droit
tait restreint suivant la volonté du shériff, qui probablement
ait maître de porter sur le *Writ* de convocation le nombre
électeurs qu'il jugeait convenable.

D'ailleurs il est difficile de se figurer à quel point les élec-
ions étaient irrégulièrement faites: tantôt les shériffs négli-
aient ou même refusaient de convoquer certains bourgs;
antôt les bourgs eux-mêmes ne voyant dans le droit d'élection

---

(1) Neuvième année de Henri IV.

(2) Heywood *en élections*, tome 1, page 20.

(3) Prynne 3 registr, page 167, cité par M. Hallam.

(4) Quarante shillings valent aujourd'hui 48 fr., mais du temps de Henri VI
ils valoient environ 480 fr.

que l'obligation de payer à leurs députés une indemnité
n'hésitaient pas à sacrifier le droit pour se soustraire à l'obligation (1). Avec de telles dispositions, les électeurs ne pouvaient résister à l'influence de la couronne; et l'on citerai
facilement des *writs* de convocation dans lesquels le roi
adresse non seulement des invitations, mais des ordres
exprès pour faire nommer telles ou telles personnes : ainsi
en 1552, Edouard VI écrivait aux shériffs, qu'il leur enjoignait d'informer tous les francs feudataires qu'ils étaient
requis de choisir pour représentans des hommes qui eussent de l'expérience et des lumières; puis il ajoutait,
» et cependant *tel est notre plaisir* que, toutes les fois que
» notre conseil privé ou quelques-uns de ses membres,
» recommanderont pour nos intérêts dans leur juridiction
» quelques personnes éclairées et sages, *leur choix sera res-*
» *pecté et suivi* comme tendant à la fin que nous desirons,
» laquelle est de former une assemblée des personnes de notre
» royaume les plus capables de donner de bons avis.

On sent assez qu'alors toute liberté des électeurs était dé-
truite.

La constitution particulière de la chambre des pairs
éprouva aussi diverses modifications dans l'intervalle qui
s'écoula entre le règne de Henri IV et celui d'Elisabeth,
mais nous croyons devoir n'entrer dans aucun détail à
ce sujet; les développemens que nous donnerions n'ap-
prendraient rien de vraiment utile sur l'organisation de
la chambre haute. « La nature et la constitution de la
» chambre des lords, dit un écrivain moderne, pendant
» la période que nous examinons, présentent à l'histo-
» rien un sujet aride et obscur » (2). Toutefois dès cette

---

(1) L'indemnité des députés des bourgs était de deux shillings; celle des
députés des comtés s'élevait à quatre shillings. — Stat. 16. Edouard II. — Cet
usage d'accorder une indemnité aux députés a cessé presque généralement du
temps de Henri VIII.

(2) On peut consulter sur ce point l'ouvrage de *West*, intitulé *Inquiry into
manner of creating peers.* (Recherches sur la manière de créer les pairs.)

poque la prérogative accordée au roi de créer des pairs n'é-
tait ni douteuse ni contestée.

A la mort d'Elisabeth, la nation anglaise paraissait si bien
soumise au joug; les institutions étaient tellement méprisées,
les vieilles traditions de liberté tellement oubliées, qu'il
n'était guère probable que la constitution d'Angleterre fût
digne, un siècle après, d'être proposée comme modèle à toutes
les nations civilisées.

Les lois de trahison, invention tyrannique de Henri VIII,
avaient été abolies sous Edouard VI, mais *la cour de la chambre
étoilée, la cour de la haute commission* subsistaient encore.
Ces deux tribunaux, sans règles fixes de décisions, imposaient
arbitrairement des amendes, prononçaient des emprisonnemens et infligeaient des châtimens corporels : un simple
ordre du conseil privé suffisait pour motiver leurs arrêts. La
cour de haute commission connaissait spécialement du crime
d'hérésie : cette terrible juridiction, placée sous l'influence
immédiate de l'autorité royale, était un instrument dont l'in-
tolérance religieuse fit un fréquent et déplorable usage.

La loi martiale établie pour les cas de révolte et de troubles était fréquemment appliquée à des crimes d'une autre
nature. Au moyen de l'extension donnée à cette loi, tout in-
fortuné qu'il plaisait au prévôt, ou au gouverneur d'un comté,
ou à leurs députés, de soupçonner, pouvait être puni comme
rebelle ou complice de rébellion (1).

Enfin, ce droit si ancien et si important, de voter les subsides, était éludé et presque détruit : les rois, qui craignaient
de trouver de l'opposition dans le parlement, pour la levée
des impôts, exigeaient des emprunts, dont la quotité et la
répartition étaient fixées arbitrairement, et dont la perception était assurée par des moyens violens, tels que l'emprisonnement. La demande de la *bénévolence*, ou don gratuit, était
encore un moyen d'extorquer de l'argent sans le concours du

_____
(1) Hume.

TOME I.   22 parlement. Dans l'énumération des abus qui existaient à cette époque, on ne doit pas oublier *le droit de la pourvoirie*; ce droit très-ancien consistait à acheter les provisions nécessaires à la maison du roi au prix fixé par les pourvoyeurs eux-mêmes.

CHAPITRE V.

Maison de Stuart.

Voilà dans quelles circonstances, Jacques Ier, déjà roi d'Ecosse monta sur le trône d'Angleterre : les deux couronnes se trouvèrent ainsi réunies sur la tête du même prince; mais les deux royaumes conservèrent leurs lois et leur administration particulières.

Jacques voulut régner en maître comme les rois auxquels il succédait; mais, soit que son caractère personnel lui ôtât les moyens de conserver le pouvoir absolu, soit que la nation fût fatiguée du joug, les communes résistèrent ouvertement aux prétentions du monarque; et l'on vit alors ce parlement si humble et si obéissant sous les princes de la maison de Tudor, revendiquer ses droits avec hardiesse, attaquer les prérogatives de la couronne, et plus tard conduire un roi sur l'échafaud.

Les prétentions du parlement furent d'abord sages et mesurées; la chambre des communes réclama, en 1604, le droit d'être seule juge de la validité des élections, et d'ordonner le remplacement des membres qui ne pouvaient siéger par un motif quelconque : après quelques discussions ce droit fut à-peu-près reconnu. Ensuite les réclamations devinrent plus étendues. Jacques répondit dans le parlement et dans ses ouvrages (1) qu'il était roi-*absolu*, et que ces priviléges que la nation réclamait comme des droits n'étaient qu'un effet de la tolérance de ses ancêtres. En 1610, il termina un discours adressé au parle-

---

(1) V. un livre de Jacques Ier, intitulé: *Véritable Loi des Monarchies libres*.

et, par ces paroles remarquables : « Je conclus donc, touchant le pouvoir des rois, par cet axiôme de théologie,
que disputer *le pouvoir de Dieu* est un blasphême; mais que
les théologiens peuvent sans offense disputer *de la volonté
de Dieu*, et que cette dispute ou cette discussion est un
de leurs exercices ordinaires. De même c'est une révolte
dans les sujets de disputer sur ce qu'un roi peut faire dans
toute l'étendue de son pouvoir. Mais les rois justes seront
toujours prêts à faire connaître ce qu'ils veulent faire, s'ils
ne veulent point encourir la malédiction du ciel. Pour moi,
je ne serai jamais content qu'on dispute sur mon pouvoir,
mais je serai toujours disposé à faire connaître les motifs de
mes actions, et même à les régler *par mes lois* ».

De pareils principes, hautement professés par un roi qui
n'avait ni un caractère, ni des forces capables de les soutenir,
ne firent qu'irriter les esprits ; ces germes de division entre la
couronne et les chambres se développèrent assez rapidement.
En 1621, on en vint à une rupture ouverte : les prétentions
du parlement à une liberté entière dans ses discussions, et au
droit illimité d'entrer dans la connaissance des affaires d'Etat,
furent violemment repoussées par le monarque, qui, en ré-
pondant à une députation des communes, se servit de cette expression outrageante : *ne sutor ultrà crepidam*. Les communes
irritées firent une protestation qu'elles consignèrent sur leur
registre ; le roi, par une mesure encore plus violente, se fit
apporter le registre, et déchira la protestation de ses propres
mains.

Cet éclat n'eut aucun résultat favorable pour le roi, et peu
d'années après, il fit aux communes des concessions importantes
au prix de légers subsides : il consentit notamment à ce que
les sommes qui lui seraient accordées fussent payées à des
commissaires du parlement chargés d'en faire l'emploi ; et
ne put empêcher de passer un bill portant que tous les *mo-
nopoles* étaient contraires à la loi et aux libertés de la nation.
Sous ce règne, le droit d'accusation contre les conseillers et

les ministres du roi fut exercé deux fois par la chambre des communes; en 1621, contre le célèbre chancelier Bacon, qui sur son propre aveu, fut condamné comme concussionnaire et en 1624, contre le comte de Middlessex, grand-trésorier.

Tel était l'état du royaume, et telle était la disposition des esprits, lorsque Charles Ier succéda à son père. On pourra réduire l'histoire de ce malheureux prince à dire qu'après avoir manifesté des prétentions qu'il n'eut pas la force de soutenir, les concessions arrachées à sa faiblesse ne purent lui concilier la confiance de la nation, et qu'elles fournirent à ses ennemis des armes pour le perdre.

Les abus qui, sous le règne précédent, avaient excité un de plaintes et de réclamations, subsistaient toujours; et Charles penchait, comme son père, à embrasser la doctrine du pouvoir absolu. En conséquence, la division ne tarda pas à éclater de nouveau entre le roi et le parlement : les subsides furent refusés ou accordés d'une manière insuffisante. Le monarque eut recours, tantôt à la force, tantôt à l'adresse, pour se procurer sans le concours des chambres, les sommes qui lui étaient nécessaires; il essaya de lever des emprunts ou des dons de *bénévolence*; il menaça le parlement d'établir de *nouveaux conseils* pour voter les subsides. Des emprisonnemens arbitraires, exercés même sur les membres du parlement vinrent seconder ces mesures; mais tous ces efforts furent inutiles; et en 1627, le roi se trouva forcé de convoquer un parlement.

La chambre des communes parut, dès le commencement de la session, déterminée à obtenir la réforme des abus; elle se sentait soutenue dans son entreprise par l'opinion publique, qu'elle captivait sur-tout en défendant les idées religieuses, alors universellement répandues en Angleterre, en réclamant l'exécution sévère des lois contre les catholiques.

Elle parvint enfin à son but; et dressa un acte nommé *pétition* ou *requête de droit*, dans lequel, après avoir exposé ses griefs et les titres sur lesquels elle s'appuyait, elle demandait expressément, qu'aucun don, prêt ou taxe quelconque

fût exigé sans le concours du parlement ; que personne ne
emprisonné pour cause de refus de ces taxes; qu'aucun
prisonnement, pour quelque cause que ce pût être, ne fût
arbitrairement exercé, et enfin que les commissions pour les
procédures de la loi martiale fussent supprimées.

Le roi fit tous ses efforts pour empêcher ce bill de passer
dans l'une et dans l'autre chambre : même après qu'il eut été
adopté, il chercha encore à éluder, et au lieu de prononcer
la formule ordinaire du consentement, il fit une réponse
évasive dont le parlement ne se contenta point.

En sorte qu'après avoir montré sa mauvaise intention, il fut
forcé de donner son consentement en termes formels.

Cet acte qui aurait dû satisfaire les vœux des communes,
et que le roi aurait dû regarder comme une concession juste
et raisonnable, ne parut aux communes qu'un moyen pour
acquérir un pouvoir plus étendu; au roi qu'une atteinte à
ses prérogatives, qu'un attentat dont il devait se venger.
Ainsi au lieu de ramener la paix, la pétition de droit prépara
de nouvelles querelles.

Les motifs, ou si l'on veut, les prétextes des plaintes que
le parlement forma dans les sessions suivantes étaient: l'inobservation des lois contre le papisme, ou du moins, l'indulgence qu'on accordait aux catholiques pour de l'argent :
la levée du droit de *tonnage et de poundage* sans le concours
du parlement (1). Il paraît que dans l'origine, ce droit était
accordé par le parlement pour toute la durée du règne.
Charles demandait que rien ne fût innové, mais les communes voulurent que le roi fût obligé de réclamer cet impôt
toutes les fois qu'il en aurait besoin. Le prince suivit, en cette
occasion, sa marche ordinaire: il prit des mesures violentes
dans lesquelles il n'eut pas la force de persévérer. La dissolution du parlement de 1629 fut ordonnée; mais avant de se

---

(1) Le droit de *tonnage* était levé sur les vins importés en Angleterre, et celui
de *poundage* était un droit de douze deniers par livre de la valeur de toute
sorte de marchandises importées dans le royaume.

séparer, les membres de la chambre des communes firent u[ne]
protestation dans laquelle ils déclaraient *les papistes* et l[es]
officiers qui levaient le tonnage et le poundage *ennemis de [la]
nation*, et les marchands qui payaient volontairement c[es]
droits *traitres à la liberté anglaise.*

Les vexations employées pour la levée de ces impôts ajo[u-]
tèrent encore à l'animosité du parti populaire; les rigueu[rs]
de la chambre étoilée n'étaient pas propres à la calmer : o[n]
cite surtout le jjugement rendu contre Prynne, avocat de Li[n]
coln's-inn : il fut condamné comme libelliste à être exclu [du]
barreau, à être exposé au pilori, *à perdre les deux oreilles* (1)
à payer 5,000 livres sterling d'amende et à une prison perp[é-]
tuelle. Prynne était un puritain zélé, et cette sentence fut r[en-]
due en haine de cette secte, qui, comme on le sait, formai[t la]
partie la plus exaltée de l'opposition. La taxe des vaisseaux
(*ship money*) excita de nouveaux murmures; le mécontc[n-]
tement était à son comble.

Ce fut en Écosse, où les opinions religieuses étaient les p[lus]
ardentes, qu'éclata la révolte. Les Écossais dressèrent u[n]
acte appelé *covenant*, dans lequel ils consignèrent le serm[ent]
de rejeter toutes les innovations religieuses et de résiste[r à]
toute opposition. Le roi marcha contre les rebelles, mais [il]
était impossible de soutenir la guerre sans argent : or l'exp[é-]
rience du passé démontrait que toutes les impositions il[lé-]
gales et arbitraires seraient insuffisantes; il n'y avait do[nc]
d'autre ressource que d'assembler un parlement.

Le roi demanda douze subsides; et offrit de renoncer à [tout]
prix à la taxe des vaisseaux : les communes ne répondir[ent]
qu'en annonçant des prétentions plus exagérées que cell[es]
qu'elles avaient précédemment manifestées. Encore une fo[is]
le roi eut recours à une brusque dissolution.

---

(1) Ce châtiment barbare était assez souvent ordonné par la chambre étoi[lée].

(2) Cette taxe levée par le roi était destinée et fut employée à la créatio[n et]
à l'entretien de la marine. Il est possible que la nation eut à se plaindre [de]
cet impôt, mais l'usage qu'en faisait le roi aurait dû faire cesser toutes [les]
plaintes.

Dans cet état de choses, son armée fut battue par les révoltés
[é]cosse; il fallut traiter avec eux, et assembler un nouveau
[par]lement.

Ici l'histoire de Charles Ier cesse de nous offrir des docu-
[me]ns utiles, à nous, qui ne cherchons qu'à recueillir les élé-
[me]ns du droit politique. Dans ce temps de troubles, tous les
[dro]its furent confondus, et la constitution fut dénaturée.

Le *long Parlement,* ainsi nommé à cause de sa durée, com-
[men]ça par établir en principe que les droits de tonnage et de
[po]ndage ne pourraient être levés qu'avec son consentement.
[En]suite il fit passer un bill portant que le parlement serait
[con]voqué au moins tous les trois ans, et qu'une fois assemblé,
[il] ne pourrait être ajourné, prorogé ni dissous pendant l'es[pa]-
ce de cinquante jours. L'année suivante, il fit trancher la
[têt]e au comte Strafford, ministre et ami du roi : enfin un
[nou]veau bill déclara que le parlement ne pourrait être ni
[dis]sé, ni ajourné, ni prorogé. Le roi ne put défendre ni son
[au]torité, ni la vie de son ami.

Peu de temps après, la guerre civile éclata entre les
[ro]yalistes et les parlementaires (1) : personne n'ignore qu'a-
[prè]s des succès divers, le roi fut vaincu et fait prisonnier.
[A]lors les deux partis qui s'étaient formés dans le parlement,
[aya]nt atteint le but vers lequel ils tendaient également, ma-
[n]ifestèrent des vues ultérieures différentes; les uns, *les pres-*
[by]tériens, voulaient traiter avec le roi; les autres, *les indé-*
[pe]ndans, secondés par l'armée, ou plutôt agissant d'après les
[in]stigations et la volonté des généraux, et surtout de Cromwel,
[m]anifestaient les desseins les plus sanguinaires. Ces derniers
[ex]pulsèrent violemment de la chambre des communes les
[m]embres presbytériens, ils déclarèrent que tout ce qui était
[co]nstitué et notifié *loi* par les communes prenait force de loi
[s]ans le consentement du roi ou de la chambre des pairs. Les
[o]bstacles étant ainsi écartés, la chambre des communes *par-*

_____

(1) Ces deux partis étaient aussi désignés par les noms de *cavaliers* et de
têtes rondes : c'est la l'origine des *Torys* et des *Whigs.*

gée (1) de tous les membres opposans, rendit l'ordonnan
pour le procès de Charles Stuart, roi d'Angleterre, et le 3o ja
vier 1649, la tête du monarque tomba sous la hache du
bourreau.

L'Angleterre fut constituée en république; et tandis que le
mot de liberté était dans tous les actes et dans toutes les bou-
ches, tout était soumis à la puissance de Cromwel.

En 1653, il fut déclaré protecteur. Il n'entre point dans
notre plan de retracer les événemens de sa vie, ni ceux qui
rappelèrent la famille des Stuarts sur le trône d'Angleterre;
et sans doute nous ne devrions pas nous attacher à faire connaître la nouvelle constitution du protectorat, nommé *l'instrument d'Etat*, puisque Cromwel en empêcha toujours l'exécution, tantôt par la violence et tantôt par la ruse; toutefois
voici quelles en étaient les principales dispositions. Il y avait
un conseil composé de vingt-un membres au plus et de treize
au moins. Ces membres étaient nommés à vie : en cas de vacance, le conseil nommait trois candidats, entre lesquels le
protecteur devait choisir. Le protecteur était le magistrat suprême de la république, la justice était administrée en son
nom, il nommait à tous les emplois : en lui résidait le droit
de paix et de guerre et celui de grâce; toutefois il ne pouvait exercer ces droits qu'avec le consentement du conseil.
Le commandement et l'administration de l'armée lui étaient
déférés. Le protecteur devait convoquer un parlement de trois
ans en trois ans : une fois assemblé le parlement ne pouvait
être dissous, ni prorogé, ni ajourné pendant cinq mois. Les
bills devaient recevoir l'approbation du protecteur; toutefois
si son consentement n'était pas donné dans les vingt jours, ils
devenaient *lois* par la seule autorité du parlement. L'armée
permanente ne pouvait être diminuée sans le consentement
du protecteur; des fonds étaient assignés pour son entretien

(1) Cette expression est consacrée ; on appela la *purgation* du colonel *Pride*,
la mesure violente par laquelle cet officier arrêta quarante-un membres du parti
presbytérien

en comprend toute l'importance de cette disposition). Dans
l'intervalle des sessions, le protecteur et le conseil d'État pouvaient faire des lois qui avaient autorité jusqu'à la convocation du parlement. Le chancelier, le grand-trésorier, l'amiral,
les gouverneurs d'Irlande et d'Écosse et les chefs de justice
des deux cours étaient nommés par le protecteur, avec l'approbation du parlement, et dans les intervalles, avec celle du conseil, sauf la confirmation ultérieure du parlement. Le protecteur était nommé à vie. A sa mort, le conseil devait le
remplacer.

A la mort de Cromwel, son fils Richard lui succéda; mais il
n'avait aucune des qualités nécessaires pour conserver le pouvoir suprême. Il abdiqua presque volontairement l'autorité.
Le long parlement (1) fut rappelé, puis expulsé : enfin, après
de nouveaux troubles qui durèrent un an, la famille de Stuart
remonta sur le trône d'Angleterre, dans la personne de
Charles II.

Les commencemens de ce règne furent aussi heureux qu'on
devait l'attendre des sentimens qui animaient le roi et la
nation. Une amnistie générale fut publiée, les juges de
Charles I et quelques chefs du parti républicain en furent
seuls exceptés, et certains d'entre eux furent punis de mort:
le roi consentit à l'abolition des droits de *garde noble* et de
purvoirie : le parlement, de son côté, accorda des subsides et
les droits de tonnage et de poundage pour toute la durée
du règne. Les évêques furent non seulement rétablis dans
leurs droits spirituels, mais ils reprirent encore leur rang
dans la chambre des pairs, dont ils avaient été exclus un peu
avant le commencement des guerres civiles. Dans une autre
session, il fut établi d'un commun accord que l'interruption
des assemblées du parlement ne durerait au plus que trois ans.

Cette union ne dura pas long-temps. Pour se faire une juste

---

(1) Il fut nommé le *Rump* (croupion), par les presbytériens et les royalistes
alors réunis. Ce nom lui fut donné, dit Hume, par allusion à cette partie de
l'animal qui passe pour la plus vile.

idée des causes qui mirent la division entre le monarque et
les sujets, il faut se rappeler l'effervescence et l'animosité
qui régnaient alors en Angleterre entre les différentes sectes,
et les différens partis royalistes, républicains, anglicans, presbytériens, catholiques, indépendans. Le roi professait la tolérance à l'égard des *non conformistes*; il était soupçonné de protéger en secret les catholiques; à l'extérieur, il entreprit des
guerres et fit des alliances également contraires à l'opinion
publique et à l'intérêt national, et dès-lors le parlement commença à se montrer moins docile. Peu-à-peu on vit le roi, ou
plutôt ses ministres, développer le plan qu'ils avaient conçu
pour s'arroger le pouvoir absolu. L'acte le plus remarquable,
par lequel se manifesta ce système d'empiétement, fut l'*Édit
d'indulgence*, publié en 1672, et par lequel le roi s'arrogeant le
pouvoir suprême, en matière de religion, suspendit toutes
les lois pénales contre les protestans non conformistes et
contre les catholiques, accorda aux premiers l'exercice public de leur religion, et aux autres l'exercice particulier dans
l'enceinte de leurs maisons. D'ailleurs la crainte, et par conséquent la haine du papisme, augmenta lorsqu'on vit le
duc d'Yorck, frère du roi, se déclarer ouvertement catholique. En cet état de choses, le ministère et le roi voyaient
bien ce qu'ils avaient à craindre du parlement; mais le besoin
des subsides força de le convoquer. Le premier objet dont il
s'occupa fut l'édit d'indulgence : on l'attaquait, comme contraire, dans ses dispositions, aux lois et actes du parlement,
et comme illégal et arbitraire, en ce qu'il émanait du roi seul.

D'abord la cour parut vouloir soutenir l'édit sous l'un et
l'autre rapport; mais bientôt on reconnut que la résistance
serait inutile, on céda.

L'édit d'indulgence fut donc révoqué, et un bill imposa
un *test*, c'est-à-dire, une épreuve à tous ceux qui étaient appelés à des fonctions publiques. Cet acte exigeait, outre les sermens d'allégeance et de suprématie, et la réception du sacrement dans une église anglicane, un serment ainsi conçu :

« Je déclare que je crois qu'il ne se fait point de transubs-
« tantiation dans le sacrement de la Cène du Seigneur, ni avant
« ni après la consécration faite par quelque personne que ce
« puisse être. »

Depuis cette époque, le roi perdit de jour en jour la confiance et l'autorité qu'il avait acquises ; abandonné ou plutôt
trahi par ceux qui lui avaient suggéré des idées d'envahissement sur les droits du peuple, il fut obligé d'accéder aux justes réclamations du parlement, et ne repoussa qu'avec peine
les prétentions les plus exagérées et les plus illégales ; tel fut
par exemple, le bill proposé par les communes pour exclure
le duc d'York de la couronne. Toutefois cette lutte entre le
monarque et le parlement eut un heureux résultat : elle fit
consacrer la liberté civile par l'acte connu sous le titre d'*habeas corpus*. Nous nous bornons à en présenter ici l'analyse,
puisqu'il se trouve rapporté en entier dans le texte des lois
constitutionnelles. C'est beaucoup sans doute que les droits
des peuples soient reconnus dans les lois fondamentales des
Etats; mais ces déclarations de principes deviennent illusoires,
si elles ne sont soutenues par des institutions fortes et dura-
bles. La grande charte avait dit que nul ne pourrait être emprisonné arbitrairement; l'acte d'*habeas corpus* vint déterminer les moyens légaux d'obtenir la réparation d'un emprisonnement illégal : il désigna les juges à qui la demande d'élargissement devait être adressée, surtout il prononça des amendes
au profit de la partie lésée, contre tous auteurs, complices ou
exécuteurs d'une arrestation arbitraire. Ce fut vraiment alors
que la liberté individuelle fut solidement garantie contre les
excès de pouvoir.

L'idée que nous avons donnée de l'état du royaume sous
Charles II, et des opinions dominantes, suffit sans doute pour
faire prévoir la catastrophe qui termina le règne de Jacques II,
son successeur.

Ce prince, comme on l'a dit, était catholique déclaré, et
ses actes montrèrent bientôt qu'il n'était pas moins attaché

à la doctrine du pouvoir absolu, qu'aux dogmes du Catholicisme : néanmoins, dans les premiers temps, le parlement se montra plein de soumission et de déférence, soit par défaut de courage, soit par un motif plus honorable, le désir de conserver l'union entre le pouvoir royal et les chambres.

Le roi, sans doute enhardi par cette conduite modérée, ne garda plus aucun ménagement : en peu de temps il devint odieux à tous les partis ; et lorsque le prince d'Orange se présenta en Angleterre, l'armée et la nation abandonnèrent le monarque, qui se trouva déchu du trône par une révolution aussi prompte que paisible.

CHAPITRE VI.

Révolution de 1688.

Les griefs allégués contre Jacques II se trouvent exposés dans la déclaration du prince d'Orange, faite avant son débarquement. On y reprochait au monarque de s'être arrogé le pouvoir dispensatif du test, la suspension des lois pénales contre les non conformistes, la création de la cour ecclésiastique, revêtue des mêmes attributions que la cour de haute commission ; les emplois donnés aux catholiques, l'admission d'un jésuite au conseil privé, les chartes des communautés anéanties, l'élection des membres du parlement soumise à des ordres arbitraires, l'autorité confiée en Irlande aux catholiques, etc.

Par la même déclaration, le prince d'Orange cherchait à accréditer les bruits populaires sur la naissance du prince de Galles : on sent tout l'intérêt qu'avait le prince Hollandais, mari de la fille aînée de Jacques II, à établir que le fils du roi avait été supposé, et à écarter ainsi le seul obstacle qui lui fermât le chemin du trône.

Un parlement qui prit le nom de *convention* se rassembla sur la convocation de Guillaume, le 22 janvier 1689. Son premier acte fut la fameuse déclaration qui prononça la déchéance de Jacques. Les termes dans lesquels elle est conçue sont remarquables, soit à raison des questions de droit public qu'ils donnèrent occasion d'agiter dans les deux chambres, soit par l'ambiguïté qu'ils laissèrent relativement aux droits du parlement pour prononcer la déchéance du monarque.

Elle portait que, « le roi Jacques s'étant efforcé de ren- » verser la constitution du royaume en rompant *le contrat* » *original* entre le roi et le peuple; ayant violé les lois fon- » damentales par le conseil des jésuites, et d'autres perni- » cieux esprits, et s'étant évadé du royaume, avait *abdiqué* » le gouvernement, et qu'ainsi le trône était vacant ».

La chambre des communes rédigea la déclaration dans les termes que nous venons de rapporter. Dans la chambre des lords on demanda qu'au lieu de prononcer la déchéance du roi, et de changer l'ordre de la succession, on nommât un régent. On examina ensuite la question de savoir : *s'il y a un contrat original entre le roi et le peuple? Si le roi Jacques avait rompu ce contrat? et enfin si le roi ayant rompu le con- trat original et abandonné le gouvernement, laissait le trône vacant?*

Au résultat, la chambre des lords proposa quelques amen- demens; mais après en avoir conféré avec la chambre des communes, ils furent abandonnés, et la déclaration resta telle que nous l'avons rapportée.

La convention assemblée en Écosse en fit une plus courte et plus énergique. Elle proclama que, « le roi Jacques, par » sa mauvaise administration et par l'abus qu'il avait fait du » pouvoir, était déchu de tout droit à la couronne. »

A la suite de ces deux actes, et le 22 février 1689, passa un bill qui donna la couronne au prince et la princesse d'Orange, ou plutôt au prince seul, qui, en montant sur le trône, prit le nom de Guillaume III.

Par le même bill, le parlement régla l'ordre de succession en ces termes. « Guillaume et Marie, prince et princesse » d'Orange, sont déclarés roi et reine d'Angleterre; ils gar- » deront la couronne pendant leur vie; elle passera ensuite

» à celui des deux qui survivra à l'autre. L'exercice plein et
» entier du pouvoir royal sera dans les mains du prince
» d'Orange, et il le tiendra en son nom et en celui de la
» princesse pendant leur vie. Après leur mort le trône passera
» aux héritiers nés de la princesse Marie (1), à leur défaut,
» à la princesse Anne de Danemark, (2) et à ses enfans ; et
» si elle n'en a point, aux héritiers du prince d'Orange ».

Par ce réglement, le prince de Galles, fils de Jacques II,
se trouvait exclu du trône où l'appelait l'usage ancien. On
proclama en principe que toute personne attachée au Saint-
Siège et professant la religion catholique et romaine serait,
par ce motif même, exclue de la succession et déclarée inhabile à y prétendre à l'avenir ; que dans tous les cas de cette
espèce, le peuple serait délié du serment d'obéissance ; que
la couronne passerait aux princes protestans qui en eussent
hérité, si les princes catholiques fussent morts, et que la
même exclusion serait prononcée contre les princes protestans qui se seraient mariés à des princesses catholiques. Nous
ferons voir plus tard l'application de ces principes.

Les libertés de l'Angleterre furent expressément consacrées
par le *bill des droits* qui renouvela et étendit les principes
contenus dans la *pétition de droit*. Il fut solennellement reconnu qu'on ne pouvait lever d'impôts sans le consentement
du parlement ; que la couronne n'avait point le pouvoir de
dispenser de l'effet des lois ; et que chacun avait le droit de
présenter des pétitions. La résistance à l'oppression fut lé-
galisée (3), la supériorité de la loi sur le chef du gouverne-

(1) Par-là on voulait prevenir les discussions entre les enfans nés de Guillaume avec la princesse Marie, et ceux qu'il pourrait avoir d'une autre femme.
(2) Sœur de la reine Marie et seconde fille de Jacques II, mariée au prince
de Danemarck.
(3) Voici comment s'exprime Blackstone « Le cinquième et dernier droit
» auxiliaire et subordonné dont jouissent les Anglais est celui d'avoir des
» armes pour leur usage et qui soient relatives à leur état et à leur con-
» dition. *Ce droit est reconnu par le statut 1er, chap. 2. de Guillaume et Marie,*

ment fut consacrée en ces termes. *Les lois d'Angleterre sont le droit inviolable du peuple et passent avant le roi. Les rois en reines en montant sur le trône doivent gouverner selon ces mêmes lois. Leurs officiers et leurs ministres doivent les servir aussi conformément à ces lois. Toutes celles du royaume qui assurent la religion établie, les droits et les libertés du peuple, ainsi que toutes les autres qui sont en vigueur sont ratifiées et confirmées par le roi, de l'avis et du consentement des pairs tant ecclésiatiques que séculiers, et des communes.*

La formule du serment des rois à leur couronnement, réglée à cette époque, contient la confirmation de toutes les règles que nous venons de rappeler ; le roi jure sur l'Évangile de régner selon la loi, et de respecter les droits du peuple et de l'Église d'Angleterre.

Arrivés à ce point, nous n'avons plus qu'une tâche facile à remplir. La révolution de 1688 a établi la constitution sur les bases qui depuis n'ont point été ébranlées ; il ne nous reste donc qu'à parcourir rapidement l'intervalle qui nous sépare de cette époque et à signaler les actes ou les événemens qui ont apporté quelques modifications aux règles fondamentales du gouvernement d'Angleterre.

Guillaume fut inquiété dans les premières années de son règne par les tentatives de Jacques II ; celui-ci trouva surtout de nombreux partisans parmi les catholiques d'Irlande ; mais ce malheureux prince fut vaincu par son compétiteur ; et dès-lors tous ceux qui avaient embrassé sa cause furent doublement coupables aux yeux du souverain, et comme papistes et comme rebelles : de-là ces mesures de rigueur qui aujourd'hui encore pèsent sur les catholiques irlandais.

Après l'abolition de la chambre étoilée, des ordonnances restrictives de la liberté de la presse avaient été publiées, et

---

* et est une note accessoire du droit qu'ont tous les hommes de veiller à leur
* conservation, quand la loi elle-même ne peut reprimer la violence et l'oppres-
* ion ».

successivement renouvelées. Même depuis l'avènement de
Guillaume, on jugea nécessaire de maintenir ces dispositions
exceptionnelles; mais le dernier renouvellement ayant expiré
en 1694, le parlement refusa d'en établir un nouveau, et la
liberté resta pleine et entière; en ce sens qu'aucune censure
préalable ne peut être exercée, et que la répression des délits
ne peut être poursuivie que devant un jury.

Delolme fait à ce sujet une remarque qui mérite d'être re-
cueillie : « Quoique la loi ne permette pas en Angleterre, dit-
» il, qu'un homme accusé d'avoir écrit un libelle, fasse la
» preuve des faits qu'il a avancés, chose qui aurait les plus
» fâcheuses conséquences, et qui est proscrite partout. D'un
» autre côté, *l'indictement* (1) devant porter que les faits sont
» *faux, malicieux, etc.;* et les jurés étant absolument les
» maîtres de leur *verdict* (2), c'est-à-dire, étant les maîtres de
» faire entrer dans la formation de leur opinion tout ce dont
» ils peuvent avoir connaissance, il n'est pas douteux qu'ils
» absoudraient dans le cas où les faits avancés seraient d'une
» évidence reconnue.

» Mais cela serait surtout vrai, s'il était question du gouver-
» nement, parce qu'ils joindraient à cette connaissance le sen-
» timent d'un principe généralement répandu en Angleterre,
» et qui a été dernièrement exposé aux Jurés dans une cause
» assez célèbre que *quoique parler mal des particuliers puisse*
» *être une chose blâmable, cependant les actes publics du gou-*
» *vernement doivent être soumis à un examen public, et c'est*
» *rendre service, à ses concitoyens que de s'en exprimer libre-*
» *ment* (3).

A la même époque, les communes et la chambre des
pairs adoptèrent un bill portant que les parlemens seraient

---

(1) L'accusation.
(2) Déclaration.
(3) En France la preuve des faits allégués n'est pas permise contre les particuliers; elle est permise contre les fonctionnaires publics. *Voy.* suprà, pag.
277, art. 20, loi du 26 mai 1819.

renouvelés tous les trois ans, qu'il y aurait annuellement une session, et que si, à l'expiration des trois années, la couronne n'expédiait pas les lettres de convocation, le lord chancelier ou le commissaire du grand-sceau seraient tenus de les expédier d'office, sous des peines sévères : mais le roi usant de sa prérogative refusa sa sanction, et les choses restèrent dans l'état où elles étaient précédemment.

En 1701, le parlement s'occupa de régler la succession au trône, qui paraissait devoir être vacant dans quelques années, à défaut de descendans du roi et de la princesse Anne. Après avoir rappelé les principes émis lors de l'avénement de Guillaume, un acte fut dressé, qui non-seulement désigna spécialement l'héritier de la couronne, mais qui détermina encore d'une manière générale les conditions nécessaires pour être admis au trône d'Angleterre. Il fut décidé « que » s'il arrivait que la couronne passât à un prince qui ne serait » pas né Anglais, la Nation ne serait pas tenue de s'engager » dans aucune guerre pour défendre un État ou un territoire » qui n'appartiendrait pas à cette couronne, sans le consen- » tement du parlement, qui serait également nécessaire pour » autoriser à l'avenir le souverain ou la souveraine à sortir » d'Angleterre, d'Écosse et d'Irlande; que, pour parvenir à » l'exécution rigoureuse de l'acte de *limitation*, toutes les » affaires ayant pour objet d'améliorer l'administration con- » tinueraient à être soumises à la connaissance du conseil » privé, suivant les lois et les coutumes; mais que, tant pour » le présent que pour l'avenir, les résolutions prises dans ce » conseil seraient signées par tous ceux qui auraient donné » en leur faveur un avis ou une adhésion; que lorsque l'acte » de *limitation* aurait son effet, tout individu né hors des » trois royaumes, ou hors des territoires de leur dépendance, » à moins qu'il ne dût le jour à des parens anglais, serait » inhabile à entrer au conseil privé, à siéger au parlement, à » occuper aucune place de confiance, soit dans le civil, soit » dans le militaire, à recevoir des terres, maisons ou héri

» tages, par concessions de la couronne, etc.; que null
» personne possédant un office, ou une place salariée dépen-
» dante du roi, ne pourrait être admise à la chambre de
» communes; que l'acte de *limitation* ayant son effet, le
» commissions des juges leur seraient délivrées *quandiù s*
» *benè gesserint*; que sur la demande des deux chambres il
» pourraient être légalement révoqués; qu'enfin, aucune
» lettres scellées du grand-sceau ne seraient valides contre
» une accusation portée en parlement par la chambre basse.

Ces *limitations* des prérogatives de la couronne ainsi établies, la princesse Sophie, duchesse douairière d'Hanovre,
fut proclamée première héritière de la couronne, après la
princesse Anne; et l'acte de limitation fut déclaré ne devoir
être mis en vigueur qu'à compter du règne de la princesse
Sophie (1).

Les dispositions de cet acte n'ont pas besoin de commen-
taire; on voit d'abord combien elles sont favorables à la
liberté.

Après la mort de Guillaume III, la reine Anne monta sur
le trône. L'évènement le plus remarquable de son règne fut
la réunion de l'Écosse.

Il n'entre point dans notre plan d'exposer les difficultés
que présentait cette négociation, et les moyens qui furent
employés pour la faire réussir : nous devons nous borner à
indiquer les conditions de ce traité.

Il fut convenu qu'il y aurait un seul parlement pour les deux
royaumes, que seize pairs Écossais seraient admis à la chambre
des pairs, avec les mêmes droits et priviléges que les pairs
Anglais, que quarante-cinq membres seraient ajoutés à la chambre des communes; que les charges publiques seraient supportées dans cette proportion : l'Angleterre payant 2,000,000
livres sterling, de taxe sur la terre, l'Écosse doit en payer

_____

(1) Cette princesse était fille d'Elisabeth, reine de Bohème, fille de Jacques I.

{8.000; que l'Écosse conserverait ses lois, mais qu'elles pourraient être changées par le parlement; savoir : les lois intéressant la police publique, à volonté, et les lois intéressant les droits particuliers, seulement pour l'avantage évident du peuple d'Écosse.

D'ailleurs, il fut stipulé que les églises d'Angleterre et d'Écosse resteraient dans l'état où elles se trouvaient au temps de l'union.

Ce traité fut ratifié par les parlemens d'Écosse et d'Angleterre, et le 23 octobre 1707, le *parlement Britannique* tint sa première séance à Westminster.

A la mort de la reine Anne, la princesse Sophie n'existait plus : le fils de cette dernière, Georges, électeur de Brunswick, fut appelé au trône, sous le nom de Georges I*er*.

Les troubles intérieurs qui agitèrent le commencement de ce règne obligèrent le roi et le parlement à prendre des mesures sévères. Nous ne rappellerons point les tentatives faites en Écosse par le prétendant; les mauvais succès de ses entreprises et les rigoureuses condamnations prononcées contre plusieurs personnages éminens qui avaient favorisé son parti. Seulement, nous devons indiquer les moyens que le parlement confia au roi pour réprimer et pour punir la rébellion.

En 1715, la chambre des communes lui présenta une adresse pour réclamer la sévère exécution des lois contre les séditieux, et elle prépara un bill portant que si douze personnes illégalement rassemblées refusaient de se séparer après l'injonction du magistrat et la lecture de la loi, elles seraient jugées coupables de félonie, sans qu'aucune d'elles pût invoquer les bénéfices du clergé.

Par un autre acte, la loi d'*habeas corpus* fut suspendue, et le roi eut le droit de faire arrêter et détenir toutes les personnes suspectes, attendu le péril de l'État.

Lorsque les rebelles eurent été vaincus et punis, le minis-

23.

tère, craignant, d'après la disposition des esprits, qu'un nouveau parlement ne fût contraire à ses vues, et ne lui fît un
crime des mesures rigoureuses qu'il avait prises, forma le
projet d'annuler l'acte qui donnait au parlement une durée
triennale, et d'établir des parlemens qui ne seraient renouvelés que tous les sept ans. Nous avons indiqué le véritable
motif qui dicta la proposition : voici les prétextes par lesquels on parut se déterminer; on allégua que les élections
triennales ne faisaient qu'entretenir l'esprit de parti, qu'elles
excitaient des inimitiés, qu'elles causaient des dépenses rui-
neuses et donnaient occasion aux princes étrangers d'ourdir
des intrigues.

En vain on objecta que ces raisons étaient plus spécieuses
que solides, et sur-tout que les membres des communes, n'é-
tant élus que pour trois ans, ne pouvaient eux-mêmes prolonger la durée de leurs pouvoirs jusqu'à sept. On répondit
en établissant en principe l'omnipotence du parlement (1)
et le bill fut sanctionné par le roi, après avoir passé à une
grande majorité dans les chambres.

Quelques années après, la prérogative royale de créer des
pairs à volonté fut mise en question : le monarque déclara
s'en remettre, sur ce point, à la sagesse du parlement; l'affaire fut mise en discussion dans deux sessions consécutives,
enfin, en 1719, le bill qui limitait le droit de créer de nouveaux pairs fut adopté par la chambre haute, mais il fut rejeté
par la chambre des communes; ainsi la prérogative de la
couronne se trouva solennellement confirmée.

Selon le plan que nous avons suivi jusqu'ici, nous n'ajou-
terons rien relativement au règne de Georges Iᵉʳ, puis qu'aucun autre acte que ceux précédemment indiqués n'a modifié
la constitution.

Sous Georges II, nous devons signaler deux actes importans, l'un et l'autre relatifs aux élections.

_____

(1) Blackstone, ch 2.

Depuis long-temps la brigue et la corruption étaient ouvertement employées par l'opposition et par le ministère pour
faire nommer leurs candidats. Plusieurs points importans
en cette matière étaient encore douteux; par exemple, il
était incertain si les possesseurs de franc-fief étaient seuls
capables de voter, ou si l'on devait admettre à l'exercice du
droit d'élection leurs tenanciers (copy-holders). Cet état
d'incertitude laissait aux Shériffs un grand pouvoir sur les
élections, puisqu'ils pouvaient, à leur gré et selon qu'il était
nécessaire pour faire nommer le candidat de leur choix, admettre ou repousser les tenanciers de biens relevans d'un
franc-fief. On peut citer, comme un exemple remarquable,
les élections du comté d'Oxford, en 1754.

En 1758, on présenta un bill sous le titre de loi, pour
expliquer les lois sur les élections des députés au parlement,
tendant à corriger les abus qui existaient : le bill passa, mais
il n'atteignit pas entièrement le but qu'on s'était proposé.

Il fut décidé seulement qu'à l'avenir aucun propriétaire
tenancier ou vassal n'aurait les qualités requises pour voter
l'élection d'un député; qu'un pareil vote serait nul, et que
toute contravention serait punie d'une amende de cinquante
livres sterling, au profit de tout candidat qui n'aurait pas
pour lui de vote défectueux. Mais on ne prit aucune mesure
contre la brigue et la corruption qui triomphaient dans la
plupart des élections.

Ce n'était pas seulement dans les règles qui déterminaient
les qualités nécessaires pour être électeur qu'on trouvait du
désordre et de l'incertitude; les lois qui fixaient les conditions
de l'éligibilité n'étaient ni plus claires, ni mieux observées.
Une loi de la neuvième année de la reine Anne avait décidé
que pour être élu membre du parlement, on devait posséder
un bien fonds ou franc-fief produisant, savoir : pour les députés de comté, six cent livres sterling de rente libre de toute
charge, trois cent livres sterling pour chaque citoyen, bourgeois, ou baron député des cinq ports d'*Hastings*, *Douvres*,

Hith, *Rumney* et *Sandwich*; que toute élection d'une personne ne remplissant pas ces conditions serait nulle; et que
chaque candidat serait tenu, à la requête d'un de ses compé-
titeurs ou de deux électeurs, d'affirmer, par serment, qu'il
remplissait les conditions voulues par la loi.

On éluda ces dispositions par toutes sortes de moyens;
ainsi, les personnes qui ne possédaient pas des fonds suffisans
les acquéraient momentanément par des cessions feintes,
dont on cherchait à peine à cacher la simulation.

En 1760, un bill fut proposé par la chambre des communes, portant « que toute personne élue membre de la chambre
» des communes serait tenue avant de prendre séance de re-
» mettre au secrétaire de la chambre, en présence des com-
» munes et du président, un certificat signé, contenant un
» état du revenu annuel de ses biens et de leur nature; in-
» diquant si c'était un bien-fonds, quel en était le fermier, et
» si c'était une rente, quel était le propriétaire de la terre sur
» laquelle cette rente était fondée : spécifiant, en outre, la
» paroisse et le comté dans lequel le bien était situé, et la
» valeur de ce bien. Que tout membre du parlement écrirait
» et signerait au bas de ce certificat un serment ainsi conçu
» *Je jure que l'état ci-dessus de mon revenu annuel est exact,*
» *que je possède réellement, de bonne foi et en toute justice, les*
» *biens qui sont spécifiés ; qu'ils sont libres de toutes charges, et*
» *que je ne les ai point acquis frauduleusement pour remplir*
» *les conditions d'éligibilité à cette chambre.* Que lorsqu'un
» membre siégerait et voterait à la chambre des communes
» avant d'avoir remis le certificat et prêté le serment, son
» élection serait nulle, et il serait condamné à une amende,
» que la même disposition aurait lieu s'il survenait quelque
» changement dans la fortune d'un membre dans le cours
» de la session. »

Au surplus, il était stipulé qu'aucun des articles du bill
ne s'étendait au fils aîné ou à l'héritier d'un pair, ni aux
membres des universités de l'Angleterre et de l'Écosse.

Le bill fut adopté par la chambre des communes; mais à la chambre des pairs on y fit des amendemens dont il faut croire que l'intention était bonne, quoique en résultat ils ne fussent propres qu'à favoriser la fraude et à conserver au ministère toute son influence.

Depuis la mort de Georges II jusqu'à nos jours, le seul événement qui doit arrêter nos regards, c'est l'union de l'Irlande; comme la réunion de l'Écosse, elle éprouva des difficultés : enfin, elle fut proclamée par un bill en date du 12 juillet 1800.

Voici quelles furent les bases du traité : un seul parlement devait être rassemblé pour les trois royaumes. Trente-deux pairs Irlandais, dont quatre lords spirituels entrèrent dans la chambre haute : la chambre des communes fut augmentée de cent membres Irlandais.

Les contributions publiques furent établies dans la proportion de 15/17 pour l'Angleterre, et de 2/17 pour l'Irlande; cette répartition devait être observée pendant vingt ans; l'Irlande restant d'ailleurs chargée du paiement de la dette publique.

Les églises des deux royaumes furent réunies, et l'on stipula que les lois en vigueur et les cours de juridiction resteraient dans l'état où elles étaient.

Tels sont les principaux actes qui, depuis la révolution de 1688, ont complété ou modifié le système établi à cette époque : mais outre les lois que nous avons analysées, il en est d'autres plus récentes qui ont restreint d'une manière remarquable les libertés de l'Angleterre. Il n'entre pas dans notre plan d'examiner si, comme l'a allégué le ministère, ces mesures étaient justifiées par la nécessité, ou si, comme l'a soutenu l'opposition, ces dispositions rigoureuses n'ont eu pour but que d'augmenter les moyens d'oppression entre les mains du ministère. Quoiqu'il en soit, en décembre 1819, une loi a été rendue plus sévère que le *riot act.* Elle porte : *Tout homme qui, faisant partie d'une assemblée du peuple, ne se*

retirera pas d'après l'ordre d'un seul juge de paix, sera con-
damnable à la peine de mort.

A la même époque, un autre bill a établi que tout juge
de paix, ou ses agens, peuvent s'introduire de jour ou de nuit
dans le domicile des citoyens, et qu'en cas de refus, les
constables ont le droit de *s'ouvrir de force* l'entrée des maisons.

A ces deux actes il faut joindre deux autres lois du même
temps relatives à la presse : par la première, toutes les brochures politiques jusqu'alors exemptes du timbre y ont été
soumises; et les libraires éditeurs de ces brochures ont été
assujettis à un cautionnement de 4,800 à 7,200 livres. Par la
seconde, tout condamné par récidive pour délit de la presse
peut être puni de l'amende et de l'emprisonnement, ou du
bannissement, suivant le bon plaisir du juge. On conçoit comment la liberté de la presse se trouve restreinte par la crainte
que doit inspirer à tout écrivain la sévérité de la peine et le
pouvoir arbitraire confié aux magistrats pour l'appliquer.

La suspension fréquente de la loi d'*habeas corpus* (1) dans
les commencemens du règne de Georges II et sous le règne
de Georges III doit être rappelée ici; non que cette suspension temporaire ait modifié les principes de la constitution;
mais parce qu'elle offre la preuve que le parlement a le droit
de suspendre, en cas de nécessité, l'exercice des libertés nationales. Nous laissons à d'autres le soin d'apprécier, en thèse
générale, les inconvéniens de ces mesures d'exception, et de
juger jusqu'à quel point elles ont été justifiées à diverses époques par les circonstances graves et difficiles.

Personne n'ignore les événemens qui ont tout récemment
troublé la tranquillité publique en Angleterre; et l'on sait
jusqu'à quel point la question de la réforme parlementaire
divise les esprits. Il est possible que l'esprit de parti exagère
les abus, ou que du moins il soit aveugle sur le choix des

---

(1) L'acte d'*habeas corpus* a été suspendu notamment en 1715, 1722, 1745,
de 1794 à 1801, et en 1817.

moyens propres à les faire disparaître ; mais on ne saurait se dissimuler l'existence du mal et la nécessité d'y porter remède. Pour écarter de nous tout soupçon de partialité, nous allons laisser parler un écrivain dont l'autorité ne peut être contestée, sur-tout à raison du temps où il a écrit : c'est Blackstone, et voici comment il s'exprime « Tel est l'esprit de la constitution Anglaise : ce n'est pas que j'affirme qu'elle soit, dans le fait, aussi *parfaite* que je viens de la décrire ; car j'imagine que s'il y avait quelque changement à désirer dans la forme actuelle des parlemens, ce devrait être en faveur d'une *représentation plus étendue et plus complète du peuple Anglais.* »

Au surplus, l'acte par lequel le bourg de *Grampound* vient d'être privé du droit d'élection, dans la session actuelle du parlement, est un aveu, après lequel on ne peut plus discuter ni sur l'étendue du mal et sur le choix des moyens propres à le guérir.

Telle est en précis l'histoire du gouvernement de l'Angleterre. Après avoir essayé de montrer l'origine des institutions et de les suivre dans leur développement, nous laissons à chacun le soin de les étudier dans le texte des lois et des actes que nous avons recueillis.

CONSTITUTION D'ANGLETERRE.

CHARTRE (1)

Des communes libertés, ou la grande Chartre accordée par le roi Jean à ses sujets, l'an 1215.

JEAN, par la grâce de Dieu, roi d'Angleterre, etc. A tou les archevêques, évêques, comtes, barons, etc; qu'il vou

---

Après avoir lu les actes formant la constitution d'Angleterre, il est probable qu'autant on sera content du fonds des choses, autant on sera disposé à critiquer l'expression, et que le premier mouvement sera d'attribuer la faute aux traducteurs. Voici notre réponse : nous avons comparé pour les actes déjà traduits, tels que la *Grande Charte* et la *Pétition de Droit*, toutes les versions, et nous avons adopté celle qui nous a paru la meilleure, en ayant soin de corriger tout ce que nous avons cru devoir l'être, en conservant pourtant quelques expressions surannées, et quelques tournures bizarres qui nous ont paru plus propres à rendre le sens des mots et les idées de l'original. Quant aux actes que nous avons traduits pour la première fois, nous avons tâché de présenter toujours un sens clair, malgré la longueur des periodes, et la multiplicité des phrases incidentes, qui rendent les lois anglaises ordinairement si obscures. Pour qu'on ne nous croie point sur parole, dans ce que nous alléguons sur le style de la législation anglaise, nous allons citer un fragment d'un ouvrage nouveau, intitulé *Essai sur la Constitution Pratique, et le parlement d'Angleterre*, par M. Amédée R*** Voici comment s'exprime l'auteur, page 274 : « La quatrième cause du volume progressif, si ce n'est même des lois du Parlement, consiste dans le manque de soin et d'exactitude avec lequel elles sont rédigées *qu'on prenne au hasard une de ces lois, (dit le quarterly Review, n° 42, page 416 et 417, qu'on en lise un paragraphe quelconque, et quelque simple et positif qu'en soit le sujet, on est accablé d'une masse rebutante de verbosité et de tautologie, dont il est difficile de parler dans les termes d'une modération convenable, mais qu'avec toute la déférence due à l'autorité pour une telle damnable itération, nous croyons être tout à-fait sans pareille dans quelque livre que ce soit.»* — S'il était permis d'en avoir le soupçon, on serait tenté de croire qu'au lieu d'exprimer leur pensée avec la plus grande clarté, les législateurs anglais ont quelque intérêt secret à l'envelopper dans la plus grande obscurité possible. Il serait réellement difficile d'imaginer *une multiplicité de mots plus fastidieux, un choix d'expressions plus impropres et plus surannées, un emploi de pléonasmes plus fréquens, une diction plus vicieuse, une phraséologie à la fois plus diffuse, plus prolixe et plus barbare.»* — L'auteur cite à l'appui de son opinion un statut, pour l'encouragement des statutaires, de la 54° année de Georges III, qui justifie parfaitement toutes ses assertions.

oit notoire que Nous, en présence de Dieu, pour le salut de notre âme et de celle de nos ancêtres et descendans, à l'honneur de Dieu, à l'exaltation de l'Église, et pour la réformation de notre royaume, en présence des vénérables pères Étienne, archevêque de Cantorbery, Primat d'Angleterre et cardinal de la sainte Église romaine ; Henri, archevêque de Dublin ; Guillaume, évêque de Londres, et autres nos vassaux et hommes-liges, avons accordé, et par cette présente Charte accordons, pour nous et pour nos héritiers et successeurs à jamais :

Art. 1er. Que l'Église d'Angleterre sera libre et jouira de tous ses droits et libertés, sans qu'on y puisse toucher en façon quelconque. Nous voulons que les priviléges de l'Église soient par elle possédés, de telle manière qu'il paraisse que la liberté des élections, estimée très-nécessaire dans l'Église Anglicane, et que nous avons accordée et confirmée par notre Charte, avant nos différends avec les barons, a été accordée par un acte libre de notre volonté, et nous entendons que ladite Charte soit observée par nous et par nos successeurs à jamais.

2. Nous avons aussi accordé à tous nos sujets libres du royaume d'Angleterre, pour nous et nos héritiers et successeurs, toutes les libertés spécifiées ci-dessous, pour être possédées par eux et par leurs héritiers, comme les tenant de nous et de nos successeurs.

3. Si quelqu'un de nos comtes, barons ou autres qui tiennent des terres de nous, sous la redevance d'un service militaire, vient à mourir, laissant un héritier en âge de majorité, cet héritier ne paiera, pour entrer en possession du fief, que selon l'ancienne taxe, savoir : l'héritier d'un comte, pour tout son fief, cent marcs ; l'héritier d'un baron, pour un fief entier, cent schellings : et tous les autres à proportion, selon l'ancienne taxe des fiefs.

4. Si l'héritier se trouve en âge de minorité, le seigneur de qui son fief relève ne pourra prendre la garde-noble de sa personne, avant que d'en avoir reçu l'hommage qui lui est dû. Ensuite cet héritier, étant parvenu à l'âge de vingt-un an, sera mis en possession de son héritage, sans rien payer au seigneur. Que s'il est fait chevalier pendant sa minorité, son fief demeurera pourtant sous la garde du seigneur, jusqu'au temps ci-dessus marqué.

5. Celui qui aura en garde les terres d'un mineur ne pourra prendre sur ces mêmes terres que des profits et des services raisonnables, sans détruire ni détériorer les biens des tenanciers, ni rien de ce qui appartient à l'héritage. Que s'il arrive que nous commettions ces terres à la garde d'un shériff, ou de quelque autre personne que ce soit, pour nous en rendre compte, et qu'il y fasse quelque dommage, nous promettons de l'obliger à le réparer, et de donner la garde de l'héritage à quelque tenancier discret du même fief, qui en sera responsable envers nous de la même manière.

6. Les gardiens des fiefs maintiendront en bon état, tant les maisons, parcs, garennes, étangs, moulins, et autres choses en dépendant, que les revenus, et les rendront à l'héritier, lorsqu'il sera en âge, avec sa terre bien fournie de charrues et autres choses nécessaires, ou du moins autant qu'ils en auront reçu. La même chose sera observée dans la garde qui nous appartient, des archevêchés, évêchés, prieurés, abbayes, églises, etc., excepté que ce droit de garde ne pourra être vendu.

7. Les héritiers seront mariés selon leur état et condition, et les parens en seront informés avant que le mariage soit contracté.

8. Aussitôt qu'une femme sera veuve, on lui rendra ce qu'elle aura eu en dot, ou son héritage, sans qu'elle soit obligée de rien payer pour cette restitution, non plus que pour le douaire qui lui sera dû sur les biens qu'elle et son mari auront possédés, jusqu'à la mort du mari. Elle pourra demeurer dans la principale maison de son défunt mari quarante jours après sa mort, et pendant ce temps-là, on lui assignera son douaire, en cas qu'il n'ait pas été réglé auparavant. Mais si la principale maison était un château fortifié, on pourra lui assigner quelqu'autre demeure où elle soit commodément, jusqu'à ce que son douaire soit réglé. Elle y sera entretenue de tout ce qui sera raisonnablement nécessaire pour sa subsistance, sur les revenus des biens communs d'elle et de son défunt mari. Le douaire sera réglé à la troisième partie des terres possédées par son mari pendant qu'il était en vie, à moins que, par son contrat de mariage, il n'ait été réglé à une moindre portion.

9 On ne pourra contraindre aucune veuve, par la saisie de ses meubles, à prendre un autre mari, pendant qu'elle

soudra demeurer dans l'état de viduité. Mais elle sera obligée
de donner caution qu'elle ne se remariera point sans notre
consentement, si elle relève de nous, ou sans celui du seigneur de qui elle relève immédiatement.

10. Ni nous, ni nos baillifs ne ferons jamais saisir les
terres ou les rentes de qui que ce soit pour dettes, tant que
le débiteur aura des meubles pour payer sa dette, et qu'il
paraîtra prêt à satisfaire son créancier. Ceux qui l'auront cau-
tionné ne seront point exécutés, tant que le débiteur même
sera en état de payer.

11. Que si le débiteur ne paie point, soit par impuis-
sance, soit par défaut de volonté, on exigera la dette des
cautions, lesquelles auront une hypothèque sur les biens et
rentes du débiteur, jusqu'à la concurrence de ce qui aura
été payé pour lui, à moins qu'il ne fasse voir une décharge
des cautions.

12. Si quelqu'un a emprunté de l'argent des juifs, et qu'il
meure avant que la dette soit payée, l'héritier, s'il est mineur,
ne payera point d'intérêt pour cette dette, tant qu'il demeurera en âge de minorité, de qui que ce soit qu'il relève. Que
si la dette vient à tomber entre nos mains, nous nous conten-
terons de garder le gage livré par le contrat, pour sûreté de
la même dette.

13. Si quelqu'un meurt étant débiteur des juifs, sa veuve
aura son douaire, sans être obligée de payer aucune partie
de cette dette. Et si le défunt a laissé des enfans mineurs,
ils auront la subsistance proportionnée au bien réel de leur
père; et du surplus, la dette sera payée, sauf, toutefois, le
service dû au seigneur. Les autres dettes dues à d'autres qu'à
des juifs seront payées de la même manière.

14. Nous promettons de ne faire aucune levée ou imposition, soit pour le droit de scutage (1) ou autre, sans le consentement de notre commun conseil du royaume, à moins
que ce ne soit pour le rachat de notre personne, ou pour
faire notre fils aîné chevalier, ou pour marier une fois seulement notre fille aînée : dans tous lesquels cas, nous lèverons
seulement une aide raisonnable et modérée.

---

(1) Le *scutage* était une taxe sur les terres. Il était payé par les possesseurs
des fiefs nobles, en lieu du service militaire qu'ils devaient à leur seigneur
suzerain.

15 Il en sera de même à l'égard des subsides que nous lèverons sur la ville de Londres, laquelle jouira de ses anciennes libertés et coutumes, tant sur l'eau que sur terre.

16. Nous accordons encore à toutes les autres villes, bourgs et villages, aux barons des cinq ports, et à tous autres ports qu'ils puissent jouir de leurs priviléges et anciennes coutumes, et envoyer des députés au conseil commun, pour y régler ce que chacun doit fournir, les trois cas de l'article 14 exceptés.

17. Quand il sera question de régler ce que chacun devra payer pour le droit de scutage, nous promettons de faire sommer, par des ordres particuliers, les archevêques, les évêques, les abbés, les comtes et les grands barons du royaume, chacun en son particulier,

18. Nous promettons encore de faire sommer en général, par nos shériffs ou baillifs, tous ceux qui tiennent des terres de nous en chef, quarante jours avant la tenue de l'assemblée générale, de se trouver au lieu assigné; et dans les sommations, nous déclarerons les causes pour lesquelles l'assemblée sera convoquée.

19. Les sommations étant faites de cette manière, on procédera sans délai à la décision des affaires, selon les avis de ceux qui se trouveront présens, quand même tous ceux qui auront été sommés n'y seraient pas.

20. Nous promettons de n'accorder à aucun seigneur que ce soit la permission de lever aucune somme sur ses vassaux et tenanciers, si ce n'est pour les délivrer de prison, pour faire son fils aîné chevalier, ou pour marier sa fille aînée; dans lesquels cas, il pourra seulement lever une taxe modérée.

21. On ne saisira les meubles d'aucune personne, pour l'obliger, à raison de son fief, à plus de service qu'il n'en doit naturellement.

22. La cour des plaids communs ne suivra plus notre personne, mais elle demeurera fixe en un certain lieu. Les procès touchant l'expulsion de possession, la mort d'un ancêtre, ou la présentation aux bénéfices, seront jugés dans la province dont les parties dépendent; de cette manière, nous ou notre grand-justicier, enverrons une fois tous les ans, dans chaque comté, des juges, qui, avec les chevaliers des mêmes comtés, tiendront leurs assises dans la province même.

23. Les procès qui ne pourront être terminés dans une

ssion, ne pourront être jugés dans un autre lieu de l'arrondissement des mêmes juges; les affaires, qui, pour leurs difficultés, ne pourront pas être décidées par ces mêmes juges, seront portées à la cour du banc du roi.

24. Toutes les affaires qui regardent la dernière présentation aux églises seront portées à la cour du banc du roi, et y seront terminées.

25. Un tenancier libre ne pourra pas être mis à l'amende pour de petites fautes, mais seulement pour les grandes, et l'amende sera proportionnée au crime, sauf la subsistance dont il ne pourra être privé. Il en sera usé de même à l'égard des marchands auxquels on sera tenu de laisser ce qui leur sera nécessaire pour entretenir leur commerce.

26. Semblablement, un paysan, ou autre personne à nous appartenant, ne pourra être mis à l'amende, qu'aux mêmes conditions; c'est-à-dire qu'on ne pourra point toucher aux instrumens servant au labourage. Aucune de ces amendes ne sera imposée que sur le serment de douze hommes du voisinage, reconnus pour gens de bonne réputation.

27. Les comtes et les barons ne seront mis à l'amende que par leurs pairs, et selon la qualité de l'offense.

28. Aucun ecclésiastique ne sera mis à une amende proportionnée au revenu de son bénéfice, mais seulement aux biens laïques qu'il possède, et selon la qualité de sa faute.

29. On ne contraindra aucune ville, ni aucune personne, par la saisie des meubles, à faire construire des ponts sur les rivières, à moins qu'elles n'y soient obligées par un ancien droit.

30. On ne fera aucune digue aux rivières, qu'à celles qui en ont eu du temps de Henri I.

31. Aucun Shériff, Connétable, Coroner, ou autre officier, ne pourra tenir les plaids de la couronne.

32. Les Comtés, Centaines, Wapentacks, Dixaines, demeureront fixés selon l'ancienne forme, les terres de notre domaine particulier exceptées.

33. Si quelqu'un, tenant de nous un fief laïque, meurt, et que le Shériff ou Baillif produise des preuves pour faire voir que le défunt était notre débiteur, il sera permis de saisir et d'enregistrer des meubles trouvés dans le même fief, jusqu'à la concurrence de la somme due, et cela par l'inspection de quelques voisins réputés gens d'honneur, afin que rien ne soit

détourné, jusqu'à ce que la dette soit payée. Le surplus sera laissé entre les mains des exécuteurs du testament du défunt. Que s'il se trouve que le défunt ne nous devait rien, le tout sera laissé à l'héritier, sauf les droits de la veuve et des enfans.

34. Si quelque tenancier meurt sans faire testament, se effets mobiliers seront distribués par les plus proches pa rens et amis, avec l'approbation de l'Église, sauf ce qui éta dû par le défunt.

35. Aucun de nos baillifs, ou connétables, ne prendra le grain, ou autres effets mobiliers d'une personne qui ne sera pas de sa juridiction, à moins qu'il ne le paie comptant, ou qu'il n'ait auparavant convenu avec le vendeur du temp du paiement. Mais si le vendeur est de la ville même, il sen payé dans quarante jours.

36. On ne pourra saisir les meubles d'aucun chevalier, sous prétexte de la garde des châteaux, s'il offre de lu même le service, ou de donner un homme en sa place en ca qu'il ait une excuse valable pour s'en dispenser lui-même.

37. S'il arrive qu'un chevalier soit commandé pour alle servir à l'armée, il sera dispensé de la garde des château, tout autant de temps qu'il fera son service à l'armée, pou raison de son fief.

38. Aucun Shériff ou baillif ne prendra, par force, n chariots ni chevaux, pour porter notre bagage, qu'en payan le prix ordonné par les anciens réglemens, savoir : dix sols pa jour pour un chariot à deux chevaux, et quatorze sols pou un à trois chevaux.

39. Nous promettons de ne faire point prendre les cha riots des ecclésiastiques, ni des chevaliers, ni des dames d qualité, non plus que du bois pour l'usage de nos château que du consentement des propriétaires.

40. Nous ne tiendrons les terres de ceux qui seront cor vaincus de félonie, qu'un an et un jour : après quoi nous le mettrons entre les mains du seigneur.

41. Tous les filets à prendre des saumons ou autres poi sons, dans les rivières de Midway, ou dans la Tamise, o dans toutes les rivières d'Angleterre, excepté sur les côtes seront ôtés.

42. On n'accordera plus aucun Writ, ou ordre appelé *præcipe*, par lequel un tenancier doive perdre son procès

43. Il y aura une même mesure dans tout le royaume

pour le vin et pour la bierre, aussi bien que pour le grain, et cette mesure sera conforme à celle dont on se sert à Londres. Tous les draps auront une même largeur, savoir, deux verges entre les deux lisières. Les poids seront aussi les mêmes dans tout le royaume.

44. On ne prendra rien, à l'avenir, pour les Writs ou ordres d'informer, de celui qui désirera qu'information soit faite, touchant la perte de la vie ou des membres de quelque personne. Mais ils seront accordés *gratis*, et ne seront jamais refusés.

45. Si quelqu'un tient de nous une ferme, soit soccage ou burgage, et quelques terres d'un autre, sous la redevance d'un service militaire, nous ne prétendrons point, sous prétexte de cette ferme, avoir la garde de l'héritier mineur, ou de la terre qui appartient au fief d'un autre. Nous ne prétendrons pas même à la garde de la ferme, à moins qu'elle ne soit sujette à un service militaire.

46. Nous ne prétendons point avoir la garde d'un enfant mineur, ou de la terre qu'il tient d'un autre sous l'obligation d'un service militaire, sous prétexte qu'il nous devra quelque petite redevance, comme de nous fournir des épées ou des flèches, ou quelqu'autre chose de cette nature.

47. Aucun baillif ou autre de nos officiers n'obligera personne à se purger par serment sur sa simple accusation ou témoignage, à moins que ce témoignage ne soit confirmé par des gens dignes de foi.

48. On n'arrêtera, ni n'emprisonnera, ni ne dépossédera de ses biens, coutumes et libertés, et on ne fera mourir personne, de quelque manière que ce soit, que par le jugement de ses pairs, selon les lois du pays.

49. Nous ne vendrons, ne refuserons ou ne différerons la justice à personne.

50. Nos marchands, s'ils ne sont publiquement prohibés, pourront librement aller et venir dans le royaume, en sortir, y demeurer, le traverser par terre ou par eau, acheter, vendre, selon les anciennes coutumes, sans qu'on puisse imposer sur eux aucune maltôte, excepté en temps de guerre, ou quand ils seront d'une nation en guerre avec nous.

51. S'il se trouve de tels marchands dans le royaume au commencement d'une guerre, ils seront mis en sûreté, sans aucun dommage de leurs personnes ni de leurs effets, jusqu'à

ce que nous, ou notre grand-justicier, soyons informés de la manière dont nos marchands sont traités chez les ennemis et si les nôtres sont bien traités, ceux-ci le seront aussi parmi nou

52. Il sera permis, à l'avenir, à toutes personnes, de sortir du royaume, et d'y retourner en toute sûreté, sauf le droit de fidélité qui nous est dû; excepté toutefois en temps de guerre, et pour peu de temps, quand il sera nécessaire pour le bien commun du royaume; excepté encore les prisonniers et les proscrits, selon les lois du pays, et les peuples qui seront en guerre avec nous, aussi bien que les marchands d'une nation ennemie, comme en l'article précédent.

53. Si quelqu'un relève d'une terre qui vienne à nous échoir, soit par confiscation, ou autrement, comme de Wallingford, de Boulogne, de Nottingham, de Lancastre, qui sont en notre possession, et qui sont des baronnies, et qu'il vienne à mourir, son héritier ne donnera rien, et ne sera tenu de faire aucun autre service, que celui auquel il serait obligé, si la baronnie était en la possession de l'ancien baron et non dans la nôtre. Nous tiendrons ladite baronnie de la même manière que les anciens barons la tenaient avant nous. Nous ne prétendrons point, pour raison de ladite baronnie tombée entre nos mains, avoir la garde-noble d'aucun des vassaux, à moins que celui qui possède un fief relevant de cette baronnie ne relevât aussi de nous, pour un autre fief sous l'obligation d'un service militaire.

54. Ceux qui ont leurs habitations hors de nos forêts ne seront point obligés de comparaître devant nos juges des forêts, sur des sommations générales, mais seulement ceux qui sont intéressés dans le procès, ou qui sont cautions de ceux qui ont été arrêtés pour malversation concernant nos forêts.

55. Tous les bois qui ont été réduits en forêts, par le roi Richard notre frère, seront rétablis en leur premier état, à l'exception des bois de nos propres domaines.

56. Personne ne pourra vendre ou donner aucune partie de sa terre au préjudice de son seigneur; c'est-à-dire, à moins qu'il ne lui en reste assez pour pouvoir faire le service dû au seigneur.

57. Tous patrons d'abbayes qui ont des chartres de quelqu'un des rois d'Angleterre, contenant droit de patronat, ou qui possèdent ce droit, de temps immémorial, auront la

garde de ces abbayes, pendant la vacance, comme ils doivent savoir, selon ce qui a été déclaré.

58. Personne ne sera mis en prison sur l'appel d'une femme, pour la mort d'aucun autre homme que du propre mari de la femme.

59. On ne tiendra le Shire-gemot, ou la cour du comté, qu'une fois le mois, à moins que ce ne soit dans les lieux où la coutume est de mettre un plus grand intervalle entre les sessions, où l'on continuera de même, selon l'ancienne coutume.

60. Aucun Shériff ou baillif ne tiendra sa tournée, ou sa cour, que deux fois l'an ; savoir, la première, après les fêtes de Pâques ; la seconde, après la Saint-Michel, et dans les lieux accoutumés. Alors l'inspection ou l'examen des cautions ou sûretés dont les hommes libres de notre royaume se servent mutuellement se fera, au terme de Saint-Michel, sans aucune oppression ; de telle manière, que chacun ait les mêmes libertés dont il jouissoit sous le règne de Henri I, et celles qu'il peut avoir obtenues depuis.

61. Que ladite inspection se fasse de telle sorte qu'elle ne porte aucun préjudice à la paix, et que la dixaine soit remplie comme elle doit être.

62. Que le Shériff n'opprime et ne vexe personne, mais qu'il se contente des droits que les Shériffs avaient accoutumé de prendre sous le règne d'Henri I.

63. Qu'à l'avenir, il ne soit permis à qui que ce soit, de donner sa terre à une maison religieuse, pour la tenir ensuite en fief de cette maison.

64. Il ne sera point permis aux maisons religieuses de recevoir des terres de cette manière, pour les rendre ensuite aux propriétaires, et à condition de relever des monastères. Si, à l'avenir, quelqu'un entreprend de donner sa terre à un monastère, et qu'il en soit convaincu, le don sera nul, et la terre donnée sera confisquée au profit du seigneur.

65. Le droit de scutage sera perçu, à l'avenir, selon la coutume pratiquée sous Henri I. Que les Shériffs n'entreprennent point de vexer qui que ce soit, mais qu'ils se contentent de leurs droits.

66. Toutes les libertés et privilèges que nous accordons par cette présente chartre, à l'égard de ce qui nous est dû

par nos vassaux, seront observés de même par les clercs et par les laïques, à l'égard de leurs tenanciers.

67. Sauf le droit des archevêques, évêques, abbés prieurs, templiers, hospitaliers, comtes, barons, chevaliers, et de tous les autres, tant laïques qu'ecclésiastiques dont ils jouissaient avant cette chartre.

CONFIRMATION DE LA GRANDE CHARTE ET DE LA CHARTE DES FORÊTS PAR HENRI III.

Stat. de la 52ᵐᵉ année du règne de Henri III. (18 nov. 1269

CHAP. 5. — La grande charte sera observée dans tous se articles, aussi bien dans ceux qui concernent le roi que dan les autres, ce à quoi devront veiller dans leurs tournées le juges ambulans, établis pour la conservation des forêts royale (*justices in eyre*), et les Shériffs dans leur comté quand besoin sera. Et des ordres (*Writs*) seront librement accordés contr ceux qui y contreviendraient, pour comparaître devant le roi ou les juges du banc, ou devant les juges ambulans lorsqu'ils s trouveront sur les lieux. De même la charte des forêts ser observée dans tous ses articles; et ceux qui seraient convaincu d'y avoir contrevenu seront grièvement punis par leur seigneur souverain le roi, dans la forme ci-dessus mentionnée

---

CONFIRMATION DE LA GRANDE CHARTE ET DE LA CHARTE DES FORÊTS PAR EDOUARD Iᵉʳ.

Stat. fait à Londres dans la 25ᵐᵉ année du règne d'Edouard I (10 octobre 1297.)

CHAP. I. — Edouard, par la grâce de Dieu, roi d'*Angleterre* seigneur d'*Irlande*, et duc de *Guyenne*, à tous ceux qui ces pré sentes lettres, entendront ou verront, salut. Sachez que nous pour l'honneur de Dieu et de la sainte Église, et pour le bien de notre royaume, nous avons garanti pour nous et nos héritiers que la charte des libertés et la charte des forêts, qui furent faites du consentement commun de tout le royaume;

temps du roi *Henri*, notre père, seront maintenues dans tous les points sans y rien changer, et nous voulons que lesdites chartes soient envoyées, sous notre sceau, aussi bien à nos juges des forêts qu'aux autres, à tous les Shériffs des comtés; à nos autres officiers, et à toutes nos cités dans tout le royaume, conjointement avec nos *writs*, pour faire publier lesdites chartes, et pour déclarer au peuple que nous les avons confirmées dans tous les points, et que nos juges, shériffs, maires, (*mayords*), et autres officiers auxquels est confiée, sous notre autorité, l'exécution des lois du royaume, appliqueront dans leurs jugemens lesdites chartes dans tous leurs points, c'est à savoir, la grande charte comme la loi commune, et la charte des forêts, relativement aux domaines (*Wealth*) de notre couronne.

2. — Nous voulons désormais que les jugemens contraires aux dispositions desdites chartes, portés par les juges ou par nos autres officiers de justice, soient tenus comme non venus et nuls (stat. 42; Ed. 3, cap. 1).

3. — Nous voulons que les mêmes chartes soient envoyées, sous notre sceau, à toutes les églises cathédrales du royaume, pour y être conservées, et lues devant le peuple deux fois par an.

4. — Et que tous les archevêques et évêques prononcent la sentence d'excommunication contre tous ceux qui, par paroles, actions, ou conseils, agiraient contre lesdites chartes dans quelques points, ou les violeraient, et que lesdites sentences soient, deux fois par an, prononcées et publiées par les prélats susdits; et que si les mêmes prélats, ou quelqu'un d'entr'eux, négligent de prononcer lesdites sentences, les archevêques de *Cantorbery* et d'*York* les avertiront sur le champ, et les obligeront à l'exécution de leurs devoirs, dans la forme susdite.

5. — Et de plus, comme les peuples de notre royaume appréhendent que les *Aides* et les charges qu'ils nous ont payées par le passé, pour nos guerres et autres besoins, de leur propre mouvement et bonne volonté (ainsi qu'il a été fait), pourraient devenir une obligation pour eux et leurs héritiers, parce qu'on pourrait, dans un autre temps, trouver leurs noms sur les rôles; et de même pour les taxes levées dans le royaume par nos officiers, nous nous engageons pour nous et nos héritiers, à ne plus maintenir d'aides, charges, ni taxes en usage.

6. — De plus, nous avons garanti pour nous et nos héri-

tiers, aussi bien aux archevêques, évêques, abbés prieurs e autres membres de la sainte Église, de même qu'aux comtes barons, et à tous les habitans du royaume, que pour aucun besoin désormais, nous ne lèverons de la même manière des aides, charges ni taxes, si ce n'est du consentement général du royaume, et pour son avantage commun ; excepté les anciennes aides et les charges dues et accoutumées.

7. — Et comme la plus grande partie des habitans de ce royaume se trouvent lésés par la *maltôte*, c'est-à-dire, la taxe de quarante schellings pour chaque sac de laine ; et nous ont demandé de les décharger de cet impôt ; nous avons formellement accordé l'objet de leur requête, et leur avons garanti, pour nous et nos héritiers, que nous ne prélèverons jamais de pareils impôts sans leur commun consentement et leur volonté : nous réservant, pour nous et nos héritiers, les droits de douane sur les laines, les peaux et les cuirs, qui nous ont été garantis par lesdits habitans. En foi de quoi, nous avons publié ces lettres patentes, en présence d'*Edouard*, notre fils à *Londres*, le 10ᵉ jour d'*octobre*, la vingt-cinquième année de notre règne.

STAT. DE TALLAGIO NON CONCEDENDO.

34ᵐᵉ *année du règne d'Edouard Iᵉʳ* (1306).

Chap. I. — Aucune taille ou aide ne sera prise ou levée par nous, ou nos héritiers, dans notre royaume, sans avoir obtenu le consentement des archevêques, évêques, comtes, barons, chevaliers, bourgeois, et autres hommes libres du pays.

2. — Aucun officier, soit de nous, soit de nos héritiers ne pourra, de quelque manière que ce soit, exiger de personne du bled, du cuir, du bétail, ou tout autre chose, sans le consentement de ceux à qui ces choses appartiennent.

3. — Il ne sera rien prélevé sur les sacs de laine à titre ou à l'occasion de la maltôte (*maletent*).

4. — Nous garantissons pour nous et nos héritiers, que toutes les personnes clercs et laïques de notre royaume, ouront de leurs lois, libertés et franchises, aussi pleinement et entièrement qu'ils ont fait jusqu'ici, dans les temps où cette jouissance a été la plus entière ; et si nous, ou nos ancêtres, avons

fait des statuts ou établi des coutumes contraires à leurs droits ou à quelques articles de cette présente charte, nous voulons que ces statuts et usages soient nuls et annulés pour l'avenir.

5. — Nous avons de plus pardonné à *Humfrey Bohum*, comte de *Hereford*, et d'*Essex*; à *Roger*, comte de *Norfolk* et de *Suffolk*, maréchal d'*Angleterre*, et aux autres comtes, barons, chevaliers, écuyers, et nommément à *Jean de Ferrariis*, et à tous les autres complices de leurs menées et ligue; de même à ceux qui possédent en terres, dans notre royaume, une valeur de vingt livres, soit qu'ils la tiennent de nous immédiatement ou de tout autre, lesquels ont été sommés à certain jour, de passer avec nous en *Flandre*, leur résistance et mauvaise volonté, et toutes les autres offenses qu'il nous ont faites; *conformément à cette présente charte.*

6. —Pour assurer plus particulièrement l'exécution de cet acte, nous voulons que tous les archevêques et évêques lisent à l'avenir et à jamais, deux fois par an, cette présente charte dans leurs églises cathédrales; et qu'après cette lecture dans chacune de leurs églises paroissiales, ils déclarent ouvertement anathématisés tous ceux qui, à dessein, feraient ou porteraient les autres à faire des choses contraires à la teneur, force et effet de cette présente charte, dans quelques-uns de ses points. En foi de quoi, nous avons apposé notre sceau à la présente charte, ensemble le sceau des archevêques, évêques, etc., qui ont volontairement prêté serment qu'ils observeront, autant qu'il est en eux, la teneur de cette présente charte, dans tous ses articles, et qu'ils emploieront tout leur pouvoir pour la faire observer.

PÉTITION DES DROITS

A la très-excellente Majesté du roi.

Les lords spirituels et temporels, et les communes assemblées en parlement, représentent très-humblement à notre Sérénissime seigneur le Roi :

Que d'autant qu'il est déclaré et arrêté par un statut fait sous le règne du roi Edouard I, connu sous le nom de *Statut de tallagio non concedendo*, que le roi ni ses héritiers ne mettraient point d'impôts ni ne lèveraient de subsides dans ce royaume, sans le consentement et l'approbation des archevêques, évêques, comtes, barons, chevaliers, députés, et autres membres libres des communes de ce royaume ;

Et que, par l'autorité du parlement, convoqué en la vingt-cinquième année du règne du roi Edouard III, il est déclaré et établi, que dès-lors personne ne pourrait être contraint de prêter de l'argent au roi, contre sa volonté, à cause que cela était contraire à la raison et à la liberté du pays.

Et il est ordonné par d'autres lois de ce royaume, qu'aucun ne pourrait être chargé d'aucune imposition, sous le nom de *don gratuit* (1), ou de quelque autre taxe semblable.

Par lesquels statuts et autres bonnes lois de ce royaume vos sujets ont hérité de cette franchise, qu'ils ne sauraient être contraints à contribuer à aucune taxe, impôts, subsides, ou autre charge semblable, sans que le parlement y ait donné son consentement.

Néanmoins, l'on a publié, depuis peu, plusieurs commissions adressées à divers commissaires dans plusieurs provinces, avec des instructions en vertu desquelles votre peuple a été assemblé en divers endroits, et requis de prêter certaines sommes

_____

(1) *Bénévolence.*

argent à V. M.; et sur le refus de quelques-uns, on leur fait prêter serment, et on les a obligés à comparaître et à se résenter, contre toutes les lois et les statuts de ce royaume, evant votre conseil privé ou en d'autres lieux. D'autres ont té arrêtés et emprisonnés, troublés et inquiétés de diverses utres manières. Plusieurs autres taxes ont été imposées et réés sur vos sujets, par les gouverneurs des provinces et leurs eutenans, les commissaires pour la revue des troupes, les ges de paix et autres, par ordre de V. M., ou de votre onseil privé, contre les lois et les libertés de ce royaume.

Et comme il est aussi arrêté et établi, par le statut appelé grande charte des libertés d'Angleterre, qu'aucun bourgeois assé maître ne pourra être arrêté ou mis en prison, ni dé- ossédé de son franc-fief, ni de ses libertés ou franchises, ni roscrit, ni exilé, ni mis à mort, si ce n'est en vertu d'une entence légitime de ses pairs ou des lois du pays; et qu'il st déclaré par autorité du parlement, en la vingt-huitième nnée du règne du roi Edouard III, que nulle personne, de quelque rang ou condition qu'elle soit, ne peut être privée de es terres ou maisons, ni arrêtée ou mise en prison, ni des- éritée, ni mise à mort, sans avoir été admise à se défendre n droit.

Néanmoins, il est arrivé, nonobstant ce statut et les autres onnes lois et réglemens de votre royaume, faits pour la même n, que plusieurs de vos sujets ont été emprisonnés sans qu'on en ait fait connaître le sujet; et lorsqu'on les a conduits evant vos juges, en vertu de l'*habeas corpus*, pour subir ce que la cour en ordonnerait, et que l'on a commandé à leurs eoliers de déclarer le sujet de leur détention, ils n'ont donné 'autres raisons, sinon qu'ils étaient arrêtés par un ordre articulier de V. M., notifié par les seigneurs de votre onseil privé; et néanmoins, on n'a pas laissé de les ren- oyer en prison, sans qu'ils fussent chargés d'aucun crime ur lequel ils pussent donner leurs défenses, conformément ux lois.

Et d'autant que diverses compagnies de soldats et de matelots ont été dispersées depuis peu dans plusieurs province
du royaume, et que les habitans ont été contraints de les rece
voir et de les loger chez eux, contre les lois et les coutume
de ce royaume, à la grande oppression de votre peuple;

Et qu'il est arrêté, par autorité du parlement, en la vingt-cin
quième année du règne d'Edouard III, qu'aucune personne
ne serait condamnée à perdre la vie ou quelque membre, contre le contenu de la grande charte et les lois du pays ; et que,
par ladite grande charte et les autres lois et statuts de votn
royaume, aucun homme ne doit être condamné à mort, que
par les lois établies dans le royaume ou par les coutumes du
royaume, ou par acte du parlement; que d'un autre côté, au
cun criminel, de quelque condition qu'il soit, ne peut êtn
exempté des formes de la justice ordinaire, ni éviter le chî
timent que lui infligent les lois et les statuts du royaume
et qu'il y a eu néanmoins, depuis peu, plusieurs commis
sions du grand-sceau de V. M., par lesquelles certa
nes personnes ont reçu l'autorité et le pouvoir de procéder
selon la justice de la loi martiale, contre les soldats et ma
telots, ou autres personnes qui se seraient jointes à eur
pour commettre quelque meurtre, vol, félonie, sédition
ou autre crime quelconque, de connaître sommairement de
causes, et de juger, condamner, exécuter et mettre à mor
prévôtalement les coupables, conformément à la loi martiale
selon la méthode des conseils de guerre, et ainsi qu'on le pr
tique en temps de guerre dans les armées ; que, sous prétext
de ce pouvoir, ceux qui étaient munis des commissions on
fait mourir plusieurs de vos sujets qui, s'ils avaient mérité l
dernier supplice, selon les lois et les statuts du pays, n'au
raient pu ni dû être condamnés ni exécutés qu'en vertu de ce
mêmes lois et statuts; que d'un autre côté, sous le même pré
texte, divers grands criminels, que les lois et statuts de c
royaume auraient condamnés aux plus grandes peines, le
ont évitées en déclinant, à la faveur de ces commissions, l

juridiction des tribunaux ordinaires ; lesquelles et toutes autres commissions de cette nature sont directement contraires aux lois et statuts de votre royaume.

C'est pourquoi V. M. est suppliée que personne à l'avenir ne soit contraint à se soumettre à aucun don gratuit, à prêter de l'argent, ou à faire quelque présent volontaire, ni à payer aucune taxe ou impôt que par consentement commun du parlement ; que personne ne soit appelé en justice, ni obligé à prêter serment, ni à se charger d'aucun service ; qu'on ne soit enfin ni arrêté, ni inquiété ou molesté, pour avoir refusé de se soumettre à de telles choses ; qu'il plaise à V. M. de faire retirer les soldats et les matelots dont nous avons parlé, et d'empêcher qu'à l'avenir, le peuple soit chargé de cette manière. Que les commissions pour juger selon la loi martiale, soient révoquées et annulées, et qu'il n'en soit plus donné de semblables, de peur que, sous ce prétexte, quelques-uns de vos sujets ne soient mis à mort, contre les lois et les franchises de ce pays.

Toutes lesquelles choses nous demandons humblement à V. M., comme étant nos droits et nos libertés, selon les lois et les statuts de ce royaume. Nous supplions aussi V. M. de déclarer que tout ce qui s'est fait à cet égard, procédures, sentences, exécutions, *ne tirera point à conséquence ni à exemple*, au préjudice de la nation. Enfin, qu'il plaise à V. M. de déclarer, pour une plus grande satisfaction et assurance de votre peuple, que votre intention et volonté royale est que dans les choses déduites ci-dessus, vos officiers et vos ministres vous servent conformément aux lois et statuts du royaume, pour l'honneur de V. M. et pour la prospérité de cet État.

1re RÉPONSE DU ROI A LA REQUÊTE DE DROIT,

Lue dans le parlement par le Garde du Grand-Sceau.

Le roi veut que le droit soit fait selon les lois et les coutumes du royaume, et que les statuts soient dûment exécutés, afin que ses sujets n'aient pas lieu de se plaindre d'aucun tort ou oppression contraires à leurs justes droits et libertés, que S. M. se croit obligée, en conscience, de conserver avec autant de soin que sa propre prérogative.

(Cette réponse du roi n'étant pas jugée satisfaisante, le parlement en demanda une plus claire).

2me RÉPONSE,

Prononcée par le roi dans le parlement.

Soit droit fait comme il est désiré. (1)

~~~~~~

ACTE D'HABEAS CORPUS (2).

STAT. 31. *Char. 2. chap. 2.* (1679.)

Sect. 2. Lorsqu'une personne sera porteur d'un *habeas corpus* adressé à un Schériff, geolier ou autre officier, en faveur d'une personne soumise à leur garde, et que cet *habeas corpus* sera présenté auxdits officiers, ou laissé à la prison a un des sous-officiers, ceux-ci devront, dans les trois jours de cette présentation, (à moins que l'emprisonnement n'ait eu lieu pour cause de trahison ou de félonie, exprimée dans le

---

(1) Cette seconde réponse provoqua une acclamation générale dans l'une et dans l'autre Chambre; parce que, selon l'ancien usage, cette formule prononcée ainsi en français, en plein parlement, emporte un consentement pur et entier dont on ne peut plus se rétracter; de sorte que l'acte qui y donne lieu a dès lors toute la validité et toute la force d'une loi: c'est un effet que n'avait pas la première réponse; car, 1° elle n'avait pas été prononcée par le roi, le parlement séant: elle y avait été apportée toute faite; 2° elle n'était point selon l'ancienne formule; 3° elle contenait des expressions dont les communes croyaient que le roi pourrait abuser pour éluder ce qu'il semblait promettre le plus fortement. c'est ce qui explique la sollicitude et la joie du parlement. *Voy.* Rymer, acts publ. ann. 1628. — Abrégé histor. des actes publics, même année.

Rapin Toyras rapporte la formule sans y mettre le mot *droit*. Larrey écrit *soit fait droit*; d'autres écrivent seulement : *soit fait comme il est requis*.

(2) Cet acte plus connu sous le titre d'*habeas corpus* est intitulé : *Acte pour rendre plus entière la liberté des sujets, et pour prévenir les emprisonnemens au delà des mers.*

Warrant (1)) sur l'offre faite de payer les frais nécessaires pour emmener le prisonnier, fixés par le juge ou par la cour d'où émane l'*habeas corpus*, et écrit à la suite du Writ (2), frais qui ne pourront excéder douze deniers par mille, et après sûreté donnée par écrit de payer également les frais néces- saires pour ramener le prisonnier, si le cas échoit; et après garantie que le prisonnier ne s'évadera pas en route, ren- voyer cet ordre ou *Writ* (3) et représenter l'individu devant le lord chancelier ou les juges de la cour d'où émane le *Writ*, ou devant telle autre personne qui doit en connaître, d'après la teneur dudit *Writ*: l'officier devra de même dé- clarer le motif de la détention. Ce délai de trois jours n'est applicable que lorsque le lieu de la prison n'est pas éloigné de plus de vingt mille de celui de la cour ou de celui où rési- dent les juges. Si elle est éloignée de plus de vingt mille, mais non de 100 mille, alors le geolier ou autres officiers auront dix jours et vingt au-delà de cent mille.

Sect. 3. Tous les *Writs* d'*habeas corpus* porteront ces mots : *per stat. tricesimo primo Caroli secundi regis*, et seront signés par celui de qui ils émanent. Si une personne est pen- dant le temps de vacation emprisonnée ou détenue pour crime (excepté pour ceux de félonie ou de trahison exprimés dans le *Warrant*), elle aura le droit (à moins qu'elle ne soit déjà convaincue ou condamnée), ou tout autre à sa place, de s'a- dresser au lord chancelier, ou à tout autre juge de tel ou tel tribunal, ou aux *barons* (4) de la cour de l'échiquier; et le lord

---

(1) *Warrant*, voy. la note 2, page suivante.

(2) *Writ*, ce mot peut se rendre par les mots *injonction*, *cédule*. C'est en général un ordre émané du pouvoir, pour ordonner de faire quelque chose; c'est ainsi qu'on dit un *writ* de *venire facias*, qui enjoint à un officier d'obliger quelqu'un à comparaître devant un magistrat, un *writ* de *capias* qui enjoint à un sheriff de se saisir d'une personne, etc. Ainsi on *writ* d'*habeas corpus* est un ordre donné au geolier et à tout autre officier de la prison, de représenter un détenu, en se conformant aux dispositions de l'acte d'*habeas corpus*.

(3) *Return*, le renvoi; *return of writs*, littéralement renvoi des *writs*, est un certificat du sheriff envoyé à la cour, pour constater ce qu'il a fait touchant l'exécution d'un *writ* qui lui a été adressé. Voyez le dictionnaire des lois, *Now law-dictionary*, par Giles Jacob. Toutefois ce mot *return* qui se retrouve si souvent dans les lois anglaises, peut être pris dans une infinité d'acceptions, nous nous contentons d'indiquer la plus générale.

(4) *Barons of the exchequer of the degree of the coif*. La cour de l'échiquier a deux attributions différentes qui la font partager en deux divisions : la recette de l'échiquier qui regarde les revenus royaux, et la partie judiciaire plus parti- culièrement cour de l'échiquier, qui se subdivise en cour de justice et cour de

chancelier, les juges ou barons, sont requis de délivrer, sur le
vu des copies des *Warrants* d'emprisonnement ou de détention,
ou sur le serment que ces copies ont été refusées, et après requête par écrit des détenus ou de toutes autres personnes, à leur
place, attestée alors par deux témoins présens lorsqu'elle leur a
été remise, un *habeas corpus* sous le sceau de la cour à laquelle appartiendra l'un des juges, adressé à l'officier à la
garde duquel sera commis le détenu, lequel *habeas corpus*
devra être renvoyé immédiatement devant le lord chancelier
ou tel juge ou *baron* desdites cours ; et après que le *Writ* lui
aura été présenté, l'officier ou la personne commise par lui,
représentera le prisonnier devant le lord chancelier ou tels
autres juges ou devant celui d'entr'eux désigné par ledit *Writ*,
et dans le cas d'absence de ce dernier, devant tout autre d'entr'eux, en représentant toujours ledit *Writ*; et en faisant
connaître les causes de l'emprisonnement ou de la détention (2); après quoi, dans l'espace de deux jours, le lord
chancelier, ou tel autre juge, délivrera le prisonnier en rece-
vant sa reconnaissance, et comme sûreté, une somme telle qu'ils
jugeront à propos, eu égard à la qualité du prisonnier ou à la

---

chancellerie. La cour de l'équité se tient dans la chambre de l'échiquier devant
le grand-trésorier, le chancelier de l'échiquier, le premier baron ou chef baron,
et trois plus jeunes barons, dit Blackstone. Le titre de barons donné aux juges de
l'échiquier vient, selon un savant Anglais, de ce que ces juges ont été originai-
rement tirés du corps des barons du royaume. Ces observations peuvent servir
à expliquer le sens dans lequel on doit entendre ici le mot de *baron*, il est pris
pour celui de *juge*, mais de juge dans la cour de l'échiquier seulement. Les
attributions de cette cour sont très-étendues, quoi qu'elle soit d'un rang inférieur à la cour du banc du roi, et même à celle des plaids communs : mais elle
connaît plus particulièrement des affaires qui touchent aux revenus de la couronne ou du roi, etc. Les appels de la cour de l'échiquier ne peuvent être portés qu'à la Chambre des pairs, qui est la cour souveraine de judicature du
royaume.

(a) *Voy.* l'art. 48 de la grande Charte, qui défend d'emprisonner qui que ce
soit, si ce n'est en vertu d'un jugement de ses pairs, ou par ordre exprès de la
loi, *voy.* aussi la pétition des droits de Charles I, qui défend également l'emprisonnement d'un homme qui n'aurait pas eu connaissance auparavant du
motif de son emprisonnement, et s'il n'a pas joui de la faculté de répondre aux
accusations portées contre lui; aussi ne peut-on emprisonner un individu qu'a-
près une procédure juridique et dans une cour de justice, ou bien en vertu
d'un ordre d'un magistrat competent; cet ordre (c'est ce qu'il nous importait
de faire remarquer ici) doit être donné par écrit, signé par ce magistrat et
scellé du sceau de ses armes; il faut aussi que le motif de l'emprisonnement y
soit exprimé, afin que sur le rescrit de l'*habeas corpus*, le juge puisse voir si
l'emprisonnement est bon et valable. Cet ordre s'appelle un *warrant*.

ature du délit, pour s'assurer qu'il comparaîtra à la session prochaine devant la cour du banc du roi (1), ou aux plus prochaines assises ou sessions ou tournées de la cour *d'élargissement général* (*goal delivery*) (2) dans le comté ou dans le lieu de la prison ou de l'offense commise, ou devant telle autre cour qui doit connaître du délit ; le *Writ* et son *return*, ainsi que la reconnaissance, seront représentés dans la cour où doit avoir lieu la comparution. Tout ceci n'a pas lieu, s'il est constant pour lesdits chancelier, juges ou *barons*, que le prisonnier est détenu sur une action légale pour laquelle le prisonnier ne peut être reçu à donner caution, d'après un *Writ* ou *Warrant* signé et scellé de la main et du sceau de quelques-uns desdits juges ou *barons* ou de quelques juges de paix.

Sect. 4. — Si une personne a volontairement négligé pendant deux termes entiers, depuis son emprisonnement, de demander un *habeas corpus*, elle ne pourra plus l'obtenir dans le temps des vacances.

Sect. 5. — Si un officier, ou son suppléant, néglige de répondre au *Writ d'habeas corpus* ou de représenter le prisonnier, conformément à ce *Writ*, ou s'il refuse, à la demande du prisonnier, ou de tout autre personne pour lui, de délivrer, ou s'il ne délivre pas dans six heures, copie du *Warrant* d'emprisonnement et de détention, il paiera à la partie lésée 100 livres pour la première offense, et 200 livres pour la seconde, et sera déclaré incapable de remplir son office : ces condamnations seront recouvrées par le plaignant, ses exécuteurs ou administrateurs, contre le délinquant par forme d'action en dettes, etc., dans l'une des cours à *Westminster*. Une première condamnation à la poursuite d'une partie lésée, sera une preuve suffisante d'une première offense ; et une seconde condamnation pour toute offense, survenue depuis le premier jugement, une preuve pour une seconde.

Sect. 6. — Aucune personne élargie en vertu d'un *habeas*

---

(1) C'est la cour souveraine du droit coutumier ; elle est composée d'un chef justicier et de trois juges. Le roi est toujours censé siéger en personne dans cette cour ; c'est de là que lui vient son nom ; le style de la cour est pour cette raison *coram ipso rege*. La juridiction de cette cour est très étendue.

2 Nous traduisons ces mots par ceux-ci Commission d'élargissement général. Voyez la note 1re de la page suivante.

corpus ne peut être emprisonnée de nouveau pour le mê
délit, si ce n'est par l'ordre ou l'action légale de la cour dans
laquelle elle est obligée de reparaître par sa reconnaissance,
ou de tout autre cour compétente; et si une personne réem-
prisonne, ou fait réemprisonner sciemment pour le même
délit, quelque personne élargie, comme on vient de le dire,
elle sera condamnée à 500 livres envers la partie lésée.

Sect. 7. — Si une personne emprisonnée pour haute
trahison ou félonie exprimée dans le *Warrant*, demande en
pleine cour, la première semaine du terme ou le premier jour
de la session des commissions d'*oyer* et *terminer* (1), ou d'é-
largissement général, à être mise en jugement, elle ne pourra
être ajournée aux termes ou aux sessions prochaines. Les
juges du *banc du roi*, de la commission d'*oyer* et *terminer*,
ou tous autres susdésignés, sont requis de mettre sous caution, le prisonnier en liberté sur une requête présentée à la
cour, le dernier jour du terme des sessions ou des assises
de la commission d'*élargissement général*; à moins qu'il ne
paraisse aux juges, sur serment, que les témoins pour le roi ne
peuvent être produits pour le même terme; et si la personne
emprisonnée, comme on vient de le dire, n'est pas sur sa
demande d'être mise en jugement, poursuivie et jugée, le
second terme, elle sera mise en liberté.

Sect. 8. — Les dispositions de cet acte ne sont point applicables pour la délivrance d'une personne, en matière civile.

Sect. 9. — Un sujet de ce royaume commis à la garde
d'un officier pour matière criminelle ne pourra être déféré à
la garde d'un autre officier, si ce n'est en vertu d'un *habeas
corpus* ou d'un autre *Writ* légal, ou lorsque le prisonnier est
livré au *Constable* ou à tout autre officier inférieur, pour le
conduire à quelque prison commune, ou lorsqu'il est envoyé
par ordre de quelque juge d'assise ou juge de paix à quelque
maison de travail ou de correction, ou lorsqu'il est transféré

---

(1) *D'oyer et terminer.* Cette cour se tient par-devant des commissaires
du roi, deux fois par an dans chaque comté du royaume, excepté quelques-
uns où elle ne se tient qu'une fois; elle doit entendre et déterminer toutes les
trahisons, félonies et malversations; les termes de la commission sont de s'informer, d'entendre et de juger. Une autre branche des attributions de cette cour
est le droit d'examiner et de délivrer tous les prisonniers qui sont dans la prison au moment de l'arrivée des juges dans une ville; elle prend alors le titre
de *goal delivery, commission d'élargissement.*Cette cour a aussi au civil des attributions qu'il est inutile de rappeler ici.

d'un lieu dans un autre du même comté, pour être jugé, ou dans le cas d'un incendie subit ou d'une épidémie ou de tout autre force majeure ; et les personnes qui signeront ou contresigne-ront un *Warrant*, pour un transfert contraire à cet acte encour-ront, de même que l'officier qui le mettra à exécution, les amendes ci-dessus mentionnées, tant pour la première que pour la seconde offense, en faveur de la partie lésée.

Sect. 10. — Il sera loisible à tout prisonnier d'obtenir son *habeas corpus*, soit du chancelier de l'Échiquier, soit du banc du roi ou de la cour *des plaids communs* (1); et si le lord chance-lier, ou tout juge ou *baron* de l'échiquier, en vacation, sur le vu des copies de l'ordre d'emprisonnement ou de détention, ou sur le serment que ces copies ont été refusées, refuse lui-même l'*habeas corpus* voulu par cet acte, il sera condam-né à 500 livres envers la partie lésée.

Sect. 11.—Un *habeas corpus*, conformément à cet acte, aura force sur les terres d'un comté palatin, dans les cinq ports (2) et autres lieux privilégiés, de même que dans les îles de *Jersey* et de *Guernsey*.

Sect. 12. Aucun sujet de ce royaume, habitant de l'*An-gleterre*, du pays de *Galles*, ou de *Berwick*, ne pourra être en-voyé prisonnier en *Écosse*, en *Irlande*, à *Jersey*, *Guernsey*, ou dans tout autre lieu au-delà des mers : tout emprisonnement semblable est par cela même déclaré illégal. Un sujet ainsi emprisonné peut intenter une action de *faux emprisonnement* aux cours quelconques de S. M., ou exercer un recours contre les personnes par lesquelles il sera ainsi arrêté, emprisonné et détenu, et contre tout autre personne qui aura provoqué, écrit, signé ou contresigné un *Warrant*, ou tout autre écrit, pour de tels actes, de même que contre ceux qui l'auront con-

---

(1) Les attributions de la cour des plaids communs se confondent quelque-fois avec celles du banc du roi, mais ce n'est qu'à cette cour qu'on peut porter en première instance toutes les actions immobilières, tandis que la cour du banc du roi est sous ce point de vue cour souveraine. La cour des plaids com-muns est composée de quatre juges y compris le président. – Ils siégent chaque jour, dit Blackstone, dans les quatre termes pour entendre et juger toutes les questions de droit qui donnent lieu aux causes civiles, soit immobilières, soit mobilières, soit mixtes. Ils connaissent de tous ces différents tant en pre-mière instance que sur l'appel des cours inférieures (qui sont la cour du *hun-dred*, la county-court, etc.) Mais de cette cour, on appelle à la cour du banc du roi par un acte d'appel comme d'abus. »

(2) Cinq ports, ce sont Hastings, Douvres, Hithe, Rumney et Sandwich.

seillé, ou qui y auront donné leur consentement. Dans c
cas, l'offensé pourra exiger trois fois le montant des frais d
procès, et en outre des dommages et intérêts qui ne pourron
être fixés à moins de 500 livres; dans laquelle action, nul
délais ne seront accordés, sans préjudice de l'exécution de
réglemens des cours, pour certains cas spéciaux prévus pa
ces réglemens; et toute personne qui écrira, scellera ou contre
signera un *Warrant*, pour un semblable emprisonnement o
détention, ou qui emprisonnera quelqu'un contrairemen
à cet acte, ou qui y aura concouru, sera déclarée incapabl
de remplir une charge de confiance ou lucrative, encourr
les peines du statut *de præmunire* (1), et ne pourra être ab
soute par le roi desdites forfaitures.

Sect. 13. Cet acte ne pourra profiter à celui qui u
sera engagé par écrit avec tout négociant, propriétaire dan
les colonies, ou autre, à être transporté dans quelque pays au
delà des mers.

Sect. 14. Si une personne convaincue de félonie de
mande à être transportée, et que pour le fait commis, l
cour juge convenable de la laisser en prison, cette personn
pourra être transportée au-delà des mers.

Sect. 15. Si une personne résidant dans ce royaume
commis un crime capital en *Écosse*, en *Irlande*, ou dan
tout autre île ou colonie étrangère soumise au roi, cet
personne pourra être transportée dans ce lieu pour y êtr
jugée, comme par le passé.

Sect. 17. (2) Aucune personne ne sera poursuivie pou
contravention à cet acte que dans les deux années qui suivron
la contravention, dans le cas où la partie offensée ne sera plu
en prison; et si elle est en prison, dans deux ans après so
décès ou après sa sortie de prison.

Sect. 18. Dès le moment que les assises auront ét
annoncées dans un comté, personne ne pourra, par suite de
cet acte, être transféré de la prison commune, sur un *habea*

---

(1) 16 *ric. 2. cap.* 5. Ces différens statuts *de præmunire* ont été faits po
opposer une digue au pouvoir pontifical en Angleterre. C'est à l'époque de l
reformation qu'on leur donna la plus grande extension, car alors toute liaiso
avec la cour de Rome fut interrompue, et des peines plus sévères portées conti
ceux qui contreviendraient aux dispositions des statuts; il serait trop lon
d'enumerer ici toutes les peines portées pour les différens cas; nous renverro
les lecteurs au l. IV, chap. 8, de *Blackstone*.

(2) Les dispositions de la section 16, sont purement transitoires.

corpus, que pour être emmené devant le juge de l'assise en pleine cour.

Sect. 19. Après les assises closes on ne pourra, en vertu de cet acte, avoir son *habeas corpus*.

Sect. 20. Si une action est intentée pour une contravention à cette loi, les défendeurs peuvent plaider *l'issue générale*, c'est-à-dire qu'ils ne sont pas coupables (not Guilty), ou qu'ils ne doivent rien.

Sect. 21. Lorsqu'une personne sera emprisonnée par un juge-de-paix ou autre, et chargée comme complice avant le fait, de petite trahison (*petty treason*) (1) ou de félonie, ou qu'elle en sera soupçonnée, ou qu'elle sera soupçonnée de petite trahison ou de félonie exprimées dans l'ordre d'arrestation ; cette personne ne pourra, en vertu de cet acte, être élargie sous caution.

BILL DES DROITS.

Acte déclarant les droits et les libertés des sujets, et fixant la succession à la couronne.

Anno prim. Guill et Mar. (1688).

Ch. I. Attendu que les lords spirituels et temporels, et les communes assemblées à *Westminster*, représentant valablement, pleinement et librement toutes les classes du peuple de ce royaume ont fait, le trentième jour de *février*, l'an de Notre-Seigneur, mil six cent quatre-vingt-huit, en présence de leurs Majestés, alors appelées et connues sous les noms de *Guillaume* et *Marie*, prince et princesse d'*Orange*, étant présens en propre personne, une déclaration par écrit, dans les termes suivans; savoir :

« Comme le dernier roi, *Jacques II*, a cherché, avec le « concours de divers méchans conseillers, juges et officiers « employés par lui, à renverser et détruire la religion protes- « tante, les lois et les libertés de ce royaume;

---

(1) La *petite trahison* est dans l'ordre civil ce qu'est dans l'ordre politique la *haute trahison*. Celle-ci a lieu dans toutes les offenses contre le roi et le gouvernement, comme lorsqu'un inférieur dans l'ordre politique, attente aux jours de son supérieur dans les choses qui ont quelques rapports avec les affaires de l'État; celle-là lorsqu'un domestique tue son maître, une femme son mari, ou ecclésiastique son évêque. *Voy. Blackstone.* tome IV chap. C.

» 1º En usurpant et exerçant le droit de soustraire à l'ac-
» tion des lois et d'en suspendre l'effet, sans le consentement
» du parlement;

» 2º En emprisonnant et poursuivant plusieurs dignes pré-
» lats, pour avoir demandé humblement d'être dispensés de
» donner leur assentiment audit pouvoir usurpé;

» 3º En portant un mandat scellé du grand-sceau, pour
» ériger une cour nommée *la Cour des Commissaires pour les
» causes ecclésiastiques;*

» 4º En levant des impôts pour et à l'usage de la couronne,
» en alléguant le prétexte de prérogative, dans un temps et
» d'une manière autres que ceux voulus par le parlement;

» 5º En levant et entretenant une armée dans ce royaume
» en temps de paix, sans le consentement du parlement, et
» en logeant des soldats, contre la volonté de la loi;

» 6º En faisant désarmer plusieurs fidèles sujets, par cela
» seul qu'ils étaient protestans, pendant que les papistes étaient
» armés et employés, contrairement à la loi;

» 7º En violant la liberté de l'élection des membres du
» parlement;

» 8º En faisant juger, dans la cour du banc du roi, des
» matières et des causes dont le parlement seul pouvait con-
» naître; et par diverses autres mesures arbitraires et illé-
» gales;

» 9º Et comme dans les derniers temps, des personnes
» partiales, corrompues et sans titres, ont été choisies pour
» jurés dans les tribunaux, et particulièrement plusieurs
» jurés dans des causes de haute-trahison, sans être francs-
» tenanciers;

» 10º Que des cautions excessives ont été demandées aux
» personnes emprisonnées pour causes criminelles, afin d'é-
» luder le bénéfice des lois faites pour la liberté des sujets;

» 11º Que des amendes excessives ont été imposées, et des
» châtimens cruels et illégaux infligés;

» 12º Et que diverses remises ou promesses d'amendes et
» de confiscations ont été faites avant que conviction ait été
» acquise, ou jugement porté contre les personnes qui pou-
» vaient être dans le cas de les payer. »

Toutes choses entièrement et directement contraires aux
lois communes, aux statuts et libertés de ce royaume.

Et comme ledit feu dernier roi, *Jacques II* ayant abdiqué, le gouvernement et le trône restant par là vacans, son altesse le prince d'*Orange* (dont il a plu au Dieu tout-puissant de faire le glorieux instrument qui devait délivrer ce royaume du papisme et du pouvoir arbitraire) a fait écrire, (par l'avis des lords spirituels et temporels, et de plusieurs principales personnes des communes), des lettres aux lords spirituels et temporels protestans; et d'autres lettres aux différens comtés, villes, universités, bourgs et aux cinq ports, pour qu'ils eussent à choisir des personnes capables, pour les représenter dans le parlement qui devait être rassemblé, et siéger à *Westminster*, le vingt-deuxième jour de *janvier* de cette année mil six cent vingt-huit, afin d'aviser à ce que la religion, les lois et les libertés ne puissent plus dorénavant être en danger d'être renversées; en vertu de quoi les élections ont été faites.

Et par suite, lesdits lords spirituels et temporels, et les communes maintenant assemblées, par suite de leurs lettres et élections formant pleinement et librement le corps représentatif de cette nation, prenant sérieusement en considération les meilleurs moyens d'atteindre le but susdit, déclarent d'abord (comme leurs ancêtres ont toujours fait en pareil cas), pour garantir et assurer leurs anciens droits et libertés:

1° Que le prétendu pouvoir de l'autorité royale de suspendre les lois ou l'exécution des lois, sans le consentement du parlement, est illégal;

2° Que le prétendu pouvoir de l'autorité royale de dispenser des lois ou de l'exécution des lois, comme il a été usurpé et exercé par le passé, est illégal;

3° Que la commission pour ériger la dernière cour *des Commissaires pour les causes ecclésiastiques* et toutes autres commissions, et cours de même nature sont illégales et pernicieuses;

4° Qu'une levée d'impôt pour et à l'usage de la couronne, sous ombre de prérogative, sans le consentement du parlement, pour un temps plus long et d'une manière autre qu'il n'est ou ne sera arrêté par le parlement, est illégale;

5° Que c'est un droit des sujets de présenter des pétitions au roi, et que tous emprisonnemens et poursuites de pétitionnaires sont illégaux;

6° Que la levée et l'entretien d'une armée dans le royaume,

en temps de paix, si ce n'est du consentement du parlement, est contraire à la loi ;

7° Que les sujets protestans peuvent avoir, pour leur défense, des armes conformes à leur condition, permises par la loi ;

8° Que les élections des membres du parlement doivent être libres ;

9° Que la liberté de parler des débats ou actes dans le sein du parlement ne peut être réprimée ou mise en question dans aucune cour ou lieu hors du parlement ;

10° Qu'on ne peut exiger une caution, ni imposer d'amendes excessives, ni infliger des peines cruelles et inusitées ;

11° Que la liste des jurés choisis doit être dressée en bonne et due forme, et notifiée ; que les jurés qui prononcent sur le sort des personnes, dans les questions de haute trahison, doivent être francs-tenanciers ;

12° Que les remises ou promesses d'amendes et confiscations faites avant que conviction ait été acquise ou jugement porté, sont illégales et nulles ;

13° Qu'enfin, pour remédier à tous ces griefs, et pour l'amendement, l'affermissement et la conservation des lois, il sera tenu fréquemment des parlemens.

Et ils réclament, demandent avec instance toutes les choses susdites, comme leurs droits et libertés incontestables ; et qu'on ne puisse, par la suite, induire ni tirer en aucune manière des conséquences d'aucunes déclarations, jugemens ou actes rappelés ci-dessus et faits au préjudice du peuple.

A laquelle demande de leurs droits, ils sont particulièrement encouragés par la déclaration de son altesse le prince d'*Orange*, comme étant le seul moyen d'obtenir réparation et d'y apporter remède.

Etant donc pleins d'une entière confiance que son altesse le prince d'*Orange* accomplira la délivrance qu'il a déjà tant avancée, et qu'il les préservera encore de voir la violation à ces droits qu'ils viennent de rappeler, et de toutes autres atteintes portées à leur religion, à leurs droits et à leurs libertés.

II. Lesdits lords spirituels et temporels, et les communes assemblées à *Westminster*, arrêtent que *Guillaume* et *Marie*, prince et princesse d'*Orange*, sont et restent déclarés roi et reine d'*Angleterre*, de *France* et d'*Irlande*, et des États qui en dépendent; pour tenir la couronne et la dignité royale desdits royaumes et États dépendans; lesdits prince et princesse, pendant leur vie et la vie du survivant des deux, que l'exercice du pouvoir royal appartiendra uniquement et pleinement audit prince d'*Orange*, et sera exercé par lui aux noms desdits prince et princesse pendant leur vie; et, après leur mort, ladite couronne et la dignité royale desdits royaumes et États dépendans passeront aux héritiers descendans de ladite princesse; et à défaut de descendans, à la princesse *Anne de Danemarck* et à ses descendans; et à défaut de descendans, aux héritiers descendans dudit prince d'Orange. Les lords spirituels et temporels et les communes prient lesdits prince et princesse d'accéder au présent acte selon sa teneur.

III. Que les sermens ci-après mentionnés seront prêtés par toutes les personnes qui peuvent être tenues par la loi de prêter les sermens de fidélité (*d'allegiance*) et de *suprématie*, au lieu de ces mêmes sermens de suprématie et d'allégeance qui restent abrogés.

« Je A. B. fais promesse sincère, et jure d'être fidèle et de garder loyale *allegiance* à leurs Majestés le roi *Guillaume* et la reine *Marie*. »

(*So help me God*) Avec l'aide de Dieu.

« Je A. B. jure que j'abhorre de tout mon cœur, que j'abjure et je déteste, comme impie et hérétique, cette thèse et cette doctrine condamnables que *les princes excommuniés ou dépossédés par le pape ou tout autre autorité du Siége de* Rome, *peuvent être déposés ou mis à mort par leurs sujets ou par tout autre personne quelconque*. Et je reconnais qu'aucun prince étranger, aucune personne, prélat, État ou potentat, n'a ni ne doit avoir aucune juridiction, pouvoir, supériorité, prééminence ou autorité ecclésiastique ou spirituelle dans ce royaume. »

(*So help me God*) Avec l'aide de Dieu.

IV. Sur quoi leursdites Majestés ont accepté la couronne et la dignité royale des royaumes d'*Angleterre*, de *France* et d'*Irlande* et des États en dépendant, conformément à la résolution et au désir desdits lords et des communes, contenus dans ladite déclaration.

V. Et il a plu à leurs Majestés, que lesdits lords spirituels
et temporels, et les communes formant les deux chambres du
parlement, continueraient à siéger et feraient conjointement
avec leurs Majestés royales un réglement pour l'établissement
de la religion, des lois et libertés de ce royaume, afin qu'à
l'avenir, ni les unes, ni les autres ne pussent être de nouveau en danger d'être détruites ; à quoi lesdits lords spirituels
et temporels et les communes ont donné leur consentement
et ont procédé conformément.

VI. Maintenant, par suite des choses susdites, lesdits lords
spirituels et temporels, et les communes assemblées en parlement, pour ratifier, confirmer et établir ladite déclaration et
les articles, clauses et points y contenus par la force d'une
loi faite en due forme par l'autorité du parlement, supplient
qu'il soit déclaré et arrêté que tous et chacuns des droits et
libertés rapportés et réclamés dans ladite déclaration, sont les
vrais, anciens et incontestables droits et libertés du peuple de
ce royaume, et seront estimés, approuvés, adjugés, crus,
regardés comme tels ; que tous et chaque articles susdits
seront formellement et strictement tenus et observés comme
ils sont exprimés dans ladite déclaration, que tous officiers
et ministres quelconques serviront à l'avenir leurs Majestés et
leurs successeurs, conformément à cette déclaration.

VII. Lesdits lords spirituels et temporels et les communes
considérant sérieusement comment il a plu au Dieu tout-puissant
dans sa merveilleuse providence, et sa miséricordieuse bonté
pour cette nation, de conserver et de placer sur le trône de leurs
ancêtres, leursdites Majestés royales, personnes les plus capables de régner sur nous ; ce pourquoi ils lui rendent du fond
de leurs cœurs leurs humbles actions de grâce et pensent véri-
tablement, formellement, certainement et dans la sincérité
de leur âme, reconnaissent et déclarent que le roi, *Jacques II*,
ayant abdiqué le gouvernement, et leurs Majestés, ayant accepté la couronne et la dignité royale, comme il a été dit ci-
dessus, deviennent, sont et seront de droit, par les lois de ce
royaume, nos souverains seigneur et dame, roi et reine
d'*Angleterre*, de *France* et d'*Irlande*, et des pays en dépendant ; lesquelles personnes restent investies du titre royal, de
la couronne et des dignités desdits royaumes, avec tous honneurs, titres, droits royaux, prérogatives, pouvoirs, juridiction et autorité qui s'y rattachent, qui sont ainsi entiè-

rement, pleinement et légalement comme incorporés, an-
nexés et unis à leurs personnes.

VIII. Pour prévenir toutes discussions et divisions dans
ce royaume, au sujet des prétendus titres à la couronne, de
même que pour conserver un ordre fixe dans la succession, ce
qui constitue et d'où dépendent, après Dieu, l'unité, la paix,
la tranquillité et la stabilité de cette nation; lesdits lords
spirituels et temporels et les communes supplient leurs Majestés, qu'il soit établi par un acte, arrêté et déclaré que la
couronne et le gouvernement royal de ces royaumes et des
États dépendans, avec toutes et chaque choses déjà dites,
et tout ce qui s'en suit, appartiendront et continueront d'appartenir à leursdites Majestés, et au survivant des deux, pendant leur vie et la vie du survivant; et que l'exercice entier,
plein et parfait du pouvoir royal et du gouvernement, résidera uniquement dans la personne de S. M. le roi, et sera
exercé par lui, au nom de leurs Majestés, pendant la vie
de tous deux; et après leur mort, ladite couronne et
choses déjà dites passeront et resteront aux héritiers descendans de S. M. la reine *Marie*; et à défaut d'héritiers descendans de S. M. à son altesse royale la princesse *Anne*
de Danemarck ou à ses héritiers descendans; et à défaut de
tels héritiers, aux héritiers descendans de sadite M. le roi.
A ces causes, lesdits lords spirituels et temporels et les communes, au nom de tout le peuple, se soumettent très-humblement et fidèlement, eux et leurs héritiers et descendans à jamais, et promettent de reconnaître fidèlement,
maintenir et défendre leursdites Majestés, de même que les
bornes posées à l'autorité de la couronne, et l'ordre de succession à cette couronne, spécifiés et contenus dans ce présent acte, de tout leur pouvoir, aux dépens de leurs biens
et de leur vie, contre toutes personnes quelconques qui pourraient y porter atteinte.

IX. Et comme l'expérience a prouvé que ce royaume protestant ne pouvait jouir de la paix, de la tranquillité, ni
de la prospérité sous un prince papiste ou sous un roi ou une
reine mariés à des papistes, lesdits lords spirituels et temporels et les communes supplient encore qu'il soit établi par un
acte, que tous ceux qui sont ou seront reconciliés ou qui
entretiennent des liaisons avec le Siége ou l'église de *Rome*,
ou qui professent la religion papiste, ou qui sont mariés à des

papistes, seront exclus et déclarés à jamais incapables d'hériter et de jouir de la couronne et du gouvernement de
ce royaume, du royaume d'*Irlande* et des États qui
en dépendent, ou d'une partie quelconque de ces États;
d'avoir ou d'exercer le pouvoir royal, d'en retenir l'autorité
ou la juridiction; et dans tous ces cas, le peuple de ces
royaumes sera, et est par là, délié de toute obéissance et
fidélité (*allégiance*). Et alors, la couronne et le gouvernement passeront et resteront aux personnes protestantes qui
en auraient hérité, en cas de mort naturelle des personnes
ainsi réconciliées, entretenant communication, professant
la religion, ou mariées comme nous venons de le dire.

X. Que tout roi ou reine de ce royaume qui viendront ou
succéderont dorénavant à la couronne impériale de ce royaume,
feront, souscriront et prononceront à haute voix dans le premier jour de l'assemblée du premier parlement qui suivra
leur couronnement; assis sur leur trône, dans la chambre
des pairs, en présence des lords et des communes assemblées,
ou bien, lors de leur couronnement, devant la personne ou
les personnes qui recevront d'eux le serment de couronnement, au moment où ils prononceront ce serment (qui sera
fait le premier), la déclaration (1) mentionnée dans le statut
fait dans la trentième année du règne du roi Charles II, intitulé acte pour, etc. (2); mais s'il arrive que le roi ou la reine

---

(1) Voici cette déclaration : Je A. B. professe, affirme et déclare, solennellement et sincèrement en présence de Dieu, croire que dans le sacrement de la
communion il n'y a point transubstantiation des élemens du pain et du vin en
corps et en sang de Jésus-Christ, au moment de leur consécration, ou après
cette consécration par une personne quelconque. Que l'invocation ou l'adora-
tion de la vierge *Marie* ou de tout autre saint, et le sacrifice de la messe tels
qu'ils sont maintenant pratiqués dans l'Église de Rome, doivent être regardés
comme des actes superstitieux et idolâtres. Je professe aussi, affirme et déclare
solennellement, que je fais cette déclaration dans le sens plein et entier des
ouvrages qui m'ont été lus, tels qu'ils sont généralement interprétés par l'église
protestante, sans subterfuge, équivoque ou reserve mentale quelconque, et
sans m'être fait donner à cet effet des dispenses préalables par le pape ou par
tout autre autorité ou personne quelconque, sans aucun espoir d'obtenir une
semblable dispense, d'être ou de pouvoir être acquitté devant Dieu ou devant
un homme, ou délié de cette déclaration, bien que le pape ou tout autre personne, ou autorité m'en délie ou l'annule, ou la déclare de nul effet dès le
commencement.

(2) An act for the more effectual preserving the king's person and govern-
ment, by disabling papist from sitting in either house of parliament.

n'aient pas atteint l'âge de douze ans, lorsqu'ils monteront sur
le trône, alors ils feront, souscriront et prononceront à haute
voix ladite déclaration à leur couronnement, ou le premier
jour de l'assemblée du premier parlement qui suivra l'époque
où ils auront atteint l'âge de vingt ans.

XI. Toutes lesquelles choses, il a plu à leurs Majestés de
voir déclarées, établies et sanctionnées par l'autorité de ce
présent parlement, afin qu'elles soient et demeurent lois
perpétuelles de ce royaume. Elles sont, en conséquence, déclarées, établies et sanctionnées par leursdites Majestés, par
et avec l'avis et le consentement des lords spirituels et temporels, et des communes formées en parlement.

XII. Qu'il soit en outre déclaré et arrêté par acte de l'autorité susdite, qu'à partir de cette présente session du parlement, il ne sera donné aucune dispense de *non obstante*
de se soumettre aux statuts, ou à quelques-unes de leurs dispositions, que ces dispenses seront regardées comme nulles et
de nul effet, à moins qu'elles ne soient accordées par le
statut lui-même, excepté encore les cas auxquels il sera
pourvu spécialement par des *bills* portés dans cette présente
session de parlement.

XIII. Il est aussi arrêté qu'aucune charte, pardon ou
garantie accordés avant le vingt-troisième jour d'*octobre*, de
l'année de Notre-Seigneur, mil six cent vingt-neuf, ne seront
annulés par cet acte, mais auront et conserveront autant
de force devant la loi, que si cet acte n'eût point été fait.

~~~~~~

BILL DES DROITS.

Acte du parlement pour assurer la succession de la couronne d'Angleterre, et pour mieux assurer la liberté des sujets (1).

(10 février 1701.)

. Attendu que dans la première année du règne de V. M. et de feue notre très-gracieuse souveraine, la reine *Marie*, d'heureuse mémoire, un acte du parlement avait été fait et intitulé *Acte pour déclarer les droits et les libertés des sujets, et pour établir la succession à la couronne*; acte dans lequel, entre autres choses, il avait été établi, déclaré et passé en loi, que la couronne et le gouvernement royal des royaumes d'*Angleterre*, de *France* et d'*Irlande*, et des domaines qui en dépendent, seraient et continueraient dans V. M. et ladite feue reine, pendant qu'ils vivraient conjointement, et pendant la vie de celle qui survivrait, et qu'après le décès de V. M., et de ladite reine, ladite couronne et gouvernement royal seraient et demeureraient aux héritiers issus de ladite feue reine, et au défaut d'une telle lignée, à son altesse royale la princesse *Anne* de Danemarck et à ses descendans; et au défaut d'une telle lignée, aux héritiers descendans de V. M. Qu'il fût d'ailleurs par là, passé en loi, que toutes et chaque personne ou personnes qui seraient alors, ou dans la suite, réconciliées, ou qui auraient communication avec le Siége ou l'église de Rome, ou qui feraient profession de la religion papiste, ou qui se marieraient à des papistes, seraient exclues et rendues incapables pour toujours d'hériter, posséder, ou tenir la couronne et le gouvernement de ce royaume, de l'*Irlande* et des domaines qui en dépendent, ou d'aucune partie d'iceux; et d'avoir, ou

_____

(1) *Voy.* Dum. Corps dipl. t. 8, part. 1, p. 3. Nous avons cru bien faire de prendre la traduction qui se trouve dans cet ouvrage, après l'avoir soigneusement comparée à l'original, et y avoir fait les changemens que nous avons cru utiles, parce qu'elle nous a paru très-littérale, et que l'auteur a pu, au temps où il écrivait, se permettre des façons de parler que ne pourrait maintenant employer un traducteur; façons de parler qui cependant rendent mieux que tout autre l'esprit de l'acte original.

nercer aucun pouvoir, autorité ou juridiction royale dans ceux. Et que dans tous et chacun desdits cas, les peuples de ces royaumes seraient et sont, par là, absous de leur fidélité ; et ladite couronne et gouvernement descendraient successivement et seraient possédés par telles personnes ou personnes qui, étant protestantes, auraient hérité et joui d'iceux, en cas que ladite personne ou personnes ainsi réconciliées, ayant communion, professant ou se mariant, comme dessus, fussent naturellement mortes.

Qu'après avoir fait un tel statut, et l'établissement qui y est contenu, les bons sujets de V. M. qui ont été rétablis dans l'entière et libre possession et jouissance de leur religion, de leurs lois et de leurs libertés, par la providence de Dieu, qui a béni d'un heureux succès les justes entreprises et les infatigables efforts que V. M. a faits pour cela, n'avaient point à espérer ou à souhaiter un plus grand bonheur temporel que celui de voir une royale lignée venant de V. M. (à laquelle, après Dieu, ils doivent leur tranquillité, et dont les ancêtres ont été, pendant une longue suite d'années, les principaux appuis de la religion réformée et des libertés de l'Europe), et de notredite très-gracieuse souveraine la reine Marie, dont la mémoire sera toujours précieuse aux sujets de ces royaumes. Et comme il a depuis plu au Tout-Puissant de rendre à lui notredite souveraine, comme aussi le prince Guillaume, duc de Glocester, qui faisait toute notre espérance, et qui était le seul rejeton vivant de son altesse royale la princesse Anne de Danemarck, au déplaisir et au regret inexprimable de V. M. et de vosdits bons sujets, qui réfléchissant avec douleur, par de telles pertes, qu'il dépend entièrement du bon plaisir du Tout-Puissant de prolonger la vie de V. M. et celle de son altesse royale, et d'accorder à V. M. ou à son altesse royale une lignée qui puisse hériter de la couronne et du gouvernement royal, comme dessus, selon les établissemens respectifs contenus dans l'acte ci-dessus mentionné, implorent la miséricorde divine pour obtenir ces bénédictions. Et lesdits sujets de V. M. ayant une expérience journalière du soin et de l'intérêt que V. M. prend pour la prospérité présente et future de ces royaumes, et particulièrement par la recommandation que V. M. a faite, étant assise sur son trône, pour étendre la succession de la couronne dans la ligne protestante, pour le bonheur de la nation et la sûreté

de notre religion : et étant absolument nécessaire pour l
sûreté, la paix et la tranquillité de ce royaume, de prévenir
en icelui, tous les doutes et disputes qui pourraient y survenir,
à cause de quelques prétendus titres à la couronne, et de
maintenir une certitude dans la succession d'icelle, à laquelle
vos sujets puissent sûrement avoir recours pour leur protection, au cas que la succession établie par l'acte sus-mentionné
vînt à finir.

A ces causes, pour une plus ample provision de la succession de la couronne dans la ligne protestante, nous, les
très-obéissans et très-fidèles sujets de V. M., les seigneurs
spirituels et temporels et les communes assemblées, en ce présent parlement, supplions V. M. qu'il soit établi et déclaré,
ainsi qu'il est établi et déclaré par S. M. le roi, par et avec
l'avis et consentement des seigneurs spirituels et temporels,
et des communes assemblées en ce présent parlement, et par
l'autorité d'iceux, que la très-excellente princesse *Sophie*,
électrice et duchesse douairière d'Hanôvre, fille de la feue
très-excellente princesse *Elisabeth*, reine de Bohême, fille
de feu notre souverain seigneur le roi *Jacques I*, d'heureuse
mémoire, soit, et est par celle-ci, déclarée être la plus
proche à la succession, dans la ligne protestante, à la couronne impériale et à la dignité desdits royaumes d'*Angleterre*,
de *France* et d'*Irlande*, et des domaines qui en dépendent,
après S. M. et la princesse *Anne* de Danemarck; et à défaut
respectivement de lignée de ladite princesse *Anne* et de
S. M. Et que dès et après le décès de sadite Majesté, à présent
notre souverain seigneur, et de son altesse royale la princesse *Anne* de Danemarck, et à défaut respectivement de
lignée de ladite princesse *Anne* de Danemarck et de S. M.,
la couronne et le gouvernement royal desdits royaumes d'*Angleterre*, de *France* et d'*Irlande* et des domaines qui en dépendent, avec l'état et dignité royale desdits royaumes, et
avec tous les honneurs, qualités, titres, régales, prérogatives,
pouvoirs, juridictions et autorités qui en dépendent et qui
leur appartiennent, seront et continueront à ladite très-excellente princesse *Sophie* et aux héritiers issus de son corps,
étant protestans. Et c'est à quoi lesdits seigneurs spirituels
et temporels et les communes, au nom de tout le peuple de
ce royaume, se soumettent très-humblement et loyalement,
tant eux que leurs héritiers et postérité, et promettent fidè-

lement qu'après le décès de S. M. et de son altesse royale, et à défaut d'héritiers issus de leurs respectifs corps, ils soutiendront, maintiendront et défendront ladite princesse *Sophie* et les héritiers issus de son corps, étant protestans, selon la limitation et la succession à la couronne ci-spécifiée et contenue, de tout leur pouvoir, et aux dépens de leur vie et de leurs biens, contre toute personne que ce soit qui attentera quelque chose au contraire.

Bien entendu toujours, ainsi qu'il est établi par celle-ci, que toutes et chacune personne ou personnes qui hériteront ou pourront hériter de ladite couronne, en vertu de la limitation de ce présent acte, qui est, sont ou seront réconciliées ou qui auront communion avec le Siége ou l'église de Rome, ou qui feront profession de la religion papiste, seront sujettes aux incapacités; lesquelles, dans tous et chacun desdits cas, sont déclarées, statuées et établies par ledit acte sus-mentionné. Et que chaque roi ou reine de ce royaume, qui viendra ou succédera à ce royaume et à la couronne impériale de ce royaume, en vertu de ce présent acte, prêtera le serment du couronnement qui sera administré à lui, à elle, ou à eux, à leurs respectifs couronnemens, selon l'acte de parlement fait en la première année du règne de S. M. et de ladite feue reine *Marie*, intitulé *Acte pour établir le serment du couronnement*; et fera, souscrira et répétera la déclaration mentionnée dans ledit acte, et rapportée en premier lieu ci-dessus, en la manière et forme qui y est prescrite.

Et d'autant qu'il est requis et nécessaire de pourvoir plus amplement à la sûreté de notre religion, de nos lois et de nos libertés, dès et après le décès de S. M. et de la princesse *Anne* de Danemarck, et à défaut de lignée respective, issue du corps de ladite princesse ou de S. M. le roi. Il est établi par et avec l'avis et consentement des seigneurs spirituels et temporels, et des communes assemblées en parlement, et par l'autorité d'iceux.

• Que quiconque viendra ci-après à la possession de cette couronne, se conformera à la communion de l'église Anglicane, ainsi qu'elle est établie par les lois.

• Qu'au cas que la couronne et la dignité impériale de ce royaume viennent à tomber à quelque personne qui ne sera pas native de ce royaume d'Angleterre, la nation ne sera point obligée de s'engager dans aucune guerre pour la défense de quelques États ou territoires qui n'appartiendront point à la couronne d'Angleterre, sans le consentement du parlement.

» Que nulle personne qui viendra ci-après à la possession de cette couronne, ne sortira des domaines d'*Angleterre*, d'*Ecosse* ou d'*Irlande*, sans le consentement du parlement.

» Que dès et après le temps que cette plus ample limitation faite par cet acte aura lieu, toutes les matières et affaires relatives au bon gouvernement de ce royaume, qui sont proprement, par les lois et coutumes de ce royaume, du ressort du conseil privé, y seront traitées ; et toutes les résolutions qui y seront prises, seront signées par ceux du conseil privé, qui y donneront leur avis et leur consentement.

» Qu'après que ladite limitation aura lieu, nulle personne née hors des royaumes d'*Angleterre*, d'*Ecosse* et d'*Irlande* ou des domaines qui en dépendent, quoiqu'elle soit naturalisée ou dénisée, excepté celles qui seront nées de père et mère Anglais, ne sera capable d'être du conseil privé ou membre de l'une ou l'autre des chambres du parlement, ou de jouir d'aucun office ou poste de confiance, soit civil ou militaire, ou d'avoir aucune concession de terres, maisons ou héritages de la couronne, pour elle-même ou pour aucun autre ou autres en commission pour elle.

» Que nulle personne qui a un office ou charge de profit sous le roi, ou qui reçoit une pension de la couronne, ne sera capable de servir comme membre de la chambre des communes.

» Qu'après que ladite limitation aura lieu, ainsi que dessus, les commissions des juges seront faites, *tandis qu'ils se comporteront bien*, et leurs salaires assurés et établis : mais il sera loisible de les déplacer sur une adresse de l'une et de l'autre chambre du parlement.

» Que nul pardon, sous le grand-sceau d'*Angleterre*, ne sera reçu contre une accusation des communes en parlement.

» Et comme les lois d'*Angleterre* sont les droits naturels du peuple d'icelle, et que tous les rois et reines qui monteront sur le trône de ce royaume doivent le gouverner conformement auxdites lois ; et que tous leurs officiers et ministres doivent respectivement les servir selon les mêmes lois : à ces causes, lesdits seigneurs spirituels et temporels et les communes supplient aussi avec humilité que toutes les lois et statuts de ce royaume qui tendent à assurer la religion établie et les droits et les libertés du peuple d'icelui, et tous autres lois et statuts dudit royaume qui sont à présent en force puissent être ratifiés et confirmés : et suivant cela, les mêmes sont par S. M., par et avec l'avis et consentement desdits lords spirituels et temporels et des communes, et par l'autorité d'iceux, ratifiés et confirmés. »

ACTE D'UNION (1).

Des Parlemens d'Ecosse et d'Angleterre.

Stat. 5. Ann. chap. 8. (1707).

Sect. 1 Les articles de l'union, approuvés par les parlemens d'Ecosse sont :

1. Du 1er de mai 1707, et à jamais, les deux royaumes d'*Angleterre* et d'*Ecosse* ne seront plus qu'un seul royaume, sous le nom de *Grande Bretagne*; les armes du royaume uni seront déterminées par S. M., et les croix de St-Georges et de St-André seront jointes ensemble, de la manière que S. M. jugera convenable, et on les emploiera dans tous pavillons, drapeaux, étendards, bannières, tant de mer que de terre.

2. La succession à la monarchie de la *Grande Bretagne*, à défaut de descendans de S. M., passera à la très-excellente princesse *Sophie*, électrice et duchesse douairière d'Hanôvre, et à ses héritiers protestans. Tous papistes ou personnes mariées à des papistes seront exclus de la couronne impériale de la *Grande Bretagne*; et dans ce dernier cas, la couronne passera à la personne protestante, qui en aurait hérité dans le cas où le prince papiste, ou la personne mariée à un papiste, serait mort naturellement; selon les dispositions établies par le stat. 2., chap. 2., *Guill.* et *Mar.*, sur la succession à la couronne d'*Angleterre*.

(1) Sous ce titre on reunit plusieurs statuts qu'on peut regarder comme faisant partie des conditions de l'union.

3. Le royaume uni sera représenté par un seul parlement, qui portera le titre de *Parlement de la Grande Bretagne.*

4. Tous les sujets du royaume uni auront pleine liberté de commerce et de navigation dans tous les ports du royaume uni et des Etats en dépendant; ils jouiront tous également des droits qui appartiennent aux sujets de l'un et de l'autre royaume, sauf les exceptions portées par ces articles.

5. Tout vaisseau appartenant aux sujets écossais de S. M., à l'époque de la ratification du traité d'union dans le parlement d'*Ecosse*, quoique de construction étrangère, sera considéré comme les vaisseaux sortis des chantiers de la *Grande Bretagne:* pourvu que les propriétaires qui, dans douze mois, à compter du 1er de mai prochain, fassent serment qu'au moment de la ratification du traité d'union dans le parlement d'*Ecosse*, ces vaisseaux appartenaient en totalité ou en partie à eux, ou à d'autres sujets d'*Ecosse* qu'ils seront tenus de faire connaître, ainsi que le lieu de leur demeure; et qu'au moment de la déclaration, ces mêmes vaisseaux leur appartiennent en totalité, et qu'aucun étranger n'y a d'intérêt; lequel serment sera prêté devant les principaux officiers des douanes, dans le port le plus voisin du lieu du séjour des propriétaires; ce serment sera certifié par les officiers qui l'auront reçu, et après avoir été enregistré, copie en sera délivrée au maître du vaisseau; un double sera transmis aux principaux officiers de la douane du port d'Edimbourg, et de là envoyé au port de Londres, où il sera transcrit sur le registre général.

6. Toutes les parties du royaume uni jouiront des mêmes avantages et priviléges, seront soumises aux mêmes réglemens de commerce et sujettes aux mêmes douanes; les mêmes priviléges, avantages et réglemens de commerce, et les droits d'importation et d'exportation établis en *Angleterre*, seront étendus dans tout le royaume uni, excepté les droits sur l'exportation et l'importation de tels articles de consommation, pour les personnes qui en sont spécialement exemptées en vertu des droits particuliers (*La suite de cet article ne contient que des dispositions transitoires sur l'importation ou l'exportation de telle ou telle denrée ou marchandise*).

7. Toutes les parties du royaume uni seront à perpétuité soumises aux mêmes impôts sur les liqueurs; et les impôts qui se trouveront être mis en *Angleterre* sur telles liqueurs, au commencement de l'union, auront lieu dans tout le royaume uni.

(*L'art.* 8 *a également rapport au montant des droits qui devront être prélevés sur les marchandises importées en Angleterre ou en Écosse*).

9. Lorsque le parlement de la *Grande Bretagne* arrêtera qu'une somme de 1,997,763 livres 8 sous 4 deniers et demi sera levée en *Angleterre* sur les biens fonciers, ou autres choses taxées ordinairement dans ledit royaume, par ordre du parlement, pour donner des subsides à la couronne, l'*Écosse* sera chargée, par le même acte, d'une somme de 48,000 liv., et ainsi, dans cette proportion ; et cette quotité, pour l'*Écosse*, sera levée de la même manière qu'elle se lève maintenant en *Écosse*; mais sujette à tels réglemens, pour la forme du prélèvement, qu'il plaira au parlement de la *Grande Bretagne* d'arrêter.

(*Les art.* 10, 11, 12 *et* 13 *sont purement transitoires et de très-peu d'importance : ils sont relatifs aux droits prélevés sur le papier timbré, le vélin, les fenêtres, le charbon, la drèche, etc.*).

14. L'*Écosse* ne sera chargée d'aucuns autres droits établis par le parlement d'*Angleterre*, avant l'union, excepté de ceux dont on est convenu dans ce traité. Il est arrêté que si le parlement d'*Angleterre* établit une imposition ultérieure, par voie de douanes, ou tels impôts dont l'*Écosse* se trouve, par ce traité, chargée conjointement avec l'*Angleterre*, l'*Écosse* sera soumise au même impôt, et supportera un équivalent fixé par le parlement de la *Grande Bretagne*; avec ce réglement particulier, que toute drèche destinée à être consommée en *Écosse* ne paiera aucun des impôts établis sur la drèche, pendant cette guerre; et il ne sera point établi d'exception nouvelle pour aucune partie du royaume uni.

(*L'art.* 15, *dont la plupart des dispositions sont transitoires, porte en substance*),

Que tout ce que paiera de taxes le royaume uni, qui sera employé à acquitter les dettes d'Angleterre contractées avant l'union, sera tenu en compte au royaume uni, et que l'équivalent qui lui en reviendra sera employé à acquitter ses dettes contractées aussi avant l'union, et d'autres charges qui lui sont particulières; et que S. M. sera autorisée à nommer des commissaires qui auront inspection sur ces équivalens et sur leur emploi, et qui en rendront compte au parlement de la *Grande Bretagne*.

16. Les monnaies porteront le même titre dans tout le

26.

royaume uni (celui qui est maintenant en usage en Angleterre) ; l'*Ecosse* continuera à avoir un hôtel des monnaies soumis aux mêmes règles que l'hôtel des monnaies d'*Angleterre :* les officiers de cet hôtel sont maintenus dans leurs places, sans préjudice des modifications qui seront portées par S. M. ou par le parlement de la *Grande Bretagne.*

17. Les mêmes poids et mesures (ceux qui sont maintenant établis en Angleterre) seront en usage dans tout le royaume uni ; et les modèles de ces poids et mesures seront gardés dans les bourgs d'*Ecosse* qui jouissent du droit spécial de poinçonner les poids et mesures. Tous lesquels modèles seront envoyés à ces bourgs, d'après les modèles conservés dans l'Echiquier à *Westminster*, et seront néanmoins sujets aux réglemens qu'il plaira au parlement de la *Grande Bretagne* d'établir.

18. Les lois concernant les réglemens de commerce, les douanes et les taxes auxquelles est soumise l'*Ecosse*, par ce traité, seront les mêmes pour l'*Ecosse* et pour l'*Angleterre*; et toutes les autres lois en usage en *Ecosse*, seront après et nonobstant l'union, maintenues dans toute leur force (excepté celles qui sont contraires à ce traité), mais elles pourront être modifiées par le parlement de la *Grande Bretagne*; avec cette différence, entre les lois concernant le droit public, la police et le gouvernement civil, et celles qui concernent le droit privé, que les lois qui concernent le droit public, la police et le gouvernement civil peuvent être étendues à tout le royaume uni; mais qu'aucune altération ne peut être portée aux lois qui concernent les droits privés, si ce n'est pour l'utilité manifeste des sujets d'*Ecosse*.

19. La cour de session ou collége de justice, restera à jamais après et nonobstant l'union, telle qu'elle est maintenant établie en *Ecosse*, et conservera la même autorité; sujette toutefois à tels réglemens qui pourront être faits par le parlement de la *Grande Bretagne*, pour une meilleure administration de la justice. Ne pourront être nommés par S. M. lords ordinaires de session, que ceux qui auront été attachés au collége de justice comme avocats, ou principaux greffiers de session, pendant cinq ans, ou comme écrivain au cachet du roi, pendant dix ans; en observant toutefois, qu'un écrivain au cachet du roi ne pourra être admis comme lord de la session, qu'après avoir subi un examen public, et parti-

olier, sur les lois civiles devant la faculté des avocats, et
noir été jugé capable de remplir l'office, deux ans au moins
nant sa nomination; toutefois, le parlement de la *Grande
Bretagne* pourra modifier les formes prescrites pour être dé-
laré capable d'être nommé lord ordinaire de session. La
cour de justice restera de même après, et nonobstant l'union,
elle qu'elle est maintenant établie en *Écosse*, et avec la
même autorité, mais sujette à tels réglemens qui seront faits
par le parlement de la *Grande Bretagne*; et toutes juridic-
ions de l'amirauté relèveront du lord grand-amiral, ou des
commissaires de l'amirauté de la *Grande Bretagne*. La cour
d'amirauté maintenant établie en *Écosse* sera maintenue, et
toutes révisions, réductions ou suspensions des sentences
dans les causes maritimes, compétant à la juridiction de cette
cour continueront à être réglées comme elles le sont maintenant en *Écosse*, jusqu'à ce que le parlement de la *Grande
Bretagne* ait fait les réglemens qui seront jugés convenables
pour tout le royaume uni. Il sera conservé en *Écosse*, de
même qu'en *Angleterre*, une cour d'amirauté pour connaître
des causes maritimes relatives aux droits particuliers d'*Écosse*,
qui appartiennent à la juridiction de la cour d'amirauté, sujette néanmoins à telles modifications qu'il plaira au parlement
de la *Grande Bretagne* d'apporter; et les droits héréditaires
d'amirauté et des vice-amirautés d'*Écosse* seront réservés aux
propriétaires comme droits de propriété, sujets toutefois,
quant à la manière d'exercer ces droits, à tels réglemens qui
paraîtront convenables au parlement de la *Grande Bretagne*,
et toutes les autres cours existantes maintenant en *Écosse*
seront maintenues, mais sujettes à modifications par le parlement de la *Grande Bretagne*; toutes les cours inférieures, dans
lesdites limites, resteront subordonnées aux cours supérieures de justice dans le même pays. Aucune des causes
d'*Écosse* ne pourra être évoquée ni renvoyée de la connaissance des cours, à *la Chancellerie, au banc de la reine, aux
plaids communs* ou à tout autre cour de *Westminster*; et lesdites cours, ou toutes autres de même nature, ne pourront
connaître, réviser ou altérer les actes ou sentences de judicature d'*Écosse*, ou en suspendre l'exécution. Il y aura en *Écosse*
une cour de l'échiquier, pour décider les questions concernant les revenus des douanes et des taxes, qui aura le même
pouvoir dans les causes de son attribution que la cour de

l'échiquier en *Angleterre*, et que celle qui existe maintenant
en *Ecosse*. Et cette cour actuelle de l'échiquier, établie en
Ecosse, restera jusqu'à ce qu'une nouvelle cour de l'échiquier
y soit établie par le parlement de la *Grande Bretagne*. La
reine gardera un conseil privé en *Ecosse*, pour conserver
la paix et l'ordre public jusqu'à ce que le parlement de la
Grande Bretagne juge convenable d'établir tout autre voie.

20. Tous offices ou juridictions héréditaires, charges et
juridictions à vie, sont conservés à ceux qui les possèdent,
comme droits de propriété.

21. Les droits et priviléges des bourgs royaux d'*Ecosse* resteront entiers après et nonobstant l'union.

22. L'*Ecosse* aura, dans la chambre des lords du parlement
de la *Grande Bretagne*, seize lords pris parmi les pairs actuels
de l'*Ecosse*, et quarante-cinq représentans dans la chambre
des communes. Et lorsqu'il plaira à S. M. d'assembler un parlement de la *Grande Bretagne*; jusqu'à ce que ce parlement y
ait pourvu par un réglement, il sera envoyé un ordre sous le
grand-sceau du royaume uni adressé au conseil privé d'*Ecosse*,
qui lui enjoindra d'inviter les seize pairs qui doivent siéger
au parlement, dans la chambre des lords, à s'y rendre, et de
faire élire les quarante-cinq membres qui doivent siéger dans
la chambre des communes, de la manière qui sera fixée par
un acte de cette session du parlement d'*Ecosse*; et les noms
des personnes ainsi désignées ou élues, seront renvoyés par
le conseil privé d'*Ecosse*. Si S. M. le déclare expédient, les
lords du parlement d'Angleterre et les communes du présen
parlement formeront les membres des chambres respective;
du premier parlement de la *Grande Bretagne*, pour l'*Angle
terre*. Chaque lord du parlement, et chaque membre des com
munes, dans tous les parlemens à venir de la *Grande Breta
gne*, jusqu'à ce que le parlement de la *Grande Bretagne* en
ait autrement ordonné, prêtera, au lieu des sermens d'allé
geance et de suprématie, les sermens requis par le chap. 8 du
1er stat. de *Guill*. et *Mar*., souscrira et réitérera la déclaration
mentionnée dans le stat. 2 de Charles II, prêtera et souscrir
le serment mentionné dans le chap. 22 du stat. 1 de la reine
Anne (altéré par *Geo*. I, chap. 13).

23. Les pairs d'*Ecosse* jouiront des mêmes priviléges de
parlement que les pairs d'*Angleterre*, et, en particulier, du
droit de connaître des jugemens des pairs : et en cas de l

mise en jugement d'un pair, pendant le temps d'ajournement
ou de prorogation d'un parlement, lesdits seize pairs seront
assignés; et dans le cas où il arriverait que des pairs fussent
mis en jugement, pendant que le parlement n'est pas assemblé, les seize pairs d'*Ecosse* qui siégeaient dans le parlement
précédent seront appelés. Tous les pairs d'*Ecosse* seront pairs
de la *Grande Bretagne*, et auront rang immédiatement après
les pairs de même degré en *Angleterre*, au moment de l'union, seront jugés comme pairs de la *Grande Bretagne*,
et jouiront de tous les priviléges des pairs, excepté du droit
de siéger dans la chambre haute et les priviléges qui en dépendent; particulièrement le droit de connaître des jugemens des pairs.

24. Il n'y aura qu'un grand-sceau pour tout le royaume
uni. A S. M. sera laissé le droit d'écarteler les armes, comme
elle jugera à propos. On emploira le grand-sceau du royaume
uni pour sceller les ordres d'assembler le parlement de la
Grande Bretagne, et tous les traités conclus avec les Etats
étrangers, de même que tous les actes publics de l'Etat qui
concernent le royaume uni, et dans toutes les autres matières
relatives à l'*Angleterre*, et pour lesquelles on se sert maintenant du grand-sceau d'*Angleterre*. Il y aura un sceau en
Ecosse, dont on se servira dans toutes les choses relatives
aux droits et priviléges particuliers qui ont habituellement
reçu le grand-sceau d'*Ecosse*, et qui concernent seulement
les offices, permissions, commissions et droits privés dans
ce royaume. On continuera à faire usage en *Ecosse* du
sceau privé, du cachet des cours de justice, et de tous les
sceaux de cours dont on se sert maintenant; mais approprié
à l'état de l'union, comme S. M. le jugera convenable. Lesdits sceaux seront sujets aux réglemens arrêtés par le parlement de la *Grande Bretagne*. La couronne, le sceptre et l'épée
de l'Etat, les journaux (*records*) du parlement et autres journaux, rôles et registres, soit publics, soit privés, seront, à
l'avenir, tenus et conservés en *Ecosse*, de la même manière
qu'ils le sont maintenant.

25. Toutes lois, dans les deux royaumes, sont annulées
et déclarées nulles par les parlemens respectifs, en ce qui serait contraire à ces articles.

Sect. 2. *L'acte pour garantir la religion protestante et l'établissement du culte presbytérien, en Ecosse, porte ce qui suit :*

S. M., de l'avis et consentement du parlement, établit et
confirme la vraie religion protestante et le culte, la discipline
et le gouvernement de cette église, pour être conservés sans
aucune altération, au peuple de ce pays et à ses descendans;
et plus spécialement l'acte cinquième du premier parlement
du roi *Guillaume* et de la reine *Marie*, intitulé: *Acte qui ratifie
la confession de foi, et qui fixe le gouvernement de l'église presbytérienne*, de même que tous les autres actes du parlement
qui y ont rapport. Elle déclare que ladite vraie religion protestante, contenue dans la confession de foi, avec la forme
du culte et la pureté du dogme en usage dans cette église,
de même que son gouvernement et sa discipline, arrêtés dans
les assemblées des anciens de l'église presbytérienne, les synodes provinciaux, et les assemblées générales, ne pourront
être altérés, et que ledit gouvernement presbytérien sera le
seul observé en *Ecosse*.

Les universités et les collèges de *St-André*, *Glasgow*,
Aberdeen et *Edimbourg* établis par loi, sont maintenus pour
toujours; et aucun professeur, principal, régent, maître ou
autre, ayant un emploi dans toute université, collège ou
école, dans ce royaume, ne pourra être admis à remplir des
fonctions, s'il ne reconnait le gouvernement civil de la manière prescrite par les actes du parlement; de même, lors de
leur admission, ils devront reconnaître et souscrire ladite
confession de foi, et promettre de se conformer au culte en
usage dans cette église, et de se soumettre à son gouvernement et à sa discipline; de ne jamais chercher à lui nuire ou
à la renverser; et cela devant les anciens des églises pres-
bytériennes respectives, dans les ressorts desquelles ils se
trouvent.

Aucun des sujets de ce royaume ne pourra prêter de serment,
ou donner témoignage ou souscription, dans ce royaume, contraires à la vraie religion protestante et au gouvernement de
l'église presbytérienne, à son culte et à sa discipline. Après
la mort de S. M., ses successeurs dans le gouvernement
royal du royaume de la *Grande Bretagne*, jureront et signeront, à l'avenir, à leur avènement au trône, qu'ils maintiendront inviolablement et garantiront ledit établissement de la
vraie religion protestante, de même que le gouvernement,
le culte, la discipline, les droits et privilèges de cette église.

Cet acte sera une condition essentielle et fondamentale de
l'union entre les deux royaumes, et sera inséré dans chaque

acte de parlement pour la conclusion de l'union : néanmoins, le parlement d'*Angleterre* peut, pour la sûreté de l'église d'*Angleterre*, en ordonner comme il jugera convenable; mais ses actes n'auront d'effet qu'en *Angleterre*, sans déroger nullement aux sûretés garanties à l'église d'*Ecosse*; de même le parlement d'*Angleterre* peut étendre, aux sujets d'*Angleterre*, les dispositions contenues dans les articles de l'union en faveur des sujets d'*Ecosse*.

Toutes lois, dans ce royaume, sont annulées après l'union en ce qui serait contraire à ces articles.

Sect. 3. *L'acte pour garantir l'église d'Angleterre, comme il est établi par la loi* (5. d'Anne, cap. 5.) *est aussi inséré dans cet acte.*

Sect. 4. *Lesdits articles d'union, de même que ledit acte du parlement d'Ecosse, pour l'établissement de la religion protestante et du gouvernement de l'église presbytérienne dans ce royaume, seront confirmés pour toujours.*

Sect. 5. *Ledit acte, pour garantir l'église d'Angleterre selon qu'il a été établi par loi, de même que ledit acte du parlement d'Ecosse, pour garantir la religion protestante et le gouvernement de l'église presbytérienne, seront observés à perpétuité, comme conditions fondamentales et essentielles de l'union.*

Sect. 6. *Acte qui établit le mode d'élection des seize pairs et des quarante-cinq membres, pour représenter l'Ecosse dans le parlement de la* Grande Bretagne.

Passé dans le parlement d'*Ecosse*, à *Edimbourg*, le 5 février 1707.

S. M., de l'avis et consentement des Etats du parlement, ordonne que les seize pairs qui auront droit de siéger dans la chambre des pairs, dans le parlement de la *Grande Bretagne*, pour l'*Ecosse*, seront nommés par les pairs d'*Ecosse*, et pris parmi eux par voie d'élection publique, et à la pluralité des voix des pairs présens et de ceux qui les représentent pour les pairs absens; lesdits représentans étant eux-mêmes pairs, et produisant une procuration duement signée devant témoins, et le mandant et le mandataire ayant qualité conformément à la loi. De même, les pairs absens, et ayant qualité, peuvent envoyer à l'assemblée des listes des pairs qu'ils jugent le plus convenable de nommer : ces listes, valablement signées par ces pairs, seront comptées comme si les parties avaient été présentes. En cas de mort ou d'incapacité légale de quelqu'un des seize pairs, lesdits pairs d'*Ecosse* nommeront parmi eux un autre pair.

Quant aux quarante-cinq représentans d'*Ecosse* dans la chambre des communes du parlement de la *Grande Bretagne*, trente seront choisis par les comtés ou sénéchaussées, et quinze par les bourgs royaux comme il suit, savoir : un pour chaque comté et sénéchaussée, excepté les comtés de *Bute* et de *Catchness* qui en choisiront un tour à tour; Bute ayant la première élection, excepté aussi les comtés de *Clackmanan* et de *Kinross*, de *Nairn* et de *Cromarty; Clackmanan* et *Nairn*, ayant la première élection. Au cas de mort ou d'incapacité de quelqu'un des membres nommés par quelques-uns des comtés ou sénéchaussées respectifs, le comté ou la sénéchaussée qui a nommé ledit membre en nommera un autre à sa place.

Les quinze représentans, pour les bourgs royaux, seront choisis comme suit, savoir : la ville d'*Edimbourg* enverra un membre au parlement de la *Grande Bretagne*. Tous les autres bourgs d'*Ecosse* choisiront un commissaire dans la forme usitée pour élire les députés au parlement d'*Ecosse;* lesquels commissaires et bourgs étant divisés en 15 districts, se rassembleront à l'époque et dans le bourg qu'il plaira à S. M. de fixer dans leur district, et choisiront un membre pour tout le district, savoir : les bourgs *de Kirkwell, Week, Dornock, Dingwall* et *Taine* 1; les bourgs de *Fortrose, Inverness, Nairn* et *Forress* 1; les bourgs de *Elgin, Cullen, Banff, Inverury* et *Kintore* 1; les bourgs d'*Aberdeen, Inverbervy, Montrose, Aberbrothock* et *Brochine* 1; les bourgs de *Forfar, Perth, Dundee, Couper* et *Saint-André* 1; et les bourgs de *Craill, Kilrennée, Anstruther-Easter, Anstruther-Wester* et *Pittenweem* 1; les bourgs de *Dysart, Kirkaldie, Kinghorn* et *Bruntisland* 1; les bourgs de *Innerkithen, Dunsermline, Queensferry, Culross* et *Sterling* 1; les bourgs de *Glasgow, Reufrew, Ruglen* et *Dumbarton* 1; les bourgs de *Haddington, Dunbair, Nort, Berwick, Lauder* et *Jedburgh* 1; les bourgs de *Dumfreies, Sanquhar, Annan, Lockmaben* et *Kirkendbright* 1; les bourgs de *Wigtoun, New-Galloway, Stranraver* et *Whitchern* 1 : et les bourgs d'*Air, Irvin, Rothesay, Compbletoun* et *Inverary* 1. Et lorsque les votes des députés, pour les bourgs assemblés, pour élire les représentans, seront partagés, le président de l'assemblée aura un vote formant ma-

jorité, outre son vote, comme député d'un des bourgs. Le
député du plus ancien bourg présidera la première assemblée, et les députés des autres bourgs, chacun à leur tour,
dans l'ordre où ils sont désignés dans les rôles du parlement
d'Écosse; et dans le cas où quelqu'un des quinze députés des
bourgs mourrait ou deviendrait légalement incapable, la ville
d'Edimbourg, ou le district qui aurait choisi le membre, en
élira un autre à sa place. Il est arrêté que personne ne pourra
élire ou être élu, s'il n'a vingt-un ans accomplis, s'il n'est protestant; excluant tous papistes, ou suspects de papisme, ou ceux
qui refuseraient de jurer et de souscrire la formule contenue
dans le troisième acte, fait dans les huitième et neuvième sessions du parlement du roi *Guillaume*, pour prévenir l'accroissement du papisme. Les seules personnes pourront élire ou
être élues pour représenter un comté ou un bourg de cette
partie du royaume uni, qui sont maintenant capables, d'après
les lois de ce royaume, d'élire ou d'être élues comme députés
des comtés ou des bourgs au parlement d'*Écosse*. Lorsque
S. M. déclarera sa volonté de rassembler un parlement de la
Grande Bretagne, et qu'un writ sera envoyé, par elle, au conseil
privé d'*Écosse*, conformément au vingt-deuxième article, jusqu'à ce que le parlement de la *Grande Bretagne* en ait autrement ordonné, ledit writ contiendra un commandement
au conseil privé de publier une proclamation requérant les
pairs d'*Écosse* de s'assembler dans un temps, et dans le lieu
d'*Écosse* déterminé par S. M., pour procéder à l'élection des
seize pairs, requérant aussi le lord greffier ou deux des secrétaires de session de se trouver à toutes les assemblées, de
recevoir les sermens, de recueillir les votes et de renvoyer au
secrétaire du conseil privé d'*Écosse*, après avoir formé les
listes en présence de l'assemblée, les noms des seize pairs
choisis certifiés sous la signature du lord greffier ou des
secrétaires présens); Et requérant de la même manière les
francs-tenanciers dans les comtés et les sénéchaussées respectifs de se réunir au bourg principal de leur comté ou de leur
sénéchaussée, pour choisir leurs députés; et ordonnant qu'immédiatement après les élections, les secrétaires des assemblées
renverront les noms des personnes choisies aux secrétaires du
conseil privé; ordonnant enfin, que la ville d'*Edimbourg* ait à
nommer son député; que les autres bourgs royaux choisissent
aussi chacun un député, qui doivent se réunir dans le bourg
de leur district et dans le temps qu'il plaira à S. M. de fixer

par une proclamation; requérant le secrétaire commun des bourgs où se fera l'élection de se trouver à l'assemblée et de renvoyer, immédiatement après l'élection faite, le nom de la personne élue (sous son seing) au secrétaire du conseil privé, afin que les noms des seize pairs, des trente députés pour les comtés et des quinze députés pour les bourgs puissent être renvoyés à la cour d'où émane le writ. Les seize pairs, et les quarante-cinq députés pour les comtés et les bourgs qui seront choisis par les pairs, les barons et les bourgs respectivement, dans cette session du parlement et hors de ses membres, seront membres des chambres respectives du premier parlement de la *Grande Bretagne* pour l'*Ecosse*.

Sect. 7. *Ce dernier acte mentionné passé en* Ecosse *sera valable, comme s'il avait fait partie des articles de l'union.*

STAT. 6. Ann. chap. 6.

Sect. 1. La reine n'aura qu'un conseil privé pour le royaume de la *Grande Bretagne*, et ce conseil privé aura les mêmes pouvoirs qu'avait le conseil privé d'*Angleterre* au moment de l'union, et rien de plus.

Sect. 2. Dans chaque comté et sénéchaussée d'*Ecosse*, de même que dans tels villes, bourgs; terres-franches et juridictions en *Ecosse*, que S. M. jugera convenable; S. M. nommera, sous le grand-sceau de la *Grande Bretagne*, un nombre d'hommes probes et capables pour remplir les fonctions de juges-de-paix; lesquelles personnes, indépendamment des pouvoirs attribués aux juges-de-paix par les lois d'*Ecosse*, seront, en outre, préalablement autorisées à user de tous les droits qui appartiennent à l'office de juge-de-paix, en vertu des lois faites en Angleterre avant l'union, pour l'avantage de la paix publique. Toutefois, dans les sessions des justices-de-paix, on suivra la forme de procéder et de juger prescrite par les lois d'*Ecosse*.

Sect. 3. Aucune disposition de cet acte ne portera atteinte aux lois, libertés et priviléges garantis à la ville d'*Edimbourg* ou à tout autre bourg royal, d'être justices-de-paix dans leur ressort.

Sect. 4. Deux fois par an, il sera tenu des assises de cours ambulantes aux mois d'*avril* ou de *mai* et d'*octobre* (1).

(1) Suivant les lois d'Angleterre, les douze juges du royaume vont deux fois l'année dans les provinces pour administrer la justice, en vertu de leurs commissions, chacun dans son département; c'est ce qu'ils appellent *to go the circuit*.

Sect. 5. Lorsqu'un parlement sera rassemblé, les quarante-cinq représentans d'*Écosse*, dans la chambre des communes, seront convoqués en vertu des writs de la reine, sous le grand sceau de la *Grande Bretagne*, envoyés à chaque shériff et sénéchal des comtés et sénéchaussées respectives; dès que ces writs seront reçus, les shériffs et sénéchaux donneront incontinent connaissance du temps de l'élection pour les représentans des comtés ou sénéchaussées; et à ce temps fixé pour l'élection, les franc-tenanciers se rendront au bourg principal de leurs comtés et sénéchaussées, et procéderont à l'élection de leurs représentans. Les secrétaires de ladite assemblée enverront, immédiatement après les élections, les noms des personnes élues au shériff ou sénéchal qui les annexera au writ reçu, et renverra le tout à la cour d'où émane cet writ. Quant au mode d'élection des quinze représentans des bourgs royaux, le shériff du comté d'*Edimbourg* enverra, immédiatement après avoir reçu le writ, son ordre au lord prévôt d'*Edimbourg*, pour faire élire un représentant de la ville. Au reçu de cet ordre, la ville d'*Edimbourg* choisira son membre et le secrétaire commun fera connaître son nom au shériff d'*Edimbourg* qui l'annexera au writ reçu et renverra le tout. Quant aux autres bourgs royaux divisés en quatorze districts, les shériffs ou sénéchaux de chaque comté ou sénéchaussée, enverront à chaque bourg royal, au reçu du writ, leurs ordres, rapportant le contenu du writ et sa date, et ordonnant de s'assembler incontinent pour choisir chacun un commissaire; et pour chaque bourg ordonner à ces députés de s'assembler dans le bourg principal de leur district (en nommant ce bourg), le treizième jour après le serment du *test*, à moins que ce jour ne soit un dimanche; dans ce cas, le jour suivant, et de choisir alors le député pour le parlement. Le secrétaire commun du bourg principal renverra, immédiatement après l'élection, le nom du membre élu au shériff ou sénéchal du comté, ou de la sénéchaussée, dans le ressort duquel se trouve le bourg principal qui l'annexera à son writ et le renverra. Et dans le cas où une *vacance* arriverait, par la mort ou l'incapacité légale de quelque membre, en temps de session de parlement, un nouveau membre sera choisi dans la même chambre, conformément au mode voulu; dans le cas de vacance d'un représentant de quelqu'un des quatorze districts ou bourgs royaux, le bourg qui a été bourg principal gardera le même rang dans cette nouvelle élection.

*Sect.*6.Si lors de la publication des writs de sommation pour procéder à l'élection d'un parlement, un comté ou une sénéchaussée où se trouve un bourg royal n'a pas le droit ou ne doit pas ce tour-ci nommer un député ou représentant du comté pour ce parlement, il ne sera point envoyé au shériff ou sénéchal de writ pour faire élire un député pour ce comté.

ACTE D'UNION.

Des Parlemens de la Grande Bretagne et d'Irlande.

Première résolution. Que pour le bien et la sûreté de la *Grande Bretagne* et de l'*Irlande*, et pour consolider la force, la puissance et les ressources de l'Empire *Britannique*, il convient de prendre telles mesures qui seront jugées les plus propres à réunir en un seul ces deux royaumes de la *Grande Bretagne* et d'*Irlande*, en la manière et aux conditions qui seront réglées par les actes des parlemens respectifs de la *Grande Bretagne* et d'*Irlande*.

Art. Ier. Résolu que pour établir une union sur la base posée dans les résolutions des deux chambres du parlement de la *Grande Bretagne* et communiquée par ordre de S. M. dans le message envoyé à la chambre par son Excellence le lord lieutenant, il convient de proposer pour premier article de l'union, que les royaumes de la *Grande Bretagne* et d'*Irlande* seront, à dater du 1er jour de janvier 1801, et pour toujours, unis en un seul royaume, sous le nom de *royaume uni de la Grande Bretagne et d'Irlande*, et que la formule royale et les titres appartenant à la couronne impériale du royaume uni et aux possessions qui en dépendent, ainsi que les armoiries, les pavillons et les drapeaux, seront tels qu'il plaira à S. M. de les déterminer par sa proclamation royale, scellée du grand-sceau du royaume uni.

II. Résolu que, dans le même dessein, il convient de proposer que la succession à la couronne impériale du royaume uni et des domaines qui en dépendent soit réglée conformément aux lois existantes et aux formes de l'union entre l'*Angleterre* et l'*Ecosse.*

III. Résolu qu'il sera proposé que ledit royaume uni soit représenté dans un seul et même parlement, qu'on appellera le *Parlement du royaume uni de la Grande Bretagne et d'Irlande.*

IV. Résolu de proposer que les pairs d'*Irlande*, au temps de l'union, 4 lords spirituels par tour de session et 28 pairs temporels, à vie, siégent et votent dans la chambre des lords, et que 100 représentans des communes, (1) savoir : 2 par comté; 2 pour la cité de Dublin, 2 pour la cité de Corck, 1 pour l'Université et 1 pour chacune des trente trois cités, villes ou bourgades les plus considérables, représentent l'*Irlande* dans la chambre des communes du parlement du royaume uni; qu'il soit alloué à chaque propriétaire des bourgs qui perdraient leurs privilèges, pour dédommagement, la somme de quinze mille livres sterling; que le parlement d'*Irlande*, avant l'union, règle le mode d'après lequel les lords spirituels, les pairs temporels et les représentans des communes destinés à siéger dans le parlement du royaume uni seront appelés audit parlement, considérés comme faisant partie de l'union et compris dans les actes des parlemens respectifs, par lesquels ladite union sera ratifiée et établie; que toutes les questions relatives à l'élection des pairs d'Irlande pour le parlement uni y soient décidées par la chambre des lords, et que toutes les fois qu'il y aura égalité de votes, les noms des pairs qui auront cette égalité soient inscrits sur des bulletins de papier semblables, et enfermés dans un vase de verre : le pair dont le nom sera tiré le premier du vase, par le clerc de la chambre, sera élu; qu'un pair d'Irlande ne puisse être élu pour représenter un comté, une cité, ou un bourg de la *Grande Bretagne*, dans la chambre des communes du parlement uni, qu'à condition qu'aussi longtemps qu'il siégera dans la chambre des communes, il ne puisse être éligible ou électeur, pour la chambre des pairs de la part de l'*Irlande*, et qu'il soit jugé comme membre

_____

(1) Parmi les membres Irlandais, 20 seulement pour le premier parlement uni, pourraient tenir des emplois du gouvernement.

des communes, s'il se trouve impliqué dans un procès ; que S. M. et ses successeurs aient le droit de créer des pairs pour l'Irlande, pourvu que le nombre des pairs n'excède pas celui qui existait au 1ᵉʳ janvier 1801 ; qu'on ne puisse créer un pair que lorsqu'une pairie sera restée vacante pendant un an, sans qu'il se soit présenté personne pour réclamer l'héritage, le titre étant alors censé éteint : mais, si par la suite il se présentait un réclamant dont les droits soient fondés, sa réclamation serait admise, et l'on ne pourrait pas créer un nouveau titre pour remplacer celui qui se trouverait anéanti en conséquence de ladite réclamation ; que toutes les questions touchant l'élection des représentans de l'Irlande à la chambre des communes du parlement uni, soient décidées de la même manière que pour les représentans de la *Grande Bretagne*, en ayant égard cependant aux circonstances locales ; que les conditions et qualités requises pour être représentant soient les mêmes pour l'*Irlande* et pour la *Grande Bretagne;* que lorsque S. M., ses héritiers ou successeurs, déclareront qu'il leur plaît de tenir le premier parlement uni des deux royaumes, ou tout autre par la suite, une proclamation scellée du grand-sceau du royaume uni soit adressée aux 4 lords spirituels, aux 28 pairs temporels et aux 100 membres des communes, pour qu'ils aient à se rendre au parlement uni, en la manière qui sera réglée par un acte de la présente session ; et que si S. M., le 1ᵉʳ janvier, ou avant, déclare par un acte scellé du grand-sceau de la *Grande Bretagne*, qu'il est convenable que les membres de la session présente du parlement de la *Grande Bretagne* soient membres du premier parlement du royaume uni, pour la *Grande Bretagne;* alors les membres composant le parlement actuel seront reconnus comme représentant la *Grande Bretagne* dans le premier parlement du royaume uni ; et si S. M. convoque ce premier parlement pour un jour ou pour un lieu qu'elle aura déterminés, les 4 lords spirituels, les 28 pairs temporels et les 100 représentans des communes seront envoyés audit parlement, et se réuniront aux membres représentant la *Grande Bretagne* dans leurs chambres respectives. Ce parlement ne pourra durer que le temps qu'aurait duré le parlement actuel de la *Grande Bretagne* si l'union n'avait pas eu lieu. Pourra néanmoins S. M. le dissoudre auparavant. Que les lords et les représentans des communes dans le parlement uni, soient tenus aux mêmes sermens et déclarations que la loi prescrit maintenant au parlement de la *Grande Bretagne*, jusqu'à ce que le parlement du royaume uni en ait décidé autrement; que les 4 lords spirituels, les 28 pairs temporels et les 100 membres des communes, pour l'Irlande, jouissent des mêmes priviléges que les pairs et les membres des communes de la *Grande Bretagne*; que lesdits lords ou pairs, si l'un ou plusieurs d'eux sont dans le cas de subir un jugement, pendant l'ajournement ou la prorogation de la session, soient convoqués de la même manière, et aient, pour le jugement, les mêmes prérogatives que les autres pairs du royaume uni; que les lords spirituels d'Irlande et leurs successeurs aient rang et préséance immédiatement après ceux de la *Grande Bretagne*, de même ordre et du même degré; qu'il en soit de même pour les pairs temporels; qu'ils conservent leur rang avant les pairs qui pourraient être créés pour la *Grande Bretagne* après l'union. Enfin, qu'ils jouissent absolument des mêmes priviléges, et que le rang des pairs créés pour l'*Irlande* après l'union se règle sur la date de la création de la pairie.

V. Résolu qu'il convient de proposer que l'église d'*Angleterre* et celle d'*Irlande* soient réunies en une seule; que les archevêques, évêques et prêtres d'*Angleterre* et d'*Irlande* puissent être convoqués et se rassembler de temps en temps conformément aux réglemens existans pour l'église d'*Angleterre*; que la doctrine, le culte et la discipline de l'église unie soient maintenues par les règles maintenant établies pour l'église d'*Angleterre*; et que l'église d'Ecosse soit maintenue dans son culte, sa doctrine et sa discipline selon la loi établie pour l'église d'Ecosse.

VI. Résolu qu'il sera proposé, 1° que les sujets de S. M. dans la *Grande Bretagne* et dans l'*Irlande* soient, à dater du 1er janvier 1801 et dans la suite, appelés à jouir des mêmes priviléges et encouragemens, pour les mêmes articles, productions du sol, de l'industrie ou des manufactures dans tous les ports et sur toutes les places du royaume uni ou des possessions qui en dépendent. Que dans tous les traités faits avec les puissances étrangères par S. M. ou par ses héritiers, ses sujets d'*Irlande* soient appelés aux mêmes priviléges que ceux de la *Grande Bretagne*, et sur le même pied; 2° qu'à dater du même jour, 1er janvier 1801, toutes prohibitions et tous droits sur l'exportation des productions du sol, de l'industrie ou des manufactures de l'un et de l'autre royaume cessent ; et que lesdits articles soient dorénavant exportés d'un des deux pays dans l'autre sans payer de droits ; 3° que tous les articles qui ne sont pas rapportés ci-après, comme sujets à droits particuliers, soient dorénavant importés d'un des deux pays dans l'autre libres de tous droits, autres que le droit *countervailing*, ainsi qu'il est spécifié dans la cédule n° 1 annexée à cet article, et que les articles rapportés ci-après soient assujettis pendant vingt années, à dater de l'union, aux droits spécifiés par la cédule n° 2 annexée à cet article : ces articles sont les habits, l'airain travaillé, etc.

VII. Résolu qu'il sera proposé que la charge qui provient du paiement de l'intérêt du *sinking fond*, pour la réduction du principal de la dette contractée dans les deux royaumes avant l'union, continue d'être acquittée séparément par la Grande Bretagne et par l'Irlande, chacune pour ce qui la concerne : que pendant vingt années, à dater de l'union, les contributions de la *Grande Bretagne* et de l'*Irlande*, pour les dépenses annuelles, seront acquittées dans la proportion de 15/17 pour la *Grande Bretagne*, et de 2/17 pour l'*Irlande*; qu'à l'expiration de ce terme de vingt années, les dépenses futures du royaume uni, autres que l'intérêt et les charges de la dette contractée avant l'union, soient payées dans la proportion que le parlement uni jugera convenable; comparaison faite de la valeur réelle de l'importation et de l'exportation dans les deux pays, sur une estimation d'après les trois années qui précéderont immédiatement la révision ; ou comparaison faite de la quantité des articles suivans, consommés pendant les trois dernières années. Ces articles sont : la bière, les esprits, le vin, le thé, le tabac, la drèche, le sel et le cuir; ou d'après le résultat de ces deux combinaisons sur une comparaison du montant du revenu dans chacun des deux pays, estimé par le produit d'une taxe générale pendant le même espace de temps, et sur les revenus de même espèce, si l'on juge à propos de l'imposer ; et que le parlement du royaume uni procède par la suite en la même manière à réviser et fixer lesdites propositions d'après les mêmes règles, à des époques distantes de vingt ans au plus, et de sept ans au moins, à moins qu'avant ce terme, mais toujours après le 1er janvier 1811, le parlement uni ne déclare que les dépenses générales de l'empire seront indistinctement acquittées par des taxes égales, imposées sur les articles de même espèce dans les deux pays ; que pour satisfaire à ces dépenses, les revenus de l'*Irlande* constitueront dorénavant un fonds consolidé sur lequel pèseront d'abord les charges égales à l'intérêt de la dette extinguible, et que le reste soit employé à acquitter la part des dépenses communes aux deux pays à laquelle l'*Irlande* sera assujettie ; que ces contributions soient levées dans les deux pays par le moyen des taxes que le parlement du royaume uni jugera convenable d'y asseoir ; que le surplus des revenus de l'*Irlande*, à la fin de chaque année, les intérêts, la dette extinguible et la portion de contributions, enfin ses charges particulières acquittées, soit appliqué par le parlement à des usages particuliers à l'*Irlande* ; que tout l'argent qui sera levé dans la suite par voie d'emprunt pendant la paix et pendant la guerre, pour le service du royaume uni, soit considéré comme ajouté à la dette, et que les charges soient supportées par les deux pays, en proportion de leurs contributions respectives ; et que si un jour à venir les dettes particulières de chaque royaume se trouvaient liquidées, ou que la valeur de leurs dettes respectives fût dans la même proportion que leurs contributions, ou que l'excédant ne fût pas de plus de 1/100, et si le parlement uni estime que les deux pays peuvent désormais payer leurs contributions indistinctement par des taxes imposées également sur les articles de même espèce, à dater de ce moment, il ne soit plus nécessaire de régler la contribution de l'un et de l'autre pays, d'après une proportion spécifiée ou d'après les règles ci-dessus énoncées.

VIII. Résolu qu'il sera proposé que toutes les lois en vigueur au temps de l'union, et toutes les cours de juridiction civile et ecclésiastique restent, telles qu'elles sont maintenant, subordonnées seulement aux changemens ou réglemens que le parlement du royaume uni jugera devoir faire de temps en temps.

~~~~~~

ÉLECTIONS.

Stat. 7. Henri. 4. chap. 15.

Les élections des chevaliers des comtés seront faites comme il suit : à la première assemblée de la cour du comté, après l'expédition du *writ*, il sera fait une proclamation indiquant le jour et le lieu de l'assemblée du parlement, et annonçant que tous ceux qui sont présens doivent s'occuper de l'élection de leurs chevaliers; et alors en pleine cour du comté, on procédera à l'élection librement. Et après que le choix aura été fait, les noms des membres élus seront écrits dans un acte public, scellé du sceau des électeurs, et attaché au *writ*. Lequel acte tiendra lieu de renvoi (*return*). Dans les writs du parlement, on devra insérer la clause suivante : *Votre élection, dans votre pleine cour du comté, sera certifiée par vous, sans délai, clairement et distinctement sous le sceau de ceux qui ont été compris dans l'élection, à nous, dans notre chancellerie, au jour et lieu indiqués dans le* writ.

Stat. 1. Henri 5. chap.

Les chevaliers de comté ne pourront être choisis à moins qu'ils ne résident dans le comté à la date du jour du *writ de convocation* (*of summons*); et les chevaliers, écuyers ou autres qui seront électeurs de chevaliers devront aussi être résidans dans le comté; et les citoyens et bourgeois des villes et bourgs ne pourront être choisis qu'autant qu'ils seront libres et résidans également dans lesdites villes ou dans lesdits bourgs.

Stat. 8. Henri 6. chap. 7.

Les chevaliers des comtés devront être choisis par les gens habitant dans les mêmes comtés ; chaque électeur devra avoir une terre ou une tenure libre d'un revenu annuel de 40 shillings; et ceux qui seront élus devront être résidans dans les comtés où a lieu l'élection. Le nombre de ceux qui ont un revenu annuel de 40 schillings sera certifié (*returned*) par les shériffs dans des actes scellés par les shériffs et les électeurs. Chaque shériff pourra faire prêter serment sur l'Évangile à chaque électeur, pour établir la quotité de son revenu; et si quelque shériff envoie (*return*) des chevaliers, contrairement à cette règle, les juges des assises pourront le vérifier; si le fait st établi et le shériff dûment convaincu, il encourra une amende de 100 livres et une année d'emprisonnement, et les chevaliers envoyés contrairement aux règles susdites perdront leurs indemnités (1). Il est donc établi que celui qui n'a pas un revenu annuel de 40 shillings ne peut être électeur de chevaliers : et dans chaque writ expédié pour faire nommer des chevaliers au parlement, il sera fait mention de cette disposition.

Stat. 5 et 6. *Guill.* et *Marie, chap.* 7.

Sect. 57. Un membre de la chambre des communes ne pourra être intéressé, ni un autre pour lui, dans la perception des droits accordés par cet acte (*c'est-à-dire, les droits sur le sel et sur un excise additionnel*), ou des droits qui seront accordés par un autre acte du parlement, excepté les commissaires de la trésorerie, et les officiers et commissaires chargés du maniement des droits de douanes et d'excise, qui n'excèdent pas le présent nombre (2).

Stat. 5 et 6. *Guill.* et *Marie chap.* 20.

Sect. 48. Les collecteurs, inspecteurs, jaugeurs et autres employés à la perception et au maniement des droits d'excise ne pourront, par paroles, messages ou écrits, ou de tout autre manière, tenter de persuader ou de dissuader un électeur de donner son vote pour le choix d'un chevalier, citoyen, bourgeois ou baron pour siéger au parlement; et tout infracteur sera puni d'une amende de 100 liv.; moitié pour le dénonciateur (*informer*), moitié pour les pauvres de sa paroisse. Cette amende sera recouvrée par toute personne qui la poursuivra dans une des cours de S. M. à Westminster; et toute personne condamnée sur cette poursuite sera incapable d'occuper aucun emploi dans la perception des droits d'excise, ou tout autre place de confiance sous leurs Majestés.

Stat. 7. *Guill.* 3. *chap.* 4.

Sect. 1. Aucune personne éligible au parlement pour une place quelconque ne pourra, après le test du *writ de sum-*

_____

(1) Wages, littéralement leurs gages ; les membres du parlement ont cessé de recevoir des indemnités sous le règne de Henri VIII.

(2) Les membres de la banque peuvent être membres de la chambre des communes. — Stat. 5 et 6. Guill. et Mar. Ch. 20. Sect. 33.

mons, ou après l'ordonnance des writs d'élection pour la convocation d'un parlement, ou après qu'une place est devenue
vacante dans le parlement, allouer ou donner, avant l'élection, à une personne ayant voix dans cette élection, soit de
l'argent, soit a manger, soit à boire, soit des provisions, ou
lui faire quelque présent, promesse ou engagement de lui
donner de l'argent, et cela dans l'intention de se faire élire :
et ces dons ne peuvent être faits, ni à une personne en particulier, ni en général à celles qui se trouveraient dans tel ou
tel lieu.

Sect. 2. Toute personne, donnant, allouant, promettant
ou s'engageant, comme il est dit ci-dessus, sera incapable
d'occuper aucune place au parlement d'après cette élection.

Stat. 7 et 8. Guill. 3. chap. 25.

Sect. 1. Lorsqu'il sera convoqué un nouveau parlement,
il y aura quarante jours entre le *test* et le renvoi des *writs*; le
lord chancelier expédiera les *writs* pour l'élection des mem
bres le plus tôt que cela se pourra. Sur la convocation d'un
nouveau parlement aussi bien que dans le cas de vacance
pendant sa durée, les *writs* seront délivrés à l'officier qui doi
les faire exécuter et non à d'autres. Lorsqu'il les aura reçus
cet officier inscrira au dos de ces *writs* le jour de la réception, et sur-le-champ il donnera un ordre (*a precept*) à cha
que bourg ou chaque lieu; ces ordres seront délivrés dans les
trois jours qui suivront la réception du *writ* à l'officier particulier de chaque bourg, etc., et non à d'autres personnes;
au dos de ce *precept* l'officier inscrira, en présence de la personne par laquelle il l'aura reçu, le jour de cette réception,
et fera de suite donner connaissance publique du temps et
du lieu de l'élection. Il procédera ensuite dans les huit jours
qui suivront la réception du *precept*. Il donnera, au moins
huit jours avant, connaissance du jour fixé pour l'élection.

Sect. 2. Ni le shériff ou son sous-shériff, ni le maire, baillif, constable, *port-reeve* ou autre officier d'un bourg, etc.,
qui doit mettre à exécution un *writ* ou un *precept* pour l'é-
lection d'un membre, ne paiera ou ne prélèvera de frais pour
donner le *precept*, le recevoir pour la délivrance, le renvoi ou
l'exécution de ces *writs* ou *precepts*.

Sect. 3. Sur chaque élection d'un chevalier pour un comté,
le shériff tiendra sa cour de comté, pour l'élection, dans le

lieu le plus public et le plus habituellement consacré à cet usage depuis 40 ans. Il procédera là à l'élection lors de la prochaine cour du comté; à moins qu'elle n'ait lieu dans les six jours qui suivront la réception du *writ* ou le même jour, alors il ajournera la cour à un jour convenable, en donnant, dix jours d'avance, connaissance du temps et du lieu de l'élection. (Voy. plus bas 18 Geor. 2. ch. 18. sect. 10). Au cas où l'élection ne pourrait être déterminée à vue, et qu'un *poll* (un vote) serait requis, le shériff ou le sous-shériff, ou les autres officiers députés par lui, procéderont de suite à recevoir les *polls* en public. Le shériff ou sous-shériff, ou tous autres officiers députés par lui, nommeront un tel nombre de secrétaires qu'il leur paraîtra convenable pour les aider, lesquels secrétaires recevront le *poll* en présence du shériff ou de son sous-shériff, ou de ceux qu'il aura députés; et le shériff ou le sous-shériff feront prêter serment à chaque secrétaire avant qu'il commence à recevoir le *poll*, de le faire de bonne foi et impartialement, et d'inscrire les noms de chaque franc-tenancier, le lieu de sa franche tenure et celui pour qui il votera; de ne laisser voter aucun franc-tenancier qui n'aurait pas prêté serment, s'il en est requis par les candidats; les shériff, etc., nommera pour chaque candidat une personne qu'ils auront choisie eux mêmes, pour surveiller chaque secrétaire.

Sect. 5. Le shériff, etc., ou telle personne députée par lui, procédera au reçu des *polls* de tous les francs-tenanciers présens. Il ne pourra ajourner la cour du comté à un autre lieu, sans le consentement des candidats; de même il ne pourra, à moins d'un cas de nécessité, prolonger l'élection par un ajournement; mais il devra procéder du jour au lendemain.

Sect. 6. Tout shériff, sous-shériff, maire, baillif ou autre officier qui doit mettre à exécution les *writs* ou les *precepts* pour l'élection des membres, délivrera de suite à tous ceux qui le desireront copie du *poll*, en payant ce qu'il sera raisonnable pour celui qui l'aura écrit. Chaque shériff, etc., et autre officier chargé de mettre à exécution les *writs* ou *precepts* pour l'élection des membres, paiera, à chaque partie lésée, pour chaque contravention commise volontairement contre les dispositions de cet acte, 500 liv., qui seront recouvrées par la partie lésée ou ses administrateurs, avec frais.

Sect. 7. Aucune personne n'aura droit de voter pour l'élection des membres, en vertu d'un dépôt ou d'un hypothèque, à moins que ce dépositaire ou celui qui a hypothèque ne soit actuellement en po-session, ou ne reçoive les rentes; mais celui qui a hypothéqué ou *cestui que trust* (celui qui a fait le dépôt), et qui est encore en possession, peut voter selon son état. Toutes cessions d'héritages, afin de multiplier les votes ou de diviser les intérêts sur des maisons ou sur des terres entre plusieurs personnes, afin de les rendre capables de voter aux élections, sont déclarées nulles, et il ne sera admis qu'une voix pour une même maison ou tenure.

Sect. 8. Personne avant l'âge de 21 ans ne pourra donner sa voix dans une élection. Personne ne pourra être élu, s'il n'a également l'âge de 21 ans; et si un mineur de 21 ans siège ou vote dans le parlement, il encourra les mêmes peines que s'il avait siégé ou voté sans être élu.

Stat. 10 et 11. *Guill.* 3. *chap.* 7.

Sect. 1. Le shériff ou autre officier chargé de l'exécution et du renvoi d'un *writ* pour le choix d'un membre renverra ou avant, ou au jour même, où un parlement sera convoqué avec toute la promptitude convenable, et au moins dans les quatorze jours après l'élection, le *writ* de cette élection au secrétaire de la couronne, dans la chancellerie, pour y être inscrit; le shériff, etc. paiera à ce secrétaire les anciens frais de 4 s. pour chaque chevalier de comté, et de 2 s. pour chaque citoyen (*citizen*), bourgeois (*burgess*) ou baron des cinq ports, ce qui lui sera passé en compte.

Sect. 3. Tout shériff, etc., qui ne ferait pas le renvoi conformément à cet acte, paiera 500 liv. d'amende, moitié à S. M., l'autre moitié à celui qui la poursuivra dans une des cours de S. M., à Westminster.

Stat. 11 et 12. *Guill.* 3. *chap.* 2.

Sect. 150. Aucun membre de la chambre des communes ne pourra être commissaire ou fermier des droits d'excise sur la bière, etc., ou commissaire pour connaître des contestations touchant les mêmes droits, ou contrôleur, ou juge des comptes des mêmes droits, ni tenir en son propre nom, ou par un autre pour son compte, un office ou emploi touchant la ferme, la levée ou le maniement desdits droits.

Sect. 151. Si un membre de la chambre des communes remplit un office ou un emploi, touchant la ferme, le maniement ou la levée de ces droits, ou auquel se rapporte la connaissance des discussions, ou le contrôle, ou le jugement des comptes qui y ont rapport, il sera déclaré incapable de siéger, de voter, ou d'agir comme membre de la chambre des communes dans le parlement.

Stat. 12 et 13. *Guill.* 3. *chap.* 10.

Sect. 89. Un membre de la chambre des communes ne pourra être commissaire ou fermier des douanes, ni tenir ou remplir, en son nom ou par un autre, une place ou un emploi touchant les fermes, la levée ou le maniement des douanes.

Sect. 90. Si un membre tient ou remplit une semblable place ou emploi, il sera déclaré incapable de siéger ou de voter dans le parlement.

Sect. 91. Aucun commissaire, percepteur ou autre personne employée dans la levée ou le maniement des douanes, ne tentera de vive voix, ou par message, ou par écrit, ou de tout autre manière de persuader à un électeur, ou de le dissuader de donner son vote pour le choix d'un chevalier de comté, d'un citoyen ou d'un bourgeois; et toute personne qui contreviendra à cette prohibition sera condamnée à 100 livres, moitié au profit de celui qui poursuivra, l'autre moitié pour les pauvres de la paroisse; laquelle amende sera recouvrée dans l'une des cours de S. M., à Westminster.

Stat. 6. *Ann. chap.* 7.

Sect. 4. Le parlement ne sera point dissout par la mort de S. M., ses héritiers ou successeurs; mais s'il est rassemblé, il continuera à siéger pendant 6 mois, à moins qu'il ne soit, avant cette époque, prorogé ou dissout par celui qui prendra la couronne; et s'il est prorogé, il s'assemblera et siégera le jour où il sera prorogé, et continuera pendant le reste des 6 mois, à moins qu'il ne soit, avant ce temps, prorogé ou dissout.

Sect. 5. S'il y a un parlement au moment de la mort de S. M., ses héritiers ou successeurs, mais qu'il soit séparé par ajournement ou prorogation, ce parlement se rassemblera immédiatement après cette mort, et siégera pendant 6 mois, à moins qu'il ne soit, avant cette époque, prorogé ou dissout.

Sect. 6. Dans le cas où il n'y aurait pas de parlement au moment de la mort de S. M., etc., alors le dernier parlement se rassemblera de suite à Westminster, comme s'il n'avait jamais été dissout, mais il sera sujet à être prorogé et dissout.

Stat. 6. Ann. chap. 7.

Sect. 25. Sont incapables d'être élus, de siéger ou de voter, en qualité de membre de la chambre des communes, toute personne qui a en son nom, ou qui a sous le nom d'un autre, une nouvelle place ou charge avec émolumens, à la nomination de la couronne, qui a été créée depuis le 25 octobre 1705, ou des places qui seront créées par la suite; tous commissaires ou sous-commissaires, receveurs ou secrétaires des prises maritimes, tous contrôleurs des comptes de l'armée, commissaires des vaisseaux de transports, des soldats et marins malades ou blessés, tous agens des régimens, tous commissaires des licences pour la vente du vin, tous gouverneurs des colonies ou leurs députés, tous commissaires de la marine employés dans les ports au dehors, toutes personnes ayant des pensions de la couronne qui peuvent être retirées à volonté.

Sect. 26. Si une personne élue membre de la chambre des communes accepte un office avec émolumens de la couronne, son élection sera nulle, et un nouveau writ sera donné pour une nouvelle élection; toutefois, cette personne pourra être élue de nouveau.

Sect. 27. On ne peut nommer, pour chaque office, un nombre d'employés plus grand que celui qui existait au premier jour de ce parlement.

Sect. 28. Aucune disposition de cet acte n'est applicable à un membre de la chambre des communes, officier dans les armées ou sur les vaisseaux de S. M., qui recevrait une nouvelle commission, dans l'armée, ou dans la marine.

Sect. 29. Si une personne déclarée, par cet acte, incapable de siéger ou de voter en parlement, est renvoyée par un comté, l'élection est déclarée nulle; et si une personne déclarée incapable, par cet acte, siége ou vote comme membre, elle encourra une amende de 500 liv., qui pourra être recouvrée sur la poursuite de toute personne en Angleterre.

Stat. 9. *Ann. chap.* 5.

Sect. 1. Personne ne pourra siéger ou voter comme membre de la chambre des communes, pour un comté, une ville, un bourg ou les cinq ports en *Angleterre*, pays de *Galles* et *Berwick*, s'il n'a un état de franc-tenancier ou de fermier que pour sa vie, ou quelque état plus considérable devant la loi ou l'équité, dont il jouit à son propre profit en terres ou héritages, d'un revenu annuel déterminé ci-après, indépendamment de toutes charges qui peuvent le grever, savoir : un revenu annuel de 600 liv. pour un chevalier de comté ; de 500 liv. pour un citoyen, bourgeois ou baron des cinq ports. Toute élection d'une personne élue comme chevalier, citoyen, bourgeois, etc. qui ne jouira pas au moment de son élection, ou qui n'aura pas le titre d'un état pareil, sera nulle.

Sect. 2. Aucune disposition de cet acte ne rendra incapable d'être élu, le fils aîné ou l'héritier présomptif d'un pair, ou de toute personne ayant qualité pour être nommée chevalier d'un comté.

Sect. 3. Les dispositions de cet acte ne seront étendues à aucune des universités.

Sect. 4. Aucune personne, dans l'esprit de cet acte, n'aura qualité en vertu d'une hypothèque qui peut être éteinte par une autre personne, à moins que celui qui a cette hypothèque n'en soit en possession depuis sept ans, avant l'époque de son élection.

Sect. 5. Toute personne (excepté celles dont on vient de parler) qui se présentera comme candidat, ou qu'on proposera d'élire, prêtera, s'il y a lieu, au moment de l'élection ou avant le jour fixé dans le *writ* de convocation, sur la requête d'un autre candidat ou de deux personnes quelconques ayant droit de voter aux élections, le serment suivant :

« Je A. B. jure avoir réellement *et bonâ fide* un état tel que
» je me donne, que telle est sa valeur, dont j'ai seul l'usage
» et le profit, consistant en terres, tenures ou héritages d'une
» valeur annuelle de 600 liv., indépendamment des reprises
» tel que je me qualifie afin d'être élu et envoyé comme re-
» présentant pour le comté de. . . . . selon la teneur et l'es-
» prit de l'acte du parlement à ce sujet, et que mes terres,
» tenures ou héritages sont situés dans la paroisse, juridic-
» tion ou ressort de. . . . . *ou* dans les diverses paroisses,
» juridictions ou ressorts de. . . . . dans le comté de. . . .
» *ou* dans les différens comtés de. . . . . . »

Et dans le cas où le candidat devrait représenter un cité, un bourg ou les cinq ports ; le serment portera seulement un revenu de 300 liv. *per annum.*

Sect. 6. Les sermens susdits peuvent être reçus par le shériff ou le sous-shérilf pour un comté ; et, pour une ville, un bourg ou port, par le maire, le baillif ou autre officier auquel il appartient de prendre le *poll* ou de faire le renvoi, ou par deux juges-de-paix en Angleterre, dans le pays de Galles et Berwick : et lesdits shériffs, etc., qui recevront les sermens, sont requis de certifier ce fait dans trois mois à la chancellerie ou à la cour du banc de la reine, sous peine de 100 liv. d'amende, moitié à la reine, l'autre moitié à la personne qui en poursuivra la rentrée qui sera recouvrée avec frais dans une des cours de S. M., à Westminster. Si l'un des candidats refuse sciemment de prêter le serment, son élection sera nulle.

Stat. 10. *Ann. chap.* 19.

Sect. 182. Aucun commissaire, officier ou autre personne employée dans la levée ou le maniement des droits accordés par cet acte, savoir : droits sur le savon, le papier, etc. ne pourra, par paroles, messages, écrits ou de toute autre manière, tenter de persuader ou de dissuader un électeur de donner sa voix pour le choix d'un chevalier de comté, commissaire, citoyen, bourgeois ou baron, pour un comté. Tout infracteur encourra une amende de 100 liv., applicable pour moitié à l'accusateur, et pour moitié aux pauvres de la paroisse. Cette amende pourra être recouvrée sur la poursuite de toute personne, dans les cours de S. M., à Westminster en *Angleterre*, et à la cour de l'échiquier en *Écosse :* et toute personne déclarée coupable sur cette poursuite, sera incapable d'occuper aucune charge ou office de confiance sous sa majesté.

Stat. 10. *Ann. chap.* 23.

Sect. 1. Tous arrangemens faits d'une manière frauduleuse pour composer à une personne les biens suffisans pour donner son vote dans les élections d'un chevalier de comté, (arrangemens soumis à des conventions qui ont pour but de les détruire et de remettre les choses au même état) , auront néanmoins un effet entier et absolu contre les contractans ; ensoite que toutes les conventions pour annuler les cessions frauduleuses de biens, et pour recouvrer ces mêmes biens seront nulles et sans effet. Toute personne qui aura fait de semblables transports, ou qui en aura été complice, ou qui les aura préparés; et toute personne qui, à la faveur de pareils arrangemens, aura donné son vote à une élection de chevalier de comté, encourra une amende de 40 liv., au profit de toute personne qui la poursuivra, et qui sera recouvrée avec dépens dans les cours de S. M., à Westminster.

Stat. 1. Georg. 1. chap. 56.

Sect. 1. Toute personne ayant une pension de la couronne pour une ou plusieurs années, soit en son propre nom, soit sous le nom d'un autre, sera incapable d'être élue membre de la chambre des communes.

Sect. 2. Si une personne qui aura une pension de cette espèce siége ou vote, elle encourra une amende de 20 livres pour chaque jour qu'elle aura voté ou siégé. Cette amende sera perçue avec frais par celui qui la poursuivra dans une des cours de Westminster.

Stat. 2. Georg. 2. chap. 24.

Sect. 1. Sur toute élection d'un membre pour la chambre des communes dans le parlement, chaque franc tenancier, citoyen, homme libre, bourgeois ou toute autre personne ayant droit de voter devra, avant d'être admis au *poll*, prêter le serment suivant (ou faire l'affirmation solennelle si c'est un quaker), dans le cas où il serait demandé par un des candidats ou deux des électeurs, savoir :

« Je A. B. jure (*ou j'affirme solennellement si c'est un qua-
» ker*) que je n'ai reçu ni obtenu par moi-même ni par
» une personne quelconque pour moi, ou pour mon usage
» et profit, directement ou indirectement aucune somme ou
» sommes d'argent, aucun office, place, emploi, don ou ré-
» compense, ou aucune promesse ou sûreté d'une somme
» quelconque, d'un office, emploi ou don, afin de donner
» mon vote dans cette élection et que je n'ai eu aucune voix
» dans cette élection. »

Lequel serment, etc., doit être reçu gratis par l'officier qui reçoit le *poll*, sous peine d'une amende de 50 liv. applicable à la personne qui en poursuivra la rentrée dans une des cours de Westminster. Pour les contraventions commises en *Écosse*, les amendes seront recouvrées par action sommaire, ou par plainte devant la cour de session, ou par poursuite devant la cour *de justiciary* d'Ecosse. Aucune personne ne sera admise à voter jusqu'à ce qu'elle ait prêté le serment, s'il est requis, devant l'officier qui doit faire le renvoi ou devant tout autre légalement commis par lui.

Sect. 2. Si un shériff ou autre officier qui doit faire le renvoi admet comme candidat une personne qui aura refusé de prêter le serment, etc., lorsqu'il sera requis, cet officier paiera une amende de 100 liv. avec frais; et celui qui votera sans avoir préalablement prêté le serment, etc., s'il est requis, encourra la même peine.

Sect. 3. Tout shériff, ou tout autre officier, devra immédiatement après la clôture du writ ou ordre d'élection prêter et signer le serment suivant :

« Je A. B. jure solennellement que je n'ai reçu ni direc-
» tement ni indirectement aucune somme d'argent, aucun
» office, place ou emploi, gratuitement ou à titre de récom-
» pense, ni aucune obligation, ou billet, ni aucune promesse
» ou quoique ce soit gratuitement, soit par moi-même, soit
» par une personne interposée, ni aucun bénéfice ou avan-
» tage, pour faire aucun renvoi (*a return*) à la présente élec-
» tion de membres du parlement, et que je renverrai (*will*
» *return*) telle personne, qui, à mon avis, paraîtra avoir la
» majorité des votes légalement donnés (1). »

Tout juge-de-paix du comté, de la cité, corporation ou bourg, où l'élection sera faite, ou en son absence, trois électeurs devront recevoir le serment ci-dessus prescrit, qui d'ailleurs sera enregistré dans les procès-verbaux des sessions.

Sect. 4. Les votes seront réputés légaux, qui auront été déclarés tels par la dernière détermination de la chambre des communes. Laquelle détermination pour tout comté, cité, bourg, les cinq ports ou tout autre lieu, sera définitive sous tous les rapports.

Sect. 5. Si quelque officier, électeur, ou personne prêtant serment, se rend coupable de parjure volontaire, ou de fausse affirmation, et en est convaincu, il encourra la peine infligée au parjure volontaire.

Sect. 6. Toute personne convaincue de parjure volontaire,

---

(1) Revoqué quant à l'Ecosse, par le statut 16, George 2, chap. 11, Sect. 38

ou d'avoir suborné un parjure, sera incapable de voter dans aucune élection des membres du parlement.

Sect. 7. Si une personne qui réclamera le droit de voter dans une élection, reçoit de l'argent ou autre récompense, ou convient, pour de l'argent, dons, offices, emplois ou autres récompenses, de donner ou de refuser son vote dans une élection, ou si une personne corrompt quelqu'un et l'engage à donner ou à refuser son vote, par un don ou récompense, ou par promesses ou assurances d'un don ou récompense : cette personne encourra une amende de 500 livres, qui sera recouvrée avec dépens ; et toute personne qui aura contrevenu dans les cas ci-dessus, après jugement obtenu contre elle, ou après qu'elle aura été convaincue légalement d'une manière quelconque, sera pour toujours incapable de voter dans l'élection des membres du parlement, et de posséder aucun office, et aucune franchise, comme membre d'une cité, d'un bourg, ou des cinq ports.

Sect. 8. Si une personne qui aura contrevenu à cet acte découvre, dans l'année après l'élection, une autre personne coupable de la même contravention, et que cette autre personne soit condamnée, celle qui l'aura découverte, et qui elle-même n'aura pas été déjà condamnée, sera relevée de toutes les peines et incapacités qu'elle avait encourues par sa propre contravention.

Sect. 9. Tout shériff ou autre officier à qui l'exécution d'un *writ* ou ordre d'élection sera confiée, devra, au temps de l'élection, faire lire le présent acte, immédiatement après le *writ*, devant les électeurs. En outre, le même acte sera lu une fois par an, savoir aux premières *quarter sessions* après Pâques, pour chaque comté ou cité ; à l'élection du principal magistrat (*chief magistrate*), dans chaque bourg, ville libre, ou dans les cinq ports ; et enfin à l'élection annuelle des magistrats et conseillers de ville, pour chaque bourg en *Écosse*.

Sect. 10. Tout shériff, sous-shériff, ou autre officier à qui appartiendra l'exécution d'un ordre d'élection, encourra, pour chaque contravention volontaire aux dispositions de cet acte, une amende de 50 livres, qui sera recouvrée avec dépens.

Sect. 11. Une personne ne sera condamnée à une incapacité, ou à une peine prononcée par cet acte, qu'autant que la poursuite aura été commencée dans les deux ans de la contravention, et continuée sans intervalle.

Stat. 8. Georg. 2, chap. 30.

Sect. 1. Toutes les fois qu'une élection de pairs, pour représenter les pairs d'Ecosse au parlement, ou qu'une élection d'un membre quelconque du parlement aura été ordonnée; le secrétaire de la guerre, ou celui qui en fera les fonctions, devra, avant le jour marqué pour l'élection, envoyer des ordres par écrit, pour éloigner à la distance de deux milles, tous régimens, troupes ou compagnies, ou corps de soldats cantonnés dans les cité, bourg, ville, ou place, où doit se faire l'élection, un jour au moins avant celui fixé pour l'élection, et pour les empêcher d'y revenir plutôt qu'un jour après que le vote (*Poll*) sera terminé.

Sect. 2. Si le secrétaire de la guerre, ou celui qui remplira ses fonctions, néglige d'envoyer ces ordres, et s'il est convaincu de cette négligence, sur un *indictement* pour être traduit aux prochaines assises, ou sessions d'*oyer et terminer* dans le comté où la contravention a été commise, ou sur une *information* pour être traduit a la cour du banc du roi, il sera dépouillé de son office, et déclaré incapable d'occuper aucun office ou emploi au service de sa majesté.

Sect. 3. Aucune disposition de cet acte n'est applicable à la cité de Westminster, ou au bourg de Soutwark, du moins relativement aux *gardes* de S. M., également cet acte n'est pas applicable à tout lieu où résidera S. M. ou sa famille, mais seulement relativement aux troupes qui seront considérées comme *gardes* de S. M. ou de sa famille. Enfin sont également exceptés tous les châteaux et places fortifiées, où il y a ordinairement garnison, mais seulement par rapport aux troupes de cette garnison.

Sect. 4. Cet acte ne sera point applicable à tout soldat ou officier qui aura le droit de voter à l'élection.

Sect. 5. Le secrétaire de la guerre ne sera condamnable à aucune peine pour n'avoir pas envoyé d'ordre, à l'occasion d'une élection, pour nommer à une place vacante, si une notice du nouveau *writ* ne lui a été donnée par le clerc de la couronne, qui est tenu de la donner avec la diligence convenable.

Stat. 15. Georg. II, chap. 22.

Sect. 1. Sont incapables d'être élus, et de siéger ou de voter comme membres de la chambre des communes, tout commissaire du revenu en Irlande, tout commissaire de la marine ou des vivres, tout député ou clerc dans lesdits offices, ou dans les offices suivans, savoir : l'office de lord grand tréo-rier, de commissaire du trésor, d'auditeur de la recette de l'échiquier, ou de compteur de l'échiquier, ou de chancelier de l'échiquier, de lord grand-amiral, ou des commissaires de l'amirauté, ou des payeurs de l'armée ou de la marine, ou des principaux secrétaires d'État de S. M. ou des com-missaires du sel, etc., ou toutes personnes ayant un emploi civil ou militaire dans l'Ile de Minorque, ou à Gibraltar, autres que les officiers ayant des commissions dans des ré-gimens, là seulement.

Sect. 2. Si une personne ainsi déclarée incapable est ren-voyée (*returned*) comme membre du parlement, son élection et son renvoi sont déclarés nuls ; et si une personne déclarée incapable d'être élue, par le présent acte, siége ou vote comme membre de la chambre des communes, elle encourra une amende de 20 liv. pour chaque jour qu'elle aura voté ou siégé dans ladite chambre, au profit de toute personne qui la poursuivra dans une cour à Westminster. L'amende ainsi en-courue sera recouvrée avec dépens, par action de dette, sans qu'on puisse admettre d'excuse ; et le contrevenant sera dés-lors incapable d'occuper aucun office honoraire, ou avec émolumens, sous S. M.

Sect. 3. Cet acte n'exclut point le trésorier ou contrôleur de la marine, les secrétaires du trésor, le secrétaire du chan-celier de l'échiquier, les secrétaires de l'amirauté, les sous-secrétaires des principaux secrétaires d'État de S. M., ou le député, payeur de l'armée : également cet acte n'exclut point les personnes ayant une charge ou un emploi *à vie*, ou du moins qui ne peut leur être ôté, tant qu'elles l'exercent convenablement.

Stat. 18, Georg. II, chap. 18.

Sect. 1. Dans toute élection, en *Angleterre* ou dans le pays de *Galles*, d'un chevalier de comté pour le parlement, tout franc-tenancier, au lieu du serment prescrit par le stat. 10. *Ann.*, chap. 23, prêtera le serment suivant, ou si c'est un quaker, fera l'affirmation suivante, avant d'être admis au vote (*Poll.*), s'il en est requis par un candidat, ou par une personne ayant droit de voter.

« Vous jurez (ou, si c'est un quaker, vous affirmez
» que vous êtes franc-tenancier dans le comté de.......
» et que vous avez un franc-fief consistant en..... (*spécifier*
» *sa nature; s'il consiste en maisons, terres, ou dîmes dont on*
» *a la possession ; ou si c'est en rentes, indiquer les noms de*
» *propriétaires ou possesseurs des tenures sur lesquelles ces rente*
» *sont établies, ou de quelques-uns d'entre eux*)..., situé dans l
» comté de....., d'un revenu net et annuel de 40 shillings
» outre les charges et les rentes qui le grèvent, ou bien qu
» procure ce revenu; et que vous avez été dans la possession
» actuelle, ou que vous avez eu la recette de ces rentes pour
» votre propre usage, depuis douze mois, ou que cette pos
» session ou recette vous est échue dans le temps susdit, par
» succession, mariage, legs ou promotion à un bénéfice dan
» l'église, ou promotion à un office, et que ce franc-fief n
» vous a pas été accordé ou procuré frauduleusement, dans l
» dessein de vous donner qualité pour voter; — que votre do
» micile est à...., dans.....; — que vous avez vingt-u
» ans, et que vous n'avez pas voté auparavant dans cette
» élection. »

Le shériff, ou sous-shériff, ou tel clerc assermenté qu
sera préposé par eux pour recevoir les votes, fera prêter c
serment ou prononcer cette affirmation. Dans le cas où une
personne, en prêtant ce serment, aura commis un parjure
volontaire, et en sera convaincue; et dans le cas où une per
sonne en aura corrompu ou suborné une autre, pour lui fair
prêter ce serment, dans le dessein d'être admise au vote, e
aura par là commis un parjure volontaire; ces personne
encourront, pour chaque crime, les peines prononcées par
le stat. 5, *Eliz.* chap. 9, et Stat 2, *Georg.* 2, chap. 25.

Sect. 2. Cet acte annule toutes les dispositions du stat. 1
Ann. cap. 23, sect. 2 et 12; *Ann.* stat. 1, cap. 5, qui décla
rent incapables de voter pour l'élection d'un chevalier d'un
comté, en vertu de terres ou tenures, toutes personnes qu
n'auraient pas été cotisées selon le vœu de ces statuts.

Sect. 3. Nul ne votera pour l'élection d'un chevalier pour u
comté d'*Angleterre* ou du pays de *Galles*, en vertu d'un mes
suage (maison avec les terres qui en dépendent) de terres ou
tenures qui n'ont pas été soumises à la cotisation pour quel
que aide accordée à S. M. par une taxe foncière, 12 mois avant
cette élection.

Sect. 4. Il est établi que cet acte ne restreint en rien le droit que peut avoir une personne de voter, en vertu de quelques rentes, ou d'un office, dans les colléges des juris-consultes de la chancellerie, ou de quelque *messuage* ou siéges appartenant à quelque office, par le motif que ces propriétés n'ont pas été habituellement soumises à la taxe fon-ciére; — que les commissaires pour la rentrée de la taxe fon-ciére, ou trois d'entre eux, dans leurs assemblées pour les divisions respectives, signeront et scelleront les uns et les autres un duplicata des copies des cotisations respectives, après tous les appels voulus, et qu'ils les délivreront aux clercs de la paix pour leurs comtés respectifs, pour être conservés dans les registres des sessions, où toutes personnes payant 6 d. pourront en prendre connaissance, et en demander copie auxdits clercs de la paix ou à leurs remplaçans, en payant 6 d. pour chaque 300 mots.

Sect. 5. Nul ne votera dans une élection s'il n'a, dans le comté pour lequel il vote, un état de franc-tenancier d'un revenu annuel de 40 s., indépendamment de toutes rentes et reprises qui peuvent le grever, ou s'il n'en est en pos-session ou n'en touche les rentes et les profits à son usage depuis 12 mois, à moins qu'il n'ait acquis ledit état depuis ce temps, par héritage, mariage, établissement par mariage, legs ou promotion à un bénéfice dans une église, ou par pro-motion à un office : de même, il ne pourra voter en vertu d'un état de franc-tenancier acquis par fraude, afin de lui donner qualité pour voter; de même il ne pourra voter plus d'une fois dans la même élection; et si quelqu'un vote dans une élection contrairement à cet acte, il paiera à chaque candidat, auquel son vote n'aura pas profité et qui le pour-suivra, 40 liv., qui seront recouvrées par ce candidat, ses exé-cuteurs ou administrateurs, avec frais, par action de dette dans une des cours de Westminster, sans qu'aucune ex-cuse, etc., soit recevable. Dans ces actions, la preuve sera à la charge de la personne contre laquelle l'action sera intentée, à moins que le fait qui y donnera lieu soit d'avoir voté plus d'une fois dans la même élection.

Sect. 7. A chaque élection en *Angleterre* ou dans le pays de *Galles*, le shériff, ou en son absence le sous-shériff, ou toute personne qu'ils auront déléguée, devra désigner ou élever, aux dépens des candidats, autant de loges (*booths*) ou d'endroits pour recevoir les votes, que les candidats en au

28.

ront demandé, trois jours au moins avant le commencement du *poll* : pourvu toutefois qu'ils n'excèdent pas le nombre de divisions, cantons, *wapentakes*, quartiers, ou centaines qui sont dans les comtés, et sans qu'ils puissent jamais être au-dessus de quinze. Les officiers sus-désignés afficheront sur la partie la plus apparente de chaque loge, le nom de la division pour laquelle elle est destinée : et ils assigneront à chaque loge un ou plusieurs clercs pour recevoir les votes (les clercs seront payés aux dépens des candidats à raison d'une guinée par jour, pour chaque clerc au plus). Les shé-riffs, etc., feront aussi une liste, pour chaque loge, des villes, villages, paroisses, hameaux, situés en tout ou en partie, dans la division à laquelle la loge est affectée ; et ils en délivreront une copie, sur la demande des candidats ou de leurs agens, en prenant pour chaque copie 2 shillings, et non au-delà.

Sect. 8. Les shériffs, sous-shériffs ou clercs désignés pour re-cevoir les votes, n'admettront pas à voter une personne dont le franc-fief sera situé dans une paroisse, ou dans un lieu non mentionné dans la liste de la loge, à laquelle cette personne se présentera, à moins que le fief soit situé dans un lieu qui n'est mentionné dans aucune liste.

Sect. 9. Le shériff, ou en son absence le sous-shériff, ou toute personne par eux déléguée, devra à chaque élection accorder un *cheque book* (1) pour servir de registre, pour cha-que candidat, qui sera gardé par leurs inspecteurs respectifs, à chaque lieu où les votes auront été recueillis.

Stat. 19, *Georg.* 2, *chap.* 28.

Sect. 1. Toute personne demandant à voter pour l'élection d'un membre du parlement, pour une cité ou ville qui est comté d'elle-même, en *Angleterre*, en conséquence de la possession d'un franc-fief du revenu de 40 shillings par an, devra, avant d'être admise au vote (*Poll*) (si elle en est requise par un des candidats, ou autre personne ayant droit de voter), prêter serment (ou si c'est un quaker faire une affir-mation) comme il suit :

« Vous jurez (*ou si c'est un quaker*, vous affirmez solem-

_____

(1) Rôle ou livre où sont ordinairement écrits les noms de certains fonc-tionnaires, ou de certains officiers de la maison du roi.

ellement) que vous avez un franc-fief consistant en........
spécifier la nature du franc-fief, s'il consiste en maisons,
terres ou dîmes, et alors spécifier sur qui elles sont prises; et si
c'est en rentes, spécifier les noms des propriétaires ou possesseurs
des tenures d'où elles proviennent)........ situé dans la cité
ou comté, ou ville et comté (selon les cas) de......., d'un
revenu net et annuel de 40 shillings, indépendamment de
toutes charges et rentes....., ou que ce revenu est acquis à
raison de ce franc-fief, et que vous êtes en possession, ou
que vous recevez les rentes et bénéfices depuis douze mois,
ou bien que cette possession ou ces revenus vous sont échus
dans le temps susdit, par succession, mariage, contrat de mariage, legs, ou promotion à un bénéfice dans l'Eglise, ou par
promotion à un office, et que ce franc-fief n'a pas été con-
cédé frauduleusement, à l'effet de procurer le droit de voter,
et que votre domicile est à ....; que vous avez vingt-
un ans, ou que du moins vous le croyez, et que vous n'avez
pas été admis précédemment à voter dans cette élection. »

C'est au shériff ou sous-shériff ou au clerc assermenté commis pour recueillir les votes, à faire prêter le serment.

Dans le cas où quelqu'un sera convaincu d'avoir, en prê-
ant ledit serment, commis un parjure, ou si quelqu'un corrompt ou suborne une personne pour prêter ledit serment
dans le but de se faire admettre au vote, alors ils encourront
pour chaque parjure, les peines prononcées par le statut 5,
Elisabeth chap. 9 et stat. 2, *Geor.* 2, chap. 25.

Sect. 2. Est révoquée la partie du stat. 15, *Geor.* 2, chap. 20
qui étend aux villes et cités qui sont comtés d'elles-mêmes,
en *Angleterre*, les dispositions du stat. 10, *Ann.* cap. 23 et
2, *Ann.* cap. 5, portant que le droit de voter pour l'élection
d'un chevalier de comté est retiré aux personnes dont les
biens n'ont pas été soumis aux taxes publiques, aux taxes de
l'Eglise ou droits de paroisses.

Sect. 3. Une personne ne pourra voter pour l'élection d'un
membre du parlement, dans une ville ou cité qui est comté
d'elle-même en *Angleterre*, à raison d'un franc-fief consistant
en maisons, terres, etc., d'un revenu annuel de 40 shillings;
si ce fief n'a été soumis à quelque aide accordée à S. M. par
une taxe sur les terres dans la *Grande Bretagne*, douze mois
avant l'élection. Il est établi que rien en cela n'empêchera
une personne de voter dans les élections pour les cités et

villes qui sont comtés d'elles-mêmes, par le motif que les
rentes, les maisons ou les sièges d'un office n'ont pas été habituellement portés pour la taxe foncière : et les commissaires
pour l'impôt foncier, ou trois d'entre eux, dans leurs tournées,
signeront ou scelleront, l'un ou l'autre, un double des copies
de la cotisation qui leur seront délivrées par les cotiseurs, après
tous les appels déterminés, et les mêmes les délivreront aux personnes remplissant les fonctions de *clercs de la paix* dans les
districts desdites cités ou villes, comtés d'elles-mêmes, pour
être, par eux, enregistrées parmi les actes publics des sessions,
afin que toutes personnes payant 6 d. puissent en prendre
connaissance, et lesdites personnes remplissant les fonctions
de clercs de la paix, ou leurs suppléans, donneront copie de
ces duplicata, ou d'une partie quelconque, à tous ceux qui
le requerront, moyennant un paiement de 6 d. pour chaque
500 mots.

*Sect.*4. Une personne ne pourra voter pour l'élection d'un membre du parlement dans une ville ou cité, comté d'elle-même,
et dans laquelle elle auroit droit de voter, soit par la possession
de terres ou d'héritages d'une valeur annuelle de 40 shillings, si
elle n'est franc-tenancier dans la ville et le comté ou dans la cité
et le comté, pour lesquels elle vote, ayant un revenu annuel et
net de 40 shillings, en outre des rentes et charges dont il peut être
chargé; et si elle ne tient la possession ou ne recueille la rente
pour son compte depuis 12 mois, à moins qu'elle ne les ait acquises dans le temps susdit par succession, par mariage, par
établissement de mariage, par legs, ou par promotion à quelque bénéfice ecclésiastique, ou par promotion à un office;
et personne ne pourra voter à cause de son état de franc-tenancier acquis frauduleusement afin de lui donner qualité
pour voter; personne ne pourra voter plus d'une fois pour la
même élection. Si une personne vote dans une élection contrairement aux dispositions de cet acte, elle paiera à chaque
candidats pour lesquels elle n'aura pas voté, 40 l. dont la rentrée sera poursuivie par lesdits candidats, leurs exécuteurs ou
administrateurs, avec dépens, par action de dette dans une
cour quelconque, à Westminster. Dans laquelle action aucune excuse légitime d'absence etc., ne pourra être reçue.
Au surplus la preuve devra être faite par la personne contre
qui l'action est dirigée, à moins qu'elle ne soit accusée d'avoir
voté plusieurs fois dans la même élection.

Sect. 5. Aucune taxe publique ou parlementaire, fonds d'églises ou de paroisses, ou tout autre taxe ou fonds de cotisation levés dans les villes ou cités, comtés d'elles-mêmes ne seront comptés au rang des charges voulues par cet acte pour les possessions de franche-tenure et ne pourront être l'objet du serment d'affirmation voulu par ce même acte.

Sect. 6. Le shériff ou les shériffs d'un comté ou d'une ville comté d'elle-même, en *Angleterre*, ou, en leur absence, le sous-shériff ou les sous-shériffs, ou telle personne désignée par eux, donneront, à chaque élection d'un membre d'un parlement, un *cheque book* pour servir de registre pour chaque candidat, lequel sera conservé par leurs inspecteurs respectifs au lieu où les votes seront recueillis.

Sect. 7. Le shériff ou les shériffs de chaque cité ou ville, comté d'elle-même, et ayant droit d'élire un membre du parlement, aussitôt après le reçu et ouverture du *writ* envoyé de la chancellerie et sans autre commandement, feront connaître publiquement, en *Angleterre*, le temps et le lieu de l'élection et procéderont à cette élection dans les huit jours qui suivront la réception du *writ* : ils en donneront connoissance, au moins trois jours avant, sans compter le jour de la réception du *writ* et celui de l'élection.|

Sect. 8. Dans le cas où quelque shériff ou sous-shériff, présidant à l'élection d'un membre du parlement pour une ville ou cité, comté d'elle-même, en *Angleterre*, contreviendrait sciemment aux dispositions de cet acte, il pourra être poursuivi par voie d'information ou d'accusation, dans la cour du banc du roi à Westminster, ou aux assises de la ville ou cité où la contravention aura été commise; dans lequel cas il ne pourra obtenir de *noli prosequi* ou de *cessat processus.*

Sect. 9. Il suffira, pour celui qui poursuivra une action de dette ouverte par cet acte, de dire, dans sa déclaration, que le défendeur est son débiteur pour une somme de........, et d'alléguer l'offense particulière pour laquelle l'action est intentée, et que le défendeur a agi contrairement à cet acte, sans faire mention du *writ de summons* et de son renvoi. Il sera suffisant dans toute accusation ou procédure relative a quelque offense contrairement à cet acte, d'alléguer l'offense particulière, et que le défendeur en est coupable, sans faire mention du *writ de summons* au parlement, et de son renvoi.

Sur le jugement en telles actions, accusations, et procédures, le plaignant ou celui qui est chargé de poursuivre ne sera pas obligé de prouver l'existence d'un *writ de summons* au parlement et de son renvoi, ou d'un *warrant* au shériff fondés sur un pareil *writ de summons*.

Sect. 10. Toute action, accusation ou information autorisée par cet acte, sera commencée dans les neuf mois après le fait qui y aura donné lieu.

Sect. 11. Tous les statuts de *jeofails* s'appliqueront à toutes poursuites dans les actions, accusations ou informations autorisées par cet acte.

Sect. 12. Dans le cas où le plaignant ou celui qui est chargé d'informer dans une accusation ou action autorisée par cet acte, ne poursuivra pas, ou si le jugement est prononcé contre lui, le défendeur aura droit à des dépens triples.

Sect. 13. Cet acte et toute disposition y comprise (excepté les clauses faites pour délivrer des *cheque books* ou pour faire connoître l'époque et le lieu de l'élection et les formes de la même élection), ne seront pas applicables à toutes cités ou villes comtés d'elles-mêmes, ou à toutes personnes auxquelles appartient le droit de voter pour l'élection d'un membre de telle cité ou ville en vertu d'une tenure de bourg, ou qui ont pareillement le droit de voter en vertu d'une franche-tenure ; pour l'exercice duquel droit il n'est pas nécessaire d'avoir un revenu annuel de 40 shillings.

Stat. 31, Georg. 2, chap. 14.

Stat. 1. Les personnes qui ne justifieront de leur état que par des copies du *rôle de la cour*, n'auront point par-là qualité pour voter dans l'élection d'un chevalier pour un comté en *Angleterre* ou dans le pays de *Galles* : et si elles y votent contrairement au contenu de cet acte, leur vote sera nul, et elles paîeront à chaque candidat auquel elles n'auront pas donné leur voix 50 l. dont la rentrée sera poursuivie par ces candidats, leurs exécuteurs ou administrateurs, ainsi que les frais, par action de dette dans l'une des cours de Westminster ; pour laquelle action aucune excuse légitime ne pourra être reçue. Dans toutes ces actions la preuve sera à la charge de la personne contre qui elles sont intentées.

Sect. 2. Il suffira pour le plaignant dans une action de dette, de dire, dans la déclaration, que le défendeur est son débiteur d'une somme de 5o l., de faire connaître l'offense qui donne lieu à l'action, et que le défendeur a agi contrairement à cet acte, sans faire mention du *writ de summons* au parlement ou de son renvoi; et lors du jugement le, plaignant ne sera point tenu de prouver l'existence d'un *writ de summons* au parlement, ou de son renvoi, ou d'un *warrant* au shérilf fondé sur un pareil *writ de summons.*

Sect. 3. Il est établi que toute action semblable sera commencée dans les neuf mois qui suivront le fait qui y donnera lieu.

Sect. 4. Tous les statuts de *jeofails* seront étendus à toutes les procedures dans de pareilles actions.

Sect. 5. Au cas que le plaignant se désiste de sa poursuite d'une pareille action, ou cesse ses poursuites, ou que le jugement soit rendu contre lui, le défendeur aura droit à des dépens triples.

Stat. 33, Georg. 2, chap. 20.

Sect. 1. Toute personne (si ce n'est celles qui sont exceptées par cet acte) qui sera élue membre de la chambre des communes devra, avant de voter dans cette chambre ou d'assister aux débats, après que le président aura été choisi, délivrer au secrétaire de ladite chambre, à la table qui est au milieu de la salle et pendant que la chambre des communes est duement assemblée, le président à sa place, une déclaration signée par elle, contenant les noms des paroisses, des villes ayant juridiction, ou des juridictions quelconques, de même que des comtés dans lesquels se trouvent ses terres ou héritages, les faire connaître et déclarer qu'elles sont d'un revenu annuel de 6oo l., indépendamment des charges; si c'est un chevalier pour un comté; et d'une valeur annuelle de 5oo l., aussi indépendamment des charges; si c'est le député d'une ville, d'un bourg, ou un baron des cinq ports, elle prêtera et signera en même-temps le serment qui suit :

« Je, A. B., jure que je possède réellement et *boná fide*, aux « yeux de la loi et de la justice, l'état que je me donne; que telle « est sa valeur, dont j'ai seul l'usage et le profit, consistant en « terres, tenures ou héritages, indépendamment de tout ce « qui pourrait les grever ou diminuer; que je suis tel que je

» me qualifie, élu et envoyé pour représenter le lieu qui m'en
» a donné la mission, selon la teneur et le vrai sens des actes
» du parlement, et que ces terres, tenures ou héritages, sont
» tels que je l'ai écrit et signé dans ma déclaration délivrée au
» secrétaire de la chambre des communes.

Avec l'assistance de Dieu.

Et par là, la chambre des communes acquiert le droit d'administrer et de requérir ledit serment, de même que la signature, conformément à cet acte, de la part de chaque personne
qui le demande, immédiatement après que ces personnes auront
prêté le serment d'*allegiance* (de fidélité), de suprématie et
d'abjuration à la même table. Lesdits sermens et la signature
seront consignés sur un registre de parchemin, pour être conservés par le secrétaire de la chambre des communes; et les
déclarations ainsi signées et délivrées audit secrétaire seront
rédigées et conservées par lui.

Sect. 2. Si une personne élue membre d'un parlement à
former, comme chevalier d'un comté, ou comme représentant
d'une ville, d'un bourg, ou comme baron des cinq ports, siége
ou vote comme membre de la chambre des communes, avant
d'avoir fait cette déclaration, et prêté ou signé le serment, ou
n'a pas qualité aux termes du stat. 9, *Ann.* chap. 5, et de
ce présent acte, son élection sera nulle, et un nouveau *writ*
sera envoyé pour élire un autre membre.

Sect. 3. Aucune disposition de cet acte ne pourra être
étendue au fils aîné ou à l'héritier présomptif d'un pair, ou de
toute personne ayant qualité, pour être chevalier d'un comté
ou aux membres pour les universités d'*Angleterre* et d'É-
cosse.

TABLEAU

DES LIEUX D'ÉLECTION ET DU NOMBRE DES DÉPUTÉS

DE LA GRANDE BRETAGNE.

Angleterre, Pays de de Galles, 513.

Abingdon (c. de Berk)	1	Callingt n (Cornwall)	2
Agmonderham (Bucks)	2	Calne (c. de Wilt)	2
Albans (c. de St-Hertford)	2	Cambridge (c. de)	2
Aldborough (c. de York)	2	Cambridge (univers. de)	2
Aldeburgh (Suffolk)	2	Cambridge (bourg de)	2
Andover (Hamp)	2	Camelford (Cornwall)	2
Anglesey (c. d)	1	Canterbury	2
Apleby (Westmorland)	2	Cardiff (c. de Glamorgan)	1
Arundel (Sussex)	2	Cardigan (c. de)	1
Ashburton (c. de Devonshire)	2	Cardigan	1
Aylesbury (Buckingham)	2	Carlisle (Cumberland)	2
Banbury (c. d'Oxford)	1	Carmarthen (c. de)	1
Barnstaple (Devonshire)	2	Carmarthen	1
Bath	2	Carnarvon (c. de)	1
Beaumaris (c. d'Anglesey)	1	Carnarvon	1
Bedfort (c. de)	2	Castle-Rising (Norfolk)	2
Bedford	2	Cheshire	2
Bedwin (Wilt)	2	Chester	2
Beralton (Devonshire)	2	Chichester (Sussex)	2
Berkshire	2	Chippenham (Wilt)	2
Berwick (Northumberland)	2	Christchurch (Hamp)	2
Beverley (c. d York)	2	Cirencester (c. de Gloucester)	2
Bewdley (c. de Worcester)	1	Clithero (c. de Lancastre)	2
Bishop château de, c. de Shrop.	2	Cockermouth (Cumberland)	2
Blechingly (Surrey)	2	Colchester (Essex)	2
Bodmyn (Cornwall)	2	Corf-Castle (c. de Dorset)	1
Boroughbridge (c. d'York)	2	Cornwall	2
Bossiney (Cornwall)	2	Coventry (c. de Warwick)	2
Boston (Lincoln)	2	Cricklade (c. de Wilt)	2
Braclay (c. de Northampton)	2	Cumberland	2
Bramber (Sussex)	2	Dartmouth (c. de Devon)	2
Brecon (c. de)	1	Denbigh (c. de)	1
Brecon	1	Denbigh	1
Bridgenorth (c. de Shrop)	2	Derby (c. de)	2
Bridgewater (c. de Sommerset)	2	Derby	2
Bridport (c. de Dorset)	2	Devizes (c. de Wilt)	2
Bristol	2	Devon (c. de)	2
Buckingham (c. de)	2	Dorset (c. de)	2
Buckingham	2	Dorchester (c. de Dorset)	2

Douvres (Kent)................	2	Lancaster (c. de)............	2
Downton (c. de Wilt)..........	2	Lancaster.................	2
Droitwich (c. de Worcester)....	2	Launceston (Cornwall).......	2
Dunwich (Suffolk)............	2	Leicester (c. de)...........	2
Durham (c. de).....	2	Leicester................	2
Durham (v. de).............	2	Leominster (c. de Hereford)...	2
East-Looe (Cornwall).........	2	Leskeard (Cornwall)........	2
Edmundsbury (St-Suffolk)......	2	Lestwithiel (Cornwall).......	2
Essex.......................	2	Lewes (Sussex)............	2
Evesham (c. de Worcester).....	2	Lichfield (c. de Stafford).....	2
Exeter......................	2	Lime-Regis (c. de Dorset).....	2
Eye (Suffolk)..............	2	Lincoln (c. de)............	2
Flint (c. de)..............	1	Lincoln...................	2
Flint.......................	1	Liverpool (c. de Lancastre).....	2
Fowey (Cornwall)............	2	Londres...................	4
Gatton (Surrey)	2	Ludgershall (c. de Wilt).....	2
Germant Saint (Cornwall)......	2	Ludlow (c. de Shrop)......	2
Glamorgan (c. de)............	1	Lymington (Hamp).........	2
Glocester (c. de)...........	2	Maidstone (Kent).........	2
Glocester...................	2	Mahlen (Essex)...........	2
Grampound (Cornwall) (1).....	2	Malmesbury (Wilt).........	2
Gratham (c. de Lincoln).......	2	Malton (c. d'York).........	2
Grimsby (c. de Lincoln).......	2	Marlborough (Wilt).........	2
Grinstead (Sussex)...........	2	Marlow (Buck)............	2
Guilford (Surrey)............	2	Mawes (St-Cornwall).......	2
Hamp (c. de).................	2	Merioneth (c. de).........	1
Harwich (Essex)............	2	Michael (St-Cornwall)......	2
Haslemere (Surrey)...........	2	Middlesex	2
Hastings (Sussex)............	2	Midhurst (Sussex).........	2
Haverfordwest (c. de Pembroke.	1	Milborne-Port(c. de Sommerset).	2
Hellestone (Cornwall)........	2	Minehead (c. de Sommerset)...	2
Hereford (c. de)............	2	Monmouth (c. de).........	2
Hereford (v. de)............	2	Monmouth................	1
Hertford (c. de)...........	2	Montgomery (c. de).......	1
Hertford...................	2	Montgomery	1
Heydon (c. d'York).........	2	Morpeth (Northumberland)...	2
Heytesbury (Wilt)...........	2	Newart (c. de Nottingham).....	2
Higham-Ferrers (c. de Northamp-		Newcastle, (c. de Stafford)....	2
ton.).......................	1	Newcastle, sur la Tyne (Nor-	
Hindon (Wilt.)..............	2	thumb.)................	2
Honiton (Devonshire)..........	2	Newport (Cornwall).........	2
Horsham (Sussex).	2	Newport(ile de Wight)........	2
Huntingdon (c. de)........	2	Newton (c. de Lancastre).......	2
Huntingdon..................	2	Newtown (ile de Wight).......	2
Hythe (Kent)...............	2	Norfolk...................	2
Ilchester (c. de Sommerset)....	2	Northallerton (c. d'York).....	2
Ipswich (Suffolk)...........	2	Northampton (c. de).........	2
Ives Saint (Cornwall)........	2	Northampton................	2
Kent.......................	2	Northumberland..............	2
Kings-Lynn (Norfolk).......	2	Norwich (Norfolk).........	2
Kingston-sur-Hull (c. d'York)...	2	Nottingham (c. de)...........	2
Knaresborough (c. d'York).....	2	Nottingham................	2

---

(1) Ce bourg a été récemment défranchisé.

Écosse, 45.

Irlande, 100.

RIOTS.

Stat. 13, Henr. IV, chap. 7.

Sect. 1. S'il se forme quelque émeute, rassemblemens contraires à la loi, ou attroupemens tumultueux, les juges de paix, ou deux d'entre eux, et le shériff viendront avec la force publique du lieu (s'il est besoin), et les réprimeront. Lesdits juges et le shériff auront le droit de constater les faits qui ont eu lieu en leur présence contre la loi; et les coupables seront convaincus par ce seul procès-verbal, dans la forme voulue par le statut de *forcible entry* (entrée à main armée). Si les coupables ont disparu avant l'arrivée des juges et du shériff, lesdits juges et le shériff, ou deux d'entre eux, rechercheront diligemment, dans l'espace d'un mois, les fauteurs de ces émeutes, rassemblemens ou attroupemens, et rendront leur jugement.

Sect. 2. S'ils ne peuvent parvenir à découvrir la vérité, les juges, ou deux d'entre eux, et le shériff, certifieront le mois suivant au roi et à son conseil tous les faits et les circonstances qui s'y rapportent, lequel certificat aura la même force que la dénonciation de douze autres personnes. Sur ce certificat, les accusés seront mis en jugement, et ceux qui seront jugés coupables seront punis comme le roi et son conseil jugeront convenable.

Sect. 3. Si les accusés nient le contenu du certificat, ce certificat et l'allégation seront envoyés au banc du roi pour être jugés et éclaircis; et si les accusés ne comparaissent pas devant le roi et son conseil, à la première injonction, il sera envoyé un commandement au shériff d'arrêter les accusés, s'ils peuvent être découverts, et de les amener à jour marqué devant le roi, dans son conseil, ou devant le banc du roi. S'il ne peut les découvrir, le shériff, immédiatement après la réception du commandement, publiera une proclamation dans son comté, pour les avertir de se rendre devant le roi, dans son conseil, devant la cour du banc du roi; ou bien à la chancellerie, si c'est dans le temps de vacance du conseil et du banc du roi, dans les trois semaines qui suivront; et au cas où les prévenus ne se présenteraient pas après la proclamation faite ou envoyée par le shériff, ils seront déclarés convaincus d'émeute, de rassemblement ou d'attroupement.

Sect. 4. Les juges de paix, à la plus proche résidence du lieu de l'émeute, du rassemblement ou de l'attroupement, ensemble avec le shériff et les juges des assises, pendant le temps de leurs sessions, exécuteront ce statut, chacun a peine de 100 l. d'amende.

Par le Stat. 17, Rich. 2, chap. 8, *tous les officiers du roi, en général, ont le droit d'arrêter les fauteurs d'émeute à main-armée.*

2 Henr. 5, Stat. 1, chap. 8.

Sect. 1. Si les juges de paix, ou les juges d'assises (nommés dans le stat. 13 de *Henr.* 4, cap. 7) sont trouvés en défaut, de même que le shériff ou sous-shériff du comté où ont eu lieu les émeutes, attroupemens ou rassemblemens, touchant l'exécution dudit statut, le roi enverra, à la requête de la partie lésée, une commission sous son grand sceau, pour rechercher aussi bien la véritable cause et le motif du trouble que les défauts des juges, du shériff, ou sous-shériff; cette commission sera adressée à des personnes quelconques, désignées par le chancelier; et ces personnes ainsi nommées enverront à la chancellerie le résultat de l'enquête faite devant elles, et les *coroners* (1) feront les listes des jurés, pendant le temps que le shériff, qui est supposé en défaut, sera suspendu de son office; lesquels *coroners* ne pourront y porter que des personnes qui auront en terres un revenu annuel de 10 livres. Les *coroners* paieront pour dépenses aux personnes ainsi inscrites: le premier jour 20 shillings, le second jour 40, le troisième 100, et chaque jour suivant le double au moins; et si les *coroners* sont trouvés en défaut, touchant la liste des personnes portées comme jurés, ou touchant le remboursement de leurs dépenses, chacun d'eux paiera au roi 40 livres; et si le shériff est exclu de son office, le nouveau shériff dressera la liste des jurés. Dès que le chancelier pourra avoir connaissance d'émeutes, rassemblemens ou attroupemens, il fera expédier un ordre du roi aux juges de paix et aux shériffs, pour leur enjoindre de mettre le statut à exécution, sous

---

(1) Ce titre n'a point d'équivalent en français; dans le sens de ce statut, le Coroner est un officier nommé par la couronne, et chargé d'examiner, avec douze assistans ou jurés, si un corps trouvé mort a été tué et assassiné, ou s'il est mort naturellement.

peine d'être condamnés conformément à ces dispositions, sans que les juges et shérifs puissent alléguer, comme excuse valable, que l'ordre ne leur est pas parvenu.

Sect. 2. Il est déclaré que les juges et autres officiers rempliront leurs charges aux frais du roi; le paiement sera effectué par le shériff et fixé entre lui, les juges et les autres officiers. Les personnes convaincues d'avoir participé à des émeutes considérables, et dans de mauvais desseins, seront punies d'un emprisonnement d'un an; celles qui n'auront participé qu'à des troubles moins considérables, d'un emprisonnement aussi court qu'il plaira au roi et à son conseil de l'ordonner; mais les amendes imposées aux coupables seront augmentées par lesdits juges, et rendues plus fortes qu'elles n'avoient coutume de l'être. Les sujets du roi dans le comté (*liege-people vassal*) prêteront assistance aux juges, commissaires, shériff, ou sous-shériff, quand ils en seront valablement (*reasonably*) requis, afin de s'opposer avec eux à de telles émeutes, etc., sous peine d'emprisonnement, et de payer au roi des amendes et rançons. Les baillifs des terres franches feront dresser des listes suffisantes de jurés, sous peine de payer au roi 40 livres. Ces dispositions seront applicables dans les cités, bourgs, et autres lieux qui ont des juges de paix.

2. *Henr. V, Stat.* 1, *chap.* 9.

Sect. 1. Si quelqu'un se plaint à la chancellerie, qu'il y a eu des meurtres, homicides, vols, rixes, attroupemens considérables et insurrectionnels, et autres émeutes punissables; et que l'un des fauteurs de ces troubles ait fui, un *bill* sera présenté au roi, et le chancelier, après que ce *bill* lui aura été renvoyé, (s'il est dûment informé qu'il contient la vérité) pourra délivrer un ordre d'arrestation (*of capias*), adressé au shériff, qui devra le renvoyer a la chancellerie, à jour marqué; si les prévenus sont arrêtés par le shériff, ou se rendent d'eux-mêmes à la chancellerie, ils seront mis en prison, à moins qu'ils ne soient valablement cautionnés: et on enverra des commissaires pour prendre connaissance de la nature de l'accusation; si le shériff annonce que les personnes n'ont pu être arrêtées, et que ces personnes ne se présentent pas à la chancellerie, le chancelier fera expédier au shériff un ordre de publier une proclamation qui devra être renvoyée au banc du roi, lui enjoignant de faire proclamer dans deux comtés, que les personnes nommées dans ledit ordre aient à se rendre, pour répondre

aux inculpations portées dans le *bill*, sous peine d'être déclarées convaincues; dans tous les *writs* semblables de proclamation, sera contenue la substance du *bill*, et si les prévenus ne
se rendent pas au jour marqué, ils seront déclarés convaincus.

Sect. 2. Il est arrêté que lorsque des instigations de semblables émeutes seront dénoncées au chancelier, par lettres
de deux juges de paix et du shériff, avant que l'ordre de *capias* ait été envoyé, le contenu du *bill* sera exprimé dans
cet ordre, de même que dans l'ordre de proclamation; et si
ces choses avaient lieu dans le comté palatin de Lancastre,
ou dans quelque terre franche qui a son chancelier particulier,
le chancelier d'Angleterre fera connaître, par ordre du roi, à
ce chancelier, toutes les instigations énoncées dans le *bill*,
en lui donnant ordre de poursuivre; de telle manière toutefois que l'ordre du roi ne soit pas envoyé de la chancellerie
d'Angleterre, dans le comté ou la terre franche, autrement
qu'il n'est voulu par l'usage.

Rendu perpétuel la 8ᵉ année de Henri VI, chap. 14.

Stat. 8, Henr. VI, chap. 14.

Sect. 1. Le statut 2, *Henri V, chap.* 9, sera conservé.

Sect. 2. Il est établi qu'il sera constaté par deux juges
de paix, que le bruit public des émeutes dénoncées courait
dans les comtés, avant que l'ordre de *capias* ait été donné. Il
est arrêté aussi, que si le cas arrive dans le comté palatin de
Lancastre, ou dans tout autre lieu affranchi, qui ait un chancelier particulier, ce chancelier du comté ou du pays affranchi, après avoir reçu des plaintes certifiées par un juge ou
par le lieutenant d'un juge, et le shériff des comtés palatins
ou des lieux affranchis, aura le droit d'accorder lui-même
un ordre de *capias* et un ordre de proclamation, de même
que le chancelier d'Angleterre.

Stat. 19, Henri 7, chap. 13.

Si quelque émeute, attroupement, ou assemblée dé-
fendue a lieu, le shériff qui en aura reçu l'ordre choisira
vingt-quatre personnes habitant le comté, dont chacune
possèdera dans ce comté un revenu annuel de 20 s., en
terres de franche-tenure, ou de 26 s. 8 d., en terres relevant d'un fief, ou mi-parties de l'une et de l'autre nature,
pour connaître desdites émeutes, attroupemens ou assemblées

illégales, et paiera à chaque personne ainsi désignée, pour
la dégrever des frais occasionnés, le premier jour 20 s., le
second 40; et si le shériff est en défaut, il sera condamné envers le roi à une amende de 20 livres; si, par protection,
ou à la sollicitation de tierces personnes (1), le jury juge qu'il
n'y a pas émeute, attroupement, ou assemblée illégale, les
juges et le shériff dénonceront dans le certificat les noms des
protecteurs et des embaucheurs, et ce dont ils sont coupables,
sous peine pour chacun des juges, du shériff ou sous-shériff,
d'une amende de 20 l., s'ils n'allèguent une excuse valable, lequel certificat aura la même valeur que si les choses qu'il
contient étaient déclarées par douze personnes. Toute personne convaincue de protection ou d'embauchage, par le
même certificat, sera condamnée envers le roi à une amende
de 20 livres; et les uns et les autres seront mis en prison, si
les juges le trouvent nécessaire.

Stat. 1, Geor. 1, chap. 5.

Sect. 1. Si plusieurs personnes, au nombre de douze assemblées contre la loi, pour troubler la paix publique, lorsqu'elles auront été requises par un juge de paix, ou par le shériff
ou son sous-shériff, ou par le maire d'une ville, etc., par une
proclamation faite au nom du roi, de se disperser, et de se
retirer chacun chez soi, ou à leurs travaux, continuent pendant une heure après la proclamation à rester ameutées au
nombre susdit, il y aura félonie, sans que le bénéfice du clergé
puisse être applicable. (2)

Sect. 2. La formule de la proclamation sera comme il
suit, savoir : Le juge de paix, etc., ordonnera silence au milieu de l'émeute, ou du moins aussi près qu'il le pourra sans
danger, jusqu'à ce qu'il puisse lire la proclamation, et alors
il fera publiquement cette proclamation en ces termes :

---

(1) *By reason of any maintenance or embracery. Embracery* désigne le crime
d'un *embraceur*, celui qui tâche de prévenir les jurés par ses instructions en
faveur des parties, et qui est gagné pour cela.

(2) *Benefit of clergy.* C'est un privilège qui était autrefois affecté aux gens
d'église; mais qui aujourd'hui s'étend sur les laïques dans la conviction de
certains crimes, et, en particulier, d'un meurtre involontaire. En vertu de ce
privilège, on présente au criminel un livre latin, écrit en lettres gothiques,
dont il doit lire deux ou trois versets; et si le commissaire de l'ordinaire ou
son député prononce ces mots : *legit ut clericus* (il a lu comme un clerc), le
prisonnier est seulement marqué à la main avec un fer chaud, et ensuite
élargi; pourvu néanmoins que ce soit le premier crime dont il ait été convaincu.

Notre souverain seigneur le roi enjoint et ordonne à toutes personnes rassemblées, de se disperser immédiatement, et de se retirer paisiblement chez elles ou à leurs affaires, sous les peines portées dans l'acte fait la première année du roi Georges, pour prévenir les tumultes et les assemblées défendues.

Vive le roi. (*God save the King.*)

Tout juge, sur l'avis d'un pareil rassemblement défendu, se rendra sur le lieu, et fera la proclamation comme il vient d'être dit.

Sect. 5. Si les personnes ainsi assemblées ne se dispersent pas dans une heure, tout juge, shériff, etc., grand et petit constable, ou autre officier de paix, et toutes autres personnes requises d'assister les juges, etc. (qui ont le droit de requérir tous les sujets de S. M. de leur prêter secours), pourront arrêter ces personnes et les conduire devant un juge de paix ; et si ces personnes sont tuées ou blessées, à cause de leur résistance, les personnes qui les auront dispersées ou arrêtées, les juges, etc., ne pourront être poursuivis (*Shall be indemnified*).

Sect. 4. Si quelques personnes ainsi attroupées contre la loi démolissent ou dévastent, excitent à démolir ou à dévaster, ou commencent à démolir ou à dévaster quelque église ou chapelle, ou quelque édifice destiné au culte religieux, certifié et registré conformément à l'acte 1, *de Guil. et Mar.*, *cap.* 18, ou quelque habitation, grange, étable, ou tout autre dépendance d'une maison, il y aura crime de félonie, sans qu'on puisse invoquer le privilége du clergé.

Sect. 5. Ceux qui interrompront ou blesseront, de dessein formé, l'officier qui commencera à faire la proclamation, ou emploieront la force contre lui, si cette proclamation ne peut être faite, seront jugés félons, sans bénéfice du clergé ; et toutes les personnes ainsi assemblées contre la loi, au nombre de douze, auxquelles la proclamation aurait dû être faite, si l'officier n'en eût été empêché, seront, si elles continuent à rester rassemblées pendant une heure, après qu'elles ont eu connaissance de la violence faite à l'officier, déclarées félons, sans bénéfice du clergé.

Sect. 6. Si quelque église, chapelle, etc., est démolie entièrement ou en partie, dans une émeute, les habitans du *Hundred* paieront des dommages aux personnes lésées par ces démolitions, dommages qui pourront être poursuivis dans la cour de *Westminster*, contre deux quelconques des habitans du *Hundred*. De semblables actions pour dommages à une église, etc., seront exercées au nom du recteur, pour réédifier et réparer ces églises, etc.; et le jugement étant rendu en faveur du demandeur dans une telle action, les dommages alloués seront, a la requête du demandeur, levés sur les habitans, et payes par les voies établies par le *stat.* 27, *Eliz. chap.* 13, pour le mode de remboursement des sommes recouvrées par une partie volée. Si les églises sont dans une ville ou cité qui ait le titre de comté, ou si elles ne sont pas dans un *Hundred*, les dommages seront poursuivis contre deux ou un plus grand nombre des habitans de la ville ou de la cité.

Sect. 7. Cet acte sera lu à toutes les sessions, et à chaque cour foncière *leet*).

Sect. 8. Personne ne sera poursuivi pour contravention à cet acte, si la poursuite n'est commencée dans l'année, après la contravention.

Sect. 9. Les shériffs, sénéchaux, baillifs des royautés, magistrats des bourgs royaux, et tous juges et magistrats inférieurs, et tous hauts et petits constables et autres officiers de paix en Ecosse auront, pour y mettre cet acte à exécution, le même pouvoir qu'ont les juges et les magistrats pour les autres parties de ce royaume : toutes personnes convaincues des offenses ci-mentionnées en Ecosse, encourront la peine de mort et la confiscation de leurs biens meubles. Toute action pour dommages d'églises qui auront été démolies en tout ou en partie en Ecosse, dans une émeute, sera poursuivie par voie sommaire, a la requête de la partie lésée, de ses héritiers, etc., contre le comté, etc., les magistrats étant convoqués dans la forme ordinaire, et chaque comté et sénéchaussée appelés par citation d'ordonnance au *market cross*. du bourg principal du comté, ou de la sénéchaussée en général, sans qu'il soit fait mention de leurs noms.

Sect. 10. Cet acte sera étendu en Ecosse, à tous les lieux destinés au culte religieux toléré par la loi (1).

_____

(1) Voy. *an abridgement of the publick statutes*, au mot *Riots*. Voyez aussi *suprà*, page 359, une loi de 1819, sur les attroupemens.

DU JURY. (1)

Stat. 52, Henr. 2, chap. 14.

A l'égard des chartes d'exemption ou des franchises, portant que ceux qui les auront acquises ne seront point portés comme jurés dans les assises, dans les jugemens par jurys, et dans les enquêtes (2), s'il arrive que leurs sermens soient requis de telle sorte que, sans eux, justice ne puisse être rendue; comme dans les grandes assises, dans les tournées des juges, ou lorsque les personnes exemptes seront assignées comme témoins; et dans tous les cas semblables, elles seront tenues de jurer, en conservant pour les autres circonstances leur droit d'exemption.

Stat. 13, Ed. 1, chap. 38.

Pour chaque assise, il ne sera convoqué que vingt-quatre jurés. Les vieillards au-dessus de 70 ans, ainsi que tous ceux qui se trouveraient malades au moment de la convocation, ou qui n'habiteraient pas dans le comté, ne seront point portés comme jurés dans les petites assises; et si les assises ou les les jurés sont pris hors du comté, ceux-là seuls en feront

---

(1) Nous avons cru faire une chose agréable aux lecteurs, en réunissant ici toutes les dispositions éparses dans tant de statuts, qui peuvent se rapporter au jury anglais; institution qu'il nous importe d'autant plus de connaître qu'elle a été le type de nos lois criminelles, et qu'il n'existe aucun ouvrage français où on puisse étudier le texte même des lois. Toutefois, comme plusieurs principes touchant le jury anglais ne reposent point sur des lois, mais sur des usages consacrés, nous avons cru devoir faire connaître ces usages par des notes, lorsqu'ils ne sont qu'explicatifs, et par la notice qui suit les lois que nous rapportons lorsqu'ils fixent des points législatifs. Ce travail formera ainsi un ensemble complet de la législation sur le jury.

De même, nous devons avertir que nous ne donnons ici que la partie des lois qui se rapportent essentiellement à l'institution du jury, et non celles qui n'ont d'application que pour tel ou tel lieu, telle ou telle cour, tel ou tel cas particulier, lorsqu'elles sont de peu d'importance.

(2) Le petit jury ou jury de jugement, juge de la validité d'une accusation, le grand-jury, le jury d'enquête de la validité de la prévention. Ainsi, les membres du grand jury se trouvent placés comme arbitres entre l'accusateur et l'accusé.

partie, qui auront au moins un revenu annuel de 40 s., excepté toutefois ceux qui devront être entendus comme témoins dans les procédures.

Ce statut ne sera en rien applicable aux grandes assises ; et si les shériffs ou les baillifs sont convaincus d'y avoir contrevenu en quelque point, ils seront condamnés à des dommages envers la partie lésée, sans préjudice de ceux qu'ils devront payer au roi ; les juges assignés pour tenir les assises entendront les plaintes pour la violation des articles de ce statut.

De iis qui ponendi 21. Ed. 1, stat. 1.

Aucun shériff ou baillif ne portera sur une liste qui devra passer hors des limites de son bailliage, que ceux qui auront au moins, en terres, un revenu annuel de 100 s.

Ce statut ne restreint en rien le dernier stat. de Westminster, ch. 38, de manière que dans les bornes du comté, devant les juges du roi, commis pour tenir enquête ou autres reconnaissances, on pourra être porté sur les listes, lorsqu'on aura un revenu annuel de 40 s. De même devant les juges ambulans, dans les cités, les *market-towns*, il en sera comme par le passé.

Artic. super Chart. 28. Ed. 1, stat. 3, chap. 9.

Aucun shériff ou baillif ne portera pour jurés un trop grand nombre de personnes, ni autrement qu'il n'est voulu par le statut. Ils choisiront les plus proches voisins, les plus capables et les moins suspects ; celui qui sera convaincu d'avoir agi autrement, paiera doubles dommages à la partie plaignante, et une forte amende au roi.

Ordon. pour les enquêtes, 33. Ed. 3, stat. 4.

Lorsqu'il y aura lieu à des enquêtes, dans une affaire où le roi sera partie, quand bien même il serait allégué que les jurés ou quelques-uns d'entre eux sont portés en faveur du roi, l'enquête ne sera point viciée pour cela ; mais si ceux qui poursuivent pour le roi, récusent quelques-uns des jurés, ils devront donner un motif, et il sera informé sur la validité de leur récusation.

Plusieurs statuts du même Ed. 3, prononcent des peines contre les jurés qui recevraient des accusés de l'argent, des présens, etc., et contre tous ceux qui tenteraient d'une manière quelconque de séduire des jurés. D'autres n'ont d'application que dans tel lieu, telle ville, ou tels comtés d'Angleterre. Nous ne les traduisons pas ici, *parce qu'ils ne tiennent pas essentiellement à la nature du jury; il suffit de les avoir indiqués au lecteur.*

25. Ed. 3, stat. 5, chap. 3.

Celui qui aura dénoncé des accusés, pour crimes de félonie ou autres, ne pourra connaître des enquêtes sur leur mise en liberté, s'il est récusé pour ce fait.

Stat. 34, Ed. 3, chap. 4.

Les listes de jurés seront formées des citoyens les plus voisins, et qui ne seront ni suspects, ni circonvenus d'avance; et les shériffs, les *coroners* et autres officiers qui agiraient autrement, seront condamnés à raison de leur faute, aussi bien envers le roi qu'envers la partie.

Stat. 42, Ed. 3, chap. 11.

Aucune enquête, assise ou commission d'élargissement général, ne sera tenue en vertu d'un *writ* de *nisi prius* ou d'autre manière, avant que les noms de tous ceux qui siégeront comme jurés ne soient notifiés à la cour. Les shériffs dresseront les listes des jurés dans les assises, quatre jours au moins avant les sessions, sous peine de 20 l. d'amende; cela afin que les parties puissent prendre connaissance des listes, si elles le demandent; et les baillifs des terres franches enverront leurs réponses aux shériffs, six jours avant les sessions, sous la même peine. Dans toutes ces listes, dressées par les shériffs ou les baillifs, seront portés les citoyens les plus aisés et les plus dignes de confiance, les moins suspects et les moins éloignés (1).

Stat. 11, Henr. IV.

Aucune accusation ne sera suivie qu'en vertu d'enquête faite

---

(1) Il n'existe aucune loi subséquente, dit Philips (des pouv. et des obl. des jurés, ch. 2.) qui dispense les jurés de ces conditions, dans les causes criminelles où il s'agit de la vie, de la liberté ou de la propriété. Il discute ensuite ce qu'on doit entendre par voisinage, question qui a souvent exercé les jurisconsultes anglais : il ne veut point que le mot soit pris ici comme dans les livres de jurisprudence pour *le canton*; mais il prétend qu'on doit s'en tenir aux formes même des statuts, parce que dans le cas contraire, un homme résidant à une des extrémités du canton peut être jugé par un juré résidant à l'autre extrémité, et perdre par-là l'inappréciable avantage d'une bonne réputation, de la connaissance que les jurés peuvent avoir des témoins, et de la protection qu'il peut attendre de ses voisins.

pas de bons, loyaux et fidèles sujets du roi, dûment appelés par les shérifs ou baillis de terres franches, sans qu'aucune désignation soit faite d'avance auxdits shérifs et baillis, des noms des personnes qu'ils doivent convoquer, si ce n'est par leurs officiers assermentés comme pour avoir qualité conformément à la loi. Si un acte d'accusation a lieu contrairement à ces dispositions, il sera nul (1).

2. Henr. 5, stat. 2, chap. 3.

Aucune personne ne connaîtra d'une enquête, dans le cas d'un jugement à mort, ou dans une affaire réelle et personnelle, entre parties, lorsque la dette ou le dommage montera à quarante marcs, s'il s'agit, en terres, un revenu annuel de 40 s., autrement elle pourra être récusée par la partie.

Stat. 1, Rich. 3, chap. 4.

Aucun bailli ou autre officier ne portera sur une liste de jurés, adressée au shérif en tournée, que des personnes bien famées, et ayant une terre de franche tenure dans le comté, d'un revenu annuel de 20 s. au moins, ou un copy-hold (2) d'un revenu annuel de 26 s. 8 d.; et si un bailli ou autre officier envoie le nom d'une personne, contrairement à ce statut, il paiera pour chaque personne ainsi portée, 40 s.; et le shérif autres 40 s., moitié au profit du roi, moitié au profit de la partie qui poursuivra le recouvrement par action de ... etc. Toute accusation autrement intentée, devant un shérif, dans sa tournée, sera nulle.

Stat. 11, Henri 7, chap. 21.

Sect. 1. Aucune personne ne sera portée comme juré à Londres, si elle ne possède en terre ou en biens meubles une valeur de 40 marcs; aucune personne ne pourra faire partie d'un jury dans la même ville, pour connaître d'une affaire touchant des terres ou des tenements, ou une action personnelle pour une dette ou un dommage qui monterait à 40 marcs, si elle n'a en terres et en biens une valeur de 100 marcs, cette cause de récusation sera admise comme récusation principale. Toute personne convoquée pour comparaître dans un jury, devant

<hr>

(1) Cet acte a été fait pour prévenir un abus qui s'était introduit. Il arrivait quelquefois que des enquêtes étaient faites et présentées aux juges par des jurés qui n'avaient pas été préalablement appelés par les shérifs.

(2) Tenure en ferme.

quelques-uns des juges de la même ville, qui fera défaut, paiera à la première convocation, 12 d. d'amende, 2 s. pour un second défaut, et ainsi chaque fois une amende double.

Stat. 3, Henr. VIII, chap. 12.

Tout rôle contenant les noms des jurés convoqués, et certifié autrement qu'à la poursuite des parties, par les shériffs et leurs officiers, aux juges de la commission d'élargissement général, ou devant les juges de paix, dans leurs sessions, afin d'enquérir pour le roi (1), sera réformé en y ajoutant et en supprimant des noms à la discrétion des juges. Et les mêmes juges ordonneront à tout shériff et à leurs officiers de porter d'autres personnes sur les listes, suivant leur discrétion: et si quelque shériff ou autre officier ne représente pas les listes ainsi rectifiées, ces shériffs ou officiers paieront une amende de 20 l., moitié pour le roi, moitié pour celui qui poursuivra le recouvrement par action de dettes, etc.; le pardon du roi ne pourra être opposé aux parties qui poursuivront.

Nous ne rapportons pas ici les dispositions d'un statut, qui n'a d'application que pour les jurys de Londres.

Stat. 23, Henr. VIII, chap. 13.

Sect. 1. Tout individu né sujet du roi, qui jouira des franchises d'une cité, bourg, ou ville privilégiée (*corporate*), dans laquelle il habite, et possédant des biens meubles d'une valeur de 40 l., sera admis à juger les prévenus de meurtres et de félonies, dans toutes sessions et commissions d'élargissement général, pour la liberté de ces villes, etc., quoiqu'il ne soit pas franc-tenancier.

Sect. 2. Cet acte n'est pas applicable à un chevalier ou écuyer, demeurant dans la même cité, etc.

Stat. 35, Henr. VIII, chap. 6.

Sect. 3. Dans tous les cas où les personnes qui devraient remplir les fonctions de jurés dans les cours du roi, à Westminster, devront avoir en franche tenure un revenu annuel de 40 s., le *writ* de *venire facias* sera conçu en ces termes :

---

(1) Les grands jurys sont appelés les *jurys du roi*, parce qu'ils connaissent principalement des crimes ou des contraventions qui troublent l'ordre public, dont le roi est le gardien.

Rex, etc., *Præcipiamus*, etc., *quod venire facias coràm*, etc.
12. *Liberos et legales homines de vicineto de B. quorumquilibet habeat quadraginta solid. terræ tenementorum vel reddituum per annum ad minus, per quos rei veritas melius sciri possit. Et qui nec, etc.*; et lorsqu'il n'est pas requis que les personnes aient en franche tenure un revenu de 40 s., les *writs* de *venire* seront conçus de la même manière, en omettant cette clause *quorumquilibet*, etc. Sur chaque *venire* où doit se trouver cette clause *quorumquililibet*, etc., le shériff ne convoquera que des personnes qui auront en franche tenure un revenu de 40 s., indépendamment de l'ancien domaine dans le comté. De même il portera sur chaque liste semblable de jurés, six habitans du *hundred*, *hundreders*, si ce nombre existe, sous peine de payer à chaque personne qui n'aura pas un revenu annuel de 40 s., 20 s., et à chaque habitant du *hundred*, omis du rôle, 20 s.

Dans tout *venire* où sera omise la clause *quorumquilibet*, etc., le shériff ne pourra porter aucune personne, à moins qu'elle ne possède dans le comté quelques terres ou tenemens de franche tenure, indépendamment de l'ancien domaine; il portera de même dans ce rôle, sous la même peine, six habitans du *hundred*, si ce nombre existe.

Sect. 4. Sur tout premier *writ* d'*habeas corpora* ou de *distringas* avec un *nisi prius*, délivré par acte public, les shériffs prélèveront sur les personnes portées sur la liste des jurés, une amende de 5 s. au moins, et lors d'un second *habeas corpora* ou *distringas*, 10 s., et lors du troisième *writ*, 15 s. 4 d., et sur chaque *writ* suivant, doubles dépens, jusqu'à ce qu'on ait réuni un jury complet, sous peine de 5 l. d'amende.

Sect. 6. Dans chacun des *habeas corpora* ou *distringas*, avec un *nisi prius* (lorsqu'on craint de ne pouvoir former un jury, faute de jurés), les juges pourront ordonner, à la requête du demandeur ou du défendeur, que le shériff désignera telles autres personnes capables du comté, alors présentes, pour former un jury complet, lesquelles personnes seront ajoutées à la première liste.

Sect. 7. Les parties pourront récuser les jurés ainsi ajoutés, de la même manière que s'ils avaient été portés sur la première liste, certifiée avec le *venire*.

Sect. 8. Dans le cas où les personnes désignées par le shériff, comme on vient de le dire, seraient présentes et ne répondraient pas à l'appel, ou se retireraient sciemment et volontairement, les juges prononceront contre elles telles amendes qu'ils jugeront convenables, qui seront poursuivies de la même manière que celles dont sont passibles les jurés qui ne comparaissent pas.

Sect. 10. Lorsqu'un jury sera complété par l'ordre des juges, les personnes portées sur la liste, et qui feront défaut, paieront les mêmes amendes que si le jury n'eût pas eu lieu, faute de jurés.

Sect. 11. Lorsqu'une excuse légitime, pour l'absence d'un juré, sera prouvée devant les juges de l'assise de *nisi priùs*, au jour de la comparution, par le serment de deux témoins, les juges pourront décharger le juré des amendes encourues, et le shériff sera de même déchargé des amendes qu'il aurait encourues à cause de la non comparution.

Sect. 12. Si l'assise de *nisi priùs* est discontinuée par la non présence des juges, ou par tout autre motif, autre que le défaut des jurés, les jurés seront déchargés de toute amende, de même que le shériff, des peines pour le non recouvrement de ces amendes.

Sect. 13. Si sur de pareils *habeas corpora* ou *distringas*, avec un *nisi priùs*, des amendes sont exigées des habitans des *hundreds* ou des jurés, non légalement convoqués, le shériff ou l'officier paiera le double du montant des amendes dont ils auraient été chargés ; la moitié desquelles amendes, autres que celles exigées des jurés, appartiendra au roi, et l'autre moitié à celui qui poursuivra le recouvrement, sauf le droit que peuvent avoir toutes personnes auxdites amendes.

Sect. 14. Cet acte n'est pas applicable à toute cité ou ville libre (*corporate*), ou à tout shériff ou officier de cette ville ou cité, pourvu qu'ils portent telles personnes qu'ils ont coutume de porter, et qu'ils fassent payer les mêmes amendes mentionnées dans cet acte.

Rendu perpétuel, 2. *Ed. VI*, *chap.* 32.

Stat. 4 *et* 5, *Phil. et Mar.*, *chap.* 7.

Sect. 2. Les juges d'assises et de *nisi priùs* devant lesquels un procès est porté, en vertu d'un *writ* d'*habeas corpora* ou de *distringas*, avec un *nisi priùs* (lorsque le jury risque de n'être pas formé, faute de jurés), pourront, sur requête présentée au nom du roi, ou par la partie qui poursuit tant pour le roi que pour elle-même, sur une loi pénale, ou par son procureur, ordonner au shérif de désigner un nombre suffisant de personnes capables et présentes, habitantes du comté, et de les ajouter à la liste originale des jurés, pour compléter le jury.

Sect. 3. Les clauses de l'acte 35, Henri VIII, ch. 6, seront données au roi, de même qu'à toutes personnes qui poursuivraient une action pour le fait ou la partie, pour lui donner le même avantage que peut avoir le demandeur dans une autre action.

Stat. 14, Élis. chap. 9.

Sect. 1. Lorsque le défendeur ou le demandeur pourra, sur sa requête aux juges de *nisi prius*, en Angleterre, ou aux juges de *oyer et terminer*, ou des assises des deux comtés de Galles, et des comtés palatins de Lancastre, Chester et Durham, avoir une liste de jurés supplémentaires (*un tales de circumstantibus*); alors, les tenanciers, *actors*, avoués et défendeurs (où les demandeurs relativement de la demande) pourront sur leur requête obtenir des mêmes juges le *tales* ou la liste supplémentaire, qui leur sera accordée de la même manière qu'au demandeur.

Sect. 2. Dans toute action populaire, dans les cours de la reine, sur loi pénale, où une personne poursuivra aussi bien pour le roi que pour elle-même, les défendeurs seront admis à demander un *tales de circumstantibus*.

Stat. 27, Élis. chap. 6.

Sect. 1. Dans tous les cas où les jurés convoqués pour les jugements dans les cours de banc du roi, des plaids communs ou de l'échiquier, ou devant les juges des assises, devaient avoir, par les lois maintenant en force, une franche tenure d'un revenu annuel de 40 s.; alors, les jurés devront maintenant avoir état de franche tenure d'un revenu annuel de 4 liv. au moins; et les *writs de venire facias* seront ainsi conçus: *Regina*, etc., *præcipimus*, etc., *quod venire facias coram*, etc., *duodecim liberos et legales homines de vicineto de B. quorum quilibet habeat quatuor libras terras tenementorum, vel reddituum per annum ad minus, per quos rei veritas melius sciri poterit*. En qui est, etc.; et sur ce *writ*, le shérif ne portera que les personnes qui auront en franche tenure dans le comté un revenu de 4 liv., indépendamment de l'ancien domaine, sous peine de payer à chaque personne 20 s.

Les sections suivantes ont rapport à la quotité et au mode de recouvrement des frais pour les jurés ou des amendes encourues.

Sect. 5. Sur un procès de dommages, dans une action personnelle, la récusation fondée sur le droit d'être jugé par des jurés du *hundred*, ne sera point admise s'il y en a deux du même canton ou *hundred*.

Sect. 6. Tout autre récusation principale, ou pour une autre cause, sera admise comme si cet acte n'eût jamais existé.

Sect. 7. Cet acte ne sera point applicable aux jurés, ou aux jugemens dans une cité ou ville franche, ou autre lieu ayant privilége de tenir des plaids, ou dans les douze comtés de Galles.

Stat. 27, *Eliz. chap.* 7.

Sect. 2. Aucun shériff, ou autre personne, ne portera un juré demeurant hors d'une terre franche, sans faire connaître, au moment où il devra renvoyer la liste ou dans la même année, le lieu de sa demeure, ou tout autre qualification qui puisse le faire connaître, ni aucun juré dans une terre franche, avec d'autres qualifications que celles qui lui seront données par le baillif. Et aucun baillif de terre franche n'enverra au shériff le nom d'une personne devant être portée comme juré, sans ajouter le lieu de sa demeure, etc.

Toutes personnes qui agiraient contrairement à cet acte, paieront à la reine une amende de 5 *marcs*, et aussi une amende de 5 *marcs* à la partie lésée; lesquelles amendes pourront être prononcées par les juges d'*oyer et terminer*, par les juges des assises ou les juges-de-paix, aussi bien dans les terres franches qu'ailleurs.

Rendu perpétuel, Stat. 39, *Eliz. chap.* 18, *Sect.* 32.

Stat 4. *Guill. et Mar., chap.* 24.

Sect. 15. Tous jurés (autres que des étrangers, sur procès *per medietatem linguæ* (1)) qui seront désignés pour juger

---

(1) Ces jurés composés moitié d'anglais moitié d'étrangers, sont convoqués pour juger les causes criminelles ou civiles, lorsqu'une des parties est étrangere.

les procès pendans dans les cours du banc du roi, des plaids communs ou de l'échiquier, ou devant les juges d'assises de *nisi prius*, d'*oyer et terminer*, des commissions d'élargissement général, des *quarter sessions*, dans un comté quelconque d'Angleterre, devront avoir dans ledit comté un revenu annuel de 10 liv., en franche tenure ou en ferme, ou en ancien domaine, ou en rentes, en fief absolu, ou fief mouvant, ou pour la vie. Dans les comtés du pays de Galles, chaque juré devra avoir un revenu de 6 livres, et si une personne quelconque d'un état moindre est portée comme juré, ce sera une juste cause de récusation; laquelle récusation déchargera ledit juré qui pourra l'être aussi sur son serment. Le shériff ne portera aucunes personnes qui n'auraient pas respectivement 10 ou 6 liv. au moins de revenu annuel dans le comté, sous peine de payer à L. M. 5 liv. d'amende pour chaque personne.

Sect. 16. Aucun shériff ou baillif de terre franche ne devra notifier le nom d'une personne qui n'aurait pas été dûment convoquée six jours avant celui de la comparution, ni ne recevra d'argent ou de récompense pour exempter un juré, sous peine de payer à L. M. 10 liv. d'amende.

Sect. 17. Toutes les cités, les bourgs, les villes libres conservent leur ancien usage de choisir leurs jurés.

Sect. 18. Il sera loisible, en Angleterre, de porter sur les *tales* (1), mais non autrement, les personnes qui auront dans le comté un revenu annuel de 5 liv.

Sect. 19. Il sera loisible de porter sur les *tales*, dans la principauté de Galles, les personnes qui auront dans le comté un revenu annuel de 3 liv.

Sect. 20. Aucuns frais ne seront prélevés par aucun shériff, greffier des assises ou autre personne pour les *tales*, sous peine de 10 liv., moitié pour celui qui poursuivra la procédure, l'autre moitié pour L. M.

Sect. 21. Aucun writ de *non ponendis in assisis et juratis* ne sera accordé, si ce n'est sur serment que les allégations sont vraies.

Stat. 7, Guill. 3, chap. 32.

Sect. 3. Dans tout *writ d'habeas corpora* ou de *distringas* avec un *nisi prius*, lorsqu'un jury complet ne comparaitra

---

(1) Pour nommer des jurys supplémentaires.

pas, ou lorsque le jury courra risque de rester incomplet,
faute de jurés, le shériff désignera, après jugement qui ordonnera le *tales*, des francs-tenanciers ou des *copy-holders* du
comté portés sur d'autres tableaux, pour remplir les fonctions
de jurés aux mêmes assises, et aucune autre personne, si un
nombre suffisant pris dans les autres tableaux se trouve présent; et chaque partie pourra exercer son droit de récusation. Dans le cas où un franc-tenancier ou *copy-holder* ainsi
désigné, quoique présent, ne répond pas à l'appel ou se retire
sciemment, le juge de l'assise le condamnera à l'amende.

Sect. 4. Afin que les shériffs soient mieux informés des personnes qui devront juger des procès pendans dans les cours de
chancellerie, du banc du roi, des plaids communs ou de l'é-
chiquier, ou qui devront remplir les fonctions de jurés aux
assises ou aux sessions d'*oyer et terminer* de la commission
d'élargissement général, et aux sessions de la paix, tous
constables, *tithingmen* et *headboroughs* (2) dresseront annuellement, pour les lieux où ils exercent leur office aux *quarter
sessions*, dans la semaine qui suit la St-Michel, le premier
jour des sessions ou le premier jour de l'ouverture de la
session tenue en vertu d'ajournement, une liste des noms et
du lieu de la demeure de toutes les personnes âgées de 21 à
70 ans, ayant qualité pour remplir les fonctions de jurés avec
leur profession; ces listes seront remises aux juges-de-paix.
Lesquels juges, ou deux d'entre eux, feront remettre par le
greffier de paix, auxdites sessions, copie de cette liste avant,
ou du moins au premier janvier, et feront enregistrer lesdites listes sur les registres des sessions; et nul shériff ne
portera sur une liste de jury aucune personne pour juger des
procès pendans dans lesdites cours, ou pour remplir les
fonctions de jurés aux assises, sessions d'*oyer et terminer*,
d'élargissement général ou sessions de la paix, qui ne serait
pas nommée sur cette liste. Tout constable, *tithingman* ou
headborough qui ne présenterait pas lesdites listes paiera au
roi une amende de 5 liv.

Sect. 5. Toute sommation, à une personne ayant qualité,
sera faite par le shériff ou son député, six jours d'avance
au moins, en lui donnant connaissance de l'ordonnance,
dûment scellée, qui l'autorise; dans le cas où un juré serait

---

(2) Les *tithingmen* et *hudboroghs* sont des officiers de police dont les fonctions en certains endroits se rapprochent beaucoup de celles de constables,
mais qui leur sont inférieurs en dignité et en autorité.

absent de son domicile, l'officier laissera, entre les mains d'une personne habitant dans la même maison que le juré absent, une note signée de lui, pour prévenir le juré de la sommation faite.

Sect. 12. Cet acte ne sera point applicable à la ville de Londres, ni à un comté quelconque d'une cité ou d'une ville, ni à une ville libre qui a le droit, en vertu d'une charte particulière, d'avoir des sessions d'élargissement général ou des sessions de la paix.

Rendu perpétuel par Stat. 6, *Georg.* 2, *chap.* 37.

Stat. 8, *Guill.* 3, *chap.* 10.

Tous juges-de-paix sont requis, lors de leurs sessions, avant la St-Michel, de donner aux constables des ordres de former les listes des personnes qui doivent remplir les fonctions de jurés, conformément à l'acte 7. *Guill.* 3, *ch.* 32.

Stat. 3, *Georg.* 2, *chap.* 25.

Sect. 1. Les personnes requises par les statuts 7 et 8 de *Guill.* 3. chap. 32., et par une clause des stat. 3 et 4 de la reine *Anne*, chap. 18, de donner, ou à qui il est ordonné par ce présent acte de dresser des listes des noms des personnes qui ont qualité pour remplir les fonctions de jurés, pourront, sur requête à un officier de paroisse (1), à la garde duquel seront commis les rôles des levées pour les pauvres, ou des impositions foncières, inspecter ces rôles, et prendre le nom des personnes ayant qualité, demeurant dans l'étendue de leur arrondissement, et feront afficher tous les ans, vingt jours au moins avant la St-Michel, pendant deux dimanches consécutifs, sur la porte de l'église, dans leur juridiction, une liste de toutes les personnes qui doivent siéger comme jurés dans la cour de *quarter session* ; et si une personne qui n'a pas qualité trouve son nom inscrit sur la liste, et que les personnes requises de faire cette liste refusent de le supprimer, les juges, lors des *quarter session*, sur le serment de la partie plaignante, ou sur une autre preuve, ordonneront que son nom soit rayé.

Sect. 2. Si une personne requise, comme on l'a dit, de

---

(1) Les marguilliers, les constables et les inspecteurs des pauvres. Les inspecteurs des pauvres sont des officiers spécialement chargés de répartir parmi les indigens de la paroisse le produit de la taxe des pauvres.

donner ou de dresser une liste, omet, avec intention, d'insérer
le nom d'une personne qui devait y être portée, ou y porte
quelqu'un qui ne devait pas y figurer, ou reçoit quelque salaire pour y porter ou en exclure quelqu'un, elle sera condamnée en 20 s. d'amende pour chaque personne ainsi omise
ou portée à tort, après que conviction en aura été acquise
devant un juge du comté, etc., où demeure le délinquant ou
sur son propre aveu, ou par la déposition d'un témoin sur
serment; amende applicable moitié au dénonciateur, moitié
aux pauvres de la paroisse; et si l'amende n'est pas payée
dans 5 jours, on procédera à la saisie et à la vente des biens,
sur le *warrant* d'un juge. Les juges devant lesquels ces personnes seront convaincues en donneront connaissance aux
prochaines assises des *quarter sessions*, qui donneront ordre
au greffier d'insérer ou de biffer le nom; et des duplicata
des listes délivrées aux sessions, et enregistrées par le greffier,
seront transmis, pendant la session ou dans les 10 jours qui
suivront, par le greffier au shériff; et le shériff aura soin
que les noms soient inscrits par ordre alphabétique avec les
professions et les lieux de la demeure des personnes. Tout
greffier qui négligerait de remplir ce devoir paiera une
amende de 20 l. aux personnes qui en poursuivront l'exécution, avant que la partie soit convaincue sur accusation devant les juges des *quarter sessions*.

Sect. 3. Si un shériff ou autre officier somme et certifie la
sommation d'une personne, pour faire partie du jury, devant
les juges des cours d'assise de *nisi priùs* ou devant les juges
des grandes sessions dans le pays de Galles, ou des sessions des
comtés palatins, dont le nom n'est pas porté sur les duplicata
qui lui ont été transmis par le greffier; ou si quelque greffier
d'assise, associé d'un juge (1) ou autre officier certifie la comparution d'une personne ainsi convoquée, qui ne doit pas
réellement comparaître, alors les juges de l'assise de *nisi
priùs*, etc., prononceront, après un examen sommaire, à l'égard
du shériff et pour chaque personne ainsi convoquée, et dont
la comparution a été ordonnée à tort, telles condamnations
qu'ils jugeront convenables, mais qui ne pourront excéder
10 l. ni être moindres de 40 s.

—*Sect.* 4. Aucune personne ne sera de nouveau prise pour

_____

1. (1). (Juge's associate). C'est le titre d'un des officiers de la cour du banc du
roi et de la cour des plaids communs.

juré dans des assises de *nisi prius*, qu'après l'intervalle d'une année dans le comté de Rutland, de quatre ans dans le comté d'York, ou de deux ans dans tout autre comté qui n'est pas comté de cité ou de ville; et si un shériff transgresse sciemment cette disposition, tout juge d'assise, etc., est requis de prononcer contre le délinquant, après examen et preuve de l'offense, en manière sommaire, une amende qui ne peut excéder 5 liv.

Sect. 5. Chaque shériff etc., enregistrera par ordre alphabétique les noms des personnes qui seront convoquées, et rempliront les fonctions de jurés à quelques assises, etc., de même que le temps de leurs services; et chaque personne ainsi convoquée, ou ayant servi, obtiendra un certificat attestant son service : ce certificat lui sera délivré sans frais par le shériff, et le registre sera transmis par le shériff à son successeur.

Sect. 6. Aucun shériff ou autre personne ne pourra recevoir de salaire pour dispenser une personne de servir comme juré, et l'officier chargé de convoquer les jurés, ne convoquera pas de personnes autres que celles dont le nom est écrit dans l'ordonnance signée par le shériff, etc. Si un shériff ou officier transgresse sciemment ces dispositions, tout juge d'assise, etc., pourra, sur l'examen et la preuve du fait, par voie sommaire, prononcer contre le coupable une amende qui ne pourra excéder 10 liv.

Sect. 7. Il suffira pour tout constable, chef de dixaine (*tithing-man*) ou de communauté (*head-borough*) après avoir complété les listes pour leur arrondissement, conformément aux stat. 7 et 8 de *Guill.* 3, chap. 32, et 3 et 4 d'Ann. chap. 18, et aux dispositions de ce présent acte, de les signer en présence d'un juge-de-paix pour chaque comté, etc., et d'attester en même temps, sur serment, que ces listes sont vraies, autant qu'ils ont pu le faire d'après la connaissance qu'ils avaient des faits; et les listes (signées par les juges) seront délivrées par les constables, etc., aux hauts constables qui les remettront aux cours de *quarter session*, en attestant, sur serment, que ces listes leur ont été transmises par les constables, etc., et qu'elles n'ont souffert aucune altération depuis qu'ils les ont reçues.

Sect. 8. Tout shériff, etc., en Angleterre (à moins qu'il ne s'agisse de causes qui doivent être jugées à la barre, ou au-

30.

quelles sera assigné un jury spécial, par un réglement de la
cour) devra, en certifiant l'exécution d'un *writ* de *venire facias*, annexer une liste contenant les noms, qualités et demeure d'un nombre compétent de jurés nommés dans lesdites listes. Les noms des mêmes personnes devront être
inscrits sur les listes annexées à chaque *venire facias*, pour
les jugemens des procès, pendant la même session d'assises.
Lequel nombre de jurés ne pourra être moindre de 48, ni de
plus de 72, à moins que les juges en tournée n'en aient ordonné autrement; et il ne sera pas nécessaire que les noms
des personnes inscrites sur la liste du shériff aient été insérés
dans les corps des *writs* d'*habeas corpora* ou de *distringas*,
subordonnés à de pareils *venire*. Il suffira qu'on lise dans
ces writs : *corpora separalium personarum in panello huic
brevi annexo nominatarum*, ou d'autres mots exprimant le
même sens, et d'annexer à ces *writs* des listes contenant les
noms inscrits dans la liste annexée au *venire*; et pour dresser
les certificats d'exécution ainsi que pour les annexer, il ne
sera passé que les frais maintenant alloués.

Sect. 9. Tout shériff ou officier à qui il appartiendra de
faire sommer et certifier la sommation des jurés à la cour
des grandes sessions dans les divers comtés de Galles, convoquera, au moins huit jours avant l'ouverture de chaque
grande session, un nombre suffisant de personnes ayant qualité dans chaque *hundred* ou (canton) et *comote* (1) du
comté, de manière que ce nombre ne soit pas au-dessous de
10, ni au-dessus de 15, à moins qu'il n'en soit autrement
ordonné par le juge des grandes sessions, par réglement de
cour; et l'officier certifiera la convocation des personnes
sommées sur une liste contenant leurs noms, à la première
audience du second jour de chaque grande session; les
personnes ainsi convoquées, ou un nombre suffisant, selon
que les juges le détermineront, seront seules nommées dans
chaque liste qui devra être annexée à chaque *venire*, *habeas
corpora*, ou *distringas*, pour le jugement des causes par les
grandes sessions.

Sect. 10. Tout shériff ou officier qui sera chargé de certifier l'exécution du *venire*, pour les jugemens des causes dont
connaîtront les juges des sessions dans les comtés palatins de

---

(1) Les comtés, dans le pays de Galles, sont subdivisés en *comotes*; chaque
comote renferme 50 villages.

Chester, de Lancastre ou de Durham, convoquera, 14 jours au moins avant les sessions, un nombre suffisant de personnes ayant qualité, de manière que ce nombre ne soit pas au-dessous de 48, ni au-dessus de 72, et dressera, 8 jours au moins avant les sessions, une liste des personnes ainsi convoquées ; ces listes seront affichées dans les bureaux du shériff ; et les personnes portées sur lesdites listes seront seules appelées pour remplir les fonctions de jurés aux prochaines sessions. Le shériff remettra cette liste le premier jour des sessions ; et les personnes ainsi appelées, ou un nombre compétent, tel qu'il paraîtra convenable aux juges, seront seules portées dans le rôle qui devra être annexé à chaque *venire*, *habeas corpora*, et *distringas* pendant la durée des mêmes sessions.

Sect. 11. Le nom de chaque personne convoquée et portée sur la liste des jurés avec ses qualités et le lieu de sa demeure sera écrit sur des morceaux de parchemin ou de papier séparés, de même dimension, et délivrés par le sous-shériff au maréchal (1) du juge, etc., qui les fera rouler de la même manière et mettre dans une urne ou bocal ; et lorsqu'une cause sera appelée pour être jugée, la première personne étrangère au procès tirera, en pleine cour, douze desdits rouleaux ; et si quelques-unes des personnes ainsi désignées ne paraissent pas ou se trouvent récusées et mises de côté, alors on tirera de nouveaux noms, jusqu'à ce que les douze tirés soient présens ; lesdites douze personnes, les premières tirées et approuvées, lorsque leurs noms seront portés sur la liste des jurés et qu'elles auront prêté serment, formeront le jury qui devra juger la cause. Le nom des personnes qui auront *prêté serment* pour juger, sera conservé à part dans tout autre boîte, etc., jusqu'à ce que le jury ait prononcé, et que son jugement soit enregistré, ou jusqu'à ce que le jury soit déchargé ; et alors, les mêmes noms seront roulés de nouveau et remis dans la première boîte, etc., et ainsi *toties quoties*.

Sect. 12. Si la connaissance d'une cause est portée devant un jury qui aura fait son rapport sur une autre cause, ou qui aura été dispensé de prononcer, la cour pourra ordonner que douze noms, parmi ceux qui restent, soient tirés au

---

(1) Le titre de *maréchal* en Angleterre est commun à plusieurs officiers, ici il désigne le premier officier *exécutif* du juge, son premier huissier.

sort, comme on vient de le dire, pour juger la nouvelle cause.

Sect. 13. Toute personne dont le nom sortira de l'urne, et qui ne comparaîtra pas après trois appels, sera condamnée, sur le serment qu'elle a été convoquée, pour chaque défaut de comparution (à moins qu'on ne justifie aux juges, par serment, de quelque cause d'une absence légitime), à une amende qui ne pourra excéder 5 liv., ni être moindre de 40 s., à l'arbitrage du juge.

Sect. 14. Lorsqu'une descente de lieux sera ordonnée, six des jurés au moins, choisis par les parties ou désignés par les officiers de la cour, si les parties ne sont pas d'accord, ou en cas de besoin, par un des juges ou par les juges devant qui le procès doit être jugé, feront une descente de lieux, après avoir prêté serment, ou ceux d'entre eux qui comparaîtront pour composer le jury avant d'être tirés au sort, et on en tirera seulement le nombre suffisant pour former les 12 avec ceux qui font la descente de lieux.

Sect. 15. Les cours de S. M., du banc du roi, des plaids communs et de l'échiquier à Westminster, sont requises (sur motion faite au nom de S. M., ou sur la motion d'un demandeur ou d'un défendeur dans une accusation ou information pour quelque crime, ou dans une information de la nature d'un *quo warranto*, dans la cour du banc du roi, ou dans une information devant l'échiquier, ou sur motion d'un plaignant ou d'un défendeur dans quelque cause pendante dans lesdites cours) d'ordonner qu'un jury spécial sera formé devant l'officier que cette opération concerne, de la manière usitée pour la formation d'un jury spécial, dans ces cours, pour les jugemens à la barre.

Sect. 16. Les personnes qui réclameront un jury spécial paieront les frais qu'il nécessitera, d'après la taxe établie.

Sect. 17. Lorsqu'il sera ordonné un jury spécial, par réglement de cour, dans quelque cause pendante dans un comté de cité ou de ville, il sera ordonné au shériff, par le même réglement, d'apporter les registres des personnes ayant qualité pour remplir les fonctions de jurés dans ce comté, de la même manière qu'il est d'usage d'ordonner le transport du registre des francs-tenanciers, pour la formation des jurys qui doivent connaître des affaires à la barre; et les jurés seront pris dans ce registre.

Sect. 18. Lorsqu'une personne tiendra à bail une terre d'une valeur annuelle de 20 liv., indépendamment de la rente réservée au propriétaire; le bail étant passé pour le terme absolu de 500 ans ou au-delà de ce même terme, ou pour 99 ans, ou pour tout autre terme déterminé par la durée de la vie d'une ou de plusieurs personnes, son nom sera inscrit sur la liste et dans le registre des francs-tenanciers; et ces teneurs à bail pourront être appelés pour remplir les fonctions de jurés conjointement avec les francs-tenanciers.

Sect. 19. Les shériffs de Londres ne pourront porter sur leurs listes, pour remplir les fonctions de jurés dans aucune des cours de S. M., du banc du roi, des plaids communs ou de l'échiquier, ou dans les sessions d'*oyer* et *terminer*, ou dans les sessions de la paix tenues dans la ville, des personnes qui ne seront pas chefs de famille (*house keeper*) habitans de la ville, et qui n'auraient pas en terre, ou autrement, une valeur de 100 liv., et cette cause, alléguée comme moyen de récusation et vérifiée vraie, sera admise comme principale récusation: les personnes ainsi récusées peuvent être interrogées sous serment relativement à leur qualité.

Sect. 20. Les shériffs ou autres officiers ne pourront porter comme juré, pour la connaissance d'un crime emportant peine capitale, celui qui n'aurait pas qualité pour remplir les fonctions de juré dans les causes civiles; ce motif sera une récusation principale, et les personnes ainsi récusées peuvent être interrogées sous serment relativement à leur qualité.

Sect. 21. Cet acte sera lu, une fois chaque année, dans les *quarter sessions* qui seront tenues dans chaque comté ou lieu en Angleterre, et dans le pays de Galles, à compter du 24 juin prochain.

Sect. 22. Cet acte sera valable jusqu'au 1ᵉʳ septembre 1825, etc.

Rendu perpétuel par le *stat.* 6. *de Georg.* 2, *chap.* 37.

Stat. 4, Georg. 2, chap. 7.

Sect. 3. Tout teneur de bail dont le revenu annuel, la rente une fois payée, s'élèvera à 50 liv., indépendamment des réserves foncières ou autres, remplira les fonctions de juré.

Stat. 6, de Georg. 2, chap. 37.

Sect. 2. Les juges des sessions ou des assises, pour les com-

tés palatins de Chester, de Lancastre et de Durham, sur motion au nom de S. M., ou d'un demandeur, ou défendeur,
dans une accusation ou information pour crime, ou sur la
motion de quelque plaignant ou défendeur, pourront, s'ils le
jugent convenable, ordonner qu'il sera formé un jury devant
l'officier qui doit naturellement connaître de la cause dans
chaque cour, de la manière usitée pour la formation d'un jury
spécial dans les cours à Westminster.

NOTICE SUR LES JURYS ANGLAIS,

Servant de complément aux lois sur ce sujet.

Quoique nous ne nous soyons pas proposé, en publiant cet
ouvrage, de donner des traités sur les lois des différens peuples,
que nous ayons sur-tout songé à l'utilité qui pouvait résulter
pour le lecteur de la connaissance même des textes : toutefois nous pourrons souvent nous trouver dans la nécessité
de suppléer au silence de ces lois par l'analyse des usages qui
complètent les institutions de la plupart des peuples; tous
n'ont pas, comme nous, un corps de lois bien positif, bien arrêté; ainsi pour ceux chez qui des antécédens, d'anciennes
traditions, des usages forment une partie essentielle de la jurisprudence tant politique que civile, ce serait donner un tableau
incomplet de leur gouvernement, que d'omettre cette partie si
importante : or c'est sans doute le cas qui se présente ici :
l'étude de l'institution du jury anglais qui existe et se perfec-
tionne depuis des siècles, doit avoir d'autant plus d'intérêt pour
nous, qu'il fut, et doit être sans doute long-temps encore, le
modèle le plus sûr que les peuples puissent suivre dans la création ou le perfectionnement d'un pareil système. Toutefois,
nous ne nous proposons pas de donner ici un traité complet
sur cette matière, mais seulement d'en tracer les caractères
distinctifs, que la lecture des lois déjà rapportées n'a pu qu'im-
parfaitement faire connaître.

§. 1. *Du jury en général.*

Tout pouvoir exercé par un homme sur un autre homme est
une tyrannie nécessaire, à dire vrai, dans l'état de société, mais

toujours une tyrannie (1); tous les efforts, tous les soins doivent
donc tendre constamment à limiter, autant que possible, l'exercice de ce pouvoir, sans porter atteinte à la conservation de la
chose publique; c'est sur ce principe bien entendu que les Anglais ont fondé l'institution de leur jury, de même que leur
constitution entière; et c'est dans ce sens qu'on a pu dire, que
chez eux, l'épreuve par jurés était une institution admirable.
On retrouve en effet dans les moindres détails l'esprit et l'application de ce principe salutaire; partout cet accord, cette harmonie qui en identifient toutes les parties, et qui justifient cette
pensée d'un publiciste, que tous les traits du jury anglais
sont essentiels à sa perfection; qu'en altérer un seul, c'est lui
ôter sa bonté et ses proportions.

Ce n'est pas ici le lieu de faire ressortir les avantages de n'être
jugé que par ses égaux, ses concitoyens, par des hommes dont
on pourra bientôt peut-être avoir, à son tour, à examiner les
actions, par des hommes indépendans, par des hommes justes
enfin; car le droit si étendu de récusation est à cet égard une
garantie suffisante pour l'accusé; mais une chose que nous devons faire observer avec soin, c'est que le jury d'Angleterre diffère en deux points principaux du jury français; chez nous, les
jurés ne connaissent que des affaires criminelles; indépendamment de cette attribution, le jury anglais connaît des contestations civiles entre citoyens. En France, l'examen d'un seul jury
décide du sort des individus; en Angleterre cet examen est
répété devant deux jurys différens (2); en sorte qu'une personne ne peut être condamnée que sur l'avis de vingt-quatre de
ses concitoyens, et d'hommes qui tiennent d'elle-même leurs
pouvoirs.

§. 2. Des différens jurys.

Les Anglais connaissent trois espèces de jurys, qui tous ont
des attributions et des règles différentes; le grand-jury, le petit-
jury, et le jury spécial.

On appelle grand-jury, ou jury d'accusation ou jury du roi,
le jury d'enquête qui juge simplement de la validité de la prévention. Ici les jurés se trouvent placés entre l'accusé et le glaive
de la justice: ce sont eux qui le livrent à la poursuite des ma-

---

(1) *Deloline.*

(2) Il était important de faire remarquer ici que cette distinction n'est
nullement rappelée par les lois que nous avons rapportées et qui statuent en
supposant la chose établie d'avance, en sorte qu'il faut en être instruit pour
comprendre les applications de plusieurs de leurs dispositions.

gistrats, on qui le placent sous la protection de leur sentence, car aucune poursuite criminelle ne peut être suivie en Angleterre, sans être précédée d'une dénonciation préalable d'un grand-jury; c'est surtout dans cette double instruction qui ne permet pas qu'un accusé puisse être exposé au péril d'une procédure, si la chose n'est jugée convenable par douze personnes, au moins, qu'on a pu voir, avec raison, la garantie la plus constante que puisse jamais désirer l'innocence, garantie qui fait disparaître jusqu'à la possibilité des abus. Nous devons regretter que cette institution n'ait pas conservé chez nous ce caractère, car si l'examen préalable éloigne le jour du châtiment dû au crime, il épargne aussi à l'innocent la honte de s'asseoir sur le banc destiné au coupable, il le fait échapper au préjugé fatal attaché si souvent à l'accusation même la plus calomnieuse; il l'enlève à un châtiment d'autant plus pénible à supporter, qu'il est moins mérité.

Le petit jury, le jury de jugement, qu'on nomme aussi jury de la partie par opposition au jury du roi, connaît de la validité de l'accusation. Appliqué simplement aux causes criminelles, il répond à notre jury français.

Pour le jury spécial, voyez le stat. 3, Georg. 2, ch. 25, sect. 15, 16 et 17, qui détermine sa nature, sa formation et sa compétence.

§. 3. *De la formation des jurys.*

Comme dans les paragraphes précédens, il faut ici distinguer les différentes sortes de jurys; voici les règles générales dans cette matière; nous ferons ensuite connaître les cas particuliers.

Tous les ans les constables des diverses paroisses d'un comté sont tenus d'envoyer et de certifier, sous la foi du serment, au greffier-archiviste, ou *clerc de la paix*, comme le nomment les statuts, une liste des francs-tenanciers ou de toutes les personnes ayant qualité, aux termes des lois ci-dessus rapportées; c'est dans cette liste que le shériff doit prendre, sous peine d'amende, tous les jurés (excepté les jurés spéciaux); ainsi tous les jurés sont désignés aux cours par le shériff, et convoqués par ses officiers.

« Les jurés, dit Philips (1), doivent être des personnes d'honneur et de bonne réputation; dégagées, en remplissant leurs fonctions, de toute espèce d'obligation, d'affection, de parenté et de préjugé, les égaux ou les pairs des parties intéressées; d'un âge mûr et d'un entendement sain, n'avoir jamais été proscrites ou convaincues de trahison, de félonie, ou de parjure. »

_____

(1) Traduction de M. Comte.

Quoiqu'on se soit écarté des anciens statuts, qui voulaient que tous les jurés fussent pris dans le voisinage des parties, du lieu où le crime avait été commis, ou du lieu où le procès s'instruisait; il paraît constant cependant, qu'en matière criminelle, les shériffs doivent encore se conformer à cet usage; car dans les statuts qui l'ont modifié, il semble qu'il n'est question que des affaires entre parties; ils doivent choisir, comme on l'a vu, les hommes les plus aisés, les plus capables et les moins suspects; des chefs de famille, des possesseurs de francs-fiefs, des fermiers, des locataires principaux, ou des personnes ayant des propriétés mobiliaires: tout accusé peut récuser les jurés qui ne sont pas du voisinage.

Nous avons vu que les hommes malades, infirmes, absens, ou âgés de plus de 70 ans, étaient exempts de remplir les fonctions de jurés; il faut y joindre encore ceux qui n'habitent point dans le comté, ou qui ont entrepris des voyages éloignés; les pairs, les membres de la chambre des communes, pendant la session, etc., et tous ceux en général qui tiennent une place du gouvernement; les publicistes ajoutent même les médecins, les chirurgiens, les pharmaciens et les quakers; pour tous les autres, les fonctions de juré sont une obligation dont ils ne peuvent s'exempter qu'en vertu de causes légitimes, constatées devant la cour.

Les convocations doivent être portées au lieu de la résidence des jurés, en général, huit jours avant leur réunion, six jours au moins avant la même époque, dans la ville de Londres et dans les autres villes ou cités; dans les comtés palatins, ils doivent être convoqués quinze jours d'avance. Ils doivent être pris un quart dans chaque canton ou *hundred*, il faut en convoquer de quarante-huit à soixante-douze pour chaque assise ou pour chaque session.

Tout ce qu'on vient de lire se rapporte plus particulièrement aux petits jurys. Les citoyens appelés à être jurés dans les procès de haute trahison, ou à remplir les fonctions de grands jurés, doivent non-seulement être francs-tenanciers, mais encore avoir rang d'écuyer, de chevalier, ou de banneret, et résider dans le comté ou dans le district. On en convoque ordinairement trente-six.

Aucun statut ne prononce de peine contre ceux qui ne se rendraient pas sur leur convocation; cependant lorsqu'il ne s'en trouve pas un nombre suffisant pour former le jury, la cour les condamne à 5, 10, ou 20 l. d'amende.

Les jurys spéciaux sont nommés par un officier des cours respectives, et assignés par le shériff; ils doivent être francs-tenanciers, et remplir plusieurs autres conditions.

§. 4. *De la manière de procéder des grands jurys.*

Quant à la manière de tirer les jurés en matière civile, voyez le stat. 3, *Georg.* II, ch. 25, sect. 11. De même, pour tout ce qui concerne les jurés supplémentaires, lorsqu'il ne comparaît pas un nombre suffisant de ceux qui ont été convoqués, voyez les stat. 4 et 5, *Phil.* et *Mar.*, ch. 7, sect. 2. — 14. *Élis.*, ch 3 sect. 1. — 4. *Guil.* et *Mar.*, ch. 24. — 7. *Guil.* III, ch. 32. — 35. *Henri* VIII, ch. 6. Nous supposons ici le jury formé et complet ; voyons d'abord ce qui touche les grands jurys.

Personne ne peut être arrêté que sur l'accusation admise par un grand jury, après enquête. Ce jury doit être composé de vingt-trois personnes au moins ; douze voix forment une majorité suffisante ; les jurés choisissent eux-mêmes le président, qu'ils peuvent changer dans tout état de cause, à la majorité de douze voix. Ils se présentent ensuite à la cour, où ils prêtent serment, savoir le président « de rechercher avec soin tous les articles, » toutes les matières qui lui seront déférées à charge, ou qui vien- » dront à sa connaissance, d'une manière quelconque, et d'en » faire une déclaration vraie ; de garder soigneusement le secret » du roi, le sien, et celui des autres jurés ; de ne mettre personne » en jugement par haine, par malice, par crainte, par faveur » ou par affection, ou par l'appât de récompense, espérance, » ou promesse, mais de dire la vérité dans ses déclarations, » toute la vérité, et rien que la vérité. »

Les autres membres jurent ensuite d'observer les mêmes rè-gles ; enfin un baillif prête serment de suivre le grand jury, durant la session, de lui transmettre soigneusement toutes accusations, informations et autres écrits qui lui seront remis par la cour, et de les renvoyer à la cour, sans aucune altération, lorsqu'ils lui auront été remis par le jury.

Les séances du grand jury ne sont pas publiques.

Aucune personne, avocat, procureur, greffier, etc., qui ne fait pas partie du grand jury, même l'accusé, ne peut assister à ses délibérations ou à ses décisions ; les accusations doivent être lues en entier par le président ou l'un des jurés ; deux d'entre eux doivent tour à tour prendre note des dépositions ; mais ces notes, qui ne sont destinées qu'à aider la mémoire des jurés et faire des rapprochemens, doivent être détruites chaque jour, avant qu'ils se séparent.

Les faits à charge doivent être rappelés par le président lors-qu'il demande la réponse des jurés sur le bill. Mais avant que cette question soit posée, chaque juré peut faire les observations qu'il juge convenables, interroger de nouveau un témoin, et demander que le jury aille aux voix sur les points particuliers, lorsqu'il les croit de quelque importance.

Pour tout ce qui regarde les témoins, les usages sont les mêmes que dans les petits jurys, excepté que les grands jurés s'étant engagés à garder le secret, ne peuvent s'enquérir de la véracité des témoins; et doivent, par cela même, être beaucoup plus circonspects dans l'admission de leurs dépositions.

Les jurés, dans toute accusation, peuvent prononcer sur le fait comme sur l'intention; mais comme ils n'entendent que les témoins à charge, le fait doit être incontestablement établi pour que la plainte soit admise. Si cette conviction est entière pour la majorité du jury, ces mots, *accusation bien fondée*, sont écrits par le président au dos du bill; ceux-ci, au contraire, *mal fondée*, si douze jurés n'ont pas levé la main à l'appui de la plainte.

Lorsque l'accusation porte sur plusieurs personnes, les questions doivent être posées séparément pour chacune d'elles; le fait à charge énoncé dans le bill, doit être rejeté ou admis en entier; lorsqu'il y a plusieurs chefs de plainte, l'un peut être admis, l'autre rejeté, etc.

Toutefois ce qu'on vient de lire n'est pas tellement absolu que le grand jury ne puisse, s'il le croit utile, entendre des témoins à décharge; et pour que celui contre lequel est porté un acte d'accusation puisse avoir le droit de récusation, il faut bien qu'il ait connaissance de la procédure.

Il serait trop long de détailler ici toutes les attributions du grand jury; nous renverrons aux auteurs qui ont écrit sur cette matière: tout ce que nous pouvons dire avec Philips, c'est qu'elles sont très-étendues « que les grands jurés sont des censeurs publics et constitutionnels; qu'ils doivent, par leurs accusations, mettre un terme à tous les abus publics, aux torts, aux oppressions de tous genres, pour la répression desquels ils doivent prendre l'initiative, les dénoncer à la cour et même au parlement, par voie de pétition, si la cour à laquelle ils appartiennent n'a pas le pouvoir de faire cesser un abus, ou si ses procédures peuvent donner matière à quelques plaintes. »

Nous avons donné quelques développemens à ce paragraphe, mais moins encore que nous ne l'aurions désiré, parce qu'il y avait à dire sur cette matière beaucoup de choses peu connues, surtout en France. (1)

_____

(1) Ordinairement les grands jurés choisissent parmi eux un trésorier auquel ils remettent une ou deux guinées chacun, pour leurs dépenses communes. Après les affaires de chaque jour, ils dînent ensemble, et le dîner est payé par le trésorier sur la bourse commune; ce qui reste est donné aux prisonniers.

§. 5. *De la manière de procéder des petits jurys.*

On conçoit que, par sa nature, le grand jury peut quelquefois trouver dans sa seule volonté, la règle de sa conduite; c'est un jury d'équité : son pouvoir est discrétionnaire; il se règle plus souvent par des usages, par des antécédens, que par des lois; il n'en est pas de même des petits jurys, aussi voyons-nous que les statuts se sont beaucoup plus occupés de ceux-ci, si l'on en excepte ce qui regarde la récusation, dont la pratique est principalement réglée par les usages des cours.

Dans les causes civiles, les noms des jurés sont tirés comme on l'a vu, stat. *G.* 2, ch. 3. Dans les procès criminels, le shériff envoie la liste tout entière.

La récusation doit se faire avant que les jurés prêtent serment; cette récusation peut porter sur la totalité des jurés; dans les causes de haute-trahison, trente-cinq, et vingt dans les autres, peuvent être récusés, sans donner de motifs: c'est la récusation *péremptoire;* la récusation totale a lieu, s'il est prouvé que le shériff, ou l'officier qui a formé le jury s'est rendu coupable de partialité; les motifs doivent être indiqués pour les récusations particulières. Dans ce cas, la question est débattue et jugée sur-le-champ. *Voy.* Coke, *Inst.* 156, *a.* On y trouve toutes les règles relatives à la matière. *Voy.* aussi Blackstone, ch. 21.

Pour les crimes de haute trahison, on fait placer l'accusé à la barre, et le crieur lit ce qui suit, à haute voix : « Vous, hommes » justes, qui allez prononcer entre notre seigneur souverain le » roi, et les prisonniers à la barre, répondez à vos noms, chacun » au premier appel, ou peine et danger peseront sur vous. »

Si quelques-uns d'eux ne répondent pas, le crieur reprend : « Vous, messieurs du jury, qui avez été appelés et qui avez fait » défaut, répondez à vos noms, et préservez-vous de l'amende. »

Les témoins sont ensuite appelés, l'accusé est interpellé de dire s'il a reçu copie de la liste des jurés, au moins deux jours auparavant, et s'il nie, le procès ne peut commencer que lorsque la preuve en a été fournie par celui qui a dû la lui remettre.

Le secrétaire de l'accusateur dit ensuite au prisonnier :

« Vous, A. B, prisonnier à la barre, ces hommes que vous » allez entendre appeler, vont procéder entre notre souverain » seigneur le roi et vous à votre jugement de vie ou de mort; si » vous voulez les récuser tous, ou quelques-uns d'entre eux, » vous devez le leur déclarer, à mesure qu'ils s'avanceront pour » prêter le serment, et avant qu'ils l'aient prêté. »

Les jurés non récusés mettent la main droite sur le Nouveau-Testament, et, tournés vers le prisonnier, ils prêtent serment de prononcer bien et sincèrement ; de faire une déclaration véritable entre leur seigneur-souverain le roi, et le prisonnier à la barre, et de rendre un *verdict* (1, conforme a la vérité, suivant les preuves qui seront données.

Il est d'usage que la première personne appelée soit le président du jury; sans que cet usage lie toutefois les jurés, qui peuvent, s'ils le jugent convenable, désigner tout autre d'entre eux, pour remplir ces fonctions, auxquelles ne se rattache d'autre privilège que celui de lire publiquement le *verdict* du jury devant la cour.

Après le serment prêté, le crieur dit : « Si quelqu'un peut informer le juge du roi, les sergens du roi, ou l'avocat du roi, avant que l'information commence entre notre seigneur-souverain le roi, et le prisonnier à la barre, qu'il se présente, et il sera entendu, car le prisonnier insiste sur sa mise en liberté : que tous ceux qui se sont obligés a déposer contre le prisonnier à la barre, s'avancent donc, et rendent témoignage, autrement ils manqueront a leur obligation. »

Le secrétaire de l'accusateur lit ensuite l'acte d'accusation motivé et exhorte les jurés; puis une personne du conseil du roi expose la cause et en explique l'objet; puis les témoins sont appelés dans l'ordre où les noms sont placés au dos de l'acte d'accusation, et lecture leur est donnée, par le secrétaire de l'accusateur, du serment qu'ils doivent prêter, de dire la vérité, toute la vérité, et rien que la vérité; les témoins a charge sont examinés par le conseil du roi, par le conseil de l'accuse et par la cour; l'accuse et les jurés peuvent leur faire toute espèce de question.

L'accusé examine le premier ses propres témoins, l'accusateur ensuite.

Tous les témoins, l'accusé et son conseil entendu, le juge explique la loi au jury, qui peut se retirer sur la demande du président, avant de prononcer son verdict; dans ce cas, le secrétaire de l'accusateur fait prêter au bailli le serment « de garder « exactement et avec soin le jury, sans nourriture, boisson, feu « (ni chandelle, si c'est pendant le jour), de ne permettre à « personne de communiquer avec les jurés, pas même lui bailli, si « ce n'est pour leur demander s'ils sont convenus de leur *verdict*, « jusqu'à ce que ce verdict ait été arrêté. » Mais s'ils ne peuvent tomber d'accord dans un temps raisonnable, ils peuvent demander à la cour, du feu, de la lumière ou des rafraîchissemens, ce qu'on leur accorde généralement, pourvu que les parties y consentent (2) — La décision du jury doit être rendue a *l'unanimité*.

---

(1) Le verdict est la réponse du jury

(2) Quoiqu'un juré puisse avoir apporté avec lui de quoi se rafraîchir, il ne lui est pas permis de manger ou de boire sans autorisation. *Dodd*, ch. 9.

De retour devant la cour, le président prononce le verdict, en déclarant seulement l'accusé *coupable* ou *non coupable* du fait qu'on lui impute.

Voilà ce que nous avions à ajouter aux lois que nous avons rapportées sur le jury. Nous aurions pu donner beaucoup plus d'étendue à cette notice, mais nous avons cru devoir présenter seulement les grands principes, les règles fondamentales de la matière; et faire ressortir les traits caractéristiques du jury anglais, sans nous occuper des dispositions circonstancielles et accessoires.

APPENDICE (1).

Du Roi.

La couronne est héréditaire, par ordre de primogéniture, avec admission des femmes (2). — Le Roi est censé *ne pouvoir faire mal* (king can do no wrong). Sa personne est inviolable et sacrée. — Les agens de la couronne sont seuls responsables. Le Roi est généralissime des troupes de terre et de mer; il a seul le pouvoir de faire des levées. — Il a droit de déclarer la guerre et de faire la paix, aux conditions qu'il juge convenables; le Roi nomme à tous les emplois et offices. Il a le droit de faire grâce, excepté dans certains cas déterminés (3). — Le Roi est majeur à dix-huit ans. Durant la minorité, l'autorité royale est confiée à un régent ou à une régente, assistés d'un conseil de régence, qui l'exercent comme le Roi lui-même, sauf quelques modifications (4). — Le Roi convoque le parlement; la convocation est faite par lettres expédiées par la chancellerie, d'après l'avis du conseil privé, quarante jours au moins avant l'ouverture. Le Roi a le droit d'ajourner, de proroger et de dissoudre le parlement (5). — La liste civile est fixée au commencement de chaque règne pour toute sa durée (6). — Le Roi crée des Pairs à volonté (7). — Le Roi approuve ou rejette les bills adoptés par les deux

---

(1) Nous avons cru devoir réunir sous ce titre plusieurs dispositions importantes éparses dans une foule d'actes qu'il était inutile de rapporter en entier; nous avons aussi recueilli les principes et les usages consacrés seulement par le temps et qui complettent le corps du droit constitutionnel.

(2) V. suprà, pages 387 et 395, les statuts qui ont réglé la succession. Ils semblent déroger à la règle que nous énonçons : mais avec plus de réflexion on s'apercevra qu'ils n'ont fait que concilier le principe avec les circonstances.

(3) Par exemple, dans les cas de contravention à l'acte d'habeas corpus; et en cas de condamnation prononcée sur une accusation parlementaire. Voyez Blackstone, ch. 7 de l'Autorité royale. — *Instit. de Coke.*

(4) Stat. 24, Georg. 2, ch. 24.

(5) V. Blackstone, chap. 2 — du parlement.

(6) V. Stat. 1, Georg. 3, ch. 1.

(7) Voyez suprà, page 356.

chambres. Le consentement du Roi est exprimé par ces mots : *Soit fait comme il est désiré*; si c'est un bill particulier. *Le Roi le veut*, si c'est un bill public ; ou enfin, si c'est un bill concernant les subsides, *Le Roi remercie ses loyaux sujets de leur bénévolence et aussi le veut*. Le refus est exprimé par cette formule : *Le Roi s'avisera* (1). — A son avènement, le Roi prête serment en ces termes. — L'Archevêque entre les mains duquel est prêté serment, dit : *Promettez-vous et jurez-vous solennellement, de gouverner le peuple de ce royaume d'Angleterre et des pays qui en dépendent, conformément aux statuts faits en parlement, aux lois et coutumes?* Le Roi dit : *Je le promets solennellement.* — L'archevêque : *Promettez-vous de maintenir de tout votre pouvoir les lois de Dieu, la véritable profession de l'Evangile, et la religion protestante, telle qu'elle est établie par la loi; de conserver aux évêques et au clergé de ce royaume, aux églises confiées à leurs soins, tous les droits et priviléges que la loi leur a accordés à tous et à chacun d'eux en particulier?* — Le Roi : *Je le promets.* — Après cela, le Roi met la main sur l'Evangile, et dit : *Je maintiendrai et remplirai tout ce que je viens de promettre ici avec l'assistance de Dieu.* Et ensuite, le Roi baise le Saint-Livre (2).

Du Parlement.

Les parties qui constituent un parlement sont le Roi et les Etats du royaume, savoir; les lords spirituels et temporels qui siégent avec le Roi, dans la *chambre haute*, et les communes, ou *chambre basse*.

Le pouvoir et la juridiction du parlement sont sans bornes. — Il peut confirmer, abroger, modifier, interpréter les lois concernant toutes sortes de matières : il peut même altérer la constitution (3).

L'initiative appartient aux chambres. Tout bill qui, par ses conséquences, pourrait affecter les droits de la pairie, doit prendre naissance dans la chambre des pairs. Tous les bills de finances doivent être proposés d'abord dans la chambre des communes, et les pairs doivent les rejeter ou

---

(1) *Voyez suprà*, page 380.

(2) Stat. 1, Guill. et Mar., ch. 6.

(3) Blackstone, ch. 2 du parlement. *V. suprà*, page 401 et 414, les actes d'union d'Ecosse et d'Irlande, le statut 1, Georg. 1, ch. 38, qui établit les parlemens septennaux, page 486.

les accepter purement et simplement (1).—Un étranger, quoique naturalisé, ne peut être membre du parlement; personne ne peut siéger ou voter dans les deux chambres, qu'après avoir atteint l'âge de vingt-un ans, et qu'après avoir prêté les sermens de fidélité, de suprématie et d'abjuration (2).

La validité des élections est jugée par la chambre à qui appartient le membre élu (3).—Un pair nommé par le Roi, ou un membre élu pour la chambre des communes, peut néanmoins être déclaré incapable et indigne, sur une plainte portée contre lui (4).

Un membre ne peut être accusé ni repris hors du parlement, pour les discours ou pour la conduite qu'il y aura tenus (5).—Attaquer (*assault*) un membre du parlement, ou ses domestiques, est une insulte grave faite au parlement, et qu'il punit sévèrement (6).

Des *poursuites* en matières civiles ne peuvent être dirigées contre les membres du parlement, pendant le temps de la session; un pair ne peut jamais être *emprisonné* pour condamnations civiles.—Un membre de la chambre des communes ne peut être *emprisonné* pendant quarante jours après la dissolution ou la prorogation du parlement, ni pendant les quarante jours qui précèdent la première séance.—Si le parlement est dissous, prorogé, ou même si l'une des chambres s'ajourne pour plus de quinze jours, les membres soit *pairs* soit *commoners*, peuvent être *actionnés* et dépossédés de leurs biens, immédiatement après la dissolution ou la prorogation (7).—Ces priviléges n'ont pas lieu en matière de *crimes*, ou *d'atteinte* à la sûreté personnelle de qui que ce soit.—Les débiteurs directs du Roi, ou les fonctionnaires comptables peuvent être *poursuivis* durant les sessions (8).—Les commerçans, membres du parlement, peuvent être *actionnés* pendant la session, pour toutes dettes montant à cent livres

(1) Blackstone, chap. 2. *Code, Inst.*

(2) *V. suprà*, page 437, Stat. 19, Georg. 2, sect 1, et page 442.

(3) La chambre des pairs statue sur l'élection des pairs d'Écosse.

(4) Blackstone, chap. 2 — *du parlement.*

(5) Ann. 1, Guill. et Mar., stat. 2, ch. 2, page 390.

(6) Stat. 5, Henri 4, ch. 6, et stat. 11, Henri 6, ch. 11.

(7) Stat. 12 et 13, Guill. 3, ch. 3, sect. 1, et stat. 11, Georg. 2, ch. 24. art. 1, 2, 3, 4 et 5.

(8) Stat. 2 et 3, Ann. ch. 18. — stat. 12 et 13, Georg. 3, ch. 3.

sterling; et s'ils ne paient pas dans les deux mois, ils sont poursuivis comme banqueroutiers (1).—Quiconque publie des libelles séditieux ne jouit pas des priviléges du parlement (2).

Les membres des deux chambres votent à haute voix.

Les juges de la cour du banc du Roi, de celle des plaids communs, les premiers barons de l'échiquier, et les maîtres de la cour de chancellerie sont admis dans la chambre des pairs, afin de donner leur avis sur les matières de jurisprudence.—Tout pair peut, avec la permission du Roi, donner sa procuration à un autre pair, pour voter en son absence (3). —Chaque pair a le droit de faire enregistrer sur le journal de la chambre, une protestation contre ses résolutions.

Le président (orateur) (speaker) de la chambre des pairs est nommé par le Roi (4). La chambre des pairs juge les agens ou ministres de la couronne, sur l'accusation (impeachement) de la chambre des communes (5). Elle juge les pairs pour toutes sortes de crimes, et les membres de la chambre des communes, pour les grands forfaits.—Aucun pardon, sous le grand-sceau, ne peut être proposé contre une accusation intentée par la chambre des communes en parlement (6).

La chambre des communes se rend à la barre de la chambre des pairs à la séance royale.—Le président (orateur) (speaker) est nommé par la chambre.—Il doit être confirmé par le Roi.—Il ne prononce point de harangue dans la chambre, il n'a ni opinion ni vote.—La chambre des communes a le droit de nommer des comités chargés de faire des enquêtes, sur les différentes parties de l'administration.— Elle peut, dans certains cas, ordonner des emprisonnemens, et prononcer des amendes.—Les peines qu'elle peut infliger à ses membres sont le rappel à l'ordre, l'amende, l'emprisonnement et l'exclusion (7).—Les membres de la chambre des

(1) Stat. 4, Georg. 3, ch. 33.
(2) Stat. Georg. 3.
(3) Les membres de la chambre des communes n'ont pas ce droit. Just. 4, p. 12.—Black. ch. 2, du parlement.
(4) C'est ordinairement le chanceliere.
(5) V. Blackstone, ch. 2 du parlement.—chap. 19 des cours de juridiction criminelle.—Delolme, ch. 7.
(6) Stat. 12 et 13, Guill. 3. ch. 2.
(7) On cite quelques exemples de châtimens singuliers, tel que de demander pardon à genoux à la chambre.

communes, ne peuvent s'absenter sans la permission du président et de la chambre (1). — Il est défendu qu'aucun membre ne parle pas plus d'une fois le même jour (2).

Il y a deux sortes de bills, les bills particuliers, et les bills publics ; c'est-à-dire, ceux qui intéressent l'Etat.

Un bill particulier doit être proposé sur une pétition présentée par un membre du parlement. — S'il y a lieu, la pétition est renvoyée à un comité. — Sur le rapport favorable du comité le bill est admis.

Le bill public doit être présenté sans pétition par un membre. — Le bill est lu deux fois, à deux différentes reprises : après chaque lecture, le président présente un précis du bill, et consulte la chambre pour savoir s'il sera continué. — La chambre peut rejeter le bill à chaque lecture, et alors il ne peut plus être reproduit pendant la session. Après la seconde lecture, le bill est renvoyé à un comité, qui est ordinairement composé de quelques membres ; mais lorsqu'il s'agit d'objets importans, le comité se forme de toute la chambre. — Pour cela, le président quitte le fauteuil et un autre membre est nommé président. — Après l'examen du comité, la masse d'armes est replacée sur la table, le président reprend sa place et la chambre délibère sur le bill, article par article. — Ensuite, on lit le bill une troisième fois, et souvent on y fait de nouveaux changemens. — Alors l'orateur tenant le bill et le montrant à la chambre demande si elle veut qu'il passe. — Si le bill est admis, la chambre ordonne à un de ses membres de le porter à la chambre des pairs. — Le membre, accompagné de plusieurs de ses confrères, le présente à la barre de la chambre des pairs. — Le président descend de son siège (3) pour recevoir le bill.

Le bill est examiné dans la chambre des pairs, comme il vient d'être dit pour la chambre des communes. — S'il est admis purement et simplement, les pairs font notifier leur consentement aux communes par deux maîtres de la chancellerie, ou deux juges. — Si le bill est amendé, il est renvoyé à la chambre des communes pour faire approuver les amendemens.

---

(1) Stat. 6, Henri 8, ch. 16.

(2) Delolme, ch. 15. V. Kerroll, président. — Si quelqu'un dans un discours disait : le roi souhaite, ou le roi verrait avec plaisir, etc., il serait rappelé à l'ordre, comme voulant influencer les débats.

(3) De son sac de laine.

— Si la chambre des communes n'approuve pas les amendemens, ordinairement une conférence a lieu entre des membres désignés réciproquement par les deux chambres, qui
le plus souvent applanissent les difficultés. Les mêmes formalités s'observent si le bill a commencé dans la chambre
des pairs.

S'il s'agit d'un acte de grâce, le Roi le signe d'abord. — Il
n'est lu qu'une fois dans chaque chambre, sans y faire aucun
changement (1).

Le parlement existant à l'avènement d'un Roi mineur doit
durer trois ans, à moins que le Roi n'atteigne sa majorité avant
ce terme, ou à moins que le parlement ne soit dissous par le
régent, de l'avis du conseil de régence (2). Le parlement existant à la mort du Roi, continuera à siéger pendant six mois,
à moins qu'il ne soit dissous par le nouveau Roi.

Si au moment de la mort du Roi le parlement est prorogé,
il se rassemblera immédiatement et siégera six mois, à moins
de dissolution.

Dans le cas où il n'y aurait pas de parlement, le dernier
parlement se rassemblera immédiatement à Westminster (3).

L'assemblée et la tenue des parlemens ne pourront être in-
terrompues pendant plus de trois ans (4).

La durée de tout parlement sera de sept ans, et non au-
delà, à compter du jour fixé par le *writ* pour l'ouverture du
parlement, à moins que ce parlement ne soit, avant cette époque, dissous par S. M. (5).

---

(1) Blackstone, — ch. 2 du parlement.

(2) Stat. 24. Georg. 2, ch. 24, sect. 18.

(3) Stat. 6, Ann. ch. 7, page 425.

(4) Stat. 16, Charles 2, ch. 1, sect. 3. — Confirmé par le stat. 6, Guill. et
Marie, ch. 2, sect. 1, portant : *Qu'il sera tenu un parlement au moins une fois tous
les trois ans.*

(5) Stat. 1, Georg. 1, ch. 38.

FIN DU TOME PREMIER.

TABLE

DES MATIÈRES CONTENUES DANS CE VOLUME.

ANGLETERRE.

FIN DE LA TABLE.